D1724898

Vom gleichen Autor erschienen außerdem
als Heyne-Taschenbücher

WILLI HEINRICH

# MAIGLÖCKCHEN ODER ÄHNLICH

*Roman*

## WILHELM HEYNE VERLAG
### MÜNCHEN

HEYNE-BUCH Nr. 5357
im Wilhelm Heyne Verlag, München

4. Auflage

Genehmigte, ungekürzte Taschenbuchausgabe
Copyright © 1974 by C. Bertelsmann Verlag GmbH,
München–Gütersloh–Wien
Printed in Germany 1979
Umschlagfoto: Art Reference, Gütersloh
Umschlaggestaltung: Atelier Heinrichs, München
Gesamtherstellung: Ebner Ulm

ISBN 3-453-00734-4

Es begann mit einer Leserzuschrift, die sich gegen die »scham-
lose Plakatierung« eines Lichtspieltheaters wandte und auf
die damit verbundene sittliche Gefährdung der Jugend hinwies.
In meiner wöchentlichen innenpolitischen Glosse verglich ich den
Verfasser des Briefes mit jenen Bundestagsabgeordneten, die ihr
Mandat mit einem Keuschheitsgelübde und den Busen einer Frau
mit der Erbsünde verwechseln. Außerdem, schrieb ich in meiner
Glosse weiter, gehörte schon eine unglaubliche Portion Welt-
fremdheit dazu anzunehmen, die umstrittenen Kinoplakate
könnten einem jungen Menschen von heute enthüllendere Eindrücke vermitteln, als sie in den öffentlichen Badeanstalten von
Münsheim dem Besucher aufgedrängt werden. Ich schloß meine
Glosse mit der zweifellos überspitzten Feststellung, daß nicht
alles, was dem Zölibat nützlich sei, auch Anspruch darauf erheben könne, Maßstab für den allgemeingültigen Moral- und
Sittenindex zu sein, aber ich hatte mich am Schluß meiner Glosse
schon so heftig in Zorn geschrieben, daß ich einfach nicht mehr
fähig war, objektiv zu bleiben.

Künzle hatte die Glosse redigiert und unbeanstandet durchgehen
lassen. Wahrscheinlich hätte er auch keinen Einwand erhoben,
wenn ich mich zu der noch überspitzteren Behauptung hätte
hinreißen lassen, daß in keiner anderen Stadt so viele professio-
nelle Duckmäuser auf einem Haufen beisammenlebten wie gerade in Münsheim. Er war sechsunddreißig Jahre alt, verheiratet
und Vater von zwei Kindern, was ihn jedoch nicht daran hinderte, mir regelmäßig Anträge zu machen. Und nicht nur ihn.
Ich hatte in diesem vergangenen halben Jahr im Verlag schon
ebenso viele mündliche wie handgreifliche Anträge erhalten.
Meine diesbezüglichen Erfahrungen hätten mich zu der vielleicht
voreiligen Mutmaßung verleiten können, daß es für eine einiger-

maßen attraktive Frau leichter sei einen biederen Ehemann zu verführen, als in Münsheim eine billige Zweizimmerwohnung zu finden.

Obwohl ich an diesem Vormittag etwas früher als sonst in den Verlag kam – ein ungutes Gefühl hatte mich aus dem Bett getrieben –, saß Künzle bereits hinter seinem Schreibtisch. Er war kleiner als ich, ein untersetzter, kräftiger Mann mit breitem Brustkorb, rotem Gesicht und Bürstenfrisur. Daß er jede freie Minute in der Kantine verbrachte und Unmengen von Bier trank, hätte ich noch hingenommen. In einem Land wie diesem konnte ein innenpolitischer Redakteur wie Künzle vielleicht nicht anders, als sich seine journalistischen Inspirationen in der Kantine holen. Was ihn mir unsympathisch machte, war seine vitale Männlichkeit, ich hätte ihn mir als Manager eines Industriekonzerns vorstellen können; in seiner Eigenschaft als mein Ressortchef war er eine psychische Belastung für mich.

»Hallo, Simonchen!« sagte er, noch ehe ich richtig im Zimmer war. »Da haben wir uns etwas Schönes eingebrockt!«

Ich wußte natürlich sofort, was wir uns eingebrockt hatten. Es gehörte mit zu den zahllosen Ungereimtheiten publizistischer Spielregeln, journalistische Gewissensfreiheit nur so lange zu tolerieren, wie keine verlagsökonomischen Interessen berührt wurden. In diesem Punkt bestand eine geradezu makabre Analogie zu Bonner Gepflogenheiten, lieber einen verdienten Staatssekretär als das Wohlwollen irgendeiner Interessengruppe zu opfern. Zwar zählte Schmiedel zu den berühmten Ausnahmen, und daß er ausgerechnet in Münsheim eine unabhängige Zeitung herausbrachte, die nicht nur in Hamburg und München, sondern auch in Münsheim gelesen wurde, war fast den sieben Weltwundern gleichzustellen, aber selbst für Verleger wie Schmiedel gab es so etwas wie Rücksichtnahmen auf weltanschauliche Empfindlichkeiten. Vielleicht wurde seine Zeitung nur deshalb gelesen, weil es für die Leute aus Münsheim die einzige Art war, zu opponieren, ohne dadurch mit ihrem christlichen Gewissen in Konflikt zu kommen, eine läßliche Sünde für die konfessionell engagierten Abonnenten der Zeitung, die durch ihre ominöse Anhänglichkeit allen klerikalen Versuchen, ihnen ein etwas weniger liberales Blatt zu bescheren, erfolgreich widerstanden hatten.

Ich setzte mich erst einmal hin, um auf alle Eventualitäten vorbereitet zu sein, und fragte: »Was ist los?«

»Der Teufel ist los!« sagte Künzle mürrisch. »Seit die Leute deine Glosse gelesen haben, hat der Alte schon dreimal nach dir gefragt.«

Es war immer ein schlechtes Vorzeichen, wenn Schmiedel sich persönlich einschaltete. »Was hat er gesagt?«

»Daß du zu ihm kommen sollst; sonst nichts. Wagenbach hat sich auch schon nach dir erkundigt.«

Wagenbach war Chefredakteur. Im Verlag galt es als sicher, daß Schmiedel, der keine Kinder hatte, ihm die Verlagsleitung früher oder später ganz übertragen würde.

»Daß du die Glosse geschrieben hast«, fuhr Künzle mürrisch fort, »ist nicht schlimm. Schlimm ist, daß es in dieser verdammten Stadt zu viele Leute gibt, die nicht nur einen Busen mit der Erbsünde, sondern auch Impotenz mit Enthaltsamkeit verwechseln. Weiß der Himmel, warum ich ausgerechnet in dieser Stadt leben muß. Weißt du es zufällig?«

»Ich habe noch nicht darüber nachgedacht«, sagte ich und stand auf. Ich hatte jetzt doch Herzklopfen und Mühe mit meinen Beinen; schließlich wurde man nicht jeden Tag zum Chef gerufen. Ich liebte meinen Beruf, meine Stellung und die damit verbundene wirtschaftliche Sicherheit genauso wie andere Leute. Dieser Dinge wegen nehme ich es auch auf mich, mein besseres Wissen höheren Verlagsinteressen unterzuordnen. Wahrscheinlich bedurfte der Mut zur Wahrhaftigkeit immer einer momentanen Verstimmung, eines einzigen Augenblicks, in dem man bereit war, sich über all das hinwegzusetzen, worüber man sich normalerweise nicht hinwegsetzt: über die Furcht, den Mangel an Zivilcourage, die Trägheit und über das primitive Beharrungsvermögen menschlicher Inkonsequenz.

»Wenn er dir Schwierigkeiten macht«, sagte Künzle, »werde ich ihm etwas erzählen.«

Er hatte Angst; ich sah es ihm an. Natürlich hatte er Schmiedel auch verschwiegen, daß die Glosse von ihm redigiert worden war. Soviel ihm daran lag, mich zu seiner Geliebten zu machen, so sehr schreckte er auch vor einem verbindlichen Engagement zurück. Er lebte ohnedies ständig in der Furcht, Schmiedel könnte eines Tages auf den Einfall kommen, das Ressort mir zu übertragen. Diese etwas komplizierte Konstellation zwischen fleischlichen Gelüsten und beruflichen Überlegungen versetzte ihn ständig in einen Zustand männlicher Ratlosigkeit, der bedauernswert war. Manchmal tat er mir leid.

Um zu Schmiedel zu kommen, mußte ich noch zwei Treppen hinaufsteigen. Das Verlagsgebäude gehörte zu jenen alten Häusern Münsheims, denen ein verbriefter Anspruch auf lokalhistorische Bedeutung zukam. Es stand mitten im Stadtzentrum, zwei Minuten von der nächsten Straßenbahnhaltestelle, drei Minuten von der nächsten öffentlichen Bedürfnisanstalt und vier Minuten vom Rathaus entfernt. Ein Münsheimer Baumeister, dessen Name, obgleich mit den geschichtlichen Annalen der Stadt aufs engste verknüpft, schon in der nur fünfzehn Kilometer entfernten Kreisstadt Örtingen ebenso unbekannt war wie die visionäre Rauschlyrik Momberts, hatte – unbeeinflußt von allen modischen Stilelementen seiner Zeit – den Münsheimer Bürgern eine ganze Reihe pseudohistorischer Bauwerke beschert, deren innenarchitektonischer Einfallsreichtum nur noch von ihren geschmacklosen Stuckfassaden übertroffen wurde. Es war jedoch bezeichnend für Münsheim, daß sich, als eines dieser historischen Bauwerke einer längst fälligen Verkehrssanierung geopfert werden sollte, unter den Bürgern der Stadt ein Entrüstungssturm ohnegleichen erhob, der nicht nur die vorgesehenen Pläne vom Rathaustisch, sondern auch den verantwortlichen Baudirektor aus seinem Dezernat fegte. Was mich an dem Verlagsgebäude am meisten störte, war ein unangenehmer Geruch, dessen Modifikation schon zu den mannigfaltigsten Disputationen innerhalb der Belegschaft geführt hatte. Mich erinnerte er an ein Krankenhaus, und in der ersten Zeit hatte ich immer das Gefühl gehabt, als müßte jeden Augenblick eine weißgekleidete Schwester mit einem Fieberthermometer zur Tür hereinkommen. Andererseits hatte das Gebäude auch seine Vorzüge. Ursprünglich für eine Behörde erbaut, hatte es mehr Zimmer, als selbst ein großer Verlag belegen konnte. Dadurch war es auch möglich, jedes Ressort in einem eigenen Raum unterzubringen.

Schmiedel begrüßte mich mit einem knappen Kopfnicken. Er war ein kleiner, schmächtiger Mann mit grauem Gesicht, grauen

Augen und grauen Haaren. Wenn er hinter seinem Schreibtisch saß, ähnelte er einem schmucklosen Vogel, der ständig auf Manuskriptseiten herumhackt. Im Krieg hatte er die linke Hand verloren. Er hätte nicht mehr Soldat zu werden brauchen, aber für einen Verleger, der seine journalistische Integrität noch mehr schätzte als seine Gesundheit, hatte es damals vielleicht keine andere Möglichkeit gegeben. Im Umgang mit seinen Mitarbeitern gab er sich betont kühl; man hatte jedesmal das Gefühl, vor einer geöffneten Tiefkühltruhe zu sitzen. Wahrscheinlich war er der einzige Mann im Verlag, der sich noch keine Gedanken über mein Privatleben gemacht hatte. »Davon abgesehen«, sagte er ohne jede Vorrede, »daß Ihre heutige Glosse mehr eine Angelegenheit für die Lokalredaktion gewesen wäre, setzen Sie auch noch voraus, daß der Verfasser des Briefes von klerikaler Seite dazu inspiriert worden sei. Ist das nicht sehr hypothetisch?«

»Wenn man die hiesigen Verhältnisse etwas kennt ...«, setzte ich an, aber er ließ mich gar nicht erst aussprechen: »Dafür sind Sie vielleicht noch nicht lange genug in Münsheim. Möglich, daß es so ist, wahrscheinlich sogar; a posteriori. Um jedoch so etwas in meiner Zeitung zu schreiben, müßten Sie es auch beweisen können. Sie haben bereits bei Brauner Ärger gehabt. Zufällig habe ich damals einige Ihrer Leitartikel gelesen, Sie schrieben unter anderem, daß uns Deutschen nichts weniger zu Gesicht stünde als angemaßte Überheblichkeit im Umgang mit politisch Unterentwickelten, solange sich unser eigener politischer Stil von dem eines Analphabeten nur durch größere Verständlichkeit auszeichne. Wenn mich nicht alles täuscht, war das sogar Ihr letzter Artikel für Brauner gewesen, und ich möchte fast annehmen, daß Sie ihn gut genug gekannt haben, es vorauszusehen.«

»Es gibt Leute«, sagte ich, »für die genügt es schon, subversiv zu schnarchen.«

Schmiedel betrachtete mich mit ausdruckslosem Gesicht. »Diesen Eindruck machen Sie mir eigentlich nicht. Vor ein paar Minuten hat mich Bürgermeister Kießling angerufen; er verlangt eine öffentliche Entschuldigung des verantwortlichen Redakteurs. Was halten Sie davon?«

Daß es für den zweiten Bürgermeister von Münsheim wichtigere Dinge geben müßte als dies, wollte ich antworten, aber ich schluckte es noch rechtzeitig hinunter. Ich kannte Kießling von einigen Presseempfängen, er hatte mich bereits vor einigen Wochen einmal attackiert, als ich eine Glosse gegen den Paragraphen 218 verfaßte. Wie er es fertigbrachte, seine großzügige Art, politische Gegner bedenkenlos zu diffamieren, mit einer tiefreligiösen Überzeugung zu koordinieren, hätte mich fast neugierig machen können. »Wünschen Sie, daß ich mich bei ihm entschuldige?« fragte ich. – Schmiedel nahm einen Augenblick seine Brille ab. »Ich habe ihm zu erklären versucht, daß ich in meinem Verlag unabhängige Redakteure und keine Renegaten beschäftige.« »Das war gut«, sagte ich beeindruckt. Schmiedel musterte mich wieder kühl. »Vielleicht sind Sie wirklich noch nicht lange genug in Münsheim. Im Prinzip können Sie in meiner Zeitung schreiben, was Sie für richtig halten. Ich wünschte nur, Sie könnten es unverbindlicher formulieren. Trauen Sie sich das zu?«

Ich nickte, bemüht, mir meine Erleichterung nicht anmerken zu lassen. Hätte es nicht Männer wie Schmiedel gegeben, so wäre man mitunter versucht gewesen, sich nach einem anderen Beruf umzuschauen. Anscheinend war die Angelegenheit damit abgeschlossen, er nahm ein Blatt Papier zur Hand und runzelte nachdenklich die Stirn. »Ich habe hier noch eine Sache für Sie, die zwar nicht unbedingt in Ihr Ressort fällt, die ich aber trotzdem gerne Ihnen übertragen möchte. Sicher erinnern Sie sich noch an den Fall Schulberg?«

Ich erinnerte mich. Die Geschichte war von den Boulevardblättern weidlich ausgeschlachtet worden. »Der Mann interessiert mich persönlich«, fuhr Schmiedel fort, »er wird morgen aus dem Gefängnis entlassen. Unterhalten Sie sich mit ihm über seine künftigen Pläne. Vielleicht ist er einer Frau gegenüber etwas zugänglicher. Haben Sie sich schon ein privates Urteil über ihn gebildet?«

»Ein privates«, sagte ich.

»Im allgemeinen«, sagte Schmiedel mit unbewegtem Gesicht, »kann ich mich auf mein Gefühl verlassen. Setzen Sie sich mit der Gefängnisverwaltung in Verbindung; im Archiv finden Sie alles Wissenswerte über ihn.« Er nickte mir verabschiedend zu, ein kleiner, korrekt gekleideter Mann, kühl und unpersönlich. Er war mir sympathisch.

Auf der Treppe lief ich Leibfried in die Arme. Obwohl es nach einem Zufall aussah, wußte ich, daß es keiner war. »Schlimm gewesen?« fragte er beunruhigt.

»Nicht sehr.«

Er nickte. »Künzle ist ein Trottel. Wie konnte er dir so etwas durchgehen lassen?«

»Du hättest es nicht durchgehen lassen?«

»Ich rede mir ein, kein Trottel zu sein.« Er lächelte erleichtert. »Ich habe zufällig einen guten Kognak im Schreibtisch.«

Das »zufällig« war eine Untertreibung, aber ich hatte das Gefühl, einen Kognak verdient zu haben, und ging mit ihm. »Du arbeitest hier nicht mehr für Brauner«, sagte er, als er mir einschenkte. »Schmiedel hat weder Ambitionen auf eine nationale Restauration noch darauf, verklemmte Emotionen hochzuzüchten. Er hat auch nicht den Ehrgeiz, die Russen das Gruseln zu lehren. Alles, was dich bei Brauner bewogen hat zu opponieren, fällt bei Schmiedel weg. Was schreibst du also solchen Stiefel zusammen?«

»Ich hatte gestern einen schlechten Tag«, sagte ich und trank mein Glas aus. »Noch einen?« fragte Leibfried. Ich schüttelte den Kopf. »Ein Glück, daß Schmiedel ein Faible für dich hat«, sagte er. »Wenn du allerdings fortfährst, öffentliches Ärgernis zu erregen ...«

»Im Grunde«, sagte ich, »bist du auch nicht viel anders als die anderen.«

Er grinste ein wenig. »Ich weiß noch nicht genau, wie dein Typ aussehen muß, aber was man den Lesern hierzulande zumuten kann, habe ich schon vor fünfzehn Jahren gewußt. Was hat Schmiedel gesagt?«

Ich erzählte es ihm. »Für Kießling stehst du jetzt endgültig auf der Abschußliste«, sagte er dann. »Nimm dich vor ihm in acht; in dieser Stadt hat er noch mehr Einfluß als der O. B.«

»Ich finde ihn ausgesprochen komisch«, sagte ich.

Leibfried blieb ernst. »Mir gefällt diese Schulberg-Geschichte nicht. Möglich, daß Schmiedel dich auf diese Weise unauffällig in die Lokalredaktion abschieben will.«

»Dann kündige ich.«

»Das solltest du mir nicht antun«, sagte Leibfried.

Er war der einzige Mann im Verlag, bei dem ich mich gelegentlich aussprechen konnte, ohne daß es mir hinterher wieder leid tat, und er hatte mir auch noch nie einen Antrag gemacht, obwohl er unverheiratet und genauso in mich verliebt war wie Künzle. Auf eine bestimmte Weise hatte ich ihn sogar gern, ich hätte mir vorstellen können, daß er mich gelegentlich in meiner Wohnung besuchte, eine Partie Schach mit mir spielte und mit mir plauderte, aber meine Erfahrungen hatten mich gelehrt, daß Freundschaften mit Männern in der Regel entweder schon an der Haustür oder aber dann im Bett endeten. Als Feuilletonchef war er für Schmiedel unentbehrlich; hinter seinen Essays steckte mehr Sachkenntnis als Brauners jugendliche Kulturexperten im Kollektiv nachzuweisen vermochten. Daß er sich nachlässig kleidete, außer Zigaretten auch noch Pfeife rauchte und es regelmäßig versäumte, rechtzeitig zum Friseur zu gehen, empfand ich nicht als störend; es paßte irgendwie zu ihm.

»Wenn es wenigstens ein anständiges Interview wäre!« sagte ich übellaunig. »Der Mann spinnt doch!«

»Schulberg?«

»Es ist lächerlich«, sagte ich und griff nach einem der vielen Bücher auf Leibfrieds Schreibtisch. »Ein Roman?«

»Von einer armen reichen Frau, die in ihrer Luxusvilla seelisch verkümmert und ihrem Mann davonläuft.«

»Das bringt mich jedesmal zum Weinen«, sagte ich. Bücher dieses Genres hatten mich noch nie beeindruckt, sie wurden fast immer von Leuten geschrieben, die eine Luxusvilla noch nie von innen gesehen hatten und sich auch nicht vorstellen konnten, daß ein langweiliger Mann für eine verwöhnte Frau auf die Dauer leichter zu ertragen war als ein muffiges Mietshaus. Zumindest waren seelisch vernachlässigte Frauen kein charakteristisches Symptom für gehobene Einkommensklassen. Ich legte das Buch auf den Schreibtisch zurück. »Natürlich spinnt Schulberg«, sagte ich ungeduldig. »Ein Mann, der sich mitten auf die Straße stellt und die Autofahrer auffordert, in den Steuerstreik zu treten, spinnt.«

»Sicher denkt er sich etwas dabei«, sagte Leibfried. Ich blickte zum Fenster, seit einer Woche regnete es fast ohne Unterbrechung. Vielleicht hatte ich deshalb die Glosse geschrieben; Dauerregen machte mich kribbelig. Als ich aufstand, kam Lis herein.

»Wenn das der Boß wüßte!« sagte sie.

»Wenn er was wüßte?« fragte ich und ärgerte mich über mein Herzklopfen.

»Das!« Sie wies mit dem Kinn auf die Flasche. Zu Leibfried sagte sie: »Was macht die Cultura, Maestro?« Er grinste nur.

»Schrecklich, wenn man so viel lesen muß!« sagte Lis und betrachtete angewidert die Bücher auf dem Schreibtisch. Dann schob sie mir die Hand unter den Arm. »Befehl vom Boß: Ich soll morgen früh mit dir zu Schulberg gehen. Der Boß wünscht ein Exklusivbild von Schulberg. Wenn er mir gefällt, zahle ich ab sofort keine Autosteuer mehr.«

»Ich sehe nicht ein«, sagte ich, »weshalb wir beide zu ihm sollen. Das Interview hättest du genausogut machen können wie ich.«

»Du wirkst stärker auf Männer als ich«, sagte Lis und preßte ihre Hand gegen meine Brust. »Um einen Mann wie Schulberg pressefreundlich zu stimmen, fehlt mir deine Oberweite.«

Ich machte mich von ihr los und ging hinaus. Im Flur wartete ich, bis sie mir nachkam. »Ich mag das nicht«, sagte ich.

»Ich weiß.« Sie lächelte mich belustigt an. »Leibfried könnte vielleicht eifersüchtig werden.«

»Das ist Unsinn!« sagte ich gereizt. »Wie kommst du darauf?«

Sie zuckte mit den Achseln. »Das mußt du Leibfried fragen; verliebte Männer haben mitunter die wunderlichsten Einfälle. Wohin gehst du?«

»Ins Archiv.«

»Dann sehen wir uns später. Ciao!« Sie ging rasch und selbstsicher zur Treppe, ein schlankes, fast mageres Mädchen, das immer schwarze Wollstrümpfe und enge Röcke trug. Selbst wenn ich die Augen zumachte, ging mir ihr Bild nicht mehr aus dem Kopf.

Meine erste Begegnung mit Münsheim lag schon einige Jahre zurück. Damals war ich nur zu einem kurzen Besuch hier, um eine Reportage über einen Parteitag zu schreiben. Es war meine erste selbständige Arbeit für eine Zeitung gewesen, die schon ein Jahr später zu existieren aufgehört hatte, weil sie es nicht lassen konnte, an das Niveau ihrer Leser gehobene Ansprüche zu stellen. Brauners Massenblättchen stellte keine Ansprüche, es lieferte mundgerecht vorgekaute Parolen, und mehr wollten die Leute in der Regel nicht.

Inzwischen war Münsheim etwas größer geworden, mit neuen Hotels und Geschäften, vielen schönen Villen an der Peripherie und einem neuen Friedhof, denn auch jene Leute aus Münsheim, die für eine Luxusvilla dreihunderttausend Mark bezahlen konnten, investierten ihr Geld in eine fixe Idee, das trügerische Gefühl, am Ziel aller Dinge zu sein, es endgültig geschafft zu haben, es endgültig zeigen zu können, daß man es geschafft hatte, und sich von anderen Leuten, die keine Dreihunderttausendmarkluxusvilla ihr eigen nannten, endgültig und unverwechselbar abzuheben.

Für mich, die ich über ein Jahr in Hamburg gelebt hatte, war Münsheim natürlich wenig aufregend. Dafür hatte es andere Vorzüge, schöne Grünanlagen, romantische Winkel und viel Landschaft ringsherum, eine Bilderbuchlandschaft mit Wäldern, Seen und Bergen. Kein Ersatz für Atmosphäre zwar, und Provinzialismus war mehr eine Sache der Mentalität als der Einwohnerzahl, aber ich hatte mich trotzdem rasch eingelebt, und seit ich vor ein paar Wochen noch eine Zweizimmerwohnung gefunden hatte und nicht mehr zur Untermiete zu wohnen brauchte, fühlte ich mich fast schon zu Hause. Ein Nachteil der Wohnung war, daß sie am äußersten Stadtrand von Münsheim und fünfundzwanzig Minuten von der nächsten Straßenbahnhaltestelle entfernt in dem großen Mietshaus einer gemeinnützigen Wohnungsbaugesellschaft lag. Dafür wurde es jedoch fast ausschließlich von jungen Ehepaaren bewohnt, die tagsüber ihrem Beruf nachgingen und sich um ihre Nachbarn kaum kümmerten. Selbst die Mitbewohner meiner Etage waren mir heute noch genauso fremd wie am ersten Tag.

Da Schulberg schon um sieben Uhr früh entlassen werden sollte, hatte ich mich, entgegen meiner Gewohnheit, sofort nach dem Abendessen hingelegt. Lis mußte viermal läuten, bis ich mich endlich dazu aufraffte, ihr die Tür zu öffnen. Zuvor hatte ich vom Fenster aus ihren Wagen vor der Haustür stehen sehen, eines jener merkwürdigen Fahrzeuge, die sich neben einem Mercedes wie eine asymmetrische Konservendose ausnehmen und mehr belächelt als bewundert werden, aber Lis stieß sich nicht daran, sie bezweifelte ernsthaft, daß es für eine Journalistin ein erstrebenswertes Prestige sei, die gleiche soziale Stufe wie Münsheims mittelständische Gewerbetreibende zu erklimmen. »Du hast doch nicht schon geschlafen?« fragte sie im Hereinkommen. Darauf gab man am besten keine Antwort. Ich beobachtete unschlüssig, wie sie ihre schwere Fototasche auf den Boden stellte, den Mantel auszog und ihn an die Garderobe hängte. Als sie das erste Mal geläutet hatte, war ich noch entschlossen gewesen, ihr nicht aufzumachen, und dann hatte ich es trotzdem getan. Wie immer!

Ich ging ins Schlafzimmer zurück, öffnete den Schrank und holte ein zweites Kopfkissen heraus. »Hattest du wieder Ärger daheim?« fragte ich über die Schulter hinweg.

»Das auch.« Sie saß bereits auf dem Bett, streifte ihre Schuhe ab und gähnte. »Außerdem hatte ich keine Lust, morgen in aller Frühe hierherzufahren und dich abzuholen. Ist doch viel einfacher, ich bin gleich hier, oder nicht?«

»Du bist unwiderstehlich.«

»Genau wie du auch. Zahnbürste habe ich diesmal mitgebracht. Kann ich ins Bad?«

»Du bist auch ohne zu fragen ins Schlafzimmer gekommen.« Ich sah ihr nach, wie sie in ihren schwarzen Wollstrümpfen hinausging. Als die Tür hinter ihr zufiel, trat ich ans Fenster.

Das Haus stand etwa vier Kilometer vom Stadtzentrum entfernt an einer Straße, die sich in vielen Krümmungen ein schmales Tal hinaufzog. Jenseits der Straße, zwischen Wiesen und Weidenstümpfen, floß ein kleiner Bach, und die Berge auf beiden Seiten waren mit dichtem Wald bewachsen. Es hatte aufgehört zu regnen, aus den Wiesen stieg Nebel auf, er bedeckte den Talgrund wie ein milchiger Rauch, aus dem nur noch die schwarzen Weidenstümpfe herausragten.

In den Scheiben spiegelte sich ein Teil des Zimmers, ein kleiner, niedriger Raum, fast zur Hälfte von einem breiten Bett ausgefüllt. Ich hatte es bei einer Firma gekauft, die französische Betten importierte, unverschämt teuer, aber was man sonst zu kaufen bekam, erinnerte mich jedesmal an meine Jungmädchenzeit, und zu einem guten deutschen Ehebett fehlte mir die innere

Beziehung. Lis hätte sich auch nicht abschrecken lassen, wenn es nur schmal gewesen wäre. Vor drei Monaten hatte sie zum erstenmal bei mir übernachtet, wir waren uns zufällig in der Stadt begegnet, sie erzählte mir, daß sie wieder einmal von zu Hause weggelaufen sei und noch nicht wisse, wo sie die Nacht verbringen solle. Von da an kam sie mindestens dreimal im Monat, und seit ich eine eigene Wohnung hatte, blieb sie oft über das Wochenende. Über ihre häuslichen Verhältnisse sprach sie kaum, alles, was ich wußte, war, daß sie sich mit ihren Eltern nicht verstand und daß es regelmäßig zu Szenen zwischen ihnen kam. Sie war ein schwer durchschaubares Mädchen, oft schien es mir, als ob ihre selbstbewußte und schnodderige Art ihr eigentliches Wesen nur verhüllte. Sie konnte amüsant plaudern, hatte eigene Gedanken und war absolut zuverlässig, Eigenschaften, die ich auch dann an ihr zu schätzen gewußt hätte, wenn meine Empfindungen für sie etwas weniger kompliziert gewesen wären.

Mein Gesicht brannte. Ich lehnte die Stirn gegen das kühle Fensterglas und versuchte, meine Gedanken auf Schulberg zu konzentrieren: in München eine polizeiliche Verwarnung, in Augsburg eine Geldstrafe, in Ulm eine Gefängnisstrafe, die noch zur Bewährung ausgesetzt worden war, und in Münsheim Gefängnis ohne Bewährung. Seit ich heute mittag im Archiv die Berichte über ihn gelesen hatte, war ich mehr denn je davon überzeugt, daß es sich bei ihm um einen Psychopathen handelt. Schmiedels Interesse für ihn war absurd.

Ich zog meinen Morgenrock aus und legte mich wieder hin. Im Schlafzimmer fehlten noch eine Stehlampe und einige Bilder, im Wohnzimmer eine Sesselgarnitur. Die Wohnung hatte mich dreitausend Mark Mietvorauszahlung gekostet, und wahrscheinlich würde es noch zwei Jahre dauern, bis sie komplett eingerichtet war. Lis hatte es in dieser Beziehung etwas leichter als ich, sie wohnte noch bei ihren Eltern, und ihre Bildreportagen brachten ihr auch von anderen Zeitungen Honorare ein. Fotografieren war mehr als nur ein Broterwerb für sie. Ihre beruflichen Chancen waren viel größer als meine eigenen. Zudem war die Stellung bei Schmiedel nicht viel mehr als eine Verlegenheitslösung für mich, in Hamburg hatte ich noch ein eigenes Ressort gehabt, aber vor einem halben Jahr war ich so mürbe gewesen, daß ich jede Stellung angenommen hätte. Ich war jetzt siebenundzwanzig Jahre alt, und manchmal schien es mir, als stünde ich bereits auf einem Abstellgleis.

Lis kam aus dem Bad zurück; ihren Pullover trug sie in der Hand. »Ich habe mir etwas überlegt«, sagte sie an der Tür. »Es wäre doch viel praktischer, wenn ich ständig bei dir wohnte.«

Obwohl ich schon selbst daran gedacht hatte, blickte ich sie kühl an. »Sonst hast du dir nichts überlegt?«

»Natürlich würde ich mich zur Hälfte an der Miete beteiligen«, sagte sie und warf ihren Pullover auf den einzigen Stuhl im Zimmer. »Platz genug hätten wir ja.«

»Du solltest dich endlich nach einem Mann umschauen«, sagte ich. »Vielleicht hilft dir das weiter.«

»Dir hat es auch nicht geholfen. Schließlich bin ich ein erwachsenes Mädchen, oder nicht?«

»Fast.«

»Ich bin zufrieden«, sagte Lis. Sie öffnete ihren Rock, ließ ihn auf den Boden fallen und legte ihn zu ihrem Pullover. »Erwachsener möchte ich gar nicht werden. Darf ich mir einen Pyjama holen?«

Sie wartete keine Antwort ab und ging zum Schrank. »Wir könnten abwechselnd kochen, abwechselnd das Geschirr waschen und abwechselnd einkaufen. Ich stelle es mir ideal vor.«

Ich gab keine Antwort.

»Schade!« sagte Lis. Sie hatte dünne, sehnige Arme, ein dunkles Muttermal an der rechten Schulter und Brüste wie eine Fünfzehnjährige. Als sie ihre Wäsche abstreifte, sah ich weg. Irgendwie war ich wehrlos gegen sie, gegen ihr Lächeln, gegen ihre Art, mich mit ihren grauen Augen prüfend anzusehen; und gegen ihre Direktheit. Ich hatte mich schon früher in Mädchen verliebt, aber das waren doch mehr oder weniger romantische Neigungen gewesen, wie fast jede Frau sie einmal hat. Bei Lis jedoch war es anders, unkontrollierbarer, ich fühlte mich von ihr angezogen und zugleich von meinen Skrupeln zurückgehalten. Vielleicht, weil ich instinktiv ahnte, daß mehr daraus werden könnte. Ich hatte ganz einfach Angst, weil ich zum ersten Male in meinem Leben meiner selbst nicht mehr sicher war.

Der Pyjama war ihr zwei Nummern zu groß, sie sah wie ein

kleines Mädchen darin aus. »Ich weiß, warum du mich nicht hierhaben willst«, sagte sie. »Wegen Leibfried.«

Ich wartete, bis sie neben mir lag, dann griff ich zum Lichtschalter. Im Dunkeln sagte ich: »Was hast du eigentlich gegen ihn?«

»Er ist eifersüchtig. Es paßt ihm nicht, daß wir so oft zusammen sind. Gott, wenn ich mir das vorstelle: du und er!« Es war ihr Lieblingsthema, geradeso, als ob sie ahnte, daß Leibfried der einzige Mann im Verlag war, der meine Gedanken auch noch in meinen vier Wänden beschäftigen konnte. »Dann schon lieber Wagenbach oder Schmitt«, sagte sie beharrlich. »Kennst du schon die neueste Geschichte über dich?«

Ich kannte sie noch nicht, aber ich kannte die alten Geschichten. Gekränkte männliche Eitelkeit begnügte sich nur selten damit, einfach gekränkt zu sein; ich hatte im Verlag schon zu viele Erwartungen enttäuschen müssen. Mein größter Fehler war, daß ich mich nicht dazu aufraffen konnte, ein Verhältnis wenigstens vorzutäuschen. Wäre eine Ehe meine einzige Bestimmung, so hätte ich vielleicht Ursache, an mir selbst zu verzweifeln, aber ich glaube nicht, daß ich unglücklicher bin als andere Frauen, vielleicht ein wenig einsamer, obwohl ich mir vorstellen konnte, daß es verheiratete Frauen gibt, die sich noch einsamer fühlen als ich, weil sie ihre Ehe auf der Illusion aufgebaut haben, daß Einsamkeit nur ein Problem des richtigen Mannes und kein menschliches Schicksal sei.

»Sie behaupten, du hättest etwas mit dem Boß«, sagte Lis.

Es war diesmal mehr, als ich erwartet hatte, und ich konnte vor Ärger einen Augenblick nicht reden. »Würdest du jetzt deinen Mund halten?« sagte ich leise.

Lis wurde still. Später griff sie unter der Bettdecke nach meiner Hand. »Ich wollte dich nicht ärgern. Wenn du *mich* fragst: Du bist auch viel zu hübsch für einen Mann.«

Es klang so, daß ich meinen Ärger vergaß und lachen mußte. Unter der Bettdecke fühlte ich die Wärme ihres Körpers, und ihre Hand war heiß und trocken. Eines Tages würde sie einen jungen Mann kennenlernen und ihren eigenen Weg gehen. Der Gedanke ließ ein Gefühl von Übelkeit in mir aufkommen. Jedesmal, wenn ich es mir vorzustellen versuchte, erinnerte ich mich an mein erstes und einziges Erlebnis mit einem Mann vor zwei Jahren.

Ich hatte ihn nicht angesehen dabei. Mit geschlossenen Augen hatte ich das Bild des anderen Mannes vor Augen gehabt, der wie ein behaartes Tier aus dem Bett meiner Mutter gestiegen war. Ich hatte es mit mir machen lassen, wie man es im Krankenhaus mit sich machen läßt, und meine einzigen Empfindungen waren Schmerz und ein Gefühl sinnloser Selbsterniedrigung gewesen. Hinterher hatte ich mich erbrochen und mich im Badezimmer eingeschlossen, bis er es endlich aufgegeben hatte, gegen die Tür zu klopfen.

Ich hatte es dann nie wieder mit mir machen lassen. Wenn Lis hier wohnte, würde sie früher oder später einen Freund mitbringen. Es gab eben keinen Ersatz für das, was ein junges Mädchen bei einem Mann zu finden hoffte, solange man als Frau nicht bereit war, sich selbst zu disqualifizieren, und auch dann wäre es nur ein schlechter Ersatz.

Ich fror unter der Bettdecke.

Das Gefängnis lag im entgegengesetzten Stadtteil von Münsheim, und wir mußten fast eine halbe Stunde fahren. Der Himmel sah heute nicht so trüb aus, als wir aus dem Wagen kletterten, kam sogar die Sonne zwischen den Wolken hervor. Das Gefängnis, ein dreistöckiges häßliches Gebäude, war gleichfalls ein geistiges Produkt des Münsheimer Baumeisters. Von seinen übrigen Bauwerken unterschied es sich nur durch die vergitterten Fenster und das große, eisenbeschlagene Tor. Es lag inmitten einer Grünanlage, vierzig Meter von der Straße und hundert Meter von den nächsten Wohnhäusern entfernt, ein quadratischer Bau mit dunklem Innenhof. Ich hatte ihn einmal gesehen und seitdem nie mehr vergessen können.

»Vielleicht hätten wir noch ein paar Blumen besorgen sollen«, sagte Lis. Sie wirkte – im Gegensatz zu mir, der nichts verhaßter war als frühes Aufstehen – frisch und ausgeruht wie immer. Mit ihrem kurzgeschnittenen Haar, dem langen Regenmantel und den schwarzen Wollstrümpfen sah sie wie ein Junge aus. »Vielleicht weiße Lilien«, sagte sie. »Er hat doch behauptet, daß er sich im Sinne der Anklage nicht schuldig fühle. Halt mal das, bitte!« Sie drückte mir die Kamera in die Hand und visierte mit dem

Belichtungsmesser das Gefängnistor an. »Wie alt ist er überhaupt?«

»Fünfunddreißig.«

»Noch zu jung für mich«, sagte Lis. »Da ist er!«

Ich hatte ihn fast gleichzeitig bemerkt, und obwohl ich bisher nur einige unscharfe Pressebilder von ihm gesehen hatte, erkannte ich ihn auf den ersten Blick, ein großer, hagerer Mann in einem zerknitterten Straßenanzug. Seinen Mantel trug er über der Schulter, in der rechten Hand einen kleinen Koffer; er sah aus wie ein Vertreter, der seit Tagen nichts mehr verkauft hatte.

Lis riß mir die Kamera aus der Hand. Wir standen etwa zwanzig Schritte von ihm entfernt auf dem gepflasterten Weg, der von der Straße durch die Grünanlage zum Gefängnistor führte. Neben ihm tauchte jetzt ein uniformierter Beamter in der halboffenen Tür auf, sie wechselten einige Worte miteinander und blickten zu uns her.

»Er erinnert mich an einen verstorbenen Onkel«, sagte Lis. Sie arbeitete mit einem Teleobjektiv. Als sie den Auslöser zum zweiten Male drückte, kam Schulberg langsam auf uns zu.

Aus der Nähe wirkte sein Gesicht viel älter, man hätte ihn für weit über Vierzig halten können, sein Haar an den Schläfen wurde bereits grau. Mein erster Eindruck war völlig neutral, er war mir weder besonders sympathisch noch unsympathisch. Sein dünnlippiger Mund störte mich ein wenig, es war eine reine Voreingenommenheit von mir, dünnlippige Menschen für gefühlskalt, geizig und unberechenbar zu halten. Insgesamt wirkte er ziemlich unzugänglich, und ich begann zu bezweifeln, ob er sich überhaupt auf ein Gespräch mit uns einlassen würde, aber ich hatte Lis noch nie richtig bei der Arbeit erlebt. Sie hatte eine unwiderstehliche Art, die Leute anzugehen, geradeso, als handle es sich um ein glückliches Zusammentreffen mit guten alten Bekannten, und ihr Lächeln hätte wahrscheinlich auch einen überlasteten Politiker zu einer Pause kurzen Nachsinnens veranlassen können. Sie streckte ihm strahlend die Hand hin, erzählte, daß wir von der Presse seien, einen Exklusivbericht über ihn bringen wollten, und fragte dann, ohne ihm nur eine Sekunde Zeit zu lassen, ob er Lust habe, mit uns irgendwo eine Tasse Kaffee zu trinken, sie wüßte ganz in der Nähe ein urgemütliches kleines Restaurant, und er bräuchte sich nur zu uns in den Wagen zu setzen. »In welchen Wagen?« fragte Schulberg, als sie vorübergehend Luft holte. »Doch nicht in diesen hier?«

»Hören Sie«, sagte Lis, »ich kann mir Ihretwegen keinen Mercedes zulegen; außerdem haben wir nur ein paar Minuten zu fahren.«

»Von welcher Zeitung kommen Sie?« fragte Schulberg. Sie sagte es ihm, aber anscheinend hatte er den Namen noch nie gehört; er sagte: »Mit diesem Lokalblättchen ist mir nicht viel geholfen.«

Lis bekam einen roten Kopf. »Sagten Sie Lokalblättchen?«

»Als was würden Sie es bezeichnen?« fragte Schulberg.

Er fing an, mir auf die Nerven zu fallen, in diesem Punkt war ich genauso empfindlich wie Lis und wie alle Journalisten der Welt. Ich warf ärgerlich ein: »Immerhin hat dieses Lokalblättchen über zweihunderttausend Auflage!«

Schulberg nahm zum erstenmal Kenntnis von meiner Anwesenheit, er betrachtete mich ein paar Augenblicke, dann stellte er seinen Koffer neben sich auf den gepflasterten Weg und fragte: »Was wollen Sie von mir hören?«

»Vielleicht ist das hier nicht der richtige Ort«, sagte ich, und Schulberg sagte: »Ich habe Sie nicht hergebeten.«

Wäre Lis nicht gewesen, so hätte ich ihm jetzt einfach den Rükken zugedreht. Ich habe nie verstanden, warum viele Leute so versessen darauf sind, Reporter zu werden; mir jedenfalls fehlte jedes Talent dafür. Lis sagte: »Vielleicht verraten Sie uns wenigstens, was Sie jetzt vorhaben.«

Es hatte fast den Anschein, als ob er es selbst noch nicht wüßte, und mir fiel plötzlich ein Zeitungsartikel über ihn ein. »Sie haben doch kein Geld mehr?« fragte ich.

»Das stimmt«, sagte er. »Wollen Sie mir aushelfen?«

Lis lachte. »Fragen Sie unseren Chef; er hat 'ne hübsche Villa. Wenn Sie mit uns fahren, spendiere ich Ihnen eine Tasse Kaffee. Wir könnten auch in die Wohnung meiner Freundin gehen, falls Ihnen das lieber ist.«

»In Ihre?« fragte er mich.

Ich schickte Lis einen ärgerlichen Blick zu, aber ehe ich noch Zeit für eine Erwiderung fand, sagte Schulberg unvermittelt: »Meinetwegen; vielleicht können Sie etwas für mich tun. Sind Sie sicher, daß ich in diesem Wagen noch Platz habe?«

»Machen Sie mich nicht nervös!« sagte Lis. »Das ist ein echter Viersitzer.«

»Für Gartenzwerge?« fragte Schulberg und griff nach seinem Koffer. Es kostete ihn dann doch etwas Mühe, in den Wagen zu kommen, und als wir wenig später durch die Stadt fuhren, saß er schweigsam hinter uns. Ich erinnerte mich, daß er auch während der Gerichtsverhandlung kaum ein Wort gesprochen haben soll.

Die Sonne hatte sich nicht durchgesetzt, es fing wieder an zu regnen, Lis schaltete die Scheibenwischer ein. »Seien Sie froh, daß Sie mit uns gefahren sind«, sagte sie über die Schulter. »Sie hätten mindestens zwanzig Minuten laufen müssen.«

»Wohin?« fragte Schulberg.

Ihr verdutztes Gesicht brachte mich unwillkürlich zum Lachen. Sie runzelte etwas die Stirn. »Richtig!« sagte sie kühl. »Sie wissen es ja noch gar nicht. Wenn ich Ihnen einen guten Rat geben darf, so verschwinden Sie so rasch wie möglich von hier.«

»Warum?« fragte Schulberg.

»Die Leute auf dem Rathaus«, sagte Lis, »sehen es nicht gern, wenn man Reden gegen die Regierung hält und das Volk aufwiegelt.«

»Sie zahlen doch auch Autosteuer?« fragte Schulberg.

»Mich brauchen Sie nicht zu bekehren«, sagte Lis ungeduldig.

»Das sagen alle«, sagte Schulberg, »aber sie tun nichts.«

Lis wandte mir gereizt das Gesicht zu. »Der Mann macht mich noch ganz konfus. Sag ihm, daß ich schon immer gegen die Regierung war.«

»Er wird es gehört haben«, sagte ich.

»Dann soll er mich in Ruhe lassen«, sagte Lis. »Wenn ich keine Autosteuer mehr bezahle, holen sie mir den Wagen weg. Wofür haben wir die Automobilklubs!«

»Die wollen keine Komplikationen«, sagte Schulberg.

»Wer will heute schon Komplikationen!« sagte Lis. »Die Leute haben andere Sorgen.«

»Die Wiedervereinigung?« fragte Schulberg. Lis kicherte. »Ist er nicht süß?« fragte sie mich.

Ich war mir über meinen persönlichen Eindruck noch nicht schlüssig geworden. Außerdem ärgerte ich mich, eingewilligt zu haben, ihn mit in meine Wohnung zu nehmen, und daß alles, was er sagte, so unvernünftig gar nicht klang. Nur so ließ es sich auch erklären, daß er es überhaupt fertiggebracht hatte, mitten auf der Hauptgeschäftsstraße von Münsheim einige hundert Menschen um sich zu versammeln und den gesamten Straßenverkehr zu blockieren. Ich kannte eine ganze Reihe durchaus ernst zu nehmender Politiker, die weiß Gott was dafür gäben, die Leute ein einziges Mal dazu zu bringen, ihnen wenigstens fünf Minuten zuzuhören.

Ich drehte mich halb nach ihm um. Er hatte den Koffer neben sich gestellt, den linken Arm darüber gelegt und blickte durchs Fenster. »Sie müssen doch gewußt haben, daß man Sie diesmal einsperren wird?« fragte ich.

»Natürlich«, sagte er, ohne mich anzusehen.

»Dann verstehe ich Sie nicht«, sagte ich. »Warum tun Sie das alles?«

Er wandte mir das Gesicht zu und sagte: »Sie müßten eigentlich wissen, was Publicity ist.«

»Ach so«, sagte ich.

»Als ich verurteilt wurde«, sagte er, »saßen mindestens dreißig Reporter im Saal. Das nächste Mal werden es noch mehr sein.«

Ich starrte verständnislos in sein Gesicht. »Sie wollen sich wieder auf die Straße stellen?«

»Sehen Sie einen anderen Weg?« sagte er.

Ich schwieg, und Lis sagte: »Na ja.«

Wir sprachen nichts mehr, bis wir in meiner Wohnung waren. In der Diele stellte Schulberg seinen Koffer ab und sah sich aufmerksam um. Ich führte ihn ins Wohnzimmer und wandte mich an Lis, deren Mund vor unterdrücktem Lachen zuckte. »Zudem«, sagte ich gereizt, »hast du genau gewußt, daß dein urgemütliches kleines Restaurant um sieben Uhr früh noch geschlossen hat.«

Sie lächelte mich unschuldig an. »Deshalb sind wir ja hier!« Zu Schulberg sagte sie: »Haben Sie Hunger?«

»Nein«, sagte er.

»Dann wollen wir einmal nachschauen, was wir in der Küche haben«, sagte Lis und ging hinaus.

Schulberg blickte ihr mit hochgezogenen Augenbrauen nach. »Es ist doch Ihre Wohnung?« vergewisserte er sich.

»Wir sind befreundet«, sagte ich.

»Ein schwieriger Typ«, sagte Schulberg und sah sich auch in meinem Wohnzimmer um. »Sie wohnen allein hier?«

»Ja.«

»Sie haben einen ähnlichen Geschmack wie meine Frau«, sagte er.

Ich hatte nicht gewußt, daß er verheiratet war. Als ich es ihm sagte, nickte er: »Wir hatten einen Unfall; sie wurde aus dem Wagen gegen einen Baum geschleudert.«

Ich setzte mich an den Tisch und blickte in sein Gesicht. »Davon hatte ich keine Ahnung«, sagte ich.

»Sie wollten doch ein Interview?« fragte er. »Warum, glauben Sie wohl, mache ich das alles?« Er setzte sich zu mir und betrachtete seine Hände, dann schob er sie in die Taschen seiner Jacke und sagte: »Es passierte nachts zwischen Nürnberg und Regensburg. Kennen Sie die Straße dort?«

Ich schüttelte stumm den Kopf.

»Sie sieht wie ein Acker aus«, sagte Schulberg. »Man hatte nicht einmal eine Warntafel aufgestellt. Als ich die Löcher in der Straße sah, war es bereits zu spät. Ich habe hinterher über ein Jahr prozessiert.«

»Und?« fragte ich.

»Die Regierung hatte die besseren Anwälte«, sagte Schulberg.

Ich schwieg. Nach einer Pause fragte ich: »Bei der Gerichtsverhandlung in Münsheim haben Sie es nicht erwähnt?«

»Wozu?« fragte er.

»Man hätte es berücksichtigen müssen«, sagte ich.

»Mildernde Umstände?« fragte er.

Ich ahnte, was in ihm vorging, und er brauchte mir jetzt auch nichts mehr zu erklären. »Sie muß Ihnen viel bedeutet haben«, sagte ich nach einer Pause.

»Das auch«, sagte er. »Sie war im achten Monat. Wir haben über fünf Jahre darauf gewartet.«

Er stand auf, trat ans Fenster und blickte ein paar Sekunden hinaus, ein großer, hagerer Mann mit etwas eckigen Schultern. Ich versuchte mir vorzustellen, wie es ihm zumute gewesen sein mußte, als er seine Frau unter dem Baum fand. »Wurden Sie bei dem Unfall nicht verletzt?« fragte ich.

»Nein.« Er drehte sich nach mir um. Da sein Gesicht nun dem Fenster abgewandt war, konnte ich es nicht mehr deutlich erkennen. Er fragte: »Wollen Sie sonst noch etwas wissen?«

»Nein«, sagte ich.

»Dann werde ich jetzt wieder gehen«, sagte er.

Ich blickte zum Fenster, draußen regnete es heftig. »Meine Freundin macht uns einen Kaffee«, sagte ich.

»Ich habe schon gefrühstückt«, sagte Schulberg. »Was mir jetzt fehlt, ist frische Luft; ich habe heute nacht nicht geschlafen.«

»Ist das im Gefängnis üblich?« fragte ich.

»Normalerweise nicht«, sagte er. Ich blickte wieder durchs Fenster in den strömenden Regen, dann sagte ich: »Wenn Sie wollen, können Sie sich eine Stunde auf meine Couch legen.«

Er kam zu mir an den Tisch, blieb vor mir stehen und betrachtete mein Gesicht. »Wieso wohnen Sie allein hier?« fragte er.

»Sie können sich trotzdem eine Stunde auf die Couch legen«, sagte ich.

»Es würde Sie nicht stören?« fragte er.

»Nein«, sagte ich und stand auf. Ich berührte beim Aufstehen mit der Schulter seinen Arm und sagte: »Ich hole Ihnen eine Decke.«

Im Schlafzimmer setzte ich mich einen Augenblick auf das Bett. Ich hatte mir in meinem Leben schon alles mögliche vorzustellen versucht, und ich konnte mir auch vorstellen, wie es aussah, wenn eine hochschwangere Frau aus einem sich überschlagenden Auto gegen einen Baum geschleudert wurde. Als ich die Wolldecke aus dem Schrank holte, war mir übel.

In der Diele traf ich mit Lis zusammen. »Wozu brauchst du die Decke?« fragte sie verwundert.

»Er will sich eine Stunde auf die Couch legen«, sagte ich.

Sie starrte mich verständnislos an. »Schulberg?«

Ich empfand es plötzlich als lästig, ihr eine Erklärung geben zu müssen. »Ich erkläre es dir später.«

»Warum schickst du ihn nicht gleich in dein Bett?« fragte sie fassungslos. Ich gab ihr keine Antwort.

Schulberg stand wieder am Fenster. Als ich ins Zimmer kam,

drehte er sich nach mir um und beobachtete, wie ich die Decke auf die Couch legte. »Wollen Sie vorher nicht doch eine Tasse Kaffee trinken?« fragte ich.

Er schüttelte den Kopf, und mir fiel auf, daß sein Gesicht ganz grau aussah. »Sind Sie krank?« fragte ich.

»Nein.«

»Sie sehen schlecht aus. Vielleicht haben Sie sich erkältet.«

»Im Gefängnis erkältet man sich nicht«, er blickte mich unverwandt an. Noch im Hinausgehen, fühlte ich seinen Blick im Rücken. Lis erwartete mich in der Küche. »Es war deine Idee, ihn hierherzubringen!« sagte ich gereizt.

Sie zuckte mit den Schultern. »Es ist deine Wohnung.«

Auf dem Herd stand ein Topf mit kochendem Wasser, es roch nach gemahlenem Kaffee, und im Wohnzimmer lag ein entlassener Sträfling auf meiner Couch.

Ich kehrte ins Schlafzimmer zurück, ließ mich auf das Bett fallen und verschränkte die Hände im Nacken. Lis kam hinter mir hergelaufen und fragte: »Was soll ich jetzt mit dem Kaffee machen?« Als ich ihr nicht antwortete, setzte sie sich zu mir auf das Bett und sagte: »Ich weiß nicht, aber es kommt mir langsam so vor, als wären wir alle drei übergeschnappt. Bist du sicher, daß du nicht übergeschnappt bist?«

»Er hat in der vergangenen Nacht nicht geschlafen«, sagte ich. »Außerdem habe ich das Gefühl, er weiß nicht, wo er hin soll.«

»Na und? Bist du mit ihm verheiratet?«

Ich hätte ihr am liebsten eine heruntergehauen. »Vielleicht«, sagte sie, »lädst du ihn auch noch ein, ein paar Tage bei dir zu wohnen; er ist der erste Mann, der auf deiner Couch schlafen darf. Ich bin mir jetzt auch nicht mehr sicher, ob du ihn nicht doch in dein Bett geschickt hättest, wenn ich nicht hiergewesen wäre.«

»Vielleicht tue ich es noch«, sagte ich gereizt. Sie blickte mich lächelnd an: »Das glaube ich dir nicht.«

»Nein?« fragte ich gereizt.

»Nein«, sagte sie und küßte mich auf den Mund. Sie hatte es bisher noch nie getan, und als sie sich wieder aufrichtete, war ihr Gesicht feuerrot, aber ihre Stimme klang unverändert heiter: »Ganz bestimmt nicht.«

Bis zu diesem Augenblick war es nicht viel mehr als eine unklare Möglichkeit gewesen, ein gelegentliches Wunschbild, dessen ich mich immer ein wenig geschämt hatte, und so etwas wie ein Notventil für das regelmäßige Gefühl des Alleinseins, des Überdrusses, denn schon der Gedanke, sie jederzeit an mich binden zu können, war erregend genug gewesen, mich das Alleinsein ertragen zu lassen. Ich litt mehr darunter, als ich mir selbst gegenüber wahrhaben wollte, aber keine Sekunde hatte ich ernsthaft daran gedacht, es tatsächlich einmal so weit kommen zu lassen.

Ich beobachtete regungslos, wie Lis aufstand, ans Fenster trat und in den Regen hinausschaute. »Ich könnte noch rasch nach Hause fahren«, sagte sie mit abgewandtem Gesicht. »Wenn ich Glück habe, ist jetzt niemand in der Wohnung; meine Mutter wollte in die Stadt.«

»Was willst du in eurer Wohnung?« fragte ich mechanisch.

Sie drehte sich nach mir um. »Meine Sachen holen.«

»Das kommt nicht in Frage«, sagte ich mechanisch. »Ich habe nichts dagegen, daß du gelegentlich bei mir übernachtest, aber es ist ausgeschlossen, daß du bei mir wohnst. Wie stellst du dir das überhaupt vor?«

»Hübsch«, sagte Lis und setzte sich wieder neben mich. Die grauen Augen fest und ruhig auf mich gerichtet, legte sie ihre Hand auf meine Brust und sagte: »Ich habe schon daran gedacht, als du die Wohnung hier bekommen hast. Ich habe noch nie eine richtige Freundin gehabt; die Mädchen in der Schule waren mir zu albern. Laß mich bei dir wohnen.«

Ich wollte ihr antworten, und ich konnte nicht. Mir war, als hätte ich keine Stimme mehr. Ich fühlte Hitze in mein Gesicht steigen, und ihre Hand auf meiner Brust wog schwer wie ein großer Stein, der mich auf dem Bett festhielt, mich lähmte und mein Herz stocken ließ. Und gleichzeitig war mir, als ströme die Hitze aus meinem Gesicht in meinen Körper zurück, bis in seine feinsten und letzten Verästelungen. Mein Widerstand war ausgelöscht und mein ganzes Ich mit einer sanften, müden Gleichgültigkeit überschwemmt. In dieser Sekunde wäre mir alles eins gewesen, aber Lis tat nichts, sie schaute mich nur an, einen abwesenden Ausdruck im Gesicht. Dann nahm sie ihre Hand wieder von mir und sagte: »Sieh zu, daß du ihn bald los wirst. Wenn ich in einer Stunde noch nicht zurück bin, sehen wir uns im Verlag.«

Sie war schon lange fort, als ich noch immer auf dem Bett lag, unfähig, etwas anderes zu tun oder etwas anderes zu empfinden als das, was ihre Berührung in mir ausgelöst hatte. Schließlich stand ich auf und ging zu Schulberg hinüber. Ich mußte ihn heftig an der Schulter rütteln, bis er sich endlich nach mir umdrehte und die Augen aufschlug. »Sie können nicht länger hierbleiben«, sagte ich. »Ich muß in den Verlag zurück.«

Er stand sofort auf, blickte mich schlaftrunken an und nickte dann. »Wenn Sie wollen«, sagte ich, »können Sie sich im Bad noch etwas frisch machen. Haben Sie ein Handtuch?«

»Im Koffer«, sagte er und schaute zur Tür hin. »Wo ist Ihre Freundin?«

»Schon weggefahren«, sagte ich. »Ich zeige Ihnen das Bad.« Ich ging in die Diele, öffnete die Tür zum Badezimmer und wandte mich wieder nach ihm um. »Haben Sie nur diesen Anzug?«

»Gefällt er Ihnen nicht?« fragte Schulberg.

»Er ist völlig zerknittert; die Leute auf der Straße werden sich nach Ihnen umdrehen.«

»Daran habe ich mich gewöhnt«, sagte Schulberg. Ich beobachtete, wie er seinen Koffer öffnete und ein Handtuch herausholte. »Was werden Sie jetzt tun?« fragte ich.

»Das weiß ich selbst noch nicht«, sagte er und ging an mir vorbei ins Badezimmer. Ich wartete noch, bis er die Tür hinter sich zugemacht hatte, dann räumte ich die Wolldecke von der Couch und legte sie auf ihren Platz. Ich setzte mich in die Küche und blickte zum Fenster. Es regnete ununterbrochen, die Bergkuppen hinter dem Haus verschwanden in tiefziehenden Wolken.

Ich hörte Schulberg aus dem Bad zurückkommen und wartete noch, bis er in der Diele seinen Mantel angezogen hatte, dann ging ich zu ihm hinaus. »Trotz alledem begreife ich Sie nicht«, sagte ich. »Wovon leben Sie überhaupt? Sie müssen doch einen Beruf haben?«

»Ich habe ihn an den Nagel gehängt«, sagte Schulberg gleichgültig.

Es regte mich auf, ihn in diesem Ton reden zu hören, ich sagte: »Und was versprechen Sie sich wirklich davon? Wollen Sie eine neue Partei gründen, die dafür sorgt, daß unsere Straßen ausgebaut werden?«

»Warum nicht?« Er knöpfte seinen Mantel zu. »Sie finden das alles wohl sehr verrückt?« fragte er, ohne mich anzuschauen.

»Wenn Sie es unbedingt hören wollen!« sagte ich.

Er blickte rasch in mein Gesicht. »Vielleicht haben Sie zuwenig Phantasie«, sagte er.

»Ich werde nicht für meine Phantasie bezahlt«, sagte ich gereizt. »Außerdem halte ich nichts von Ihrer Methode.«

»Ich habe Sie schon einmal gefragt, ob Sie eine bessere wissen«, sagte Schulberg.

Er schien es aus einem mir unerfindlichen Grund darauf abgesehen zu haben, mich zu provozieren, und ich fiel prompt darauf herein. »Dafür werde ich auch nicht bezahlt«, sagte ich sehr laut.

»Sicher nicht«, sagte er und bückte sich nach seinem Koffer. »Haben Sie jemals etwas getan, für das Sie nicht bezahlt worden wären?«

Seine kalte Stimme brachte mich unvermittelt zur Besinnung. Es war sonst nicht meine Art, mich so hinreißen zu lassen, von einem bestimmten Augenblick an hatte ich die Kontrolle über unser Gespräch verloren, aber ich konnte es nun einmal auf den Tod nicht ausstehen, wenn man mich so oberflächlich einschätzte, wie er es tat. »Ich möchte doch annehmen«, sagte ich so ruhig wie möglich, »daß Sie sich das nicht genau überlegt haben.«

»Das stimmt«, sagte Schulberg. »Es tut mir leid.« Er ging zur Wohnungstür, drückte die Klinke nieder und drehte sich noch einmal nach mir um. »Erwähnen Sie bitte nicht, daß meine Frau schwanger war«, sagte er. »Ich habe es Ihnen nur erzählt, weil ich so etwas wie Sie im Gefängnis nicht gesehen habe.«

»Sie wollen doch wieder hineingehen«, sagte ich.

Er blickte nachdenklich in mein Gesicht, dann schüttelte er leicht den Kopf. »Das weniger«, sagte er. »Und vielen Dank für alles.«

Als die Tür hinter ihm zufiel, erinnerte ich mich, daß er nicht einmal eine Tasse Kaffee getrunken hatte, aber ich machte keinen Versuch, ihn zurückzurufen.

Im Gegensatz zu anderen Verlegern, die sich nur bei Unpäßlichkeit davon abhalten ließen, mindestens einmal am Tag den ganzen Verlag zu inspizieren, verließ Schmiedel sein Arbeitszimmer nur dann, wenn er nach Hause fuhr. Er begnügte sich in der Regel damit, seine Ressortchefs oder Wagenbach zu sich rufen zu lassen. Daß er sich trotzdem einen unmittelbaren Kontakt zu sämtlichen Mitarbeitern bewahrt hatte, erklärte sich aus seiner Eigenart, sich nicht nur in allen personalpolitischen Entscheidungen das letzte Wort vorzubehalten, sondern auch Krankmeldungen und Urlaubsgesuche persönlich zur Kenntnis zu nehmen. Auf diese Weise verschaffte er sich immer einen präzisen Überblick über die jeweilige innerbetriebliche Situation.

Ich hatte es so eingerichtet, daß ich während der Redaktionskonferenz in den Verlag zurückkam. In meinem Zimmer sah ich rasch die letzten Nachrichten durch, erledigte zwei Routinearbeiten und ging dann zu Blümchen hinüber. Mit ihrem richtigen Namen hieß sie Blume, ein etwas farbloses, nicht mehr ganz junges Mädchen, dessen Chancen, noch geheiratet zu werden, nicht sehr groß waren. Wie alle unscheinbaren und farblosen Mädchen war sie bei ihrer Arbeit sehr gewissenhaft; ich hätte mir eine zuverlässigere Sekretärin kaum vorstellen können. Ich wechselte einige Worte mit ihr, gab ihr zwei Manuskriptseiten zur Reinschrift und meldete mich dann bei Schmiedel an. Da er sich an der Redaktionskonferenz nie beteiligte, war dies die beste Zeit.

Obwohl mein Bericht ihn interessieren mußte, hörte er mir mit unbewegtem Gesicht zu. »Etwas Ähnliches hatte ich vermutet«, sagte er dann. »Stellen Sie die Sache für Montag groß heraus. Wir werden zwar wieder Ärger mit Kießling bekommen, aber in diesem Fall können Sie sich auf mich berufen. Über seine weiteren Pläne hat er Ihnen nichts erzählt?«

»Anscheinend hat er vor, wieder ins Gefängnis zu gehen.«

Schmiedel nickte. »Das ist symptomatisch für solche Leute; sie bleiben nicht auf halbem Weg stehen. Haben Sie sich mit ihm gestritten?«

Man konnte ihm nichts vormachen; ich fühlte, daß ich rot wurde. »Es hielt sich im Rahmen.«

»Natürlich«, sagte Schmiedel. »Schließlich sind Sie eine gebildete

Frau. Was ich noch sagen wollte ...« Er musterte mich mit seitlich gelegtem Kopf wie eine Eule. »Es fällt zwar auch nicht in Ihr Ressort, aber ich betrachte es als einen durchaus originellen Einfall, Manövereindrücke einmal von einer intelligenten Frau kommentieren zu lassen. Haben Sie schon einmal ein Manöver besucht?«

Ich schüttelte verwirrt den Kopf. »Am Montag beginnen die amerikanischen Frühjahrsmanöver«, sagte er. »Ich habe mir gedacht, daß Sie für die übernächste Woche einen ausführlichen Bericht schreiben; Fräulein Hensel wird mit Ihnen fahren.«

Es war genauso, als hätte er mir fristlos gekündigt. »Wenn Sie mich in der Innenpolitik nicht mehr brauchen ...«, sagte ich mit belegter Stimme, aber ich brachte den Satz unter seinem kühlen Blick nicht zu Ende. »Für solche Fälle haben wir unsere Personalabteilung«, sagte er förmlich. »Da Sie die intelligenteste Frau im Verlag sind, die auch noch einen brauchbaren Stil schreibt, finde ich den Gedanken so absurd nicht. Außerdem möchte ich Ihnen Gelegenheit geben, einmal in Ruhe über die Mentalität der hiesigen Bevölkerung nachzudenken. Sobald Sie zurückkommen, nehmen Sie Ihre gewohnte Arbeit wieder auf.«

Er verstummte einen Augenblick, dann lächelte er unvermittelt. »Sie mußten heute sehr früh aufstehen. Ich nehme an, Herr Künzle kann Sie für den Rest des Tages entbehren. Den Artikel über Schulberg können Sie zu Hause schreiben. Sie fahren am Montag.«

»Wie lange?«

»Bis Sie Ihren Bericht beisammen haben«, sagte Schmiedel und beugte sich wieder über seine Papiere.

Ich ging hinaus. Vor der Tür blieb ich eine Weile stehen und kämpfte mit mir, aber es war sinnlos, Schmiedel widersprechen zu wollen. Ohne meine Wohnung und die hohe Mietvorauszahlung hätte ich es vielleicht riskiert. Es gab zwar noch eine andere, etwas kleinere Zeitung in Münsheim, aber meine Aussichten, dort eingestellt zu werden, waren kaum größer als die Aussichten eines *Spiegel*-Redakteurs beim *Rheinischen Merkur*.

In der Lokalredaktion erfuhr ich, daß Lis noch nicht aufgetaucht war. Ich ging wieder zu Blümchen, ließ mir die Reinschrift geben und las sie flüchtig durch. Obwohl ich hungrig war, beschloß ich, das Ende der Redaktionskonferenz abzuwarten; vielleicht hatte Künzle noch etwas für mich.

Ich merkte, daß Blümchen besorgt in mein Gesicht schaute; ihre Anhänglichkeit war schon rührend. Sie gehörte zu den wenigen Sekretärinnen im Verlag, die unverhüllte Sympathie für mich hegten, den meisten anderen war ich ein Dorn im Auge, und nirgendwo wurde so viel über mich geklatscht wie im Redaktionssekretariat. »Da ist noch etwas für Herrn Schmitt«, sagte sie. »Ob ich ihm das ins Konferenzzimmer schicken soll?«

Schmitt war Ressortchef für Außenpolitik, ich fragte: »Ist es wichtig?«

»Der Außenminister fliegt zu Gesprächen nach Washington.«

»Du lieber Gott«, sagte ich. »Was versprechen Sie sich davon?«

Blümchen nickte. »Es wird bei uns viel zuviel geflogen.«

Für eine einfache Redaktionssekretärin wußte sie gut Bescheid. Ich lächelte ihr beruhigend zu. »Gekündigt hat man mir übrigens auch nicht, falls sich jemand dafür interessieren sollte.«

Sie errötete tief. »Ich werde es ausrichten, Fräulein Doktor.«

Ich konnte es ihr mit dem besten Willen nicht abgewöhnen. Jemand schien ihr suggeriert zu haben, daß man zum Akademiker geboren sein müsse.

In meinem Zimmer setzte ich mich an den Schreibtisch und dachte über Schmiedels neuesten Auftrag nach. Obwohl ich mir einzureden versuchte, daß es doch eine willkommene Abwechslung für mich sein müsse, einmal ein amerikanisches Manöver zu besuchen – dazu noch zusammen mit Lis –, verschlechterte sich meine Laune immer mehr. Dies war so ein Tag, an dem ich mir selbst nichts recht machen konnte; ich konnte anfassen, was ich wollte. Als Lis hereingestürzt kam, war ich schon halb entschlossen, mich bei Wagenbach zu beschweren. Ich beobachtete verständnislos, wie sie zum Garderobenständer rannte, meinen Mantel vom Haken riß und auf den Schreibtisch warf. »Zieh dich an!« sagte sie atemlos. »Zieh dich an und frag jetzt nichts; wir haben keine Zeit.«

»Willst du mir nicht wenigstens erklären ...«

»Schulberg!« unterbrach sie mich hastig. »Er krakeelt wieder.«

Ich stand automatisch auf. »Wo?«

»Keine zwei Minuten von hier. Komm!«

Ich zog meinen Mantel an, griff nach meiner Handtasche und rannte hinter ihr her. Auf der Straße merkte ich, daß ich meinen Schirm vergessen hatte, aber ich kehrte nicht mehr um. »Ich dachte, der Schlag würde mich treffen«, erzählte Lis atemlos. »Fuhr nichts Böses ahnend zum Verlag, als ich ihn an dem großen Taxistand stehen sah. Er diskutierte mit den Fahrern. Von den Leuten, die im Auto vorbeifuhren, müssen ihn ein paar erkannt haben, sie ließen ihre Wagen mitten auf der Straße stehen und liefen zu ihm hin. Nach zwei Minuten war die ganze Straße verstopft. Dem Mann ist nicht mehr zu helfen.«

Ich gab keine Antwort. Da es heftig regnete, band ich mir im Gehen den Schal um den Kopf.

Um zu dem Taxistand zu kommen, hatten wir nur eine kurze Straße zu passieren. Die grauen Häuserfronten standen naß im Regen, in einigen Schaufenstern war die Beleuchtung eingeschaltet. Es herrschte der übliche Mittagsverkehr, Autokolonnen und eilige Fußgänger, Büroangestellte und Verkäuferinnen auf dem Weg zum Mittagstisch, aber zweihundert Meter weiter führte die Straße im Halbkreis um einen kleinen Platz herum, und dort stauten sie sich vor dem Taxistand, eine dunkle Menschenmauer, ständig anwachsend wie eine Springflut, und die Straße stand voll von hupenden Autos. Lis schrie mir etwas zu, ich konnte sie jedoch bei dem ohrenbetäubenden Lärm nicht verstehen, und dann sah ich auch für einen Augenblick zwischen einem Wald von Regenschirmen Schulberg auftauchen, das hagere Gesicht vom Regen naß. Seine Stimme konnte ich nicht hören, ich sah nur, wie die Leute in seiner Nähe lachten und ihm beifällig zunickten, und ganz unvermittelt wurde mir auch klar, warum er überall, wo er erschien, so großes Aufsehen erregte. Allein der Umstand, daß ein einzelner Mann sich dazu aufraffte, mitten im dichtesten Straßenverkehr einer Stadt gegen die Steuerpolitik der Regierung zu polemisieren, war in einer Zeit politischer Stupidität schon so ungewöhnlich, daß sie ihm wahrscheinlich auch zugehört hätten, wenn sein Anliegen etwas weniger populär gewesen wäre. Hier bot sich endlich eine Gelegenheit, politische Ressentiments abreagieren zu können, ohne dadurch gleich die Partei wechseln und eine andere Regierung riskieren zu müssen, ohne politisches Risiko aufsässig zu sein und demokratisches Selbstbewußtsein pflichtbewußter Steuerzahler zu praktizieren, die für ihr gutes Geld auch einmal auf den Tisch hauen wollen. Die Erklärung war so lächerlich einfach, daß ich mich ihrer fast ein wenig schämte, als Journalistin und als Staatsbürgerin.

Hinter mir hatten sich jetzt noch mehr Leute angesammelt. Als ich zurückschaute, sah ich am Ende der Straße die Uniform eines Polizisten auftauchen, dann versperrte mir das neugierige Gesicht einer dicken Frau die Sicht. Lis schien den Polizisten schon etwas früher bemerkt zu haben, sie stieß mir erwartungsvoll den Ellbogen in die Seite und brüllte mir zu: »Bleib hier stehen!«

»Wohin gehst du?« brüllte ich zurück.

»Auf die andere Seite, ich werde ihn knipsen, wenn er abgeführt wird; hier sehe ich nichts.«

Ich drehte mich um, stellte mich auf die Schuhspitzen und blickte über den Kopf der dicken Frau hinweg zu dem Polizisten hin. Er war höchstens noch zweihundert Schritte entfernt und näherte sich rasch. »Sie nehmen mir die ganze Aussicht weg!« schrie die dicke Frau. »Was ist denn los hier? Ist etwas passiert?«

»Jemand hält eine Rede«, sagte ich in normalem Ton.

»Ich kann Sie nicht verstehen!« schrie die dicke Frau.

Der Polizist hatte sich jetzt so weit genähert, daß ich sein rotes, entschlossenes Gesicht erkennen konnte, das Gesicht eines kleinen Beamten, der seine große Stunde wittert, seltener Höhepunkt im prosaischen Tagesablauf eines mittelmäßig besoldeten Polizeiwachtmeisters, der sich den Teufel was darum scheren würde, ob Schulbergs Frau im achten Monat gewesen war, als sie gegen den Baum flog.

Als ich mich mit der Schulter zwischen den vor mir stehenden Leuten hindurchschob, geschah es gegen meinen Willen. Ich hatte auch noch keine bestimmte Vorstellung von dem, was ich tun würde, mir war nicht einmal bewußt, daß ich im Begriffe war, etwas zu tun. Die ganze Szenerie wirkte absurd auf mich, absurd und gespenstisch unter dem grauen Himmel, und die Menschen standen wie angewachsen, stur und entschlossen, ihren guten Platz in den vorderen Reihen unter allen Umständen zu behaupten. Ich mußte mich gewaltsam unter einem Himmel tanzender Regenschirme zwischen widerspenstigen Hüften und sperrig angewinkelten Ellbogen hindurchboxen. Für die kurze Strecke zu Schulberg brauchte ich eine mir endlos erscheinende Zeit, und als ich endlich vor ihm stand, konnte ich vor Zorn und Anstrengung kaum reden. »Hören Sie auf!« sagte ich keuchend. »Die Polizei kommt.«

Er verstummte augenblicklich und starrte mich überrascht an. Auch die vielen Menschen starrten mich überrascht an, und hinter mir fragte eine Frau: »Ist sie mit ihm verheiratet?«

Das Hupkonzert war vorübergehend schwächer geworden, und nun, da Schulberg still war, hatte ich wieder seine scharfe Stimme in den Ohren, aber ich hatte vor Aufregung kaum ein Wort verstanden. Er trug keinen Hut, der Regen rann ihm aus den Haaren über das Gesicht, tropfte auf seinen durchnäßten Mantel und von dort auf seine durchnäßten Schuhe. Und plötzlich konnte ich auch wieder klar denken, fühlte mich angegafft und peinlich im Mittelpunkt. Ohne mich länger um Schulberg zu kümmern, wandte ich mich instinktiv in eine Richtung, die mir wenigstens ein Zusammentreffen mit dem Polizisten ersparte, und die Leute machten mir schweigend Platz. Daß Schulberg mir nachgekommen war, merkte ich erst, als ich das dichte Spalier neugieriger Zuschauer bereits hinter mich gebracht und zwischen den haltenden Autokolonnen hindurch die andere Straßenseite erreicht hatte. Ein Blick über die Schulter zeigte mir, daß sich die Menschenansammlung rasch auflöste; von dem Polizisten war noch nichts zu sehen. Trotzdem beschleunigte ich unwillkürlich meine Schritte, und Schulberg kam an meine Seite und sagte: »Ich habe keinen Polizisten bemerkt.«

Ich zog es vor, ihm keine Antwort zu geben, ich hätte mich sonst nur wieder aufregen müssen. Wir hatten fast das Ende der Straße erreicht, als wir von Lis eingeholt wurden; sie war außer Atem. »Verschwindet in ein Haus!« sagte sie. »Er ist hinter euch her!«

»Wer?« fragte Schulberg. Vielleicht war er tatsächlich so begriffsstutzig! Ich packte ihn entschlossen beim Mantelärmel und zog ihn mit mir in den nächsten Laden. Dort erst stellte ich fest, daß es ein Schallplattengeschäft war. Ich hatte nicht einmal einen Plattenspieler zu Hause. Aus dem Hintergrund näherte sich uns eine junge Verkäuferin und fragte uns nach unseren Wünschen.

»Wir wollen nur einen Prospekt«, sagte ich geistesgegenwärtig.
»Für Langspielplatten.«

»Etwas Klassisches?« fragte die Verkäuferin, während sie mit undurchdringlichem Gesicht Schulbergs nasse Kleider musterte. Zu seinen Füßen bildete sich eine große Pfütze auf dem spiegelblanken Boden. Ich fühlte, daß er mich unentwegt anschaute, und sagte: »Ja.«

Die Verkäuferin ging hinter den Ladentisch, blieb unschlüssig stehen und blickte uns wieder an. »Wenn Sie mir ungefähr sagen könnten ...«

Ein Geräusch im Rücken lenkte meine Aufmerksamkeit zur Tür; ich sah Lis hereinkommen. »Er ist weg!« sagte sie atemlos. »Sie haben vielleicht einen Dusel gehabt, Mann! Haben Sie es schon einmal mit einem Psychiater probiert?«

Schulberg verfärbte sich ein wenig. »Sie sind noch ein bißchen jung, nicht wahr?« fragte er.

»Das auch«, sagte Lis. »Außerdem habe ich dem Polizisten erzählt, daß Sie zum Bahnhof gelaufen wären.«

»Ich hab Sie nicht darum gebeten«, sagte Schulberg.

»Das stimmt!« sagte Lis mit rotem Kopf. »Wäre es Ihnen lieber gewesen, wenn ich ihn hereingeschickt hätte?«

Die Verkäuferin brachte ein paar Prospekte. »Das ist alles, was wir zur Zeit hier haben«, sagte sie unlustig.

»Ich habe Sie gefragt«, sagte Lis zu Schulberg, »ob es Ihnen lieber gewesen wäre, wenn ich ihn in den Laden geschickt hätte!«

Ich hatte sie noch nie so erregt gesehen. Die Verkäuferin starrte uns konsterniert an. Ich bekam Angst, sie könnte ihren Chef rufen. »Vielen Dank«, sagte ich zu ihr und steckte die Prospekte in meine Handtasche. Zu Lis sagte ich: »Warte in der Kantine auf mich!«, aber sie schien mich überhaupt nicht zu hören, stellte sich mit rotem Kopf kerzengerade vor Schulberg hin und fragte: »Wollen Sie mir nicht antworten?«

Ich hatte jetzt endgültig genug und sagte zu Schulberg: »Kommen Sie!«

Vor der Ladentür drehte ich mich nach Lis um. »Du benimmst dich wie ein Kindskopf!« sagte ich gereizt.

»Und er?« fragte sie. »Wie benimmt er sich?« Wir standen im

Regen vor der Ladentür, und mir fiel plötzlich auf, daß Schulberg seinen Koffer nicht bei sich trug. Als ich ihn danach fragte, blickte er mich überrascht an. »Ich muß ihn irgendwo stehenlassen haben.«

»Wo?« fragte ich. »Beim Taxistand?«

»Ich weiß es nicht genau«, sagte Schulberg.

Lis lachte ärgerlich auf. »Hör dir das an!« sagte sie. »Er weiß nicht einmal mehr, wo er ihn stehenlassen hat.«

Ich sah, daß einige Passanten zu uns herschauten. »Warum sind Sie nicht weggefahren?« fragte ich.

»Wohin?« fragte Schulberg.

»Der Mann macht mich noch verrückt!« sagte Lis. »Warum versuchen Sie es nicht einmal bei einem Reisebüro?«

Ich hatte keine Ahnung, was in sie hineingefahren war, aber ich wurde jetzt ernsthaft böse. »Kannst du nicht wenigstens einen Augenblick deinen Mund halten?« fragte ich. »Es ist ja lächerlich, wie du dich aufführst!«

»Wenn sich hier jemand lächerlich aufführt«, sagte sie wütend, »bist du es.« Sie drehte sich um und ging rasch davon.

»Was hat sie eigentlich gegen mich?« fragte Schulberg.

Ich hatte einen bestimmten Verdacht. Es hatte erst angefangen, als ich Schulberg erlaubt hatte, auf meiner Couch zu schlafen. Während ich ihr nachschaute, fühlte ich, daß das Wasser durch meine dünnen Schuhsohlen drang, der Mantel klebte feucht auf meinem Kleid. Ich hatte noch nicht zu Mittag gegessen und fror in den nassen Sachen. Noch nie hatte ich eines Mannes wegen so viele Unannehmlichkeiten auf mich genommen, und trotzdem brachte ich es jetzt nicht fertig, ihn einfach sich selbst zu überlassen. Der Polizist würde sicher eine Meldung gemacht haben, und da Schulberg bei den Behörden kein Unbekannter mehr war, konnte man sich an zehn Fingern ausrechnen, was geschehen würde, wenn man ihn faßte. Wahrscheinlich würde man ihn diesmal in ein Arbeitshaus einweisen, sobald es politisch wurde, fand sich immer ein Richter mit nationalen Komplexen. Ich erinnerte mich an das lange Strafregister in Münsheim, Landstreicherei, Verstoß gegen den Paragraph 1 der Straßenverkehrsordnung, grober Unfug, Gefährdung der *öffentlichen* Sicherheit und noch einige andere Delikte. Vielleicht würde man ihn diesmal sogar wegen Geheimbündelei und Landesverrat anklagen, es gab auch in Westdeutschland genügend Vorwände, unbequeme Leute unschädlich zu machen, und alles nur, weil sich ein intelligenter Mann eine verrückte Sache in den Kopf gesetzt hatte! Ich fragte: »Wo sind Sie zu Hause?«

»In Nürnberg«, sagte Schulberg.

Mir fiel wieder ein, daß er kein Geld hatte, vielleicht war er nur deshalb nicht weggefahren, aber als ich ihn danach fragte, schüttelte er den Kopf. »Das ist es nicht«, sagte er. »Ich habe meine Wohnung in Nürnberg aufgegeben.«

Ich starrte ihn verständnislos an. »Und Ihre Möbel?«

»Verkauft«, sagte Schulberg. »Ich brauchte Geld.«

Ein paar Augenblicke fiel mir nichts mehr ein. Als ich meine Handtasche öffnete, geschah es gegen meinen Willen. »Das ist der Schlüssel zu meiner Wohnung«, sagte ich. »Hängen Sie Ihre nassen Sachen ins Badezimmer; vielleicht paßt Ihnen mein Morgenrock.«

Er behielt den Schlüssel eine Weile in der Hand, dann fragte er: »Warum tun Sie das?«

»Ich brauche noch ein paar Einzelheiten für meine Reportage«, sagte ich.

»Das glauben Sie doch selbst nicht«, sagte er ruhig.

Es klang mir noch in den Ohren, als ich fünf Minuten später völlig konfus die Kantine betrat. An einem Tisch entdeckte ich Lis zwischen Leibfried und einem Sportredakteur. Ich holte mein Essen und setzte mich zu ihnen; sie starrten mich besorgt an. »Bist du krank?« fragte Lis. Sie meinte es im Ernst; ich hörte es an ihrer Stimme.

»Ich bin nicht krank«, sagte ich und blickte Leibfried an. »Wolltest du heute nicht wegfahren?«

Er nickte. »Dichterlesung in Konstanz; wenn sie wenigstens vorlesen könnten!«

Der Sportredakteur kicherte. Er war ein hagerer Mann mit kahlem Schädel; beim Lachen zog er die Oberlippe von den gelben Zähnen. Ich stocherte mit der Gabel lustlos auf meinem Teller herum, fühlte, daß Lis mich scharf beobachtete, und konnte ihr nicht in die Augen sehen. »Was ist los mit dir?« fragte Leibfried. »Etwas stimmt doch hier nicht!«

»Jemand hat ihr einen kleinen Mann ins Ohr gesetzt«, sagte Lis.

»Besser als einen großen ins Schlafzimmer«, sagte der Sportredakteur und verschluckte sich vor Lachen. Lis fuhr ihn gereizt an:

»Spuck mir nicht den ganzen Rock voll! Wo ist er hingegangen?« fragte sie mich. Ich schob angewidert meinen Teller von mir.

»Wer?«

»Schulberg natürlich.«

Zufällig schaute ich zu Leibfried; seine Augen hingen gespannt an meinem Mund. »Wer ist eigentlich dieser Schulberg?« erkundigte sich der Sportredakteur.

Künzle kam zu uns an den Tisch. Er blieb hinter mir stehen und blickte über meine Schulter. »Ich habe da etwas läuten hören«, sagte er langsam.

Lis nickte. »Ich auch.« Sie beugte sich gut gelaunt zu mir herüber. »Warum hast du mir vorhin nichts von dem Manöver erzählt?«

Vielleicht hatte sie es inzwischen von Wagenbach erfahren; ich zuckte mit den Schultern. »Ich fand keine Zeit dazu.«

»Die Manöverreportage ist noch nicht sicher«, sagte Künzle. »Dieser Schulberg soll wieder gesprochen haben. Ihr habt ihn doch heute früh interviewt?«

»Den Namen habe ich doch schon einmal gehört!« sagte der Sportredakteur und putzte sich mit einem rotkarierten Taschentuch die Speisereste vom Mund.

»Oder habt ihr ihn nicht interviewt?« fragte Künzle. Leibfried schaltete sich ein: »Sie wollen nicht darüber reden.«

»Die Reportage ist jedenfalls noch nicht sicher«, wiederholte Künzle düster und drehte uns den Rücken zu. Lis schaute ihm verächtlich nach. »Es stinkt ihm, daß er ein paar Tage ohne dich auskommen muß. Am liebsten würde er dich in ein Einmachglas stecken und unter sein Bett stellen.« – Der Sportredakteur fing wieder heftig an zu lachen. »Wenn ich so schlechte Zähne hätte«, sagte Lis, »würde ich nicht einmal im Schlaf lachen.«

»Empfehle mich«, sagte der Sportredakteur und stand auf. Seine Schultern zuckten noch an der Tür vor Lachen. Leibfried schmunzelte. »Er ist so herrlich unkompliziert!«

»Sonst wäre er nicht Sportredakteur geworden«, sagte Lis und musterte mich unter halbgesenkten Lidern. »Und sonst war nichts?«

Leibfried räusperte sich. »Wenn ich hier störe ...«

»Sie sind wenigstens ein intelligenter Mensch«, sagte Lis, während sie mich mit halbverdeckten Augen unverwandt anschaute. Ich sah, daß Leibfried aufstehen wollte, und legte ihm rasch die Hand auf den Arm. Zu Lis sagte ich: »Wirst du nicht irgendwo gebraucht?«

»Freitags nie. Außerdem hast du mir die Bildreportage meines Lebens vermasselt.«

»Es hätte dich nur ein Wort gekostet«, sagte ich kühl.

»Ich hatte Angst, es könnte vielleicht mehr sein.« Sie blickte Leibfried an. »Sind Sie nicht sehr aufgeregt?«

Er lächelte verwundert. »Weshalb?«

»Ich dachte, das sei bei verliebten Männern immer so«, sagte Lis und stand auf. Sie winkte uns lässig zu. »Bis später, ihr Hübschen!«

Leibfried errötete wie ein Mädchen. Es zuckte mir in den Händen. Sie war das unverfrorenste Wesen, das mir je begegnet war. »Wahrscheinlich habe ich es nicht besser verdient«, sagte Leibfried. »Du hast kaum etwas gegessen!«

»Ich habe keinen Appetit«, sagte ich. »Wann fährst du?«

»In einer Stunde.« Er betrachtete mich nachdenklich. »Möglich, daß ich es mir nur einrede, aber du kommst mir irgendwie verändert vor.«

Ich blickte schweigend in sein Gesicht.

»Noch hübscher«, sagte er. »Ich mache mir Gedanken wegen der Reportage. Was bezweckt Schmiedel damit?«

»Vielleicht will er mir einen kleinen Denkzettel verpassen«, sagte ich. Leibfried schwieg.

Nach einer Pause fragte er: »Was hat Schulberg den Leuten gesagt?«

»Ich habe kaum ein Wort verstanden«, sagte ich. »Er will eben erreichen, daß mehr für den Straßenbau getan wird.«

»Das wollte er schon, bevor sie ihn eingesperrt haben. Ich glaube nicht, daß er sich durchsetzt.«

»Seine Frau ist bei einem Autounfall ums Leben gekommen«,

sagte ich. »Die Straße befand sich in einem unverantwortlichen Zustand.«

Leibfried nickte. »Ich dachte mir, daß mehr dahinterstecken muß!« Er lächelte. »Vielleicht weiß Schmiedel doch, was er will, wenn er dich auf eine Reportage schickt. Mir scheint, Schulberg ist bei dir endlich an die richtige Adresse gekommen.«

»Das steht noch nicht fest«, sagte ich.

»Ich müßte mich gewaltig irren«, sagte Leibfried und stand auf.

»Dann sehen wir uns wohl erst wieder in einer Woche?«

»Wahrscheinlich.«

»Kaum zu ertragen«, sagte Leibfried und verabschiedete sich. Ich sah ihm nach, wie er zur Tür ging, ein mittelgroßer, unauffälliger Mann mit etwas eckigen Schultern; ich hatte ihn noch nie anders als mit einer Kordjacke gesehen. Wäre ich fähig gewesen, mich ernsthaft in einen Mann zu verlieben, so hätte ich es wenigstens einmal mit ihm versucht, obwohl es einige nicht unriskante Imponderabilien zwischen uns gab. Er gehörte zu jenen Katholiken, die zwar nur zu Ostern und Weihnachten in die Kirche gingen, das Dogma von der *unbefleckten Empfängnis* als eine bedauerliche Entscheidung betrachteten, die *Unauflöslichkeit* der Ehe jedoch mit Händen und Füßen verteidigten, während ich mehr dazu neigte, darin ein tragisches Mißverständnis zwischen Verkündung und menschlicher Fehlinterpretation zu sehen. Es widerstrebte mir, widerspruchslos ein System zu akzeptieren, das es dem Menschen aus der Hand nehmen wollte, Irrtümer und Fehleinschätzungen selbst korrigieren zu können. Möglich, daß ich in diesem Punkt voreingenommen war, aber die kompromißlose Entschiedenheit, mit der Leibfried seine Argumente vorgebracht hatte, war nur geeignet gewesen, mich in meiner subjektiven Einstellung zu bestärken.

Schulberg fiel mir wieder ein. Wahrscheinlich würde er in dieser Sekunde in meinem Badezimmer seine nassen Kleider ausziehen; der bloße Gedanke trieb mich auf die Beine. Ich begriff jetzt nicht mehr, wie ich dazu gekommen war, ihm meinen Wohnungsschlüssel zu geben. Daß ich an Bewußtseinsstörungen litt, war mir bisher noch nie aufgefallen, aber irgend etwas stimmte nicht mehr mit mir; ich mußte ihn mir so rasch wie möglich vom Halse schaffen.

Künzle saß breitbeinig hinter seinem Schreibtisch und rauchte eine Zigarre. Als er mich sah, legte er sie weg und stand schnaufend auf. »Der Alte spinnt!« erklärte er kategorisch. »Wie kommt er dazu, dich auf ein amerikanisches Manöver zu schikken!«

Es war offensichtlich, daß ihm der Gedanke, mich ein paar Tage nicht zu sehen, mehr zusetzte als die Reportage selbst. Seit ich im Verlag arbeitete, war ich noch nie länger als einen halben Tag aus der Redaktion herausgekommen. Künzle benutzte jede Gelegenheit, in der Welt umherzufahren, und überließ die redaktionelle Arbeit mir, was er um so unbesorgter tun konnte, als ich auch ohne ihn damit zurechtgekommen wäre. Mir war heute noch nicht ganz klar, weshalb Schmiedel mich überhaupt eingestellt hatte. Künzle war lange genug im Fach, um auch ohne akademische Stütze auskommen zu können, aber für eine überregionale Zeitung, wie Schmiedel sie anstrebte, genügte es vielleicht nicht, innenpolitische Tagesereignisse nur aus der Perspektive landsmannschaftlicher Ressentiments kommentieren zu lassen, eine Unart, von der sich auch liberale Redakteure wie Künzle nicht ganz frei machen konnten. In dieser Beziehung war er ein typischer Vertreter dieses Landes, eigenwillig, urwüchsig und immer ein wenig darum besorgt, dem landeseigenen Provinzialismus die gebührende Reverenz zu erweisen. Wäre mein persönlicher Eindruck auf ihn nicht noch stärker gewesen als sein ihm angeborener Lokalpatriotismus, so hätten meine Bemühungen, dem innenpolitischen Teil der Zeitung etwas mehr überregionales Kolorit zu geben, sicher schon längst zu ernsthaften Differenzen zwischen uns geführt. Andererseits fühlte ich mich auch nicht geneigt, Eigentümlichkeiten des bayerischen Volkscharakters irgendwie zu dramatisieren. Meine Erfahrungen in Norddeutschland hatten mich gelehrt, daß, was vorgefaßte Meinungen betraf, die Leute in Hamburg und Berlin ihren süddeutschen Kontrahenten kaum etwas schuldig blieben.

Da ich keine Lust verspürte, mich mit Künzle auf eine lange Diskussion einzulassen, zog ich meinen Mantel an. Er verfolgte meine Bewegungen mit einem Ausdruck völliger Verständnislosigkeit in seinem roten Gesicht. »Was hast du vor?« fragte er.

»Schmiedel hat mir für den Rest des Tages freigegeben.«

»Da habe ich auch noch ein Wort mitzureden«, sagte Künzle fassungslos. »Du kannst doch nicht einfach so davonlaufen!«
Ich setzte mich an den Schreibtisch, nahm den Telefonhörer vom Apparat und streckte ihn Künzle hin: »Sag es ihm selbst.«
»Das werde ich auch! Was sind das überhaupt für neue Angewohnheiten! Heute früh ein Interview mit einem Geisteskranken, nächste Woche eine Manöverreportage mit den Amerikanern! Schließlich bist du Redakteurin für Innenpolitik.«
»Das kannst du ihm auch gleich sagen«, antwortete ich, während ich ihm noch immer den Hörer hinhielt. Er starrte mich, in jäher Selbstbesinnung, ein paar Augenblicke unschlüssig an, dann nahm er mir langsam den Hörer aus der Hand, legte ihn auf den Apparat zurück und grinste. »So ist es nun auch wieder nicht, daß ich nicht drei Tage ohne dich auskäme.«
»Eben!« sagte ich. Er beugte sich zu mir herunter und blies mir seinen Bieratem ins Gesicht. »Wenn du dich beeilst, kannst du bis spätestens Mittwoch wieder zurück sein.«
»Schmiedel hat mir keine Frist gesetzt.«
Sein Gesicht verdüsterte sich wieder wie eine Landschaft unter einer Regenwolke. Wie immer, wenn ich ihn so aus der Nähe betrachtete, wunderte ich mich über seine Frau. Er hatte mir einmal ein Bild von ihr gezeigt, eine hübsche, schlanke Person mit intelligentem Gesicht. Was sie ausgerechnet an Künzle gefunden hatte, würde mir wohl ewig schleierhaft bleiben, aber das war eine Frage, die sich beliebig auch auf andere Ehen übertragen ließ. Als ich aufstand, griff er mit der rechten Hand nach meinem Arm und sagte: »Vielleicht gefällt es dir bei mir nicht mehr; du kannst es ruhig sagen.«
»Warum sollte es mir nicht mehr gefallen?« fragte ich kühl.
»Das frage ich mich auch«, sagte er und spitzte die Lippen. Es war nicht das erste Mal, daß er mich zu küssen versuchte, und ich hatte schon fast so etwas wie Routine darin, seine Zudringlichkeiten abzuwehren, ohne mir dadurch seine Feindschaft zuzuziehen. Drastische Mittel widerstrebten mir, ich konnte ihn nicht einmal ernst nehmen dabei. Seine Angewohnheit, die Lippen zu spitzen, noch ehe er mein Gesicht erreicht hatte, brachte mich jedesmal zum Lachen. Ich riß mich rasch von ihm los, ging um den Schreibtisch herum und blickte von dort zu ihm hinüber. Er

machte keinen Versuch, mir zu folgen, sein rotes Gesicht wirkte flach und leer vor Enttäuschung; er tat mir beinahe leid. »Für mich ist es genauso unangenehm«, sagte ich. »Du solltest mehr an deine Familie denken.«

»Das ist meine Sache«, sagte er verdrossen. Ich nickte. »Solange es dich nur in deinem Privatleben beschäftigt. Was mich betrifft, so möchte ich meine Ruhe haben.«

»Wenn sie dir so viel bedeutet!« sagte Künzle und ließ sich verdrossen auf einen Stuhl fallen. »Kann ja sein!«

Ich blickte ihn prüfend an, aber letztlich war es unwichtig, was er sich dabei dachte. Es wurde im Verlag schon so viel über mich geredet, daß ich es längst aufgegeben hatte, mir den Kopf darüber zu zerbrechen. Ich wußte, daß man sich auch über mein gutes Einvernehmen mit Lis den Mund zerriß. Für eine alleinstehende Frau mit moralischen Skrupeln war es viel leichter, in einen schlimmen Verdacht zu geraten, als ihn zu rechtfertigen.

»Schließlich«, sagte Künzle mürrisch, »mußt du selbst am besten wissen, was du davon hast.«

»Das stimmt«, sagte ich.


Schulberg öffnete mir in meinem Morgenrock die Tür und sagte: »Ich weiß, daß ich komisch aussehe.«

»Es könnte schlimmer sein«, sagte ich und zog meinen Mantel aus. Mein Blick fiel auf seine Schuhe, und ich sagte: »Vielleicht finde ich noch ein paar passende Hausschuhe für Sie.«

»Das halte ich für völlig ausgeschlossen«, sagte Schulberg. Ich betrachtete wieder seine Schuhgröße und nickte. »Ich befürchte es auch.«

Im Bad stellte ich zu meiner Erleichterung fest, daß nur sein nasser Anzug und Mantel über dem Wäscheständer hingen. Ich zündete den Gasbadeofen an, rückte den Wäscheständer dicht daneben und kehrte wieder zu Schulberg zurück. Er hatte sich im Wohnzimmer auf die Couch gesetzt und blätterte in einem Buch. »Sie lesen sehr viel?« fragte er.

»Wenn ich Zeit habe«, sagte ich. »Haben Sie Hunger?«

»Kaum«, sagte er.

»Natürlich müssen Sie Hunger haben«, sagte ich und ging in die

Küche. Während ich mit dem Essen beschäftigt war, fiel mir ein, daß er unbedingt verschwinden mußte, bevor Lis bei mir auftauchte. Der Gedanke, sie könnte ihn in meinem Morgenrock sehen, entsetzte mich.

Als ich ins Wohnzimmer zurückkam, stand er am Fenster und blickte in den Regen hinaus. »Es sind nur ein paar Rühreier«, sagte ich. »Ich war auf Ihren Besuch nicht vorbereitet.«

»Haben Sie schon gegessen?« fragte er.

»In der Kantine«, sagte ich. »Ich trinke eine Tasse Kaffee mit Ihnen.«

Während er aß, hatte ich Gelegenheit, ihn in Ruhe anzusehen. Er gehörte zu jenen Männern, die sich nur schwer einstufen ließen. Mit einer Brille hätte er wahrscheinlich sehr intellektuell ausgesehen, ein kühler Intellektueller mit einem psychischen Kurzschluß, undurchschaubar, unzugänglich und immer bemüht, sich keine *menschliche Blöße* zu geben. Vielleicht steckte auch noch mehr dahinter, es hatte fast den Anschein, als ob er sich darin geübt hätte, alle verräterischen Regungen aus seinem Gesicht fernzuhalten. Ich betrachtete seine hervortretenden Backenknochen, die scharfen Falten zu den Mundwinkeln, seine schmalen Lippen, und ich hätte ihn auch dann nicht unsympathisch gefunden, wenn ich mich darauf versteift hätte, es zu tun, dabei hatte ich ihn noch kein einziges Mal richtig lächeln sehen. Ich konnte mir auch nicht erklären, was es eigentlich war, das mich zu ihm hinzog, vielleicht reizte es mich, etwas mehr über ihn zu erfahren, die Grenzen seiner Unzugänglichkeit kennenzulernen, seine äußere Gleichgültigkeit zu *entlarven*. Ich hatte mich über keinen anderen Mann in so kurzer Zeit so häufig aufgeregt wie über ihn, und ich hatte mir auch von keinem anderen so viele Unhöflichkeiten sagen lassen. Mein Interesse für ihn war schon ein wenig pervers; wenigstens vermochte ich es im Augenblick nicht anders zu empfinden. Ich fragte: »Was haben Sie früher getan, bevor Sie aus Nürnberg weggingen?«

»Hochfrequenz«, sagte er.

»Ingenieur?«

»Ja.«

Merkwürdigerweise wäre ich nie auf den Gedanken gekommen, ihn für einen Techniker zu halten, ich hätte eher einen verdrehten Dozenten hinter ihm vermutet. Ich sah zu, wie er mit einer Brotkruste die Eierreste aus dem Teller wischte, und sagte: »Dann müssen Sie doch gut verdient haben!«

»In den letzten Jahren«, sagte er. »Ich habe spät mit dem Studium angefangen; meine Eltern lebten nicht mehr.«

»Das war sicher nicht einfach«, sagte ich, und er sagte: »Wenigstens brauchte ich im letzten Krieg nicht mehr Soldat zu werden. Warum sind Sie noch nicht verheiratet?«

Ich war nicht im mindesten darauf gefaßt gewesen und antwortete mehr instinktiv als überlegt: »Ich habe nicht vor zu heiraten.«

»Warum nicht?« fragte er.

Diesmal ließ ich mich nicht wieder überrumpeln, ich blickte, ohne zu antworten, belustigt in sein Gesicht.

»Ich habe über Sie nachgedacht«, sagte er in gleichgültigem Ton. »Sie sind kein Durchschnittstyp.«

»Danke«, sagte ich.

»Was es um so verwunderlicher macht«, sagte er.

»Daß ich nicht vorhabe zu heiraten?«

»Es ist absurd!« Er schob seinen leeren Teller von sich, lehnte sich im Stuhl zurück und blickte mich über den Tisch hinweg nachdenklich an. »Vielleicht mögen sie keine Kinder«, sagte er.

»Wenn ich sie nicht großziehen muß«, sagte ich.

»Zu viel Arbeit?« fragte er.

»Ich habe einen anstrengenden Beruf.«

»Wenn Sie verheiratet wären«, sagte er, während er noch immer nachdenklich in mein Gesicht schaute, »könnten Sie Ihren Beruf doch aufgeben.«

»Nicht unbedingt«, sagte ich.

»Vielleicht wollen Sie ihn nicht aufgeben«, sagte er.

Ich nahm einen Schluck aus meiner Tasse und stellte sie langsam auf den Tisch zurück. »Warum haben Sie sich heute wieder auf die Straße gestellt?« fragte ich. »Sie mußten doch gewußt haben, daß früher oder später die Polizei kommen würde?«

»Sie ist bis jetzt jedesmal gekommen«, sagte er.

»Und trotzdem haben Sie es sich dann anders überlegt?« fragte ich ruhig.

Er schwieg, blickte mich schweigend an, dann fragte er: »Warum haben Sie mich vor der Polizei gewarnt?«

»Sie haben mir nicht geantwortet«, sagte ich.

»Sie haben so wütend ausgesehen«, sagte er und heftete den Blick auf meine Brust. »Als ich heute früh von Ihnen wegging, wußte ich noch nicht, wohin, ich bin über eine Stunde durch den Regen gelaufen; im Gefängnis war es wenigstens trocken. Genügt Ihnen das?«

Ich gab keine Antwort.

»Sie haben mir noch nicht gesagt, warum Sie mich gewarnt haben«, sagte er, in mein Gesicht schauend.

»Es regte mich auf«, sagte ich.

»Sonst nichts?« fragte er, und seine Augen wirkten zum erstenmal ein wenig neugierig.

»Sonst nichts«, sagte ich. »Sind Sie noch nie auf den Gedanken gekommen, sich für Ihre Versammlungen eine polizeiliche Genehmigung geben zu lassen?«

»Man hat sie mir verweigert.«

»Weil Sie vorbestraft waren?«

»In München war ich noch nicht vorbestraft«, sagte Schulberg.

»Sie rieten mir, das Nebenzimmer eines Restaurants zu mieten.« Er verstummte einen Augenblick, dann lächelte er ein bißchen. Es war das erstemal, daß ich ihn lächeln sah, und es machte ihn mir direkt sympathisch. »Glauben Sie, daß die Leute in ein Restaurant gekommen wären?« fragte er.

Ich hatte noch nicht darüber nachgedacht, aber während ich es tat, kam ich zu dem Ergebnis, daß es sinnlos gewesen wäre. Genausogut hätte er versuchen können, die Regierung in Ost-Berlin zu einer Wallfahrt nach Lourdes zu bewegen. »Vielleicht steckt die Landesregierung dahinter«, sagte ich. »Man hält Sie sicher für einen verkappten Kommunisten.«

»Das tun sie immer«, sagte Schulberg, und ich fragte: »Könnten Sie nicht zu Ihren Schwiegereltern gehen?«

»Nein«, sagte er, und seine Stimme klang so, daß ich das Thema fallenließ, ich sagte: »Sie scheinen sich überhaupt nicht darüber im klaren zu sein, daß man Sie diesmal in ein Arbeitshaus stecken kann. Ich würde es mir gefallen lassen, wenn Sie bei den Leuten wenigstens eine Resonanz fänden; sie sind viel zu phlegmatisch, aus ihren staatsbürgerlichen Erkenntnissen auch politische Konsequenzen zu ziehen.«

»Das ist Ihre Meinung«, sagte Schulberg.

»Das ist nicht nur meine Meinung«, sagte ich. »Bevor Sie auf die Straße gingen, haben Sie doch auch in verschiedenen Zeitungen gegen die Regierung inseriert?«

»Es war ein Versuch«, sagte Schulberg und betrachtete wieder meine Brust, aber ich sah ihm an, daß er es nur gedankenlos tat. »Man muß die Leute persönlich ansprechen«, sagte er.

»Und was haben Sie erreicht?« fragte ich.

»In einem halben Jahr«, sagte er, »sind die nächsten Wahlen. Vielleicht kann ich es Ihnen dann genauer sagen.«

Er schien tatsächlich daran zu glauben, und ich merkte, daß ich mich schon wieder aufzuregen begann. Es war mir einfach unvorstellbar, daß ein so vernünftig wirkender Mann wie er solcher Torheiten fähig sein konnte. »Das einzige«, sagte ich, »was Sie erreichen werden, ist, daß man Sie unschädlich macht.«

»Was kümmert Sie das?« fragte er.

»Das stimmt!« sagte ich gereizt. »Es ist schließlich Ihr Privatvergnügen!«

Ich stand auf, räumte das Geschirr vom Tisch und trug es in die Küche. Ich war jetzt so wütend, daß ich von der Küche sofort ins Schlafzimmer lief, mich auf das Bett warf und die Decke anstarrte. Später fragte ich mich, warum ich überhaupt so wütend war. Ich hatte mich – aus weiß Gott was für emotionalen Ungereimtheiten – dazu hinreißen lassen, den Torheiten des Vormittags eine weitere, noch größere Torheit hinzuzufügen, aber nichts hinderte mich schließlich daran, das Possenspiel jederzeit zu beenden. Ich brauchte ihm nur zu sagen, daß ich Besuch erwartete und er nicht länger in meiner Wohnung bleiben könne. Ich hätte es ihm schon vor einer halben Stunde sagen können, und statt dessen lag ich hier herum und zerbrach mir den Kopf über ein Problem, das mich nichts anging. Wenn ich mir wenigstens einreden könnte, mich ein wenig in ihn verliebt zu haben! Aber nicht einmal dazu bist du fähig! dachte ich angewidert.

Ich merkte, daß ich nasse Augen hatte. Als Schulberg hereinkam, stand ich schnell auf. Zu meiner Überraschung war er fertig angezogen, sogar seinen Mantel hatte er schon an; ich hatte ihn nicht ins Bad gehen hören. »Es ist ungehörig von mir, in Ihr Schlafzimmer zu kommen«, sagte er ruhig, »aber ich möchte mich wenigstens von Ihnen verabschieden. Ich habe zweimal an die Tür geklopft.«

»Ich muß es überhört haben«, sagte ich und trat ans Fenster.

»Sie haben geweint«, sagte er.

»Weinen Sie nie?« fragte ich.

»In der letzten Zeit nicht mehr.« Er kam zu mir, faßte nach meinen Schultern und zwang mich, ihn anzuschauen. »Warum haben Sie geweint?« fragte er.

Meine Augen waren jetzt wieder trocken, ich sagte: »Warum warten Sie nicht, bis es dunkel wird? Man wird Sie suchen.«

Ich wußte nicht, warum ich es sagte und warum mir der Gedanke, er würde jetzt endgültig gehen, plötzlich unangenehm war. »Warten Sie noch bis heute abend«, sagte ich.

»Wozu?« fragte er. Sein Gesicht wirkte plötzlich auf eine unangenehme Art verändert, gerade so, als hätte ich ihn in mein Bett eingeladen, und während ich in sein verändertes Gesicht schaute, bekam ich Angst. Ich ging an ihm vorbei zu meinem Frisiertisch, griff nach meiner Handtasche und drehte mich wieder nach ihm um. »Ich möchte Ihnen etwas Geld mitgeben«, sagte ich. »Schließlich müssen Sie irgendwo die Nacht verbringen.«

Er verzog keine Miene. »Wieviel könnten Sie mir geben?«

»Zwanzig Mark«, sagte ich. »Vielleicht auch noch fünfundzwanzig.«

»Und Sie sind wirklich Journalistin?« fragte er.

»Redakteurin für Innenpolitik«, sagte ich und hielt ihm das Geld hin. »Sie können es ruhig nehmen.«

Er blickte das Geld an, dann nahm er es mir aus der Hand, nahm mir auch die Tasche aus der Hand und steckte das Geld in die Tasche zurück. »Wohin komme ich, wenn ich dem Tal folge?« fragte er.

»Nach Örtingen«, sagte ich.

»Das liegt doch auf der Strecke nach Regensburg?«

Ich beobachtete, wie er die Handtasche wieder auf meinen Frisiertisch legte, und fragte: »Was wollen Sie in Regensburg?«

»Es ist die nächste größere Stadt«, sagte er. »Haben Sie etwas gegen Regensburg?«

»Nein«, sagte ich.

»Ich auch nicht«, sagte Schulberg, und sein Gesicht war jetzt wieder so, wie ich es kennengelernt hatte. Er betrachtete ein paar Sekunden lang mein Bett, dann mein Gesicht, dann drehte er sich plötzlich um und ging hinaus. Einen Augenblick später hörte ich, wie die Wohnungstür zugeschlagen wurde. Ich lief rasch ins Wohnzimmer hinüber und blickte vom Fenster auf die Straße hinab. Die Stirn an die Scheibe gepreßt, sah ich ihn aus dem Haus kommen und das Tal hinaufgehen. Im Regen sah ich ihn der leeren Straße folgen, und als ich ihn nicht mehr sehen konnte, öffnete ich das Fenster und blickte ihm nach, bis er weiter oben im Wald verschwand.

Plötzlich war mir kalt. Ich schloß das Fenster und blickte eine Weile über das Tal hinweg. Es gab einen städtischen Bebauungsplan für das Tal, in fünf Jahren sollten hier überall Häuser stehen. Ich würde dann nicht mehr über das Tal hinwegschauen können, aber in fünf Jahren konnte noch viel passieren. Es wurde schon dämmerig, in einer Stunde würde es dunkel sein, und nach Örtingen waren es fünfzehn Kilometer. Obwohl das Fenster jetzt geschlossen war, fror ich am ganzen Körper, ich fühlte mich elend wie lange nicht mehr und ging in die Küche. Im Spülbekken lag das schmutzige Geschirr, während ich es anschaute, wurde mir fast übel. Möglich, daß eine Erkältung in mir steckte, der April war ein Monat, den ich fürchtete. Im Winter holte ich mir nie eine Erkältung, nur im Frühjahr und ganz besonders regelmäßig im April. Ich ging ins Bad, löste zwei Aspirin in einem Glas Wasser auf und schluckte sie hinunter. Mein Gesicht sah blaß aus, fast genauso blaß wie Schulbergs, als er zur Tür hinausgegangen war, und nach Örtingen waren es ... Hör endlich auf! dachte ich. Hör um Gottes willen auf damit!

Es war heiß im Bad, der Ofen brannte noch, ich drehte das Gas ab und ging ins Schlafzimmer hinüber. Als ich mich auszog, schlugen meine Zähne aufeinander, mir war so elend, daß ich lautlos weinte. Ich legte mich ins Bett, zog die Decke bis über die Ohren und versuchte, an nichts mehr zu denken. Nach zehn Minuten schwitzte ich am ganzen Körper, mein Hemd klebte naß am Rücken, an den Schenkeln. Ich zog es aus, drehte mich auf den Bauch und preßte das Gesicht in das kühle Kissen. Ich bin krank, dachte ich, ich werde mich am Montag krank melden und nicht zu dem Manöver fahren. Wenn ich einmal ernsthaft krank werde, liege ich hier herum. Ich könnte sterben, ohne daß ein Mensch sich darum kümmert. Wenn Lis hier wohnte ...

Ich begriff nicht, wo sie so lange steckte, sie hätte schon vor einer Stunde hiersein können. Wenn sie plötzlich aus meinem Leben verschwunden wäre: ich weiß nicht, was ich ohne sie angefangen hätte. Manchmal träumte ich nachts von ihr, wachte mitten in der Nacht auf und konnte nicht mehr einschlafen, lag wach im Bett und hatte ihre Stimme in den Ohren, glaubte ihre Hand zu spüren, die aus der Dunkelheit zu mir kam und mich streichelte, und fühlte mich nicht mehr allein.

Ich schwitzte wieder, das Laken unter mir war feucht, ich drehte mich auf die Seite, dann auf den Rücken, fühlte mein Gesicht brennen, das feuchte, kühle Laken, mich selbst nackt und feucht, lag da, lag ausgestreckt nackt da, hilflos ausgeliefert an ein zweiundzwanzigjähriges launisches Mädchen, das nur noch die Hand auf mich zu legen brauchte.

Als sie dann endlich kam und an der Tür läutete, ließ ich sie draußen stehen.


Sie läutete auch am nächsten Tag und am Sonntag, und am Montagmorgen kam sie nicht. Ich stand zur gewohnten Zeit auf, packte meine Reisetasche und wartete noch eine halbe Stunde auf sie, dann machte ich mich auf den Weg zu ihr. Ich fühlte mich frisch, ausgeruht, nichts mehr von Erkältung. Es regnete auch nicht mehr, der Himmel war mäßig bedeckt, später kam Sonne durch. Die Bäume an der Straße hatten große Knospen angesetzt, auch die Wiesen wurden grün, die Wälder laut von Vögeln.

Bis zu den nächsten Häusern waren es nur zweihundert Schritte, weiße Bungalows am Waldrand, zwei Jahre alt und jünger, Fabrikantenhäuser und Mietwohnungen für gutverdienende Angestellte. Da sie alle einen eigenen Wagen fuhren, bestand wenig Aussicht, daß die Straßenbahnlinie in absehbarer Zeit weitergeführt werden würde. Wer in diesem Teil von Münsheim wohnte, mußte sehr früh aufstehen oder einen eigenen Wagen haben. Nur so ließ es sich auch erklären, daß es der gemeinnützigen Wohnungsbaugesellschaft trotz der allgemeinen Wohnungsnot Mühe bereitet hatte, genügend Mieter zu finden. Das vierstöckige Miethaus war ohnedies ein Stilbruch in dieser kultivierten Gegend, die Anlieger hatten deshalb ein halbes Dutzend Gemeinderäte auf die Barrikaden geschickt, ohne Erfolg jedoch. Wahlen standen vor der Tür, und der soziale Wohnungsbau wurde wieder einmal groß geschrieben. An die fünfundzwanzig Minuten Fußweg hatte ich mich inzwischen gewöhnt, im Winter etwas mühsam, und es schneite bis in die zweite Märzhälfte hinein, aber als Redakteurin brauchte man nicht so sehr auf die Uhr zu sehen wie andere Berufstätige.

Münsheim lag in einem weiträumigen Talkessel, ein Fluß zerschnitt die Stadt in zwei Teile, und das Tal mit den weißen Bungalows war nur eines von drei Tälern, die aus verschiedenen Himmelsrichtungen in den Talkessel einmündeten. Die Endstation der Straßenbahn befand sich genau in der Einmündung zum Talkessel, eine Grünanlage umsäumte sie, und seit drei Wochen gab es sogar ein Wartehäuschen mit bequemen Sitzbänken.

Lis wohnte jenseits des Flusses in einem Viertel, das erst nach dem Krieg entstanden war, in einem Zweifamilienhaus mit Vorgarten. Es gab in dieser Straße nur Zweifamilienhäuser mit Vorgärten, und sie sahen alle gleich aus, geradeso, als wären sie auf einem Fließband gefertigt worden. Es gehörte mit zu den bemerkenswertesten Eigenschaften deutscher Städtebauer, daß ihnen nichts verhaßter zu sein schien als jegliche Originalität.

Ich hatte Lis noch nie besucht und mußte durch die ganze Straße gehen, bis ich ihren Wagen sah. Es standen noch mehr Wagen in der Straße, bürgerliche Durchschnittsmodelle ohne repräsentative Ambitionen; manche Leute fühlten sich schon krank, wenn ihr Wagen weniger als zehntausend Mark gekostet hatte.

Lis mußte mich vom Fenster aus gesehen haben, sie kam aus dem Haus, noch ehe ich die Tür erreicht hatte. Im Erdgeschoß stand eine Frau hinter der Gardine, ich fragte: »Ist das deine Mutter?« Sie blickte flüchtig hin. »Die Hausbesitzerin; sie zählt jeden Tag ihre Tulpen. Seit ihr Mann gestorben ist, hat sie einen kleinen Haschmich. Guten Tag, übrigens!«

»Guten Tag«, sagte ich. Da ich ein schlechtes Gewissen hatte, vermied ich es, ihr in die Augen zu sehen. Ich stellte meine Reisetasche auf den Rücksitz und beobachtete, wie Lis ihr eigenes Gepäck verstaute. Es regte mich auf, daß sie mir nicht sofort Vorwürfe machte. Auch als wir durch die Stadt fuhren, verhielt sie sich ungewöhnlich schweigsam; ich war schon ganz konfus und entschlossen, das Thema selbst anzuschneiden. Die Gelegenheit dazu bot sich, als wir auf der Strecke nach Örtingen wieder an meiner Wohnung vorbeifahren mußten, ich sagte: »Eigentlich hättest du mich abholen können.«

»Ich habe auch daran gedacht«, sagte sie, »aber dann war dies und jenes, und so habe ich eben auf dich gewartet.«

»Das ist ungeheuer aufschlußreich!« sagte ich gereizt; es stand wie eine Mauer zwischen uns.

Hinter Münsheim wurden die Berge höher, die Täler tiefer, Wald machte sich breit, ein paar Äcker dazwischen, einzelne Gehöfte und kleine Dörfer. Zwischen den hohen Stämmen der Bergkuppen leuchtete blau der Himmel; ich ertappte mich dabei, daß ich immer wieder nach Schulberg Ausschau hielt; es war schon fast krankhaft. Neben mir lachte Lis unvermittelt auf.

»Meine Mutter wollte dich unbedingt persönlich kennenlernen. Ich habe ihr gesagt, daß ich keinen Wert darauf lege, solange sie ihre schlechten Manieren nicht kultiviert.«

»Ist das euer Umgangston?«

»Sie gab mir eine Ohrfeige«, sagte Lis. »Vielleicht schreibst du mal eine Glosse über das Generationsproblem. Wohin fahren wir überhaupt?«

»Nach Stuben; die Amerikaner haben dort eine Pressestelle eingerichtet.«

Sie schnitt ein Gesicht. »Das ist etwas für Anfänger.«

»Vielleicht fällt mir noch etwas Besseres ein«, sagte ich und studierte die Autokarte. Von Örtingen nach Stuben waren es noch etwa fünfundzwanzig Kilometer. Wir hätten genausogut erst nach dem Mittagessen wegfahren können; mit dem angebrochenen Tag ließ sich doch nicht mehr viel anfangen.

»Deinen Bericht über Schulberg habe ich heute früh gelesen«, sagte Lis beiläufig. »Ich hatte keine Ahnung, daß seine Frau verunglückt ist. Wieso hat Wagenbach dir drei Spalten gegeben?«

»Sie haben nichts gestrichen«, sagte ich.

Lis lächelte. »Kein Wunder; es ging auch richtig ans Herz. Ich mußte mir beim Kaffeetrinken ständig die Tränen abwischen.«
Ich schwieg.
»Und dann noch die Attacke gegen die Regierung!« sagte Lis zäh. Wenn ich Verkehrsminister wäre, würde ich auf der Stelle meine Demission einreichen. Hast du dich da nicht ein bißchen zu arg engagiert?« Als ich wieder keine Antwort gab, kicherte sie. »Der Boß wird deinetwegen noch in einen schlechten Ruf kommen. Im Verlag erzählen sie, seit am Freitag deine letzte Glosse erschienen ist, lasse er sich am Telefon verleugnen.«
»Du solltest mehr auf die Straße aufpassen«, sagte ich. »Außerdem hat Schmiedel so etwas nicht nötig.«
»Bei alten Männern«, sagte Lis, »weiß man nie recht, was sie nötig haben.«
Die ersten amerikanischen Soldaten begegneten uns in Örtingen, zwei Jeeps und eine lange Lastwagenkolonne, die sich schwerfällig einen Weg durch die enge Hauptstraße bahnten. Es gab Verkehrsstauungen, Polizisten auf Motorrädern schleusten die Kolonne durch die Stadt, die Soldaten auf den Lastwagen winkten aufgeregt, als sie uns sahen. »Sie stellen sich jedesmal an«, sagte Lis, »als ob sie in Amerika ein allgemeines Zölibat eingeführt hätten. Warum hast du mir nicht aufgemacht?«
Obwohl ich seit einer halben Stunde ununterbrochen darauf gewartet hatte, blieb mir nun doch vorübergehend die Luft weg. Sie hatte eine ungemein beiläufige Art, Gewissensfragen aus dem Hinterhalt abzufeuern. »Ich fühlte mich nicht wohl«, sagte ich schließlich.
Sie lächelte nur. Später, als wir die Stadt bereits hinter uns gelassen hatten und die Straße steil anstieg, kam sie noch einmal darauf zurück: »Es wäre nicht so schlimm gewesen, wenn ich nicht meine ganzen Sachen mitgebracht hätte. Als ich wieder nach Hause kam, ließen sie mich über eine Stunde vor der Tür stehen.«
»Das tut mir leid«, sagte ich, und ich kam mir sehr erbärmlich vor. Wir fuhren jetzt durch Wald, Buchen und Fichten, dazwischen auch Tannenschonungen und einsame Waldwege, grasbewachsen und schmal. »Natürlich haben sie es genossen, als ich wieder reumütig vor der Tür stand«, sagte Lis. »Sie sind sowieso

davon überzeugt, daß ich ohne sie früher oder später in der Gosse landen werde.«

»Was gefällt ihnen nicht an dir?«

»Alles. Daß ich die Kirche schwänze, schwarze Wollstrümpfe trage, nachts im Bett gerne lese und Bildreporterin bin. Irgendwie reden sie sich ein, daß dies eine unanständige Beschäftigung sein müsse. Ich habe einmal einen Nudisten fotografiert. Das Bild haben sie erwischt. Anscheinend haben sie noch nicht mitbekommen, daß ich inzwischen erwachsen geworden bin.«

Ich blickte sie schweigend an. Daß es mich enttäuschte, hätte sich sogar mit moralischen Argumenten motivieren lassen, aber sie überzeugten mich nicht. Ich war eifersüchtig; das war alles. Wäre ich zehn Jahre jünger gewesen, so hätte ich es noch verstehen können; mit siebzehn hatte man die wunderlichsten Probleme.

»Es ergab sich eben so«, sagte Lis, durch mein anhaltendes Schweigen gereizt. »Ich war auf der Suche nach einem Sommermotiv; der Kerl lag zwischen den Büschen am Ufer und war mit sich selbst beschäftigt, dabei war er mindestens schon dreißig. Ich hätte niemals Bildreporterin werden dürfen, wenn ich mir so eine Gelegenheit entgehen ließe: aus der Intimsphäre eines Porschefahrers! Er hatte ihn ganz in der Nähe abgestellt. Männer!« Sie blies verächtlich die Backen auf.

Ich war mir nicht sicher, warum sie es mir so detailliert erzählte. Möglich, daß sie sich etwas davon versprach, aber was? Der Zwischenfall vom vergangenen Freitag war noch kein Indiz, es konnte eine absichtslose Geste gewesen sein oder eine harmlos gedachte Zärtlichkeit. Vielleicht hätte man noch einmal so alt sein müssen wie sie und so unbefangen, um sich nichts dabei zu denken. Es war kindisch gewesen, ihr am Freitagabend die Tür nicht zu öffnen; ich hatte gewußt, daß ich heute mit ihr wegfahren würde, und selbst dann, wenn meine Befürchtungen zutrafen, hätte mir der kleine Zeitgewinn auch nicht weitergeholfen. Weder hatte ich mir über meine eigenen komplizierten Empfindungen Klarheit verschaffen können noch darüber, wie ich im Ernstfalle reagieren würde. Ich war mir noch nicht einmal sicher, ob ich moralische Skrupel hatte oder nur ganz einfach Furcht, etwas von meiner Unabhängigkeit einzubüßen. Es gab jedenfalls Dinge, die mich mehr abstießen als dies. Wenn ich mir zum Beispiel vergegenwärtigte, was heute alles an sogenannten Eheratschlägen publiziert wurde, fühlte ich mich in meiner grundsätzlichen Einstellung nur noch bestärkt. Ich hatte auch noch nie davon gehört, daß sich eine offizielle Stelle gegen eine dieser naturwissenschaftlich getarnten Pornographien ausgesprochen hätte, obgleich ihr Appell an primitivste Instinkte in jedem anderen Falle Anlaß genug gewesen wäre, die Obrigkeit zu bemühen, aber wenn ein Staat sich schon mit religiösen Dogmen identifizierte und ihm kein menschliches Argument triftig genug erschien, eine zerrüttete Ehe aufzulösen, konnte ihm zwangsläufig auch kein Mittel primitiv genug sein, sie zu erhalten. Ich stellte es mir jedenfalls schrecklich vor, einen Mann, der meiner überdrüssig geworden wäre, durch sexuelle Selbsterniedrigung an mich zu binden oder auch nur nach außen hin noch als Einheit erscheinen zu lassen, was in Wirklichkeit längst aufgehört hatte, eine zu sein.

Das Landschaftsbild veränderte sich, wurde weiträumiger, die Straße führte diagonal den Bergwald empor, die Buchen blieben zurück, hohe Tannen lösten sie ab, weiter oben stand Kiefernwald, spitzkegelförmige Kronen auf rotbraunen Riesenstämmen, eingetaucht in den blauen Himmel. Hinter ihrem Gipfelpunkt wurde die Straße eben, auf der linken Seite, wo der Berg steil abfiel, hob sich das Land über die Baumwipfel, Kuppen und Hügel, Baumdünen zum Horizont wandernd, schöne Täler in Licht und Schatten, auch kahle Äcker dazwischen, gelb und braun in der warmen Aprilsonne. An der Einmündung eines Waldwegs stand plötzlich ein amerikanischer Soldat, er blickte neugierig auf unseren Wagen, den Stahlhelm weit in den Nacken geschoben, den Karabiner lässig in der Armbeuge. Auf dem nächsten Waldweg standen gleich zwei, dann ein Jeep mit großer Antenne, die Besatzung, drei Männer, hatte Kopfhörer aufgesetzt und blickte in den Wald hinein. »Wir sind schon mittendrin«, sagte Lis. »Wo essen wir? In Stuben?«

Wir brauchten nicht bis nach Stuben zu fahren, rechts der Straße tauchte ein Gasthaus auf, es stand im oberen Drittel eines steil abfallenden Hangs dicht am Wald, mit einer geschlossenen Glasterrasse zur Talseite. Auf der Talsohle, eingebettet zwischen Äcker und Wiesen, lag ein kleines Dorf, ein paar Dutzend Häuser, überragt von einem Kirchturm. Ein Bach floß durch das Tal, die Ufer waren mit dichtem Gesträuch bewachsen.

Wir waren die einzigen Gäste, der Wirt, ein dünner Mann mit nervösen Zuckungen unter dem rechten Auge, führte uns auf die Terrasse. »Von hier aus haben Sie einen schönen Ausblick«, sagte er. Die Speisekarte war erstaunlich reichhaltig, auch sonst machte das Restaurant einen ordentlichen Eindruck auf mich. Einer plötzlichen Eingebung folgend fragte ich ihn, ob er auch Zimmer vermiete. Er lachte. »Sie müßten einmal im Sommer zu mir kommen, Fräulein; ich habe mehr Kurgäste, als ich unterbringen kann.« Er führte uns eine steile Treppe hinauf und zeigte uns ein Zimmer. Es war geräumig, hatte Zentralheizung, fließendes Wasser – was in dieser einsamen Gegend keine Selbstverständlichkeit war –, und vom Fenster blickte man auf das Dorf hinab. Ich besprach mich mit Lis. »Wenn es nicht zu teuer ist«, sagte sie, aber es war nicht zu teuer, zehn Mark, das Frühstück eingeschlossen.

Beim Essen war Lis schweigsam, sie blickte immer wieder geistesabwesend durchs Fenster. Jedesmal, wenn ich sie anschaute, hatte ich das mit blauem Kattun bezogene Doppelbett vor Augen.

Ich hatte sie vom ersten Augenblick an gern gehabt, wäre sie mir irgendwo auf der Straße begegnet, ich glaube, ich hätte mich versucht gefühlt, sie anzusprechen. Ähnlich mußte es sein, wenn Frauen sich in einen Mann verliebten. Es ging eine Ausstrahlung von ihr aus, die vielleicht nur mir bewußt wurde, und bis dahin war alles noch einleuchtend und vertretbar. Eigentlich hatte es fast unmerkbar angefangen, nachts, wenn ich von ihr träumte und die Bilder meiner Träume nachträglich in mein Bewußtsein transferierte, wo sie sich wie schillernde Blütenteppiche einnisteten und weiterwucherten. Vielleicht hätte ich mir weniger Kopfzerbrechen darüber gemacht, wenn sie mich nicht dauernd provoziert hätte, unbewußt möglicherweise, aber doch unübersehbar. Ihre Art, sich vor meinen Augen auszukleiden, mich zu berühren oder mich auch nur anzuschauen, löste Assoziationen und Emotionen in mir aus, die mich ebensosehr beunruhigten wie erhitzten, obwohl mir eine intimere Freundschaft zwischen uns noch immer unvorstellbar erschien. Ich hatte eine festumrissene moralische Einstellung zu solchen Dingen, und bis vor einigen Wochen hätte ich die bloße Möglichkeit noch weit von mir gewiesen; heute war ich mir meiner Sache nicht mehr so sicher. Zwar glaubte ich, mich gut genug zu kennen, meine Zuneigung für Lis auf normalem Wege absorbieren zu können, aber zwischen Gut und Schlecht lag oft nur ein schmaler Graben, und wo Gelegenheiten Brücken schlugen, blieb mitunter auch der Fromme stehen. Ich hatte noch nie Gelegenheit gehabt, mich ernsthaft zu bewähren. Seit sie mich am Freitagvormittag geküßt hatte, wünschte ich mir, daß sie es wieder täte, daß sie wieder die Hand auf meine Brust lege oder mir über das Gesicht streiche; nicht mehr und nicht weniger. Es hielt sich noch immer in jenen Grenzen, die sich moralisch vertreten lassen, wenn nicht die Frage, wieweit es sich überhaupt kontrollieren ließ, mich nicht in zunehmendem Maße beunruhigt hätte. Vielleicht waren meine Empfindungen für sie schon so weit gediehen, daß es nur noch eines kleinen Anstoßes bedurfte, mich meine Skrupel vergessen zu lassen; ich wußte es nicht. Ich wußte nur, daß ich nicht mehr ich selbst war, wenn sich meine Gedanken mit ihr beschäftigten; ich war wie verhext.

Nach dem Essen half uns der Wirt, das Gepäck auf das Zimmer zu tragen. Als er die große Fototasche sah, lächelte er zufrieden. Er habe sich gleich gedacht, daß wir von der Presse seien, sagte er. Erst gestern habe noch ein Herr von der Presse bei ihm übernachtet; er wollte zu den amerikanischen Manövern.

»Das wollen wir auch«, sagte ich. »Wissen Sie zufällig, wann sie anfangen sollen?«

Der Wirt zuckte mit den Achseln. »Das wissen nicht einmal die Amerikaner, die hier herumlaufen.«

Es war kurz nach zwei. Wenn wir uns in einer Stunde auf den Weg machten, blieb uns immer noch genügend Zeit, uns ein bißchen umzuhören. Notfalls konnten wir auch auf einen kurzen Abstecher nach Stuben fahren. Wir packten unsere Sachen aus, alberten ein wenig, und Lis inspizierte das Zimmer. Sie öffnete den Schrank und sämtliche Schubladen, drehte den Warmwasserhahn auf, begutachtete den Frisiertisch, und am Schluß öffnete sie noch ein Nachttischschränkchen, sagte: »Oh!« und machte es wieder zu.

Ich trat ans Fenster und blickte auf das Dorf hinab. Vom Wirt hatten wir erfahren, daß es Müllbach hieß und zum Kreis Stuben gehörte. Wenn es zuträfe, daß die Größe eines Misthaufens Aufschluß über das Bankkonto des Besitzers gibt, könnten in Müllbach nur arme Bauern wohnen. Trotzdem sah ich in den meisten Höfen Autos stehen, wie ich sie mir als Redakteurin kaum hätte leisten können, und ich mußte unwillkürlich an Schulberg denken. Persönlich gönnte ich den Leuten diese soziale Aufbesserung, sie hatten hart zu arbeiten, und ob sie auf einem herkömmlichen Fuhrwerk oder im eigenen Kraftwagen auf den Acker fuhren, war ihr Privatvergnügen. Außerdem fuhr nicht jeder Bauer mit dem Kraftwagen auf den Acker, es gab welche, denen es kaum zum Leben langte, aber mitunter hatte auch ich den Eindruck, als läge, was die Verteilung von Steuergeldern anging, manches noch im argen. Es war auch kein Zufall, daß die Regierung gerade bei der Landbevölkerung ihren stärksten Anhang hatte, obwohl es natürlich nicht allein mit den Subventionen zusammenhing. Im Prinzip hatte ich nichts dagegen einzuwenden, wenn die Leute ihre politische Bildung von der Kanzel bezogen; es gab weniger harmlose Quellen. Was mich etwas daran störte, war der Umstand, daß einige umstrittene Persönlichkeiten bundesdeutsche Privilegien daraus ableiteten und natürliche Gegebenheiten mit persönlichen Verdiensten verwechselten. Daß es ihnen gelungen war, die Opposition in den Köpfen ihrer Wähler mit dem Beelzebub zu identifizieren, war zugegebenermaßen ihr größtes Verdienst, und solange dies so blieb, hatte Schulberg auch kaum Chancen, oppositionelle Regungen wachzurufen.

Als ich mich nach Lis umschaute, lag sie quer über dem Bett und feilte an ihren Nägeln herum. Sie hatte sich umgezogen und trug jetzt einen weißen Pullover zu ihrem grauen Rock. Warum sie so versessen auf schwarze Wollstrümpfe war, hatte ich sie noch nie gefragt. Ich vermutete, daß sie es als ihre persönliche Note ansah, und sie stand ihr nicht einmal schlecht. Jedenfalls hatte ich mich schon so sehr an ihren Anblick gewöhnt, daß es mir schwergefallen wäre, sie mir mit Nylonstrümpfen vorzustellen. »Leben deine Eltern eigentlich noch?« fragte sie unvermittelt. Vielleicht hatte sie es schon während des Mittagessens beschäftigt; mir fiel wieder ein, wie schweigsam sie gewesen war. Seit ich sie näher kannte, hatte ich dieses Thema wie mit einem Besen vor mir hergeschoben, es hatte eine Art stillschweigender Übereinkunft zwischen uns gegeben, unsere Familien aus unseren Gesprächen auszuklammern. Daß sie sich nun plötzlich über dieses Agreement hinwegsetzte, überraschte mich, aber sie hatte in den letzten Tagen das Tempo ungewöhnlich forciert, und ich konnte den Verdacht nicht loswerden, als hätte Schulbergs Auftauchen wesentlich dazu beigetragen.

Da es sich wahrscheinlich doch nicht vermeiden lassen würde, ihr früher oder später die Wahrheit zu sagen, setzte ich mich zu ihr und steckte mir eine Zigarette an. »Sie sind geschieden«, sagte ich.

Lis unterbrach für einen Augenblick ihre Beschäftigung. »Ich trete immer ins Fettnäpfchen. Wer war schuld?«

»Meine Mutter.«

»Ist sie . . .«

»Sie hat wieder geheiratet«, sagte ich. »Ich habe seit über fünf Jahren nichts mehr von ihr gehört.«

Ich hatte es ihr nie ganz verzeihen können, und sooft ich mir auch einzureden versuchte, endgültig damit fertig zu sein, lag doch nichts dazwischen als siebzehn verlorene Jahre; sie waren mir durch die Finger geglitten wie leeres Papier. Als ich den fremden Mann aus ihrem Bett klettern sah, war ich schreiend davongelaufen, ich hatte auch noch auf der Straße so laut geschrien, daß die Nachbarn wach geworden waren und es später meinem Vater erzählt hatten. Schließlich hatte man die moralische Pflicht gehabt, ihn aufzuklären, ihm reinen Wein einzuschenken und ihm zu sagen, daß er eine Franzosenhure zur Frau habe. Das war zu jener Zeit noch schlimmer gewesen als eine Amihure, und ich entschuldigte es auch heute noch nicht, aber ich begriff wenigstens, daß sie zwei Jahre ohne meinen Vater hatte auskommen müssen. Sie hatte 1945 nicht einmal gewußt, ob er überhaupt noch lebte, und dann quartierten sie den jungen Franzosen bei uns ein, Wand an Wand, Tür an Tür mit ihr. An sein Gesicht konnte ich mich nicht mehr erinnern, nur an seinen schwarzbehaarten Körper. Aus meinem Schlaf aufgeschreckt durch die fremden Geräusche aus ihrem Zimmer, war ich zu ihr hinübergelaufen, und sie hatten nicht einmal das Licht ausgemacht; noch an der Tür hatte ich angefangen zu schreien.

»Und dein Vater?« fragte Lis.

»Wir schreiben uns gelegentlich.«

»Das gibt es«, sagte Lis und fuhr fort, ihre Fingernägel zu bearbeiten. »Was hat deine Mutter verbrochen?«

»Er war zu lange in Gefangenschaft.«

»C'est la guerre«, sagte Lis. »Ich habe einmal ein Kriegsbuch gelesen, da sagte einer: Lang lebe der Krieg, der Frieden wird schrecklich sein.«

»Seit wann liest du Kriegsbücher?« fragte ich belustigt.

»Ich habe seitdem keines mehr gelesen. Du mußt noch sehr jung gewesen sein.«

»Zehn.«

»Neunzehnhundertsiebenundvierzig«, sagte Lis und stand auf. Sie trat ans Fenster, blickte einige Sekunden lang hinaus und drehte sich dann wieder nach mir um. »Man kann sich seine Eltern nicht aussuchen. Spätestens mit Siebzehn fing ich an zu begreifen, daß sie mir in Wirklichkeit genauso fremd waren wie Herr und Frau Müller von nebenan.«

»Es ist nicht jeder so wie du.«

»Wie bin ich?«

Ich schwieg.

»Du weißt so gut wie nichts von mir«, sagte Lis. »Daß ich von daheim weg möchte, wie ich mich anziehe und daß ich für Schmiedel langweilige Bilder mache. Was weißt du noch?«

»Daß du einen Nudisten fotografiert hast.«

Sie lächelte. »Das haben sie gern. Außerdem war es kein gewöhnlicher Nudist und für mich der erste gute Schnappschuß meines Lebens. Eine Zeitlang spielte ich sogar mit dem Gedanken, ihn noch bei einer anderen Gelegenheit zu fotografieren. Mit seiner Autonummer hätte ich leicht seine Adresse erfahren können.«

»Wozu?«

»Nur so!« sagte sie leichthin. »Zum Spaß. Es machte mir Spaß, mir vorzustellen, wer er sein könnte und was er sonst noch trieb.«

Sie kam wieder zu mir, setzte sich neben mich und betrachtete zerstreut ihre Nagelfeile. »Vielleicht ginge ich heute noch in die Kirche, wenn sie mich nicht immer dazu genötigt hätten. Es verhielt sich dabei wie mit den Mehlspeisen, die sie als Kind in mich hineinstopften; eines Tages hatte ich sie satt. Du bist doch auch katholisch?«

Ich hatte es ihr gegenüber nie erwähnt. »Wie kommst du darauf?«

»Du hast dich einmal mit Schmitt darüber unterhalten.«

Schmitt war Protestant; ich erinnerte mich sofort wieder an das Gespräch, er hatte mir einreden wollen, es einem Menschen auf hundert Meter anzusehen, ob er Katholik sei oder nicht. Mit der gleichen Blödheit hätte er behaupten können, einen Neger an seinem weißen Teint zu erkennen; so primitive Unterstellungen waren mir zuwider. Ich hatte, aufgrund simpler Lebenserfahrung, einige sehr kritische Einwände gegen die katholische Kirche vorzubringen, aber sie waren doch mehr substantieller Natur, und ich verspürte auch keine Lust, mich mit Lis darüber zu unterhalten. Sie hätte doch nicht verstanden, daß ich mich, seit ich keinen Gottesdienst mehr besuchte, in weitaus stärkerem Maße mit der Kirche verbunden fühlte, eine nur scheinbare Absurdität, da ich mir auf diese Weise meine innere Zugehörigkeit erhalten konnte, ohne dadurch mit ihrem allzu strengen Dogmatismus zu kollidieren. Da fast gleichzeitig der Wirt an unsere Tür klopfte und die Meldeformulare brachte, brauchte ich mir auch nichts mehr einfallen zu lassen. Er hätte uns die Formulare schon nach dem Essen geben können, aber er war ein gesprächiger Mann und nutzte jede Gelegenheit, mit uns zu plaudern. Seit seine Frau uns das Essen serviert hatte, konnte ich es verstehen, man durfte eben nicht zuviel vom Leben verlangen, und er hatte es immerhin zu einem schönen Gasthaus gebracht. Als ich die Formulare an der Tür entgegennahm, erkundigte er sich wieder, ob wir auch wirklich mit dem Zimmer zufrieden seien, und er fügte noch hinzu, daß im Restaurant zwei amerikanische Schiedsrichter säßen, die uns sicher etwas über das Manöver sagen könnten. Mir leuchtete der Zusammenhang erst ein, als er mir erläuterte, daß es sich dabei um Offiziere handle, die hinterher beurteilen müßten, welche Partei das Manöver gewonnen habe, sie trügen weiße Bänder an den

Mützen, und wenn wir mit ihnen sprechen wollten, müßten wir uns beeilen, da sie nur ein Bier bestellt hätten. Als Lis, die unser Gespräch vom Bett aus mit angehört hatte, fragte, ob die beiden Deutsch sprächen, nickte er. »Einer bestimmt, er fragte mich, ob im Laufe des Tages eine Lastwagenkolonne vorbeigefahren sei. Ich dachte mir, daß es Sie vielleicht interessieren wird.«

»Sehr«, sagte ich. »Vielen Dank.«

Der Wirt winkte großzügig ab. »Für meine Kunden tue ich alles, Fräulein. Wenn Sie einmal Ihren Urlaub hier verbringen wollen: ich mache Ihnen einen Sonderpreis, Sie müßten sich nur rechtzeitig anmelden, im Sommer habe ich das ganze Haus voll. Ein Fabrikantenehepaar aus Düsseldorf kommt jedes Jahr zu mir; es sind sehr feine Herrschaften.«

»Das freut mich für Sie«, sagte ich und griff zur Türklinke. »Wir kommen sofort.«

»Ich kann das schon nicht mehr mit anhören«, sagte Lis, als er weg war. »Wenn heute einer Sockenhalter herstellt, gilt er bereits als fein.«

»Wieso gerade Sockenhalter?« fragte ich. Sie zuckte angewidert mit den Schultern. »Ist doch egal, womit sie ihr Geld machen; ich kenne diese Sorte. Ihr Innenleben spielt sich in einem Banksafe ab, und zum Nachmittagstee würden sie am liebsten die Königin von England einladen. Die Engländer mag ich übrigens auch nicht.«

Ich lächelte. »Nein?«

»Nein!« sagte sie energisch. »Ich würde lieber einen Eskimo heiraten als einen Engländer in Rolls-Royce-Verpackung. Hast du schon einmal einen Engländer ›Darling‹ sagen hören?«

»Im Kino.«

»Ich bekomme jedesmal Selbstmordgedanken«, sagte Lis düster. »Von den Amerikanern ganz zu schweigen. Sie sind so pietätvoll, daß sie den Kölner Dom nur dann in Blue jeans besichtigen, wenn sie in der Eile keine Shorts mehr auftreiben können. Willst du wirklich zu ihnen hinuntergehen?«

»Es kann nicht schaden«, sagte ich und zog ein Paar Schuhe mit flachen Absätzen an. »Nimm deinen Apparat gleich mit; wir werden uns anschließend ein wenig umschauen.«

»Ich wüßte etwas Besseres«, sagte Lis.

Der Wirt mußte die beiden auf unseren Besuch vorbereitet haben; als wir das Restaurant betraten, standen sie von ihren Stühlen auf. Sie trugen Offiziersmäntel und grinsten uns erwartungsvoll entgegen. Sie waren beide etwa gleich groß und gleich alt. Der eine hatte das Gesicht voller Sommersprossen, rötliche Haare und abstehende Ohren, der andere neigte zur Fülle und hatte eine Glatze. Er verschlang mich mit den Blicken, als hätte ich außer meinem BH nichts auf der Haut. Ich hatte mich im Laufe der Jahre schon so sehr daran gewöhnt, daß es mir nichts mehr ausmachte. Weder fühlte ich mich geschmeichelt noch davon abgestoßen. Ich nahm es hin wie ein Naturereignis, und etwas anderes war es wahrscheinlich auch nicht. In Berlin hatte ich einen jungen Dozenten gehabt, der jedesmal zu stottern anfing, wenn er mich anschaute. Da es ihm auch während der Vorlesungen passierte, war es mir unangenehm gewesen.

Sie begrüßten uns ganz unamerikanisch mit kräftigem Händedruck, und der Sommersprossige erkundigte sich in verhältnismäßig gutem Deutsch, ob wir ein Glas Bier mit ihnen trinken wollten. Lis zog eine Tasse Kaffee vor, und ich schloß mich ihr an. Während sie mit dem Wirt sprach, fragte mich der Sommersprossige, ob wir Englisch sprächen, da sein Freund kein Wort Deutsch verstünde. Nun war Englisch die einzige Sprache, die mir in der Schule wenig Mühe bereitet hatte; es fehlte mir nur an Gelegenheiten, mich darin zu üben. Normalerweise wäre dies hier eine sehr gute Gelegenheit gewesen, wenn ich nicht vom ersten Augenblick an den Eindruck gewonnen hätte, daß sie alle beide Deutsch sprachen. Ich merkte es auch an der Art des Kahlköpfigen, dem kurzen Gespräch zwischen Lis und dem Wirt zuzuhören. Möglich, daß die beiden sich ein kleines Privatvergnügen mit uns leisten wollten, aber das konnten sie haben. Ich sagte daher dem Sommersprossigen, daß auch ich kein Wort Englisch verstünde, und ich fügte unverfroren hinzu, daß unsere Englisch-Schule 1945 durch eine amerikanische Fliegerbombe zerstört worden wäre. Vielleicht bildete ich es mir nur ein, aber es sah fast so aus, als ob er schuldbewußt die Augen niederschlüge. Wo das passiert sei, fragte er mich, und als ich es ihm sagte, schwärmte er mir mit treuherziger Miene vor, daß er zwar schon ganz Deutschland gesehen habe, jedoch von keiner anderen

Stadt so sehr beeindruckt gewesen sei wie gerade von Berlin. Ob ich auch in Berlin geboren sei, wollte er noch wissen, und als ich ihm darüber Bescheid gegeben hatte, kamen wir auf das Manöver zu sprechen. Nein, er wisse nicht genau, wann es anfangen solle, sagte er, bestimmt aber in den allernächsten Tagen. Am besten wäre es, wir würden uns an den zuständigen Presseoffizier in Stuben wenden, der uns alles Wissenswerte erzählen könnte.

»Wir hofften, Sie würden uns einen Geheimtip geben«, sagte Lis dazwischen. »Haben Sie auch Atomkanonen dabei?«

Er wandte sich grinsend an seinen kahlköpfigen Begleiter. »Hast du es mitbekommen?«

»Nicht ganz. Was sagte sie?«

»Sie fragt, ob wir Atomkanonen dabeihätten.«

Der Kahlköpfige grinste auch. »Sag ihr, wir hätten eine im Jeep eingebaut. Bist du dir auch sicher, daß sie uns nicht verstehen?«

»Bestimmt nicht.«

»Im Bett würden sie mich verstehen«, sagte der Kahlköpfige. »Die Kleine überlasse ich dir.«

»Etwas unterentwickelt«, sagte der Sommersprossige und richtete das Wort wieder an Lis: »Atomkanonen haben wir keine hier, nur konventionelle Artillerie. In Stuben stehen ein paar Batterien, die Sie fotografieren dürfen.«

»Fürs Familienalbum?« fragte Lis verächtlich. Der Wirt brachte den Kaffee. Während er die Sachen auf den Tisch stellte, sagte der Sommersprossige zu seinem Begleiter: »Sie sehen nicht so aus, als ob sie sich einladen ließen, was?« Der Kahlköpfige zuckte mit den Achseln: »Für wann willst du sie einladen? Morgen früh um vier Uhr geht der Zirkus los. Du kannst sie ja mal fragen, wie lange sie hier im Gasthaus bleiben.«

»Wie lange bleiben Sie noch hier?« sagte der Sommersprossige. Ich merkte, daß der andere mich plötzlich scharf anschaute. Vielleicht hatte er etwas gemerkt; es hatte mir selten so viel Mühe bereitet, ernst zu bleiben. Andererseits ärgerte es mich, daß sie so gar keine Hemmungen hatten. Es war nicht das erstemal, daß ich Männer in diesem Ton über Frauen reden hörte – man brauchte als Frau nur einmal an einer Baustelle vorbeizulaufen –, aber schließlich arbeiteten die beiden nicht auf dem Bau. Ich trank meine Tasse aus und stand auf. »Was ist los?« fragte Lis verwundert. Obwohl sie mir gegenüber einmal ihr Abitur erwähnt hatte, schien sie kein Wort der Unterhaltung zwischen den beiden verstanden zu haben. »Wir gehen«, antwortete ich und blickte den Sommersprossigen an; sein Gesicht wirkte mehr verständnislos als enttäuscht. »Wir wissen noch nicht, wie lange wir hierbleiben«, sagte ich. »Außerdem tun wir es nicht mit jedem.«

Er wurde zuerst blaß und dann rot, auch der Kahlköpfige wechselte zweimal die Farbe, während Lis mit schmalen Augen in mein Gesicht sah. Als ich mich dem Ausgang zuwandte, kam der Wirt hinter seiner Theke hervor und riß mir die Tür auf; anscheinend hatte er unser Gespräch mit angehört; er sah wenigstens so aus. »Der Kaffee geht auf unsere Rechnung«, sagte ich. »Wir fahren noch etwas weg.«

»Viel Vergnügen!« sagte er atemlos. Vor dem Haus stand ein Jeep, ich mußte unwillkürlich lachen. Es war sonst nicht meine Art, mich so drastisch auszudrücken, aber wenn man verstanden werden wollte, mußte man sich von Fall zu Fall der Umgangssprache bedienen. Hinter mir tauchte Lis auf. »Bist du verrückt geworden?« fragte sie fassungslos. »Warum hast du das gesagt?«

»Sie zogen es in Erwägung.«

Sie sagte eine kurze Weile nichts, dann schüttelte sie langsam den Kopf. »Wenn man überlegt«, sagte sie, »wie wenig Intelligenz man braucht, um Offizier zu werden! Wohin fahren wir?«

»Zurück, wo die Posten standen; vielleicht können sie uns etwas erzählen.«

»Ich lache mich tot«, sagte Lis, aber sie lachte nicht, und als sie den Motor anließ, sagte sie: »In Englisch hatte ich immer eine Fünf; es interessierte mich einfach nicht. Was haben sie sich sonst noch erzählt?«

»Was Männer sich so erzählen. Anscheinend geht es morgen früh um vier Uhr los.«

»Um vier Uhr schlafe ich noch. Was erzählen Männer sich?«

»Sie fanden dich unterentwickelt.«

»Ich bringe sie um«, sagte sie und öffnete die Wagentür. Dann besann sie sich eines anderen und klappte die Wagentür wieder zu. »Im Ernst?« fragte sie.

»Im Ernst«, sagte ich.

Sie blieb eine Weile mit verkniffenem Mund hinter dem Lenkrad sitzen, dann zuckte sie mit den Achseln. »Was soll ich mich aufregen.«

»Eben!« sagte ich.

»Dazu noch über zwei Amerikaner!« sagte sie verächtlich. »Wenn sie nur halb soviel Potenz wie Frauenvereine hätten, hätten sie keine Frauenvereine.«

Wenn sie wütend war, fing sie an zu verallgemeinern; man durfte es nicht zu ernst nehmen. Sie faßte sich auch sehr rasch wieder, und als wir etwas später durch den Wald fuhren, sagte sie: »Du bist einfach unbezahlbar!«

Da ich mir gerade die Nase puderte, nahm ich es wortlos zur Kenntnis. »Du bist überhaupt ein Phänomen«, sagte sie. »Wenn ich Schmiedel wäre, würde ich dich zu meiner Chefredakteurin machen.«

Ich fand, daß sie nun übertrieb, und klappte meine Puderdose zu. »Das ist doch Unsinn!« sagte ich.

»Nein!« sagte sie. »Ich meine es im Ernst, du bist großartig.«

Ich war schon ganz durcheinander und runzelte gereizt die Stirn. »Was ist los mit dir?«

»Wirklich!« sagte Lis und strahlte mich warm an. »Ein richtiger Schatz.«

Ich drehte das Fenster ein Stück herunter und hielt das heiße Gesicht in den kühlen Fahrtwind. Jedesmal, wenn es Frühling wurde, glaubte ich, es nicht mehr abwarten zu können, ich fieberte förmlich danach, die Bäume endlich grün werden zu sehen; es wurde von Jahr zu Jahr schlimmer. Von allen irdischen Widrigkeiten erschien mir die, im Frühling sterben zu müssen, am unannehmlichsten. Die Schwester meines Vaters war auch an einem schönen Frühlingstag gestorben; damals hatte ich ihn zum letzten Mal gesehen, vor zwei Jahren in einer kleinen Friedhofskapelle bei Harmoniumklängen und dem Geruch welker Blumen.

Zu seiner Schwester hatte ich nie ein inneres Verhältnis gefunden, obwohl sie sich fünfzehn Jahre redlich Mühe gegeben hatte, mir meine Mutter zu ersetzen. Sie war unverheiratet gewesen, eine stille, etwas verbitterte Frau mit altjüngferlichen

Eigenheiten. Nach seiner Scheidung war sie zu uns ins Haus gekommen, und ich schrieb es noch heute ihrem Einfluß zu, daß er nicht wieder geheiratet hatte. Es hatte oft Zeiten gegeben, da ich sie zu hassen glaubte, aber als in der Friedhofskapelle das Harmonium einsetzte, waren meine Augen naß gewesen.

Ich wunderte mich, warum es mir gerade jetzt wieder durch den Kopf ging. Der Gedanke an den Tod beschäftigte mich nicht öfter als andere Frauen in meinem Alter, er ließ mir manche Entscheidungen leichter, andere wiederum schwerer werden. So konnte er mir zum Beispiel die Gewissensfrage erleichtern, ob ich mir zuerst ein Fernsehgerät oder eine Sesselgarnitur anschaffen solle. Vom Fernsehgerät hätte ich im Augenblick mehr, und da man schon einmal sterben mußte, war es vielleicht sinnvoller, dem Leben möglichst viele Zerstreuungen abzugewinnen, es möglichst angenehm zu leben und seine möglichen Amüsements nicht ungenutzt zu lassen. Ähnlich verhielt es sich auch mit Lis, nur mit dem Unterschied, daß sie zu jenen Entscheidungen meines Lebens gehörte, die durch den Gedanken an alle menschliche Vergänglichkeit nicht leichter, sondern schwerer gemacht wurden. Schließlich hatte man seine moralischen Skrupel nicht allein der Skrupel wegen, und egal, wie kritisch man sich auch geben mochte: sobald es um die Unsterblichkeit der Seele ging, konnte man nur noch katholisch oder atheistisch sein – wenn man schon katholisch war –, und zum Atheisten fehlte mir die innere Beziehungslosigkeit zum Jenseits.

Der Jeep stand noch auf dem gleichen Fleck rechts der Straße auf einem breiten Waldweg. Ich stellte sofort fest, daß die Soldaten ihre Kopfhörer jetzt abgenommen hatten, es waren drei Männer, in einem glaubte ich einen Offizier zu erkennen. Als wir uns ihnen näherten, wandten sie uns die Gesichter zu. »Ob sie sich fotografieren lassen!« sagte Lis. Wir hielten an, sie zu fragen. Der Offizier hieß Henley, den Namen trug er, wie die beiden anderen, in schwarzen Buchstaben auf seiner Feldbluse. Lis zeigte ihm ihren Presseausweis, und er studierte ihn mit der Gründlichkeit eines Beamtenanwärters. Er war noch jung, höchstens Dreiundzwanzig, ein nicht unsympathischer schmaler Mann in einer olivgrünen Uniform. Ich hatte ihn im Verdacht, daß er mit dem Presseausweis rein gar nichts anzufangen wußte, und sagte vorsichtshalber: »Wir sind von der Presse. Dürfen wir Sie fotografieren?«

Daß ich Englisch sprach, schien ihn weitaus stärker zu beeindrukken, er wurde sofort um eine viertel Skala zugänglicher und nickte gnädig sein Einverständnis. Während Lis ihre Kamera auspackte, fragte ich ihn, wie das Manöver morgen früh ablaufen solle, aber er schaute mich nur verständnislos an, und als ich meine Frage wiederholte, lächelte er mitleidig und fragte nun seinerseits, wieso ich darauf käme, daß das Manöver morgen früh anfangen würde. Dafür, daß er noch so jung war, gab er sich erstaunlich überlegen; ich schien so gar keinen Eindruck auf ihn zu machen, aber in seinem Alter konnte man sich vielleicht noch mehr für Atomkanonen als für Frauen begeistern. »Wir haben mit zwei Offizieren gesprochen«, sagte ich. »Es waren Schiedsrichter.«

Ich hatte bisher noch nie einen Menschen beobachtet, dessen Gesichtsausdruck sich so rasch veränderte wie bei ihm. Es hatte fast den Anschein, als ob er sich innerhalb eines nicht mehr meßbaren Zeitraums in einen völlig anderen Menschen verwandelte. Aus den Augenwinkeln bemerkte ich, daß Lis ihn knipste, die beiden Soldaten im Jeep nahmen eine männliche Pose ein und rückten an ihren Stahlhelmen. »Wann und wo haben Sie mit den Schiedsrichtern gesprochen?« fragte der Offizier, und seine graublauen Augen waren jetzt hellwach. Da ich ihn bei guter Laune halten wollte, beantwortete ich ihm auch dies. »Und sie haben Ihnen erzählt, daß es morgen früh losgehen soll?« fragte er. Ich zuckte mit den Achseln. »Direkt nicht; wir haben es zufällig mitgehört.« Der Offizier nahm den Blick von mir und beobachtete geistesabwesend, wie Lis um den Jeep herumging und mit ihrer Kamera den Kühler anvisierte. Dann erwachte er unvermittelt aus seiner Starrheit. Er sprang vom Jeep herunter und blickte grinsend in mein Gesicht. »Wollen Sie einen Regimentsgefechtsstand sehen?«

Ich fing an, mir Gedanken zu machen; seine plötzliche Kulanz war mir nicht ganz geheuer. »Was ist los?« hörte ich Lis fragen.

»Er will uns einen Gefechtsstand zeigen.«

Sie kam zu uns und blickte den Offizier abwägend an. »Hoffentlich nichts anderes; ich bin nicht neugierig. Wie kommt er darauf?«

»Keine Ahnung.«

»Umsonst tun die nichts«, sagte Lis skeptisch. »Sag ihm, wir seien noch unschuldig.«

Ich mußte lachen. »Ob er dir das glaubt?«

»Wieso nur mir nicht?« fragte sie und sah mich an. Sie war eine impertinente kleine Person, und ich verstand manchmal wirklich nicht, warum sie mir so ungemein sympathisch war. »Wir kommen mit Ihnen!« sagte ich zu dem Offizier. »Können wir unseren Wagen mitnehmen?«

»Sie brauchen nur hinter uns herzufahren, Miß!« Er verrenkte sich fast vor Subordination; es hätte mich nicht gewundert, wenn er mir auch noch die Hand geküßt hätte. Während wir zum Wagen gingen, sagte Lis: »Seit er dich aus der Nähe gesehen hat, muß er völlig den Verstand verloren haben; dabei hast du nicht einmal einen Pullover an!«

»Vielleicht habe ich einen Fehler gemacht.«

»Wieso?«

»Ich weiß es selbst noch nicht recht«, sagte ich.

Der Waldweg schien schon von vielen Fahrzeugen benutzt worden zu sein, er hatte tiefeingefahrene Radspuren, die bis zum Rand mit Regenwasser gefüllt waren. Wir hatten Mühe, dem Jeep zu folgen, aber Lis war eine geschickte Fahrerin, und der Offizier im Jeep ließ uns keine Sekunde aus den Augen. Es wurde erst besser, als wir auf einen anderen Weg einbogen, der unsere bisherige Fahrtrichtung kreuzte. Er hatte einen festen Schotterbelag und führte schnurgerade auf eine Kuppe zu. Auf beiden Seiten standen plötzlich viele Fahrzeuge im Wald, dazwischen auch Zelte und Soldaten mit Karabinern. Als ich die Scheibe herunterdrehte, vernahm ich ein merkwürdiges Geräusch; es hörte sich an wie das Summen großer Generatoren. Meine Vermutung, daß es sich bereits um den Gefechtsstand handle, bestätigte sich nicht. Noch ehe wir die Kuppe erreicht hatten, waren wir wieder allein im Wald. Hinter der Kuppe fiel der Weg steil ab, junge Tannenschonungen säumten ihn, dann führte er in ein schmales Waldtal, und fast am Ende des Tals, an einer trichterförmigen, sich nach oben verjüngenden Lichtung, eingerahmt von hohen Fichten, trafen wir auf den Gefechtsstand, etwa siebzig Zelte verschiedener Größe, gut versteckt unter den dichten Bäumen, bewacht von drohend aufgebauten Maschinengewehren, aber es konnte so blutig ernst nicht gemeint sein, die Soldaten an den Maschinengewehren grinsten uns ganz menschlich an. Auch zwischen den Zelten sah ich überall Soldaten umherlaufen, aus dem Funkgerät eines Jeeps hallte eine plärrende Stimme durch das Tal, und als wir aus dem Wagen kletterten, hatte ich wieder das summende Geräusch in den Ohren. Ehe ich mich recht umschauen konnte, kam wieder der Offizier zu uns.

»Ich bringe Sie jetzt zu Colonel Baxter«, sagte er aufgeräumt. »Er ist der Regimentskommandeur.«

»Was faselt er?« fragte Lis.

»Er will uns zum Regimentskommandeur bringen.«

Sie zog verwundert die Augenbrauen hinauf. »Bist du mit ihm verabredet?«

»Ich kann mir nicht helfen«, sagte ich, »aber mir wird das alles langsam zu dumm.«

»Kein Wunder, bei so vielen Männern!« sagte Lis. Wären wir allein gewesen, so hätte ich ihr vielleicht eine kleine Ohrfeige gegeben; ihre Anzüglichkeiten waren nicht immer nach meinem Geschmack. »Was sollen wir beim Regimentskommandeur?« fragte ich den Offizier. Er lächelte gewinnend. »Sie dürfen ihn fotografieren, Miß. Übringens: ich bin Leutnant Henley.«

»Das habe ich mir fast gedacht«, sagte ich verstimmt. Es hatten sich inzwischen einige Soldaten aus dem Lager um uns versammelt, sie attackierten uns mit frivolen Blicken und machten unfeine Bemerkungen. Von irgendwoher roch es intensiv nach Hühnerbrühe; das regte mich schon auf.

Leutnant Henley führte uns über die Lichtung hinweg zur anderen Seite des Lagers. Die Soldaten, die ich sehen konnte, waren mit allen möglichen Arbeiten beschäftigt, sie gruben kleine Gräben um die Zelte, fummelten an ihren Gewehren und Uniformen herum, saßen in kleinen Gruppen beisammen und bekamen von wichtig aussehenden Diensttuenden wichtige Dinge zu hören, wenigstens hatte ich den Eindruck, daß es sich um wichtige Dinge handeln müsse; sie nahmen sich nicht einmal Zeit, uns anzuschauen. Auch einige Fahrzeuge entdeckte ich unter den

Bäumen; in einem großen, kastenförmigen Wagen, dessen Tür offenstand, sah ich Soldaten hinter komplizierten Geräten sitzen und schreiben.

Das Kommandeurszelt war größer als die anderen und wurde von einem grimmig dreinblickenden Posten bewacht. Hier mußten wir etwas warten, während Leutnant Henley hinter einer zuknöpfbaren Tür verschwand, er kam aber rasch wieder zurück, mit ihm ein Schrank von einem Mann, er war so groß, daß er sich beim Heraustreten bücken mußte. Als Lis die Kamera auf ihn richtete, blieb er lächelnd stehen, blickte in die Kamera, kam dann mit wuchtigen Schritten auf uns zu und begrüßte uns so enthusiastisch, als wären wir liebe Verwandte von ihm. Von allen Offizieren, die ich heute gesehen hatte, war er mir am sympathischsten, er hatte ein braungebranntes, lederhäutiges Gesicht, helle Augen und einen Händedruck, der mich fast umwarf. Paradoxerweise hatte ich mir eingeredet, in seinem Zelt zumindest eine bequeme Sesselgarnitur vorzufinden, aber außer einem primitiven Feldbett in der linken Ecke standen nur noch einige Klappstühle, ein kastenförmiger Tisch und ein kleiner Ofen da. Erst bei näherem Umsehen entdeckte ich noch eine große Staffelei mit einer Landkarte, die mit farbigen Markierungen bedeckt war. An einem Pfosten in der Zeltmitte hing ein Rasierspiegel, darunter bemerkte ich eine Kiste am Boden. Auf dem kastenförmigen Tisch standen eine Schreibmaschine und vier Feldtelefone; das war so ziemlich alles. Vielleicht hätte ich ein Mann sein müssen, um zu begreifen, wieso man sich im Zeitalter der Schaumgummimatratzen und Ölheizungen noch dafür begeistern konnte, Berufsoffizier zu werden; spartanischer ging es jedenfalls kaum, es lagen nicht einmal Teppiche im Zelt, auch das Feldbett stand auf dem nackten Waldboden. Sicher gab es Ameisen, schwarze Waldkäfer, Tausendfüßler und Spinnen in der Nähe; ich jedenfalls hätte in diesem Bett kein Auge zugemacht.

Wir durften uns auf die Klappstühle setzen, die mehr praktisch als bequem waren, und der Colonel bot uns Zigaretten an. Ich nahm mir eine, während Lis verzichtete. Sie hatte ein Blitzgerät auf ihre Kamera gesteckt, fotografierte das Feldbett und was sonst noch im Zelt herumstand, und der Colonel ließ sie lächelnd gewähren. Eine Tasse Kaffee, die er uns offerierte, lehnte sie nicht ab. Der Leutnant war nicht mit hereingekommen, dafür tauchten im Zelteingang jetzt zwei andere Offiziere auf. Der Colonel stellte sie uns vor und wechselte ein paar Worte mit ihnen. Sie verschränkten die Hände auf dem Rücken und musterten uns wie zoologische Raritäten; ich kam mir schon selbst ein wenig wunderlich vor. Ein junger Soldat, der hinter ihnen das Zelt betreten hatte, räumte die Schreibmaschine vom Tisch, und ich hörte, wie ihm der Colonel befahl, Kaffee zu bringen. Dann wandte er sich wieder an mich, machte mir ein Kompliment über mein gutes Englisch und kam dann sofort auf die beiden Schiedsrichter zu sprechen. Wie sie ungefähr ausgesehen hatten, wollte er wissen, und wie es zu unserer Begegnung mit ihnen gekommen sei. Obwohl ich es dem Leutnant schon ausführlich erzählt hatte, tat ich ihm den Gefallen, und er hörte mir aufmerksam zu. »Sind Sie sich über die Uhrzeit auch ganz sicher?« fragte er hinterher. Ich nickte. »Ziemlich. Ist es so wichtig für Sie?«

Er lächelte, und auch die beiden hinter ihm stehenden Offiziere lächelten und pufften sich mit den Ellbogen gegenseitig in die Rippen. »Nicht direkt wichtig«, sagte der Colonel. »Wir liegen hier etwas isoliert und hören nur wenig. Würden Sie mich einen Augenblick entschuldigen, Miß?« Er ging mit den beiden Offizieren hinaus, und Lis fragte: »Was geht hier eigentlich über die Bühne?«

Ich hatte bereits einen bestimmten Verdacht, aber als ich mit ihr darüber sprach, schüttelte sie verständnislos den Kopf und meinte, als Regimentskommandeur müsse er schließlich wissen, wann das Manöver anfange.

»Eben nicht«, sagte ich. »Er hat es erst von uns erfahren.« Es leuchtete mir zwar selbst nicht recht ein, und während ich wieder darüber nachdachte, erschien es mir sogar unsinnig, aber ich fand auch keine andere Erklärung für das merkwürdige Verhalten der Offiziere. »Das ist wieder einmal typisch amerikanisch!« sagte Lis verächtlich. »Fahren ins Manöver und wissen nicht einmal, wann es anfangen soll!« Sicher hätte sie noch eine Weile in diesem Ton weitergemacht, wenn nicht der junge Soldat mit dem Kaffee hereingekommen wäre. Er servierte ihn uns in zwei großen Plastiktassen, stellte Milch und Zucker auf den Tisch und fragte mich, von welcher Zeitung wir kämen. Anscheinend hatte er den Namen noch nie gehört, er ließ ihn sich zweimal wiederholen und rannte rasch hinaus. Ich vermutete, daß er von dem Colonel beauftragt worden war, uns danach zu fragen, und nun traute er seinem eigenen Gedächtnis nicht. »Immerhin haben wir schon eine ganze Menge gesehen«, sagte Lis und beobachtete, wie ich nach meiner Tasse griff. Der Kaffee war noch heiß, ich verbrannte mir die Zunge, schnitt ein Grimasse und bekam ein grelles Licht in die Augen. »Was soll der Unsinn?« fragte ich ärgerlich. Sie setzte lächelnd die Kamera ab. »Das wird das beste Bild der ganzen Reportage. Weißt du, daß wir zusammen ganz schön Geld machen könnten?«

Ich blickte sie verständnislos an. »Ich habe da so eine Idee«, sagte sie. »Mit dir als Motiv kämen wir sogar auf die Titelseite.«

»Auf welche Titelseite?«

»Ich habe die Adresse eines Verlegers«, sagte Lis. Da im gleichen Augenblick der Colonel zurückkam, konnte ich mich nicht länger damit befassen. Er entschuldigte sich höflich, bot mir wieder eine Zigarette an und setzte sich zu uns an den Tisch. Mir fiel sofort auf, daß er zerstreut wirkte. Als ich ihn fragte, ob wir uns das Manöver aus der Nähe ansehen dürften, nickte er nur und kam auf Münsheim zu sprechen. Er kenne die Stadt nur von einem flüchtigen Besuch, aber er finde sie sehr reizend und würde gerne einmal für längere Zeit dort wohnen. Nach spätestens zwei Minuten war mir klar, daß er nur noch aus Höflichkeit mit uns plauderte, er blickte immer wieder auf seine Armbanduhr, hörte mir, den Kopf mit der kurzgeschnittenen Bürstenfrisur leicht zur Seite geneigt, geistesabwesend zu und bewegte unruhig die großen Hände. Praktisch hatten wir bereits aufgehört, für ihn zu existieren, aber Regimentskommandeure hatten wahrscheinlich andere Probleme als gutgewachsene Frauenbeine, und da mir der Kaffee ohnedies nicht recht schmeckte, stand ich entschlossen auf. Ob wir schon wieder gehen wollten? fragte er geistesabwesend, und als ich es ihm bestätigte, lächelte er erleichtert. Natürlich könnten wir uns das Manöver morgen ansehen, sagte er, während er uns hinausbegleitete. Wir sollten Leutnant Henley unsere Adresse hinterlassen, damit er uns im Laufe des Vormittags abholen lassen könne.

Es war mehr, als ich erwartet hatte, und ich bedankte mich, aber er wehrte zerstreut lächelnd ab: »Sie helfen mir, und ich helfe Ihnen. Soilten Sie zufällig noch einmal mit den beiden Schiedsrichtern zusammentreffen, so erwähnen Sie bitte nicht, daß Sie uns besucht haben.«

»Das läßt sich machen«, sagte ich, und der Colonel verabschiedete sich wieder mit einem kräftigen Händedruck. Er hatte es so eilig, in sein Zelt zurückzukehren, daß er sich nicht einmal mehr nach uns umschaute. Jetzt erst fiel mir auf, daß das Lager wie ausgestorben dalag, nur Leutnant Henley stand noch bei dem Wachtposten am Kommandeurszelt. Als ich ihn nach den Soldaten fragte, machte er eine unbestimmbare Handbewegung: »Sie sind zu einem Befehlsempfang angetreten, Miß. Ich bringe Sie wieder zu Ihrem Wagen.« Lis hatte die Veränderung im Lager natürlich auch bemerkt, und als wir an Leutnant Henleys Seite die Lichtung überquerten, erzählte ich ihr, was ich gehört hatte. »Daß ich nicht lache!« sagte sie. »Da steckt doch mehr dahinter als nur ein Befehlsempfang. Was ist das überhaupt, ein Befehlsempfang?«

»Eben!« sagte ich. Sie blickte rasch in mein Gesicht. »Du meinst ...«

»Wenn das keine Reportage gibt!« sagte ich.

Wir hatten etwa die Hälfte der Lichtung hinter uns gebracht, als ich Schulberg bemerkte. Er kam, flankiert von zwei großgewachsenen Soldaten, direkt auf uns zu. Wäre ich mit dem Kopf gegen einen Baum gestoßen, es hätte mich nicht plötzlicher zum Stehen bringen können. Dabei hätte ich nicht einmal so sehr überrascht sein dürfen. Seit er am vergangenen Freitag aus meiner Wohnung gelaufen war, hatte ich immer das Gefühl gehabt, ich würde ihm noch einmal begegnen, ich hatte zwei Tage darauf gewartet, daß er wieder an meiner Tür läuten würde, und als wir heute vormittag hierhergefahren waren, hatte ich mir jeden Mann auf der Straße angeschaut. Ihn aber ausgerechnet hier und dazu noch mit einer militärischen Eskorte wiederzusehen, hätte mir auch meine kühnste Phantasie nicht eingegeben. Lis mußte ihn jetzt gleichfalls entdeckt haben, ich hörte sie einen eigenartigen Laut ausstoßen, aber mein Augenmerk war ausschließlich auf Schulberg gerichtet. Er ging mit zu Boden gesenktem Blick zwischen den beiden Soldaten; anscheinend hatte er uns noch gar nicht gesehen, aber dann schaute er ganz unvermittelt auf und direkt in meine Augen.

Wenn ich erwartet hätte, daß er sich genauso überrascht zeigen würde wie ich, wäre ich enttäuscht worden, er tat fast so, als hätte er unsere Begegnung nicht anders erwartet. Immerhin konnte ich feststellen, daß er ungewaschen, unrasiert und müde aussah, mochte der Himmel wissen, wo er sich in diesen drei Tagen überall herumgetrieben hatte. Fast verabscheute ich mich dafür, ihn am Freitagabend nicht zurückgehalten zu haben, obwohl ich gewußt hatte, daß es für einen Mann wie ihn kaum eine Chance gab, ohne einen Pfennig in der Tasche nach Regensburg zu kommen. Neben mir vernahm ich die Stimme von Leutnant Henley, der mich etwas fragte, aber ich war von diesem unerwarteten Zusammentreffen noch immer so benommen, daß ich es nur am Rande registrierte. Ich merkte nicht einmal, daß ich noch immer regungslos mitten auf der Lichtung stand, und erst, als Schulberg mir die Hand gab, konnte ich wieder wie ein normaler Mensch reagieren, er fragte: »Sind Sie meinetwegen hier?«

Mir war im ersten Moment nicht ganz klar, wie er es meinte. Die beiden Soldaten starrten mich konsterniert an; es war offensichtlich, daß meine Anwesenheit einen Gewissenskonflikt in ihnen auslöste. »Ich bin hier, um eine Reportage über das Manöver zu machen«, antwortete ich Schulberg. »Und Sie?«

Er machte mit dem Kopf eine verdrossene Bewegung zu den beiden Soldaten. »Sie haben mich festgenommen. Als ich nicht mitkommen wollte, zeigten sie mir ihre Knüppel.« Sein Blick fiel auf Lis, er grinste dünn und streckte ihr die Hand hin. »Heute vormittag habe ich noch an Sie gedacht«, sagte er.

»An mich?« fragte sie verblüfft.

Er nickte, während er ihr noch immer die Hand hinstreckte. »Ich habe mir Gedanken gemacht, ob Sie noch wütend auf mich sind.«

»Sie hätten sich lieber Gedanken über sich selbst machen sollen«, sagte Lis und blickte über seine ausgestreckte Hand hinweg feindselig in sein Gesicht. »Was haben Sie diesmal wieder ausgefressen?«

»Ich bin mir noch nicht ganz sicher«, sagte Schulberg und ließ seine Hand sinken. »Entweder taugte mein Englischlehrer nichts, oder die beiden verstehen ihre eigene Muttersprache nicht.«

Während er mit uns sprach, hatte der Leutnant rasch einige Worte mit den beiden Soldaten gewechselt. Jetzt wandte er sich wieder an mich: »Sie kennen diesen Mann?« fragte er überflüssigerweise.

»Sehr gut«, sagte ich. »Was will man von ihm?«

»Er kam ihnen verdächtig vor, weil er sich in der Nähe unserer Fahrzeuge herumgetrieben hat. Woher kennen Sie ihn?«

»Genügt es nicht, daß ich ihn kenne?« fragte ich.

Der Leutnant wurde ein bißchen rot. »Mir genügt es, Miß.« Er blickte mich eigenartig an und sprach wieder mit den beiden Soldaten. Nach Lage der Dinge konnte ich es ihm nicht einmal übelnehmen. Daß ein Mann wie Schulberg zu meinem Bekanntenkreis zählen sollte, mußte ihm mehr als merkwürdig vorkommen. »Wahrscheinlich hat man Sie für einen Dieb gehalten«, sagte ich zu Schulberg. »Wie kamen Sie in den Wald?«

Er zuckte mit den Schultern.

»Ich habe mich in der Dunkelheit verlaufen. Ein Mann aus Örtingen riet mir, durch den Wald zu gehen, weil die Straße einen Umweg macht.«

»Wann war das?«

»Gestern abend.«

»Und seitdem laufen Sie im Wald umher?« fragte ich ungläubig.

»Es regnete«, sagte Schulberg. »Durch Zufall stieß ich auf eine Futterhütte. Als ich heute früh weiter wollte, traf ich die Soldaten.«

»Warum sind Sie nicht in Örtingen geblieben?« fragte Lis streitsüchtig. Schulberg schwieg. Die Sonne stand schon tief über den Bergen, es wurde kühl auf der Waldlichtung, und der Leutnant unterhielt sich unentwegt mit den beiden Soldaten. Er wollte wissen, an welcher Stelle sie Schulberg aufgegriffen, was sie von ihm erfahren und auf wessen Befehl sie ihn hierher zur Stabskompanie gebracht hatten. Als er sich auch noch erkundigte, ob er Widerstand geleistet habe, wurde es mir zu dumm. »Sie fahren jetzt mit uns«, sagte ich zu Schulberg.

»Wohin?« fragte Lis. An ihrem Ton merkte ich, daß sie nicht damit einverstanden war, aber dies hier war nicht der Ort und auch nicht die Zeit, auf ihre Eifersucht Rücksicht zu nehmen. »Zum Gasthaus«, sagte ich.

»Und dann?«

Statt ihr zu antworten, fragte ich Schulberg: »Gegessen haben Sie heute natürlich noch nichts?«

»Ich bin nicht sehr anspruchsvoll«, sagte er. Wahrscheinlich hatte er auch gestern nichts gegessen; seine Gleichgültigkeit regte mich schon wieder auf.

Wir waren nur ein paar Schritte weit gekommen, als wir von Leutnant Henley eingeholt wurden. »Entschuldigen Sie, Miß«, sagte er förmlich, »aber der Mann muß uns noch ein paar Fragen beantworten.«

Ich blieb ungehalten stehen. »Was wollen Sie wissen?«

»Ist er auch von der Presse?«

»Wenn Sie unsere heutige Zeitung aufschlagen«, sagte ich diplomatisch, »werden Sie einen langen Artikel von ihm finden.«

Ich stellte befriedigt fest, daß es Eindruck machte; der Leutnant kaute unsicher auf seiner Unterlippe. »Er hätte nicht im Wald herumlaufen dürfen«, sagte er nach einer Pause. »Das Manövergebiet ist für Zivilisten gesperrt.«

»Wo steht das geschrieben?«

»Das ist allgemein bekannt, Miß. Außerdem haben wir überall Posten aufgestellt.«

Ich verlor die Geduld. »Anscheinend nicht, Leutnant. Ist das alles, was Sie wissen wollten?«

»Ich glaube, es genügt, Miß«, sagte er steif und kehrte zu den beiden Soldaten zurück. Er war enttäuscht von mir; ich sah es ihm selbst aus dieser Perspektive noch an. Männer hatten eine besondere Art, sich ihre Enttäuschung nicht anmerken zu lassen, und daran merkte man es dann am zuverlässigsten. »Sie entwickeln sich langsam zu meinem Schutzengel«, sagte Schulberg zu mir. »Ich weiß nur noch nicht, was Sie sich davon versprechen.«

»Vielleicht weiß sie es selbst noch nicht«, sagte Lis. Ihr unversöhnlicher Ton verdroß mich. Zum erstenmal, seit ich sie näher kannte, war ich wieder fähig, sie kühl und kritisch zu beurteilen. Sie war jetzt nur noch ein kleines ärgerliches Mädchen, das sich in eine dumme Voreingenommenheit verrannt hatte, und ich begriff plötzlich nicht mehr, warum ich sie so wichtig nahm. Ihr Benehmen Schulberg gegenüber war schlechthin ungezogen, es hatte mich schon empört, als sie seine ausgestreckte Hand ignorierte. Ich würde nicht einmal Brauners Hand irgnorieren, wenn er mir heute zufällig begegnete; es gehörte sich einfach nicht unter zivilisierten Menschen.

Während wir zum Wagen gingen, fühlte ich, daß Schulberg von der Seite in mein Gesicht schaute. Möglich, daß er auf eine Erklärung wartete, aber mir war jetzt nicht nach Erklärungen zumute, und außerdem hätte ich auch keine gewußt. Ich gehörte nun einmal nicht zu den Leuten, die es fertigbrachten, sich zwischen Halbheiten häuslich einzurichten. In der Regel engagierte ich mich nur schwer für eine Sache, aber wenn ich es schon einmal tat, dann möglichst nicht so, daß ich hinterher das Gefühl hatte, es mir zu einfach gemacht zu haben. Genau dieses Gefühl war ich aber nicht mehr losgeworden, seit er am späten Freitagnachmittag meine Wohnung verlassen hatte. So war es auch kein Wunder, daß ich mich immer mehr geneigt fühlte, unsere jetzige Begegnung als einen Akt ausgleichender Gerechtigkeit anzusehen, und obwohl ich mir noch nicht sicher war, was ich im einzelnen noch für ihn tun könnte, war ich doch bereits fest entschlossen, ihm wenigstens zu einem warmen Abendessen zu verhelfen.

Auch mußte er sich im Gasthaus zuerst einmal waschen und rasieren; man konnte ihn doch unmöglich in diesem Zustand wieder auf die Straße schicken. »Wenn ich Sie recht verstanden habe«, sagte ich zu ihm, »haben Sie die vergangene Nacht in einer Futterhütte verbracht?«

»Es lag noch etwas Heu drin«, sagte er. »Ich habe ganz gut geschlafen.«

»Natürlich«, sagte ich. »Es muß ja fast wie in einem Hotel gewesen sein.«

»Wenigstens«, sagte Schulberg, »wurde man in diesem Hotel nicht gestört.«

»Und ich weiß wirklich nicht«, sagte ich, »in welchem Hotel Sie Ihre schlechten Erfahrungen gemacht haben.«

Er schaute mich amüsiert an. »Warum regen Sie sich eigentlich immer gleich so auf?«

Ich schwieg erbittert.

Während der Rückfahrt schwieg Lis. Als ich einmal das Wort an sie richtete, stellte sie sich taub. Wäre Schulberg nicht gewesen, so hätte ich ihr einige Unfreundlichkeiten gesagt; ich nahm mir vor, es später nachzuholen. Im Grunde kam mir ihre Verstocktheit gar nicht so ungelegen. Da Schulberg ihr Schweigen imitierte und die meiste Zeit verdrossen zum Fenster hinausschaute, hatte ich Gelegenheit, in Ruhe über alles nachzudenken, aber zu einem konkreten Ergebnis kam ich auch diesmal nicht. Daß mein Interesse für ihn von Begegnung zu Begegnung wuchs, war nach Lage der Dinge durchaus natürlich, und mit etwas mehr Sinn fürs Dramatische hätte ich mir vielleicht einreden können, in ihnen so etwas wie eine höhere Fügung zu sehen. Persönlich hielt ich nicht viel von überirdischen Manipulationen. Junge Ehepaare mochten sich noch in dem romantischen Glauben wiegen, ihre erste Begegnung einer mirakulösen Fügung zu verdanken, aber nicht einmal der Zufall spielte eine ernsthafte Rolle dabei. Vielmehr neigte ich der subjektiven Überzeugung zu, daß alle Begegnungen zwangsläufig erfolgten. Sie ergaben sich aus dem routinemäßigen Ablauf beiderseitiger Gewohnheiten, beruflicher Verpflichtungen und alltäglicher Begebenheiten. Meine erste Begegnung mit einem Mann, der einen starken Eindruck bei mir hinterlassen hatte, lag schon über acht Jahre zurück, und wenn ich mir heute sein Bild ins Gedächtnis rief, konnte ich mich nur über mich selbst wundern. Die Wahrscheinlichkeit, an den *falschen* Mann zu geraten, schien mir jedenfalls viel größer zu sein, aber welche verheiratete Frau, die etwas auf sich hielt, konnte es sich schon leisten, es ernsthaft wahrhaben zu wollen. Sie erinnerten mich gelegentlich an jene Autobesitzer, die nicht müde wurden, den eigenen Wagen in den Himmel zu loben, obwohl sie insgeheim von einem viel luxuriöseren – und für ihre Verhältnisse meist unerschwinglichen – Wagen träumten. Was

Schulberg betraf, so mußte ich allerdings einräumen, daß ich mir noch kein abschließendes Urteil über ihn gebildet hatte. Wie die meisten Menschen, denen ein geordnetes Dasein erstrebenswerter dünkte als fragwürdige Ambitionen, hegte ich doch eine stille und widerwillige Bewunderung für all jene, die es einer inneren Überzeugung wegen auf sich nahmen, sich ständig mit Gott und der Welt anzulegen.

Es wurde bereits dunkel, als wir das Gasthaus erreichten. Anscheinend waren neue Gäste eingetroffen, vor der Tür stand ein Wagen. Lis schien entschlossen zu sein, unsere bevorstehende Auseinandersetzung endgültig auf das Zimmer zu verlegen, sie verschwand, ihre schwere Fototasche wie eine tragische Bürde mit sich schleppend, im Gasthaus, noch ehe ich richtig die Wagentür aufgemacht hatte. Der stumme Protest ihrer Abwesenheit bewegte mich anhaltender als alles, was sie bisher gegen Schulberg vorgebracht hatte; ich fühlte mich plötzlich sehr allein mit ihm.

Ich wartete, bis er aus dem Wagen geklettert war, dann winkte ich mit dem Kopf zum Gasthaus hin und sagte: »Wir wohnen hier. Wenn es Ihre Empfindlichkeit zuläßt, würde ich Sie gerne zum Abendessen einladen. Außerdem müssen Sie sich waschen und rasieren; in diesem Zustand können Sie sich nicht einmal in Müllbach sehen lassen, aber vielleicht haben Sie auch einen besseren Einfall als ich.«

»Im Augenblick nicht«, sagte er ruhig. »Ich werde es Ihnen gelegentlich zurückzahlen.« Der Wirt erwartete uns bereits an der Tür, er blickte zuerst Schulberg, dann mich, dann wieder Schulberg an und vergaß sogar, uns zu grüßen. Als ich ihn fragte, ob er noch ein Einzelzimmer habe, nickte er, schien jedoch im gleichen Augenblick Bedenken zu bekommen und fragte seinerseits, ob das Zimmer für den Herrn sein solle.

»Ein Bekannter von mir, der sich im Wald verlaufen hat«, sagte ich. »Er wird bis morgen früh hierbleiben.«

»Ich verstehe«, sagte der Wirt, und hätte er bis zu diesem Augenblick noch nie gelogen, so wäre dies seine erste Unaufrichtigkeit gewesen. »Er hat seinen Koffer verloren«, sagte ich. »Vielleicht können Sie ihm mit einem Rasierapparat aushelfen.«

»Den ganzen Koffer verloren?« vergewisserte sich der Wirt, und er wirkte jetzt wieder mehr besorgt als verständnislos. Am liebsten hätte ich ihm geantwortet, daß Koffer unter anderem auch die Eigentümlichkeiten besäßen, daß man sie entweder nur ganz oder überhaupt nicht verlieren könnte, aber ich bezwang mich wieder einmal und sagte zu Schulberg: »Wenn Sie bis dahin fertig sein sollten, sehen wir uns in einer Stunde im Restaurant.«

Er nickte und sagte: »Hoffentlich haben Sie sich das auch gut überlegt.«

Das Zimmer für ihn hatte ich mir vorher nicht überlegt, aber es wurde dunkel, und ich verspürte nicht die geringste Neigung, mir seinetwegen wieder mit Selbstvorwürfen kommen zu müssen. Nach vorsichtigen Schätzungen würde mich der Spaß – Abendessen und Frühstück eingeschlossen – etwa zwanzig Mark kosten, und so viel war mir meine Nachtruhe wert. »Im allgemeinen«, sagte ich, »brauche ich mir hinterher nichts vorzuwerfen. Vergessen Sie nicht, Ihren Bart abzukratzen.«

Ich überließ ihn dem Wirt und ging zu Lis hinauf. Sie empfing mich stehend mit streitlustig vorgerecktem Kinn. »Wo ist er?«

»Im Augenblick«, sagte ich, »führt der Wirt ihn auf sein Zimmer. Er hat vor, sich zu waschen, zu rasieren, mit uns zu Abend zu essen und eine Nacht hier zu schlafen.«

»Das darf doch wohl nicht wahr sein!« sagte Lis und setzte sich auf einen Stuhl. »Und womit, wenn man fragen darf, will er das alles bezahlen?«

»Wir haben vereinbart, daß ich es ihm vorübergehend auslege«, sagte ich und trat ans Waschbecken. Ich wusch mir die Hände, trocknete sie sorgfältig ab und hängte das Handtuch sorgfältig an seinen Platz zurück. Als ich mich wieder nach Lis umdrehte, saß sie mit vor Wut und Enttäuschung weißem Gesicht auf dem Stuhl und blickte mich unverwandt an. »Ich mag komplizierte Mädchen nicht«, sagte ich ruhig. »Wenn wir zusammen wohnten, hätten wir nur Ärger miteinander.«

»Wann ist dir das eingefallen?« fragte sie. »Schon vorher?«

Ich runzelte die Stirn. »Bitte?«

»Ich meine«, sagte sie mit weißem Gesicht, »ob dir das schon vorher eingefallen ist? Vielleicht schon am vergangenen Freitag, als du mir die Tür nicht aufgemacht hast?«

»Nein«, sagte ich. »Daß du schlechte Manieren hast, ist mir erst heute aufgefallen. Ich gehöre nun einmal nicht zu den Menschen, die zusehen können, wie ein anderer auf der Straße verhungert, nur weil ihnen seine Weltanschauung nicht gefällt.«

»Aber ich gehöre zu ihnen, was?«

»Du tust wenig, den Anschein zu widerlegen.«

Sie stand auf, ging an mir vorbei zum Fenster und blieb ein paar Sekunden mit abgewandtem Gesicht stehen. Dann drehte sie sich rasch nach mir um. »Seine Weltanschauung ist mir Wurst«, sagte sie schroff. »Mir gefällt nicht, wie er sich von dir aushalten läßt.«

»In Ermangelung einer Alternative.«

»Was er sich selbst zuzuschreiben hat.«

»In diesem Punkt ist er dir ähnlich«, sagte ich, »du läßt dir auch wenig Spielraum.« Ich war müde, hatte Kopfschmerzen und das Bedürfnis, mich vor dem Essen noch eine halbe Stunde hinzulegen. Die Auseinandersetzung widerte mich plötzlich an. Ich empfand es immer wieder als völlig unbegreiflich, wie sehr auch intelligente Menschen dazu neigen, um einer Banalität willen selbst Freundschaften aufs Spiel zu setzen, die ihnen mehr bedeuteten als ihre eigene Familie.

Ich setzte mich auf das Bett, zog meine Schuhe aus und legte mich, die Hände im Nacken verschränkt, auf den Rücken. »Du solltest mich jetzt lange genug kennen«, sagte ich ungeduldig, »um zu wissen, daß es zwecklos ist, mich beeinflussen zu wollen.«

»Ich weiß es«, sagte Lis in völlig normalem Ton. Das gehörte auch mit zu ihren Eigenheiten, sie konnte innerhalb eines Atemzuges ihr ganzes Ich verändern wie ein Requisit, das sich von Fall zu Fall austauschen läßt. Sie kam zu mir ans Bett, setzte sich neben mich und blickte mir lächelnd in die Augen. »Ich möchte dir auch nicht dein Privatamüsement verderben«, sagte sie. »Ist es dir lieber, wenn ich euch heute abend allein lasse? Ich könnte ja sein Zimmer nehmen.«

Ich hatte Mühe, meine Hand zurückzuhalten. Obwohl es mir oft in den Fingern zuckte, ließ ich mich im Ernstfalle doch nie dazu hinreißen. Ich war der etwas altmodischen Auffassung, daß man auch im Zeitalter der Gleichberechtigung als Frau wenigstens auf die primitivsten Nuancierungen nicht verzichten sollte.

»Für so etwas kennen wir uns vielleicht noch nicht gut genug«, sagte ich mit erzwungener Ruhe.

»Das weiß ich auch.« Sie veränderte ihr Lächeln keinen Augenblick. »Liegt es an mir?«

»Es wäre auch dann kein Gesprächsstoff für mich«, sagte ich.

»Dann bin ich froh, daß ich dich nie danach gefragt habe«, sagte Lis. Sie ging auf die andere Bettseite und legte sich, den Kopf auf den angewinkelten Arm gestützt, neben mich. »Ich habe mich schon oft darüber gewundert.«

Ich blickte sie kühl an. »Worüber?«

»Daß es kein Gesprächsstoff für dich ist«, sagte Lis. »Vielleicht bist du deshalb Redakteurin geworden; noch dazu für Innenpolitik! Leibfried versteht es auch nicht.«

»Was versteht er nicht?«

»Warum du dich so für Politik interessierst. Mir wird schon schlecht, wenn ich das Zeug nur lese.«

Daß Leibfried meine Beweggründe nicht verstand, enttäuschte mich; schließlich kannte er meine politische Einstellung und hatte selbst eine. Ich hatte mich schon mit achtzehn Jahren über das innenpolitische Geschwafel mancher Leitartikler aufgeregt, über ihre Inkonsequenz, Intoleranz und Selbstherrlichkeit, die keine andere Meinung neben sich duldeten. Vielleicht hatte man als Frau doch eine größere Distanz zu politischen Tagesereignissen und Parteidogmen. Wenigstens glaubte ich nicht daran, daß politischer Instinkt und politisches Urteilsvermögen schon aus biologischen Gründen Vorrechte des Mannes seien, aber ich war meiner eigenen Argumente im Lauf der Jahre so überdrüssig geworden, daß ich sie genauso ungern gebrauchte wie ein abgetragenes Kleid. Andererseits bot das Thema willkommenen Anlaß, unseren Streit zu beenden, auch wenn es an private Dinge rührte, die mir nicht weniger unangenehm waren. »Es liegt in unserer Familie«, sagte ich. »Mein Vater schrieb auch schon über Innenpolitik.«

Lis spitzte überrascht die Lippen. »Daß ich nicht selbst darauf gekommen bin! Oder sprichst du nicht gern darüber?«

Manchmal konnte sie ungewöhnlich hellhörig sein. Ich hatte noch nie gerne darüber gesprochen. Daß er sich für die Nazis engagiert hatte, wäre noch zu verstehen gewesen, aber was er heute alles zusammenschrieb, ließ sich nicht einmal mehr mit Naivität entschuldigen. Auch wenn ich berücksichtigte, daß er nicht der einzige war, der aus der Vergangenheit kaum etwas gelernt hatte, blieb es immer noch ein unvollkommener Trost. »Es ist nichts, worüber man sich amüsieren könnte«, sagte ich.

»Eher weinen, was?« Sie blickte mit gerunzelter Stirn auf meinen Mund. »Schreibt er noch?«

Ich nickte.

»Dann will ich lieber nichts mehr fragen«, sagte Lis. »Vielleicht kennt er zufällig auch Brauner?«

»Sie sind Duzfreunde«, sagte ich.

»Du lieber Gott!« Sie legte mir mitfühlend die Hand auf den Arm. »Jetzt frag' ich bestimmt nichts mehr. Weißt du, daß du einen hübschen Hals hast?«

Sie betrachtete noch immer meinen Mund. Ich wurde rot dabei.

»Für eine Perlenkette«, sagte sie. »Wenn ich ein Mann wäre, würde ich dir eine Perlenkette schenken, keine Zuchtperlen, sondern echte, du müßtest ein schulterfreies Kleid dazu tragen.«

Ihre Hand war jetzt an meinem Ohr, streichelte mit den Knöcheln leise meine Schläfe, meine Wange; mir war, als fühlte ich sie zur gleichen Zeit am ganzen Körper. »Ich war dumm vorhin«, sagte sie. »Wollen wir uns wieder vertragen?«

»Dazu besteht kein Anlaß«, murmelte ich. – »Trotzdem!« sagte sie. »Es war wirklich dumm von mir.« Sie beugte sich zu mir, küßte mich auf den Mund, und als ich ihren Kuß erwiderte, bekam sie plötzlich feuchte Augen und sagte: »Es ist zum Kotzen.«

»Was?« fragte ich verständnislos, und sie sagte: »Alles.« Sie ließ sich auf den Rücken fallen und wandte das Gesicht zum Fenster. »Du glaubst nicht, wie mich das alles anwidert«, sagte sie. »Dieses ganze Drumherum und so. Man tut eigentlich immer nur das, wozu man sich selbst für fähig hält, aber nicht mehr.«

»Ich verstehe kein Wort«, sagte ich, aber das Herz klopfte mir bis zum Hals.

»Ich habe gerade wieder an zu Hause denken müssen«, sagte sie mit abgewandtem Gesicht. »Wenn man als Mädchen von zu Hause weg will, kann man das nur, indem man einen Mann heiratet.«

»Es gibt noch andere Möglichkeiten«, sagte ich ernüchtert. Sie schüttelte ungeduldig den Kopf. »Wenn man so ist wie du, aber ich bin viel unselbständiger, ich brauche jemand, der mir gute Nacht sagt und am Morgen immer noch da ist. Ich finde es schrecklich, allein aufwachen zu müssen, es ist genauso wie in einer Gefängniszelle. In einem Gefängnis würde ich sterben. Manchmal würde ich überhaupt am liebsten sterben.«

»Wenn das alles ist . . .«

»Wenn ich sterbe«, sagte sie, »hast du mich auf dem Gewissen; ich werde einen entsprechenden Brief hinterlassen. Warum willst du nicht, daß ich bei dir wohne?«

»Ach so!« Ich mußte unwillkürlich lachen. »Du läßt dir wenigstens etwas einfallen!«

»Ich kann einfallslose Menschen nicht leiden«, sagte Lis und drehte mir das Gesicht zu. »Leibfried zum Beispiel. Er ist so einfallslos, daß er nicht einmal auf den Gedanken kommt, dir einen Heiratsantrag zu machen.«

»Was dir wirklich fehlt«, sagte ich, »ist ein Mann, der dir gelegentlich den Hintern vollhaut.«

»Warum immer nur ein Mann?« fragte Lis. Der enge Rock war ihr ein Stück über die Knie gerutscht, sie lag lang ausgestreckt neben mir, die schlanken Beine in den schwarzen Strumpfhosen dekorativ übereinandergekreuzt, selbstbewußt und keine Spur lebensmüde. Es war lächerlich gewesen, ihr Gerede auch nur einen Augenblick ernst zu nehmen. »Ich brauche keinen Mann«, sagte sie. »Weder zum Verhauen noch zu sonst was. Frauen werden fast immer so wie ihre Männer; hast du das noch nie gemerkt?«

Ich schwieg. Ihre undurchschaubare Art machte alles noch schwieriger, aber ich wußte auch nicht, ob sie mir unkomplizierter lieber gewesen wäre.

Ich hatte über alldem die Manöverreportage völlig vergessen, sie fiel mir erst wieder ein, als wir etwas später ins Restaurant hinuntergingen. Da Leutnant Henley sich von uns nicht verabschiedet hatte und wir ohne ihn zur Straße zurückgefahren waren, bestanden auch keine übertrieben guten Aussichten, daß wir morgen vormittag von ihm abgeholt werden würden. Wir mußten uns eben wieder auf eigene Faust etwas umsehen, und bis jetzt hatten wir eigentlich ganz gute Erfahrungen damit ge-

macht. Im Grunde war mir das Manöver auch ziemlich gleichgültig geworden, das unerwartete Zusammentreffen mit Schulberg beschäftigte mich in weitaus stärkerem Maße. Vielleicht
ließ sich noch ein zweiter Bericht daraus machen; Schmiedel
würde sicher nichts dagegen haben.

Vom Wirt, der uns zufällig an der Treppe begegnete, erfuhren
wir, daß Schulberg bereits unten war und auf uns wartete. Mir
fiel auf, daß seine nervösen Zuckungen unter dem Auge viel
heftiger waren als heute mittag; es wirkte fast ansteckend. Anscheinend hatte er sich inzwischen mit Schulberg abgefunden, er
erzählte mir, noch ehe ich ihn danach fragen konnte, daß er ihm
mit seinem eigenen Rasierapparat ausgeholfen und ihm aus dem
Dorf wenigstens die wichtigsten Dinge besorgt habe. Zahnbürste,
Seife und was er sonst noch brauchte, sieben Mark fünfzig zusammen, wenn es mir recht sei. Ich atmete unwillkürlich auf,
insgeheim hatte ich schon befürchtet, daß er ihm auch gleich noch
einen neuen Koffer beschafft habe; die sieben Mark fünfzig
würde ich noch irgendwie zusammenkratzen können.

Als Schulberg uns hereinkommen sah, stand er auf. Außer ihm
saß noch ein Pärchen auf der Terrasse, der junge Mann mit
Bart, Fräse, Babylonien um Dreitausend vor Christus, das Mädchen schmal, zart, duftiges Blondhaar, Goldreifchen am Arm
und mit rosigen Marzipanfingerchen. Sicher gehörte der Wagen
vor der Tür ihnen; als Liebesnest für Unverheiratete bot sich das
einsam gelegene Waldgasthaus geradezu an.

Gewaschen und rasiert sah Schulberg wieder ganz manierlich
aus. Er hätte zwar noch ein frisches Hemd brauchen können,
und sein Anzug war noch zerknitterter als vor drei Tagen, aber
wenn er am Tisch saß, fiel es nicht so sehr auf. »Haben Sie ein
gutes Zimmer bekommen?« fragte ich. Er nickte. »Ich habe lange
nicht mehr so gut gewohnt.«

Wenn man berücksichtigte, daß er aus dem Gefängnis kam, war
es sicher keine Übertreibung. Der Wirt brachte die Speisekarte,
empfahl uns Wildragout mit Semmelknödeln und Preiselbeeren,
dazu einen leichten Rotwein. Die geringste Luftveränderung
hatte bei mir immer einen ungewöhnlich gesteigerten Appetit
zur Folge. Wäre ich viel auf Reisen gewesen, so hätte ich mir
ständig Gedanken über meine Taillenweite machen müssen. Im

Gegensatz zu Lis, die sich beim Essen niemals Zurückhaltung auferlegte und trotzdem kaum ein Gramm zunahm, hatte ich immer Schwierigkeiten, mein Gewicht zu halten.

Aus den Augenwinkeln stellte ich fest, daß wir von dem jungen Pärchen beobachtet wurden. Sicher kamen wir ihnen nicht weniger merkwürdig vor, als sie uns. Daß sie für Lis auf den ersten Blick ein Ärgernis gewesen waren, hatte ich schon beim Hereinkommen gemerkt, und sie fing auch sofort an, sich über sie zu mokieren: »Verheiratet sind sie auch nicht«, sagte sie verächtlich. »Schau dir nur den Bart von dem Kerl an! Als hätten vier Wochen die Motten darin gehaust!«

»Woran siehst du, daß sie nicht verheiratet sind?« fragte ich. Sie lächelte geringschätzig. »Frag das Püppchen mal, wie man Rühreier macht! Sicher sagt sie Darling zu ihm und stößt kleine spitze Schreie aus.«

»Wann?« fragte Schulberg verständnislos. Dann hustete er und fragte: »Sie sind ganz schön auf dem laufenden. Haben Sie das aus Ihrer Zeitung?

»Richtig!« sagte Lis und lächelte entwaffnend. »Den Artikel haben Sie ja noch gar nicht gelesen! Ich habe ein Exemplar dabei; Sie können es später bei mir abholen.«

Er blickte mit gefurchter Stirn in ihr Gesicht. »Einen Artikel über mich?«

»Was glauben Sie wohl«, fragte Lis, »wovon wir leben? Meine kleine Freundin hat Sie ganz groß herausgestellt, drei Spalten und ein hübsches Porträt. Wenn man Ihnen eines Tages in Münsheim ein Denkmal aufstellt, verdanken Sie es ihr.«

»Was haben Sie geschrieben?« fragte er mich.

Ich schickte Lis einen wütenden Blick zu. »Sie übertreibt. Ich habe nur geschrieben, was Sie mir erzählt haben.«

»Das ist interessant!« sagte Lis lebhaft. »Dann haben Sie ihr auch erzählt, daß die Regierung nichts taugt?«

»Ich habe nicht behauptet, daß die Regierung nichts taugt«, sagte ich scharf.

»Nein?« Sie legte den Kopf schräg und lächelte mich verwundert an. »Dann muß ich es falsch interpretiert haben. Am besten«, sagte sie zu Schulberg, »lesen Sie es selbst; ich verstehe nicht viel von Politik, mein Vater ist alter Nazi.«

Zum Glück brachte der Wirt jetzt das Essen, und sie war eine Weile still. Obwohl Schulberg hungrig sein mußte, schien es ihn Überwindung zu kosten, seinen Teller leer zu essen. Er trank auch kaum etwas und starrte immer wieder geistesabwesend ins Leere. Ich glaubte zu wissen, was in ihm vorging; er war irgendwie am Ende, aber er wollte es sich selbst gegenüber noch nicht eingestehen. Man durfte wohl als sicher voraussetzen, daß er auf keinen Fall mehr nach Nürnberg zurückkehren würde; gescheiterte Männer hatten alle die gleichen Probleme. Aber dann konnte er genausogut in Münsheim bleiben; für einen Hochfrequenztechniker gab es auch dort gute Möglichkeiten. Ich nahm mir vor, mit ihm darüber zu reden.

Nach dem Essen zündete ich mir eine Zigarette an. Schulberg rauchte nicht, er sagte: »Ich habe es nie angefangen, mein Vater rauchte Pfeife. Als er sie einmal auf dem Tisch liegenließ, versuchte ich es auch.«

»Bekamen Sie Prügel?« fragte Lis erwartungsvoll. Er lächelte dünn. »Ich war sechs oder sieben Jahre alt; es wirkte allein.«

»Ist er schon lange tot?« fragte ich.

»Er fiel im Frankreichfeldzug«, antwortete Schulberg kurz. Lis gähnte. »Immer diese blödsinnigen Feldzüge«, sagte sie. »Die Leute müssen damals schön dumm gewesen sein.«

»Um das beurteilen zu können, sind Sie vielleicht noch zu jung«, sagte Schulberg.

»Aber in der Hitler-Jugend waren Sie auch?« fragte Lis. »Ich wäre nie in die Hitler-Jugend gegangen; ich mag schwarze Krawatten nicht.«

»Wahrscheinlich mögen Sie auch Elvis Presley nicht?« fragte Schulberg gleichgültig.

Sie schüttelte lächelnd den Kopf. »Ich mache nicht einmal in die Hose, wenn ich ihn höre.«

In der darauffolgenden Stille sah ich Schulberg ein wenig blaß werden. Instinktiv schaute ich zu dem jungen Pärchen am Nebentisch hin; die beiden starrten konsterniert zu uns herüber; wahrscheinlich hatten sie jedes Wort verstanden. Ich griff mechanisch nach meiner Handtasche, stand auf und ging von der Terrasse durch das Restaurant in unser Zimmer hinauf. Dort setzte ich mich auf das Bett, steckte mir wieder eine Zigarette an und versuchte, meine Gedanken zu sammeln. Ich hätte ihr nie zugetraut, daß sie sich so weit gehenlassen könnte. Am meisten schockierte mich jedoch meine eigene Reaktion. Obwohl ich mir einzureden versuchte, von ihr enttäuscht zu sein, fühlte ich mich durch ihre obszönen Worte mehr verwirrt als abgestoßen. Ich hätte meine Empfindungen auch nicht präzisieren können, aber ähnlich war es gewesen, als sie sich zum erstenmal vor meinen Augen völlig ausgezogen und ungeniert durch das Zimmer bewegt hatte. Wenn es schon nichts mehr gab, womit sie mich ernsthaft schockieren konnte, gab es auch keinen Widerstand mehr gegen sie. Ich hatte es noch nie so betäubend klar erkannt wie jetzt, und ich rauchte meine Zigarette zu Ende, ohne es zu merken. Dann stand ich auf, öffnete meine Reisetasche und kramte eine Weile darin herum, ohne zu wissen, warum. Als Lis hereinkam, wußte ich es noch immer nicht, aber ich hörte auch nicht auf, in meiner Tasche zu wühlen, stur, sinnlos und von der eigenen Minderwertigkeit überzeugt. Ich hatte nur noch den Wunsch, diesen unerträglichen Zustand, dieses schreckliche Katz-und-Maus-Spiel endlich zu beenden. Sie sollte mir helfen, auch die letzte Unklarheit über mich selbst zu beseitigen; ich hätte sie fast auf den Knien darum bitten können.

Ich hörte, wie sie die Tür hinter sich zumachte und stehenblieb. Da ich meine sinnlose Beschäftigung nicht endlos fortsetzen konnte, klappte ich die Reisetasche zu, verharrte noch einen Augenblick in gebeugter Haltung und drehte mich um. Ihr Gesicht war blaß und sehr ruhig. Sie stand mit dem Rücken zur Tür, die Arme vor der Brust verschränkt und sah mich an, ohne sich zu rühren. Als ich sie zum erstenmal gesehen hatte, schien es mir, als blicke ich aus einem dunklen Raum in eine helle Sommerlandschaft. »Ich mag ihn einfach nicht«, sagte sie ohne jede Betonung. »Ich habe ihn vom ersten Moment an nicht leiden können. Wenn er dir lieber ist als ich, mußt du ohne mich weitermachen.«

Ich schwieg. Es gab auch nichts darauf zu erwidern. Außerdem haßte ich es, vor so schwerwiegende Alternativen gestellt zu werden. Seit über zehn Jahren war ich bemüht, mir mein Leben ohne Komplikationen einzurichten. Daß es mir nicht immer gelungen war, hatte jenseits meiner Möglichkeiten gelegen, ich hatte mich auch nie dazu verleiten lassen, Entschlüsse nachträglich zu bereuen, es brachte nichts ein und konnte die Dinge auch nicht ungeschehen machen. Letztlich hatte ich bisher jeder Entscheidung eine gute Seite abgewonnen, selbst denen, die sich erwiesenermaßen nachträglich als subjektiv falsch herausgestellt hatten, aber nie war ich mir auch so unsicher gewesen wie jetzt. Ich wußte, daß ich das nicht mehr lange durchhalten würde.

»Vielleicht willst du noch einmal mit ihm reden«, sagte Lis und ging zu ihrem Gepäck. Sie brachte eine Zeitung zum Vorschein und drückte sie mir in die Hand. »Es wird ihn interessieren, was du über ihn geschrieben hast«, sagte sie. »Er wohnt im ersten Zimmer links.«

»Ich werde mich für dich entschuldigen«, sagte ich. Sie nickte gleichgültig. »Wenn du unbedingt einen Vorwand brauchst: bitte.«

Ich ging hinaus. Das erste Zimmer auf der linken Seite lag neben der Treppe. Auf mein Klopfen öffnete mir Schulberg so rasch die Tür, als hätte er auf mich gewartet. Er verriet auch keine Überraschung und sagte nur: »Ich wollte mich eben hinlegen. Kommen Sie herein!«

Das Zimmer war nur halb so groß wie das unsrige, und das Fenster führte zur Straße hinaus. Ich streifte mit dem Blick das aufgedeckte Bett und drehte mich dann nach Schulberg um. »Hier ist die Zeitung«, sagte ich. »Wenn Ihnen der Artikel nicht gefällt, schreibe ich noch einen besseren.«

»Ich würde es vorziehen, ihn selbst zu schreiben«, sagte er. »Leider gibt es hier nur einen Stuhl.«

Ich setzte mich auf den Stuhl und beobachtete, wie er rasch die Zeitung durchblätterte, bis er auf den Artikel stieß, aber er warf nur einen kurzen Blick darauf und legte die Zeitung dann auf den Tisch. »Wenigstens hat es sich für Sie gelohnt«, sagte er. »Sind Sie nur deshalb gekommen?«

»Ich wollte Ihnen vorschlagen, nach Münsheim zurückzukehren«, sagte ich. »Vielleicht kann ich dort etwas für Sie tun.«

Er blickte mich stumm an.

»Sie sollten wieder arbeiten«, sagte ich. »Eine Stellung werden Sie in Münsheim finden; ein möbliertes Zimmer sicher auch.«

»Und dann?«

Ich sah von ihm weg. »Das müßten wir uns noch überlegen. Mein Chef ist an Ihrem Fall sehr interessiert, und die Zeitung wird auch in Bonn gelesen. Vielleicht finden wir ein paar einflußreiche Leute, die Sie unterstützen werden.«

»Von der Regierung?« fragte Schulberg. Ich zuckte ungeduldig mit den Schultern. »Sie ist nicht schlechter als andere Regierungen. Warum wollen Sie es nicht wenigstens einmal versuchen?«

»Weil ich mir nichts davon verspreche.« Er setzte sich auf das Bett und betrachtete meine Beine. »Wenn ich arbeiten wollte«, sagte er, »hätte ich auch in Nürnberg bleiben können.«

»Sie brauchen Geld«, sagte ich. »Wovon wollen Sie leben?«

Er schwieg.

»Ich habe zu Hause noch etwas Geld«, sagte ich. »Nicht viel, aber es müßte reichen, bis Sie eine passende Stellung gefunden haben und wieder verdienen.«

»Was wollen Sie eigentlich von mir?« fragte Schulberg nach einer kleinen Pause.

Ich wußte es nicht. Ich wußte auch nicht, warum ich das alles sagte; es war wie eine Flucht nach vorn, und er war mir nicht unsympathisch. Ich wünschte plötzlich, nicht zu Lis zurückkehren zu müssen, die jetzt in dem mit blauem Kattun bezogenen Doppelbett auf mich wartete, ich hatte ganz unvermittelt Angst davor, und meine Hände waren feucht und kalt. Mein ganzer Körper war feucht und kalt, ich zitterte bei dem bloßen Gedanken, daß etwas zwischen uns geschehen könnte, was sich nicht mehr rückgängig machen ließe und mich in eine unkontrollierbare Abhängigkeit von ihr bringen würde. In diesem Augenblick hätte ich Schulberg vielleicht nur noch eine Geste gekostet, aber er tat sie nicht und stand hölzern auf. »Ich werde eine Nacht darüber schlafen«, sagte er. »Wie lange bleiben Sie noch hier?«

»Das wissen wir noch nicht«, sagte ich, und ich war vor Enttäuschung unfähig, ihm in die Augen zu schauen. »Vielleicht zwei oder drei Tage.«

»Dann hat es sowieso keinen Sinn«, sagte er. »Sie haben schon genug für mich getan. Gute Nacht.«

Ich glaube, ich habe nie einen Menschen mehr gehaßt, als in dieser Sekunde ihn. Als ich auf den schmalen Korridor hinaustrat, zitterte ich vor Haß. Ich kehrte rasch und ohne mich zu verabschieden zu Lis zurück. Auf den ersten Blick hatte es den Anschein, als ob sie schon schliefe, sie konnte sich aber erst vor ganz kurzer Zeit hingelegt haben und unmöglich schon eingeschlafen sein. Da sie auf der Seite lag und mir den Rücken zuwandte, blieb mir ihr Gesicht verborgen. Sie rührte sich auch nicht, als ich mich auszog, meine Kleider über einen Stuhl warf, in das Nachthemd schlüpfte und an das Waschbecken trat. Meine Haut war noch immer feucht und kalt, ich wusch mir Gesicht und Arme mit heißem Wasser, putzte meine Zähne und setzte mich dann an den Frisiertisch. Ich fühlte mich wieder so elend wie am Freitagabend, als ich auf Lis gewartet hatte, aber diesmal hatte ich keine Tabletten zur Hand, ich hatte vergessen, welche mitzunehmen, und als ich im Dunkeln unter das eiskalte Laken kroch, schlugen meine Zähne aufeinander. Wir schliefen in zwei nebeneinandergerückten Einzelbetten mit zwei Federdeckbetten, und dort, wo ich zu Hause Lis neben mir fühlte, berührten meine Knie den hölzernen Seitenteil. Ich hörte nicht einmal ihre Atemzüge, und obwohl sie mir so nahe lag, daß es mich nur eine winzige Bewegung gekostet hätte, mich ihrer Nähe auch physisch zu vergewissern, fühlte ich mich auf eine hoffnungslose Weise isoliert und allein in einer fremden Umgebung wie in einem Sarg. Ich hatte solche Zustände schon als kleines Kind gehabt, aber damals waren es nur ein paar Schritte in das Schlafzimmer meiner Mutter gewesen.

Ich zog die Knie noch weiter an die Brust und blickte dorthin, wo irgendwo in der Dunkelheit Lis liegen mußte. Hätte Schulberg anders reagiert, so läge ich jetzt vielleicht neben ihm. Jetzt haßte ich ihn auch noch dafür, daß es überhaupt so weit mit mir gekommen war. Nie hätte es ein Mann leichter gehabt mit mir, und während ich darüber nachdachte, erschien es mir plötzlich so widersinnig, daß ich mich fast geneigt fühlte, es als ein perverses Delirium meiner Phantasie abzutun. Ich mußte für ein paar Minuten den Verstand verloren haben; anders ließ es sich nicht erklären. Als ich mich vor zwei Jahren mit Werner eingelassen hatte, war es wenigstens noch, weil ich mir endlich Klarheit über diesen Punkt verschaffen wollte, und vielleicht hätte ich ihn auch geheiratet, wenn das Ergebnis etwas weniger deutlich ausgefallen wäre. So aber war es für mich nicht viel mehr als eine ernüchternde Selbstbestätigung gewesen. Ich hatte auch nie ernsthaft das Bedürfnis nach einem intimen Verhältnis mit einem Mann verspürt. Alles, was ich bisher darüber gehört und gelesen hatte, war nur geeignet gewesen, mich in meiner Abneigung zu bestärken, und je mehr ich mich bemüht hatte, dagegen anzukämpfen, desto intensiver war sie geworden. Ich war heute nicht einmal mehr fähig, mir wenigstens zu wünschen, genauso wie andere Frauen zu sein. Wenn ich die Möglichkeit gehabt hätte, mich für das eine oder andere zu entscheiden, hätte ich wahrscheinlich einen Mann wie Leibfried gewählt.

Wie immer schlief ich unvermittelt ein, geradeso, als wäre der Faden meines Bewußtseins von einer Schere durchschnitten worden, und als ich wieder aufwachte, geschah es in einem komplizierten Übergang zwischen geträumten Unklarheiten und einer sich nur allmählich kristallisierenden Wirklichkeit, die sich mir mit dem vertrauten Schlafgeruch meines Körpers, der mich umgebenden Bettwärme und einem zuerst undefinierbaren Gefühl prickelnden Nacherlebens bewußt machte. Ich überließ mich noch eine kurze Weile diesem angenehmen Zustand unvollkommenen Wachseins und unbestimmbaren Wohlbehagens, gab meinem seitlich verdrehten Körper eine bequemere Lage und berührte, während ich mich bewegte, mit dem Knie eine fremde Hand. Gleichzeitig merkte ich, daß ich halb entblößt im Bett lag, und ich blieb so, wie ich war, liegen, während mir das Herz bis zum Hals schlug.

Ich war nun hellwach, von einer schmerzhaft intensiven Wachheit, wie ich sie gleichfalls nur als Kind erlebt hatte, wenn mich ein Geräusch aus dem Schlaf geschreckt und die Furcht sich wie ein hartes Brett auf meine Brust gelegt hatte. Etwa fünf Minuten wagte ich nicht, mich zu rühren, ich lag regungslos da, alle Sinne bis zum Zerreißen angespannt, aber ich hörte nur mein eigenes Herz pochen, fühlte meine Haut abwechselnd heiß und kalt werden, und dann nahm ich ganz langsam mein Knie ein kleines Stück zurück, deckte mich zu und richtete mich im Dunkeln auf. Ich schlief in der Regel ruhig, bewegte mich kaum vom Fleck, und eigentlich passierte es mir nur, wenn ich Fieber hatte, daß ich mich im Schlaf aufdeckte. Jetzt aber war mein Kopf völlig klar, ich hatte weder Fieber noch erregende Dinge geträumt, und es lag auch kein plausibler Grund dafür vor, weshalb ich mitten in der Nacht aufgewacht war. Möglich, daß es an dem ungewohnten Federdeckbett lag, zu Hause schlief ich nur unter einer leichten Steppdecke, und in fremden Betten brauchte ich ohnedies zwei bis drei Nächte, bis ich mich richtig darin wohl fühlte. Selbst die Berührung an meinem Knie konnte zufällig sein, Lis schlief nicht so ruhig wie ich, oft hatte sie am Morgen mit dem Kopf an meiner Schulter gelegen oder im Schlaf die Decke von sich geworfen. Ich hätte mich auch jetzt wieder mit einer harmlosen Erklärung begnügt, wenn nicht etwas Neues, Ungewohntes hinzugekommen wäre. Was sich bisher immer nur aus meinem eigenen Unterbewußtsein entwickelt hatte, verdichtete sich diesmal zu einer – wenn auch vagen – Erinnerung an einen bestimmten Augenblick zwischen Wachen und Träumen, unpräzisierbar und mit verschwommenen Konturen, eine winzige Zeitspanne bewußten Erlebens und Empfindens, aber sie verschwand, noch ehe ich mir ihrer ganz sicher geworden war, wie ein undeutliches Bild aus meinem Bewußtsein, und ich blieb, den Oberkörper steif aufgerichtet, noch eine Weile sitzen, hoffend, daß sie wiederkehre, bis ich schließlich nicht mehr daran glaubte. Als ich im Dunkeln dorthin griff, wo Lis ihre Hand gehabt hatte, fand ich die Stelle leer. Die verstorbene Schwester meines Vaters hatte mir einmal erzählt, mein Schlaf sei so tief, daß man mich nur wach bekäme, wenn man mich gewaltsam an der Schulter rüttle.

In dieser Nacht schlief ich lange nicht mehr ein, lag mit offenen Augen in der Dunkelheit und lauschte zu Lis hinüber. Am unerträglichsten war die Ungewißheit, und ich war schon so mürbe, daß mir jede Art von Gewißheit lieber gewesen wäre.


Obwohl ich in der Nacht kaum geschlafen hatte, wachte ich früh auf. Draußen schien die Sonne, ich sah es durch die farbigen Vorhänge hindurch, und während ich noch hinschaute, fiel mir alles wieder ein: Lis, das Manöver und Schulberg, aber ich empfand jetzt keinen Haß mehr gegen ihn, im Gegenteil: für eine Frau, die es bis zum Überdruß satt hatte, auf Männer unwiderstehlich zu wirken, war es immerhin ein originelles Erlebnis, einmal einem Mann zu begegnen, der ihre Anwesenheit als lästig empfand. Ich erinnerte mich jetzt sogar mit einigem Vergnügen daran, mit welcher Entschiedenheit er mich gestern abend verabschiedet hatte. Wenn seine Frau ihm so viel bedeutet hatte, daß ihm nach ihr jedes andere weibliche Wesen gleichgültig geworden war, wurde die Besessenheit, mit der er sein Ziel verfolgte, zumindest verständlicher. Ich hatte zwar etwas gegen besessene Männer, sie nahmen sich in der Regel viel wichtiger, als ihnen zukam, aber Schulberg schien mir wenigstens nicht jenen Typ von Weltverbesserern zu verkörpern, der mehr Verwirrung als Nutzen stiftet und gutgläubigen Leuten am Schluß das Fell über den Kopf zieht. Während ich noch über ihn nachdachte, kam mir plötzlich der Gedanke, er könnte bereits weggegangen sein. Ich traute es ihm jedenfalls zu, daß er sich nach unserem gestrigen Gespräch heimlich entfernt hatte, und die Ungewißheit darüber ließ es mich leid werden, tatenlos im Bett zu liegen. Lis schlief noch, ich hörte es an ihren ruhigen Atemzügen. Sehen konnte ich nicht viel von ihr, da sie mir den Rücken zuwandte und das Federdeckbett bis an die Ohren gezogen hatte. Um sie nicht aufzuwecken, kletterte ich behutsam aus dem Bett, verzichtete auf meine gewohnte Kaltwassermassage und aufwendigen Bodenübungen, wusch mir nur Gesicht und Hände und verkürzte auch die sonstige Prozedur auf das Allernotwendigste. Zu Hause kostete sie mich in der Regel etwa vierzig Minuten, und daß ich sie heute in einer knappen Viertelstunde schaffte, brachte mir neben einem schlechten Gewissen auch noch das Gefühl ein, unbefriedigend auszusehen. Als Lis sich nach mir umdrehte und die Augen aufschlug, knöpfte ich gerade mein Kleid zu; sie sagte: »Du hast doch sonst nicht viel für Sonnenaufgänge übrig!«

Ich murmelte etwas von schlecht geschlafen, Kopfschmerzen und einmal rasch hinausgehen müssen, aber es kam mir selbst so albern vor, daß ich die letzten Worte mehr in mich hineinschluckte. »Außerdem«, setzte ich wieder laut hinzu, »ist es bereits neun Uhr, und wir sind auch nicht zur Erholung hier.«

»Dann habe ich das vollkommen falsch gesehen«, sagte Lis. »Entschuldige, bitte!« Sie streckte genüßlich die Arme von sich, gähnte herzhaft und lächelte mich unbefangen an. »Diese Schaumgummimatratzen«, sagte sie, »sind gar nicht so übel. Ich jedenfalls habe prima geschlafen.«

Wenn nur ein Bruchteil dessen zutraf, was ich ihr in der vergangenen Nacht unterstellt hatte, war sie ein kleiner Teufel. Nie, seit ich sie kannte, war mir meine Hilflosigkeit ihr gegenüber so deutlich geworden wie jetzt, meine Unfähigkeit, hinter ihr hübsches, selbstbewußtes Gesicht zu schauen, meine eigene beschämende Willfährigkeit, die mir das Blut und den Verstand vergiftete, mich Dinge sehen ließ, die vielleicht gar nicht da waren, zweideutige Worte hören ließ, die harmloser nicht gedacht sein konnten, und in Gedanken schon vorwegnahm, wogegen ich mich immer noch in einem letzten Bezirk meines Ichs sicher fühlte. Nichts von alldem, was ich in dieser Nacht und in vielen anderen Nächten schon subjektiv wahrgenommen, herbeigewünscht, befürchtet und erwartet hatte, hielt stand, wenn ich es im nüchternen Licht des Morgens mit ihrer Gegenwart konfrontierte, mit ihrer Art, mich anzuschauen, anzulächeln oder auch nur ganz einfach dazusein. Sie hatte ihre ganz persönliche, unkopierbare Art, dazusein, mit ihrer bloßen Existenz einen Raum auszufüllen oder ihn durch ihre Abwesenheit in die freudlose Höhle eines unwirtlichen Planeten zu verwandeln. Sie konnte mich mit einem einzigen Blick mehr verwirren als ein unerwarteter Heiratsantrag, mit einer winzigen Berührung hundert Emotionen zugleich in mir auslösen und mich durch ein einziges leichthin gesprochenes Wort in einen lächerlichen Zustand nachdenklicher Zerstreutheit versetzen. Sie hatte mehr Einfluß auf mich, als ich jemals einem anderen Menschen freiwillig eingeräumt hatte.

»Was mich an diesen Hotelzimmern immer stört«, sagte sie, »ist, daß man jedesmal erst noch über einen Gang hinweghuschen muß, und wenn ein anderer etwas schneller gehuscht ist, steht man da und weiß nicht, wohin damit.«

»Es gibt noch eine andere Möglichkeit«, sagte ich.

»Wirklich?« Sie schaute mich unschuldig an. »Doch nicht im Restaurant unten?«

Ich hatte mein Kleid jetzt endlich zu und sagte: »Für kleine Mädchen ist auch im Zimmer vorgesorgt.«

»Du lieber Himmel!« sagte Lis und kicherte. »Ich dachte, das sei eine komische Blumenvase! Ich habe nie herausbringen können, was die Leute hinterher damit anfangen. Oder muß man es vor die Tür stellen?«

»Ich habe hier noch keine Zimmerordnung gelesen«, sagte ich.

»Wollen wir uns das Frühstück heraufbringen lassen?«

Sie nickte begeistert. »Tu das! Für mich ein weiches Ei, Kürbismarmelade und einen jungen Mann in Tomatensoße.«

»Ich werde es dem Wirt bestellen«, murmelte ich und ging hinaus. Das WC war im Badezimmer untergebracht. Ich weiß nicht, was sich Architekten dabei denken, wenn sie sich solche Lösungen einfallen lassen. Es gibt Leute, die baden im Hotel eine ganze Stunde, weil sie zu Hause noch kein Badezimmer haben, und andere wiederum haben morgens ihre bestimmte Zeit und bekommen Zustände, wenn sie sie nur fünf Minuten überschreiten müssen; in dieser Beziehung konnte man Lis beipflichten.

Als ich ein paar Minuten später an Schulbergs Tür klopfte, meldete er sich nicht. Ich stellte fest, daß die Tür verschlossen war, und blieb eine halbe Minute unschlüssig zwischen Tür und Treppe stehen. Aus dem Zimmer nebenan drang undeutliches Stimmengemurmel auf den Flur, sicher das Pärchen von gestern abend; ich wunderte mich, daß die schon munter waren. Der Versuchung, einen Blick durch ihr Schlüsselloch zu werfen, widerstand ich; ich war heute nicht mehr so neugierig wie noch vor zwei oder drei Jahren. Eigentlich war ich es überhaupt nicht mehr, und trotzdem interessierte ich mich für alles, was damit zusammenhing. Es verhielt sich dabei wie mit einem kranken Zahn: Die Versuchung, ihn mit der Zunge zu berühren, war noch größer als der damit verbundene Schmerz.

Meine Befürchtung, Schulberg könnte das Gasthaus schon verlassen haben, erwies sich als unbegründet, ich traf ihn auf der Terrasse, nachdem ich mich beim Wirt nach ihm erkundigt und das Frühstück auf unser Zimmer bestellt hatte. Mir fiel sofort eine Veränderung an ihm auf, er war ungewohnt zugänglich, lächelte, als er mich sah, und drückte mir kräftig die Hand.

»Haben Sie schon gefrühstückt?« fragte ich.

»Ich wollte auf Sie warten.«

»Wir frühstücken auf unserem Zimmer«, sagte ich und setzte mich zu ihm an den Tisch. Es war sehr warm auf der Terrasse, durch die großen Fenster schien die Sonne herein, der Himmel über den Wäldern war blau und ohne Wolken. »Eigentlich«, sagte ich, »sind Sie in diesen drei Tagen nicht sehr weit gekommen. Haben Sie nicht versucht, per Anhalter zu fahren?«

»Es liegt mir nicht«, sagte er. »Ich unterhalte mich nicht gerne mit Leuten, die mir eine Gefälligkeit erweisen.«

»Das habe ich gemerkt.«

»*Sie* können sich nicht beklagen«, sagte Schulberg. »Immerhin habe ich Ihnen zu einer guten Story verholfen.«

Mir fiel jetzt erst ein, daß er inzwischen meinen Artikel gelesen haben mußte, ich sagte: »Wenigstens finden Sie ihn gut.«

»Originell«, räumte er etwas widerwillig ein. »Sie haben eine originelle Art, sich auszudrücken. Warum schreiben Sie ausgerechnet über Innenpolitik?«

»Das könnten Sie mich auch fragen, wenn ich über Außenpolitik schriebe. Gewöhnlich hat man auch nicht immer die Wahl.«

»Das würde es wenigstens erklären«, sagte Schulberg. Er machte einen ausgeglichenen Eindruck auf mich, auch der verkniffene Zug um seinen Mund fiel mir heute nicht so sehr auf. Abgesehen von seinem zerknitterten Anzug, hatte ich nur noch sein Oberhemd zu bemängeln, die dunklen Ränder am Kragen und an den Manschetten waren einfach nicht mehr zu ignorieren. »Ich weiß, daß ich wie ein Schwein aussehe«, sagte er belustigt.

Das Rotwerden hatte ich mir erst bei Lis angewöhnt; wahrscheinlich hatte ich ihn ein bißchen zu eingehend gemustert. »Vielleicht betrachten Sie es als eine Art Uniform für Ihre gerechte Sache«, sagte ich. »Haben Sie Ihre Kleider auch verkauft?«

»In Nürnberg stehen noch vier Koffer von mir«, sagte er. »Ich werde sie mir schicken lassen.«

»Nach Regensburg?« fragte ich.

»Nach Münsheim«, sagte er. »Sie haben mich überzeugt.«

Es kam nun doch etwas unerwartet. Merkwürdig, daß einem solche Dinge in ihrer ganzen Tragweite immer erst dann bewußt werden, wenn sie zur Unabänderlichkeit herangereift sind, obwohl man sie selbst provoziert hat. »Oder haben Sie es sich inzwischen anders überlegt?« fragte Schulberg.

Davon abgesehen, daß ich mir kaum einmal nachträglich etwas anderes überlegte, hatte sein Ton auch eine Kleinigkeit zu ironisch geklungen, als daß ich mir nun eine Blöße gegeben hätte; ich fragte: »Wieviel Geld brauchen Sie?«

»Drehen wir es herum«, sagte er. »Wieviel könnten Sie mir geben?«

Für das Fernsehgerät hatte ich bis heute etwa dreihundert Mark auf die Seite gelegt. Altmodisch, wie ich war, versteckte ich sie zu Hause zwischen der Bettwäsche. »Dreihundert Mark«, sagte ich.

Er dachte einen Augenblick nach. »Es müßte reichen«, sagte er dann. »Bis ich ein Zimmer gefunden habe, steige ich in einem billigen Gasthaus ab. Sobald meine Koffer eintreffen, schaue ich mich nach einer Stellung um; in zwei Wochen können Sie Ihr Geld zurückhaben.«

Ich hatte etwas gegen übertriebenen Optimismus und sagte: »Einigen wir uns auf zwei Monate. Ich brauche es erst wieder, wenn ich den Rest für das Fernsehgerät beisammen habe.«

Er schaute mich amüsiert an. »Auf Raten kaufen Sie wohl nichts?«

»Nur in Notfällen«, sagte ich. »Hoffentlich versprechen Sie sich nicht zu viel.«

»Auf nüchternen Magen nie«, sagte er. »Ich habe das Diplom; in Nürnberg leitete ich ein Labor.«

Bei ihm wunderte mich schon nichts mehr, ich sagte: »Es wird eine Umstellung für Sie werden.«

»Ich habe meine Umstellung schon hinter mir«, sagte er. »Glauben Sie, daß es angenehm für mich wäre, wieder in Nürnberg zu arbeiten?«

»Der Leute wegen?«

»Auf die Leute pfeife ich«, sagte Schulberg. »Wir haben in Nürnberg geheiratet.«

Ich glaubte ihn zu verstehen. Mit Erinnerungen verhielt es sich wie mit alten Schulden: man wurde sie nie ganz los. Er würde sie auch in Münsheim nicht ganz loswerden. Möglich, daß er seinen künftigen Arbeitsplatz nur als eine Übergangsmöglichkeit betrachtete, um wieder zu Geld zu kommen, aber für einen Mann, der ein Labor geleitet hatte, war es trotzdem eine Zumutung, die erstbeste Stellung anzunehmen. Ich begann plötzlich zu bezweifeln, ob es richtig gewesen war, ihn in meinem Sinne zu beeinflussen. Als ob er meine Gedanken erraten hätte, kam er von selbst darauf zu sprechen: »Ich hätte den Posten im Labor früher oder später doch aufgegeben«, sagte er. »Im Vertrieb verdient man mehr.«

»Ging es Ihnen nur darum?« fragte ich.

»Worum sonst?« fragte er. Als ich nicht antwortete, zuckte er gleichgültig mit den Schultern. »Ich habe einmal mit dem Kopf in den Wolken angefangen. Sie müßten eigentlich genauso gut wissen wie ich, daß es heute nicht mehr so sehr darauf ankommt, was Sie leisten, als darauf, was Sie verdienen.«

»In meinem Beruf ist das nicht ganz so«, sagte ich.

»In der Politik auch nicht?« fragte er. »Oder sind Sie schon einmal einem Politiker mit Berufsethos begegnet?«

»Vielleicht nicht dort, wo man sie sucht«, sagte ich, und Schulberg sagte: »Wo man sie nicht sucht, sind sie für die Menschheit uninteressant. Wäre das anders, so säße ich jetzt nicht hier.«

»Es ließ Ihnen keine Ruhe, daß Sie Ihren Prozeß verloren haben«, sagte ich.

»Ich habe mehr als nur einen Prozeß verloren.«

Vielleicht hatte ich zuviel erwartet, es war ohnedies schon ein kleines Wunder, daß er sich überhaupt durchgerungen hatte, auf meinen Vorschlag einzugehen. Daß es ihm nicht leichtgefallen war, durfte ich bei seiner Mentalität als sicher voraussetzen, er war im Grunde genauso schwierig wie eine exzentrische Frau, und an sich waren mir exzentrische Männer ein Greuel, Brauner zum Beispiel, er konnte sich innerhalb von fünf Minuten ein dutzendmal selbst widersprechen, aber er pflegte wenigstens nicht seine eigene Handlungsweise in Frage zu stellen, wie Schulberg es tat.

Da ich Lis mit dem Frühstück nicht länger warten lassen konnte, öffnete ich meine Handtasche, nahm meinen Wohnungsschlüssel heraus und legte ihn auf den Tisch. »Das Geld steckt in meinem Schlafzimmerschrank zwischen der Bettwäsche«, sagte ich.

»Ein origineller Platz«, sagte Schulberg. »Bedenken haben Sie keine?«

Ich zuckte mit den Schultern. »Sie waren schon einmal allein in meiner Wohnung. Den Schlüssel werfen Sie in den Briefkasten. Gibt es in der Nähe eine Bahnstation?«

»Eine Bahnstation nicht, nur einen Omnibus; er hält hier vor dem Gasthaus.«

»Wann?«

»Gegen zwei Uhr; ich habe mich beim Wirt erkundigt.«

»Das trifft sich gut«, sagte ich. »Ich möchte nicht, daß Sie wieder drei Tage unterwegs sind.«

»Ich war nur zwei Tage unterwegs«, sagte Schulberg. »In Örtingen reparierte ich einem Bauern den Kühlschrank und bekam dafür ein warmes Essen und einen Platz in seiner Scheune.«

Ich mußte lachen. »Für einen Diplomingenieur sind Sie gar nicht so ungeschickt. Trotzdem würde es mich beruhigen, wenn Sie es diesmal mit dem Omnibus versuchten. Ich möchte annehmen, daß Ihnen im Augenblick mit zehn Mark geholfen ist.«

»Das möchte ich auch annehmen«, sagte Schulberg. Er beobachtete mit undurchdringlichem Gesicht, wie ich auch noch einen Zehnmarkschein auf den Tisch legte und meine Handtasche zuklappte. »Über alles Weitere sprechen wir uns in Münsheim«, sagte ich. »Vielleicht können Sie es so einrichten, daß Sie am Donnerstagabend bei mir vorbeikommen.«

Er nickte, während er mich eigenartig anschaute.

»Es ist möglich«, sagte ich, »daß wir uns vorher nicht mehr sehen; wir fahren nach dem Frühstück weg.«

»Zu dem Manöver?« fragte er.

»Ja.«

»Gehören Manöver auch zur Innenpolitik?«

»Solange sie nicht in die Ostzone verlegt werden«, sagte ich lächelnd und stand auf.

»Warum tun Sie das alles für mich?« fragte er. »Ihr Interview haben Sie doch schon.«

»Ich bin Redakteurin«, sagte ich. »Soweit es mich Geld gekostet hat, fällt es unter Spesen.«

»Das hier auch?« fragte er und hielt mir meinen Wohnungsschlüssel unter die Nase. – »Eine private Zugabe«, sagte ich. »Redakteurinnen sind auch Menschen.«

»Da Sie es schon erwähnen«, sagte er, »könnten Sie es auch noch genauer definieren.«

Diesmal hatte ich nicht aufgepaßt, vielleicht deshalb nicht, weil ich es gerade von ihm nicht erwartet hätte; ich sagte: »Wahrscheinlich würde es Sie enttäuschen.«

»Mitleid?« fragte Schulberg, und seine Augen blickten plötzlich unangenehm kalt.

Ich hatte einen Fehler gemacht, aber ich war nicht darauf gefaßt gewesen, daß er seine Entscheidung noch nicht endgültig getroffen hatte. Er war sich seiner Sache keinen Augenblick sicher gewesen, und nun, da er die Entscheidung nicht länger hinausschieben konnte, versuchte er es auf die Art jener Leute, die ein Geldstück in die Luft warfen. Hatte ich überhaupt ein ernsthaftes Interesse daran, daß er sich in meinem Sinne entschied? Und welche Entscheidung lag wirklich in meinem Sinne? Daß ich ihn mir in Münsheim auf den Hals lud, mir seinetwegen noch mehr Feinde schaffte und mich zusätzlich noch mit seinen Problemen belastete? Hatte ich nicht selbst genug am Halse, oder langweilte ich mich schon zu Tode, daß mir jede Ablenkung willkommen war?

Selten in meinem Leben hatte ich in so kurzer Zeit so viel zu bedenken gehabt, aber als ich mich umdrehte und ihn einfach sitzen ließ, folgte ich mehr einer Intuition als meinen Überlegungen, und mit Intuitionen hatte ich bisher viel bessere Erfahrungen gemacht als mit komplizierten Denkprozessen. Er hatte jetzt immer noch die Möglichkeit, es mit einem wirklichen Geldstück zu versuchen, und für mich hatte es den Vorteil, daß ich mir später keine Vorwürfe zu machen brauchte. Schließlich überschritt es auch das Maß des Vertretbaren, einem Mann dreihundert Mark zu borgen, ihm den Wohnungsschlüssel auszuhändigen und sich dann bei ihm auch noch dafür rechtfertigen zu sollen! Wo sind wir eigentlich? dachte ich. Doch nicht in einer Irrenanstalt!

Lis hatte es inzwischen immerhin schon bis zur zweiten Phase ihres morgendlichen Rituals gebracht, sie stand vor dem Waschbecken und putzte sich mit einer rosafarbenen Creme die Zähne. Es erleichterte mich etwas, daß sie wenigstens ihre Pyjamahose anbehalten hatte; bei ihr mußte man immer auf das Äußerste gefaßt sein. »Warum hast du die Tür nicht abgeschlossen?« fragte ich.

Sie hörte auf, ihre Zähne zu putzen, drehte mir das Gesicht mit dem cremeverschmierten Mund zu und schaute mich verständnislos an. »Die Tür?« fragte sie.

»Natürlich die Tür!« sagte ich. »Genausogut hätte der Wirt mit dem Frühstück hereinkommen können.«

»Na und?« fragte sie. »Habe ich einen Pickel auf dem Rükken?«

Sie hatte keinen Pickel auf dem Rücken, und die Pyjamahose hing ihr tief auf den Hüftknochen. Ich bemühte mich, nicht hinzuschauen, schloß die Tür hinter mir ab und deckte mein Bett auf. »Du bist ziemlich lange weggewesen«, sagte Lis und fuhr fort, ihre Zähne zu putzen. »Hast du mit Schulberg gesprochen?«

»Das auch«, sagte ich und stopfte mein Nachthemd in den Schrank. »Der Wirt muß jeden Augenblick mit dem Frühstück kommen.«

»Du kannst es ihm ja vor der Tür abnehmen«, sagte Lis. Sie spülte ihren Mund aus, griff nach dem Waschlappen, rieb sich zuerst das Gesicht, dann die Brust und die Achselhöhlen ab und gab prustende Laute von sich; man konnte es kaum mit anhören. Ich wollte sie gerade fragen, ob sie ihre Laute nicht unterdrücken könne, als es irgendwo knallte. Dann knallte es noch einmal und dann ununterbrochen. Es erinnerte mich sofort wieder an die Nächte im Luftschutzkeller, an das weiße Gesicht meiner Mutter, wenn sie mich, auf ihrem Schoß haltend, mit dem Kopf gegen ihre Brust gepreßt hatte. Ich habe es nie vergessen. Das schreckhafte Entsetzen, das mich für ein paar Augenblicke an den Boden nagelte, erreichte mich wie ein spätes Echo tief aus meinem Unterbewußtsein und ließ in Sekundenbruchteilen alles noch einmal in mir lebendig werden. Dann sah ich Lis mit nacktem Oberkörper zum Fenster laufen, es weit aufreißen und den Kopf hinausstrecken, sah ihre schmale Taille, ihre dünnen Beine in der dreiviertellangen engen Pyjamahose, die Knorpel ihrer gekrümmten Wirbelsäule weißlich unter der straffen Haut. Ich konnte plötzlich nicht mehr den Blick von ihr wenden, starrte sie wie verhext an, fühlte mein Herz in harten Schlägen gegen meine Rippen pochen, meine Hände feucht werden, meine Schläfen, stand regungslos da wie auf einer unsichtbaren

Schwelle zwischen schreckhafter Erinnerung und unklarer Wirklichkeit, bis Lis sich lächelnd nach mir umdrehte und etwas sagte oder sagen wollte. Ich sah ihren Mund noch halb geöffnet, dann geschlossen, das Gesicht unvermittelt todernst, starrte sie mich mit schmalen Augen an, und mir war, als wäre *ich* es, die nackt vor ihr stünde.

Ich hätte nicht mehr sagen können, wie es überhaupt dazu gekommen war und warum ich mich so weit hatte gehenlassen. Ich mußte ein paar Sekunden von Sinnen gewesen sein, und wenn sie nur halb so intelligent war, wie ich sie einschätzte, hatte sie meinen Blick auch richtig gedeutet. Was es so schlimm machte, war, daß es mich selbst überrumpelt hatte im gleichen Augenblick, als ich sie zum Fenster laufen sah und aus meinem schreckhaften Entsetzen in die Wirklichkeit zurückfand. Vielleicht hatte ich es nie ernst genug genommen oder zu oft aus meinem Bewußtsein verdrängt wie andere Dinge, die mir nachts in meinen Träumen wieder begegneten, aber es hätte mir trotz allem nicht passieren dürfen; nicht auf diese erniedrigende Weise!

Mein Gesicht brannte. Der Lärm vor dem Fenster war etwas schwächer geworden. Die Batterien mußten ganz in der Nähe stehen, jedesmal, wenn sie abfeuerten, klirrten die Fensterscheiben. Auch Gewehrfeuer konnte ich jetzt hören, einzelne Schüsse und das anhaltende Knattern von Maschinengewehren. Es wirkte alles so beklemmend echt auf mich, daß ich für eine kurze Weile Lis vergaß und zum Fenster schaute. Dann merkte ich, daß sie langsam auf mich zukam. Sie stellte sich dicht vor mich hin, die nackten Schultern ein wenig hochgezogen, die Arme lose am Körper herabhängend, blickte sie mit einem undeutbaren Lächeln lange und aufmerksam in mein Gesicht. Sie war einen halben Kopf kleiner als ich, ein schmalschultriges Mädchen mit sehnigen Armen und grauen Augen, die sehr weit auseinanderstanden und deren neugierigen Blick man bis ins Hirn zu fühlen glaubte. Als sie langsam nach meiner Hand griff, wollte ich mich abwenden, aber meine Beine rührten sich nicht vom Fleck. Sie hielt meine Hand mit beiden Händen fest und hob sie, während sie mich mit ihrem undeutbaren Lächeln unverwandt anschaute, an ihren Mund. Sie preßte die Lippen auf meine Hand und schaute mich noch immer an dabei. Dann ließ sie meine Hand los, drehte sich um und ging zum Fenster. Sie machte das Fenster zu, ging zum Bett und blickte geistesabwesend auf ihre Kleider nieder. Dann setzte sie sich auf das Bett, zog im Sitzen ihre enge Pyjamahose aus und griff nach ihrer Wäsche. Es war das erstemal, daß sie mir beim Ankleiden den Rücken zuwandte.

*Leutnant* Henley kam, als wir noch beim Frühstück saßen. Wir erfuhren seine Ankunft vom Wirt, der aufgeregt an unsere Tür klopfte. Sosehr ich es haßte, beim Frühstück gestört zu werden, so erleichtert fühlte ich mich diesmal. Fast war ich versucht, ihm vor Erleichterung die Hand zu schütteln. Gesprächig erzählte er uns, daß der Leutnant unten im Restaurant sitze, mit einem Jeep angekommen sei und nach zwei Reporterinnen gefragt habe. Er, der Wirt, habe sich sofort gedacht, daß nur wir damit gemeint sein könnten, und ob er den Leutnant heraufschicken solle?

Das sei nicht nötig, antwortete ich ihm, wir kämen in fünf Minuten hinunter und würden uns beeilen.

Der Wirt lachte. »Er macht nicht den Eindruck, als ob es ihm pressiere. Ich habe ihm gesagt, daß sie mir mit ihrer Knallerei noch die ganzen Gäste vertreiben werden.«

»Hoffentlich hat er sich's zu Herzen genommen«, sagte ich.

»Er spricht kein Deutsch«, sagte der Wirt grinsend und empfahl sich.

»Wie hat er sich dann bloß mit ihm verständigt?« fragte Lis. Ich zuckte mit den Schultern. »Vielleicht spricht der Wirt ein paar Worte Englisch.«

»So wird es wohl sein«, sagte Lis und betrachtete melancholisch ihre Kaffeetasse. Es war keine aufregende Konversation, aber immerhin besser als ihr beharrliches Schweigen. Seit der Wirt uns das Frühstück gebracht hatte, war kaum ein Wort zwischen uns gewechselt worden. Sie hatte mir stumm gegenübergesessen, ihr weiches Ei und eine Scheibe Marmeladebrot verzehrt und mich hin und wieder mit einem langen Blick melancholischer Zerstreutheit bedacht. Nach zwei mißglückten Versuchen meinerseits, ein kleines Gespräch in Gang zu bringen, hatte ich verärgert resigniert. Schließlich war sie es gewesen, die mir die Hand geküßt hatte; ich hatte es noch immer nicht ganz verarbeitet. Der Gedanke, sie könnte es inzwischen bereut haben – was immerhin eine Erklärung für ihr melancholisches Schweigen gewesen wäre –, hatte mir den Appetit verdorben.

»Ich hätte nie geglaubt«, sagte ich, »daß der Colonel sein Wort halten würde.«

»Ja«, sagte Lis melancholisch. »Es ist schon eigenartig.«

»So eigenartig finde ich es nun auch wieder nicht«, sagte ich.

»Ganz wie du meinst«, sagte Lis.

Ich stand gereizt auf. »Wenn es dir wieder besser geht«, sagte ich, »kannst du es mir durch den Wirt bestellen lassen.«

»Du verstehst das nicht«, sagte Lis. »Du warst eben noch nie richtig verliebt.«

»Was?« fragte ich perplex.

Sie schob seufzend ihre Kaffeetasse von sich, putzte sich mit der Serviette zuerst den Mund ab und dann die Nase und schaute mich mit einem Blick bekümmerter Ratlosigkeit vorwurfsvoll an. »Verliebt«, sagte sie. »Richtig verliebt.«

»Ich wußte nicht«, sagte ich mit belegter Stimme, »daß du einen Freund hast.«

»Ach was!« sagte sie. »Ich bin in *dich* verliebt.«

Obwohl ich es nicht anders verstanden hatte, hob es mich jetzt doch beinahe vom Boden weg. »Hör mal«, sagte ich, »mir ist so früh am Tag nicht nach Lyrik zumute.«

»Das ist keine Lyrik. Das ist knallharte Prosa. Hast du ein Taschentuch?«

»Du hast dir deine Nase schon geputzt«, sagte ich. »Dazu noch in die Serviette, was ein feines Mädchen nicht macht.«

»Ich bin kein feines Mädchen«, sagte Lis und hob streitlustig das Kinn. »Ich bin überhaupt kein Mädchen. Wenn ich ein Mädchen wäre, hätte ich mich nicht in dich verlieben können.«

Ich griff nach meiner Handtasche und ging zu Leutnant Henley hinunter. Meine Erwartung, ihn in Schulbergs Gesellschaft anzutreffen, erfüllte sich nicht, er saß allein im Restaurant, rauchte eine Zigarette und hatte den Stahlhelm vor sich auf dem Tisch liegen. »Mit Ihnen haben wir nicht mehr gerechnet«, sagte ich.

»Es ging nicht früher«, sagte Leutnant Henley und stand auf.

»Der Colonel meinte, daß Sie keinen Wert darauf legten, mitten in der Nacht aus dem Bett geholt zu werden.«

»Sicher ist er verheiratet«, sagte ich lächelnd. Leutnant Henley blickte mich verständnislos an. »Er kennt sich in der weiblichen Psyche gut aus«, setzte ich erklärend hinzu.

»Sie irren sich, Miß«, sagte Leutnant Henley. »Colonel Baxter ist Junggeselle.«

»Das freut mich für ihn«, sagte ich. »Wir müssen noch auf meine Freundin warten. Was war das für eine schreckliche Schießerei vorhin?«

»Ein feindlicher Gegenstoß«, sagte Leutnant Henley ernsthaft. »Wir haben sie heute früh in ihrer Bereitstellung überrannt.«

»Wie aufregend«, sagte ich. »Davon habe ich gar nichts gemerkt.«

»Da wir sie überraschen wollten«, sagte der Leutnant, »griffen wir ohne Artilleriefeuer an. Wenn wir uns beeilen, können Sie noch erleben, wie wir sie zurückschlagen.«

»Schrecklich!« sagte ich. »Wird es viele Tote geben?«

»Die Manöverleitung hat 'ne ganze Menge vorgesehen«, sagte Leutnant Henley ernsthaft.

Er roch nach parfümiertem Rasierwasser und sah für einen Offizier wirklich ein bißchen zu jung aus. Der Gedanke, daß man Männer wie ihn im Ernstfalle in den Krieg schickte, empörte mich. Ich setzte mich zu ihm an den Tisch und fragte: »Warum trinken Sie nichts?«

»Ich bin im Dienst, Miß«, sagte er steif. »Außerdem trinke ich keinen Alkohol.«

»Das ist erstaunlich«, sagte ich. »Wohin werden Sie uns führen?«

»Sie können die vordere Linie sehen.«

»Ist das da, wo geschossen wird?«

»Meistens, Miß.«

»Passen Sie auf, Leutnant«, sagte ich, »so genau wollte ich es eigentlich gar nicht sehen.«

Der Leutnant lächelte. »Wir schießen nur mit Platzpatronen, Miß.«

Daß er mich durchschaut hatte, verdroß mich nicht so sehr wie sein verständnissinniges Lächeln. »Ich habe nicht angenommen«, sagte ich, »daß mit richtigen Patronen geschossen wird; es ist nur ein bißchen laut, finde ich.«

»Das ist im Krieg immer so, Miß«, sagte Leutnant Henley. Er konnte 1945 höchstens zwei Jahre alt gewesen sein; ich sagte: »Sicher waren Sie auch mit in Korea dabei?«

Mindestens einmal am Tag verbrannte ich mir den Mund, und diesmal hätte ich es gründlicher nicht tun können, er wurde blutrot vor Ärger und sagte: »Ich war nicht in Korea, Miß.«

Wir saßen uns eine halbe Minute stumm gegenüber, und so lange brauchte ich auch, um mit meiner Verstimmung fertig zu werden. Dann raffte ich mich zu einer versöhnlichen Geste auf und hielt ihm, da er seine Zigarette zu Ende geraucht hatte, meine eigene Packung hin. »Ich weiß nicht, ob Sie diese Sorte mögen«, sagte ich. »Sie sind nicht so stark wie die amerikanischen.«

Er blickte unschlüssig auf die Zigarettenpackung und von dort in mein Gesicht. Wenn ich wollte, konnte ich einen Mann sehr gefühlvoll anschauen, ich hatte es schon vor dem Spiegel ausprobiert und mich jedesmal unsagbar komisch gefunden, aber Leutnant Henley schien mich nicht komisch zu finden, er wirkte plötzlich nervös und langte nach seinem Stahlhelm. »Vielleicht wird es zu spät, Miß«, sagte er. »Braucht ihre Freundin noch lange?«

»Das weiß man bei meiner Freundin nie«, sagte ich. »Sie sind nicht verheiratet, Leutnant?«

»Nein, Miß«, sagte er nervös.

»Meine Freundin braucht allein eine halbe Stunde, um sich anzuziehen«, sagte ich.

»Eine halbe Stunde?« vergewisserte er sich. Ich nickte. »Wenn es rasch geht. Sonst braucht sie noch länger.«

»Das ist ...« Er verstummte. Seine Verlegenheit löste Genugtuung in mir aus. Ich hatte ihm seine männliche Überheblichkeit von gestern noch nicht verziehen. So leid ich es mitunter auch war, von Männern angestarrt zu werden, so empfindlich reagierte ich auch, wenn ich mich von einem Mann einmal allzu herablassend behandelt fühlte, und bei ihm hätte es mich fast reizen können herauszufinden, ob er sich außer für Atomkanonen auch noch für etwas anderes interessieren konnte. Ich blickte lächelnd in sein verlegenes Gesicht und sagte: »Unbegreiflich, finden Sie? Wenn Sie verheiratet wären, würden Sie es verstehen.«

»Das kann sein«, sagte er und blickte zur Tür. Ich hatte den Eindruck, als ob er sich von irgendwoher Hilfe erhoffte. »Natürlich ist es absurd«, sagte ich. »Für das, was eine Frau auf der Haut trägt, dürfte sie nicht länger als fünf Minuten brauchen.«

»Ja, das kann sein, Miß«, sagte er wieder. Er war zu rührend in seiner Verlegenheit, fast hätte ich mich versucht gefühlt, ihm beruhigend die Hand zu streicheln. »Sie brauchen sicher keine halbe Stunde«, sagte ich.

»Zwei Minuten, Miß«, sagte Leutnant Henley und heftete den Blick wieder auf mich. Meine Ungläubigkeit mußte so echt auf ihn wirken, daß er sich noch zu einem Zusatz aufraffte: »Früher, bevor ich zur Armee kam, brauchte ich auch länger.«

»Das ist interessant«, sagte ich. »Vielleicht kann ich es in meine Reportage hineinnehmen. Wie lange brauchten Sie früher?«

Er dachte angestrengt nach. »Drei oder vier Minuten. Natürlich ohne Rasieren.«

»Natürlich«, sagte ich und betrachtete intensiv sein glattes Abiturientenkinn. »Das hält wohl sehr auf?«

»An manchen Tagen«, sagte er errötend, »muß ich mich sogar zweimal rasieren.«

Vielleicht lag es nur daran, daß er mir jetzt allein und in einer fremden Umgebung gegenübersaß. Wenn ich mir vergegenwärtigte, wie selbstbewußt er gestern aufgetreten war, ärgerte ich mich fast darüber, ihn nicht etwas weniger ernst genommen zu haben.

»Ich stelle mir das ungemein aufreibend vor«, sagte ich noch, dann traf Lis ein. Sie schleppte wieder ihre schwere Fototasche, und der Leutnant stand so schnell auf, als hätte er es mit einem militärischen Vorgesetzten zu tun. Ich konnte ihm seine Erleichterung nachfühlen, aber ich empfand jetzt keine Genugtuung mehr, eher eine mit Widerwillen gemischte Ernüchterung. Warum ich nie ganz ohne gelegentliche Selbstbestätigung auskam, wußte nicht einmal ich. Hätte sie mir dazu verholfen, mich auch physisch zu engagieren oder wenigstens meine physische Abneigung gegen Männer ein wenig zu neutralisieren, so hätte ich noch einen Sinn darin erblicken können. So aber glich ich mehr einer untalentierten Schauspielerin, die sich heimlich in der Rolle der *Lulu* übte.

Lis hatte es ungewöhnlich eilig, sie rannte, kaum daß sie Leutnant Henley mit einem herablassenden Kopfnicken begrüßt hatte, sofort zur Tür, sogar noch dem Wirt zuvorkommend, der von irgendwoher unseren Weg kreuzte. Ich hätte ihn gerne nach Schulberg gefragt, aber der Augenblick erschien mir ungünstig, und ich mußte auch befürchten, daß Lis aufmerksam wurde. Ob es richtig gewesen war, ihm wieder meinen Wohnungsschlüssel zu geben, hatte ich aus meinen Überlegungen einfach ausgeklammert. Ich war mir jedoch darüber im klaren, daß jede andere Lösung mit Komplikationen verbunden gewesen wäre. Weder hatte ich genügend Geld bei mir, seinen Aufenthalt im Gasthaus noch länger zu finanzieren, noch hätte ich ihn an irgendeinen Menschen im Verlag verweisen können. Lis wäre sicher in der Lage gewesen, mir auszuhelfen, sie trug meistens einige Hundertmarkscheine mit sich herum, aber schließlich hatte ich ja nur ihretwegen einen möglichst unkomplizierten Weg finden wollen. Mir graute jetzt schon vor der Auseinandersetzung mit ihr, wenn sie herausfand, daß ich Schulberg zu seinem neuen Comeback in Münsheim verholfen hatte.

Im Jeep saß heute nur der Fahrer, er konnte nicht viel älter als der Leutnant sein, machte jedoch einen gesetzteren Eindruck als dieser. Von dem Gewehrfeuer war im Augenblick nichts mehr zu hören, der Platz vor dem Gasthaus lag still in der warmen Aprilsonne, und im nahen Wald hatten sich die Vögel von ihrem Schreck erholt. Lis saß bereits im Wagen und hantierte am Anlasser, der Wirt war uns bis zur Tür gefolgt. Daß wir von einem amerikanischen Offizier abgeholt wurden, schien ihn stark zu beeindrucken; er sah wenigstens so aus.

»Bleiben Sie immer dicht hinter uns«, sagte Leutnant Henley, bevor er in seinen Jeep kletterte. Er hatte jetzt wieder seinen Stahlhelm aufgesetzt, auch der Fahrer trug einen Stahlhelm, sie sahen beide recht kriegerisch und fast ein wenig tollkühn aus. Ich setzte mich zu Lis in den Wagen und kramte meine Sonnenbrille aus der Handtasche. »Wohin geht's?« fragte sie.

»In die vordere Linie.«

»Aha!« sagte sie. »HKL.«

»Bitte?« fragte ich.

»Hauptkampflinie«, sagte sie. »Du solltest hin und wieder auch ein Kriegsbuch lesen.«

Wir fuhren diesmal in eine andere Richtung, nicht zurück, sondern weiter auf der Straße nach Stuben. Von den Artilleriebatterien konnte ich nichts entdecken, sie mußten entweder irgendwo im Wald oder in den zahlreichen Tälern und Schluchten stehen, die sich im Fahren wie die Seiten eines Bilderbuchs vor uns aufblätterten. Etwas später bog der Jeep wieder auf einen Waldweg ein, er hielt kurz an, rollte ein paar Meter weiter und hielt wieder an. Ich sah Leutnant Henley aufstehen und links und rechts in den Wald schauen. Fast hatte es den Anschein, als fühle er sich durch irgendeine Sache beunruhigt. Er sprach mit dem Fahrer, vergewisserte sich, daß wir in der Nähe waren, und gab uns dann mit der Hand ein Zeichen, wieder hinter ihm herzufahren. Es war ein sehr schlechter Weg, uneben und teilweise mit hohem Gras bewachsen. Er führte durch einen Mischwald mit dichtem Unterholz. Die halbhohen Sträucher trugen bereits kleine Blätter, gestern waren es noch Knospen gewesen. Über Nacht hatte sich der Wald einen hellgrünen Schleier übergehängt.

Nach etwa zehn Minuten erreichten wir den jenseitigen Waldrand. Hier kreuzte ein anderer Weg unsere Fahrtrichtung. Er führte am Rande einer Tannenschonung über eine langgezogene Hügelkuppe hinweg, und hinter der Tannenschonung fing wieder Hochwald an. Als der Jeep plötzlich stehenblieb, entdeckte ich an der Wegekreuzung einen Erdhaufen und daneben ein großes Loch. Noch ehe ich mir Gedanken darüber machen konnte, kam Leutnant Henley zu uns gelaufen, und ich hätte gar nicht erst in sein verstörtes Gesicht zu schauen brauchen, um nicht auch auf das Schlimmste gefaßt zu sein. Dramatische Momente kündigten sich mir immer mit einer verstärkten Sekretion meiner Speicheldrüsen an, und auch diesmal mußte ich zweimal rasch hintereinander schlucken. Ich kurbelte schnell das Fenster herunter und fragte: »Schlechte Nachrichten?«

»Das steht noch nicht fest, Miß«, sagte Leutnant Henley etwas atemlos. »Sie müssen hier ein paar Minuten warten.«

»Was ist passiert?«

»Unsere Posten sind verschwunden«, sagte Leutnant Henley. »Hier war eine MG-Stellung, und an der Straße hätte auch ein Doppelposten stehen müssen.«

»Das ist wahnsinnig aufregend«, sagte ich. »Haben Sie eine Ahnung, wo sie sein könnten?«

Er starrte düster in den dichten Wald hinein. »Ich kann es mir nicht erklären, Miß. Der Weg hier führt zum Regimentsgefechtsstand.«

»Warum fahren wir dann nicht einfach weiter?«

»Das werde ich tun«, sagte Leutnant Henley. »Sollte ich in einer Viertelstunde noch nicht zurück sein, so muß ich Sie bitten, wieder in Ihr Gasthaus zurückzufahren.«

So, wie er es sagte, glich er einem Mann, der sich vorgenommen hat, den Chiemsee zum erstenmal mit Rollschuhen zu überqueren. Er hielt sich auch nicht weiter mit uns auf, sondern rannte wieder zu seinem Jeep, und dann sahen wir nur noch eine Staubwolke.

»Wenn es dir nicht sehr viel ausmacht«, sagte Lis neben mir, »wäre ich dir ungemein dankbar, wenn du mir wenigstens verraten könntest, ob er nun wirklich übergeschnappt ist oder nur so tut.«

»Ihre Posten sind verschwunden«, sagte ich. »Hier hätte ein MG-Posten stehen sollen.«

»Und deshalb stellt er sich so an!« sagte Lis verständnislos. »Sie werden mal in den Wald gemußt haben.«

»Mit ihrem Maschinengewehr?« fragte ich.

Sie blickte mich verdutzt an, dann zuckte sie mit den Schultern. »Vielleicht haben sie sich nicht getraut, ohne Maschinengewehr zu gehen. Wo ist er hingefahren?«

»Zum Regimentsgefechtsstand. Wenn er in einer Viertelstunde nicht zurück ist, sollen wir nicht länger auf ihn warten.«

»Der Mann hat Nerven«, sagte sie verdrossen. »Schleppt uns mitten in den Wald und will nicht mal was. Ich habe mal gelesen, daß sechsundvierzig Komma siebenundvierzig Prozent aller Amerikaner an Neurosen leiden.«

Sie stieg aus dem Wagen und betrachtete das Erdloch. »Eines habe ich nie verstanden«, sagte sie. »Wenn sie die Löcher nur einen Meter tief machen, könnten sie sich doch gleich auf den Boden setzen.«

»Wieso?« fragte ich. »Sie stehen doch bis zur Brust drin.«

»Und ihren Kopf?« fragte Lis. »Den strecken sie doch heraus.«

»Ich nehme an«, sagte ich, »daß sie deshalb einen Stahlhelm tragen.«

»Wenn sie die Löcher ein wenig tiefer machten«, sagte Lis, »könnten sie sich die Stahlhelme sparen.« Sie ging einmal um das Loch herum, kam wieder an den Wagen und bückte sich nach ihrer Fototasche. Im gleichen Augenblick fielen nicht weit entfernt einige Schüsse.

Bisher hatte ich Gewehrschüsse immer nur aus angemessener Entfernung gehört, und hier im Wald klangen sie besonders häßlich, als ob ein Raubtierdompteur neben meinem Kopf seine Peitsche knallen ließe. Ich zuckte zusammen, und Lis reagierte noch etwas heftiger, fuhr instinktiv in die Höhe, schlug sich den Hinterkopf am Wagendach, rief: »Mist, elendiger!« und starrte, während sie mit beiden Händen an ihren schmerzenden Kopf griff, dorthin, wo die Schüsse ungefähr gefallen waren. »Jetzt hoats 'n derwischt!« sagte sie auf gut Münsheimerisch. Sie konnte, wenn sie sich Mühe gab, fast ohne Dialekt sprechen, aber diesmal schien sie sich völlig vergessen zu haben. Es war auch nicht schwer zu erraten, wen es, ihrer Meinung nach, erwischt haben sollte, denn die Schüsse waren aus der Fahrtrichtung des Jeeps gekommen, und wenn mich nicht alles täuschte, wäre es jetzt pure Zeitverschwendung gewesen, noch länger auf Leutnant Henley zu warten. »Hast du dir sehr weh getan?« fragte ich mitfühlend. Sie nahm die Hände vom Kopf, schüttelte ihn kräftig und sagte: »Ich werde mir doch noch ein Kabriolett kaufen. Sollen wir ihm nachfahren?« – »Lieber nicht«, sagte ich. »Wer weiß, was sie sich noch alles einfallen lassen.«

»Dabei war er noch so jung«, sagte Lis. »Vielleicht widmest du ihm einen hübschen Nachruf. Hieß das früher nicht, für Führer, Volk und Vaterland?«

»Bei den Amerikanern«, sagte ich, »glaube ich, nicht.«

»Ich wette«, sagte Lis, »die Leute, die sich so etwas einfallen ließen, haben ihren Führer alle überlebt und vertreiben heute Werbesprüche für die Wirtschaft. Was machen wir jetzt?«

An sich hätten wir getrost zurückfahren können, aber ich wollte, solange Schulberg noch im Gasthaus war, ein Zusammentreffen zwischen Lis und ihm unter allen Umständen vermeiden. Zum Glück hatte sie selbst einen Einfall: »Wenn wir ihm schon nicht nachfahren können«, sagte sie, »wäre es vielleicht ganz lustig, wenn wir uns hier irgendwo versteckten?«

Ich blickte verständnislos in ihr unternehmungslustiges Gesicht. »Wozu?«

»Vielleicht sehen wir etwas«, sagte sie, »was wir gar nicht sehen dürften. Wir müßten nur einen Platz finden, von wo aus wir die Wegekreuzung beobachten können, ohne selbst bemerkt zu werden.«

So schlecht war ihr Einfall gar nicht. Außerdem war es angenehm warm in der Sonne, der Boden ziemlich abgetrocknet, und wir hatten eine Menge Zeit. Blieb nur der Wagen, aber auch dafür fand Lis eine Lösung. Sie fuhr ihn an einer geeigneten Stelle ein Stück zwischen das hohe Unterholz hinein. Wenn man nicht zufällig hinschaute, würde man ihn vom Weg aus nicht sehen. Als günstiger Beobachtungspunkt erwies sich eine kleine Anhöhe jenseits der Tannenschonung am Rande des Hochwalds. Wir erreichten sie auf einer schmalen Schneise, die wie ein Weg schnurgerade durch die Schonung führte. Am Waldrand wuchs junges Gras, es fühlte sich feucht an, und Lis ging noch einmal zum Wagen und holte ihr Regencape. »Sonst habe ich immer eine Decke im Wagen liegen«, sagte sie, aber das Cape erfüllte den gleichen Zweck, wir mußten etwas zusammenrücken, und da das Gelände zum Waldrand anstieg, konnten wir über die Tannenspitzen hinwegschauen. Wir saßen mit dem Rücken zum Hochwald, Kiefern und Fichten, dazwischen vereinzelt auch Buchen. Die Sonne stand schräg über uns und schien uns warm ins Gesicht, es roch nach Tannennadeln und harzigem Holz, ein Zitronenfalter segelte den Waldrand ab. Nach zwei Minuten zog Lis ihre Schuhe und Wollstrümpfe aus. Als sie auch noch ihren Pullover ausziehen wollte, hinderte ich sie daran, indem ich ihren Arm festhielt. »Wenn dich ein Mensch hier sieht«, sagte ich, »haben wir in zehn Minuten das halbe Regiment auf dem Hals.«

»Na und?« fragte sie. »Hast du noch nie etwas von Truppenbetreuung gehört?«

»Wir sind zum Arbeiten hier«, sagte ich nachdrücklich. »Ich möchte das nicht.«

»Du möchtest das nicht?« fragte sie.

»Nein«, sagte ich nachdrücklich. Sie starrte mich ein paar Sekunden unschlüssig an, dann legte sie sich auf den Rücken, verschränkte die Hände im Nacken und streckte die nackten Beine in die Luft. Als ich es ignorierte, fing sie an zu pfeifen. »Du lieber Gott«, sagte ich. »Hat dir nie jemand gesagt, daß du nicht pfeifen kannst?«

»Meine Mutter«, sagte sie. »Sie singt manchmal im Kirchenchor. Seit wann hast du es so mit der Arbeitsmoral?«

Ich schwieg.

»Ich mag moralische Leute nicht«, sagte Lis. »Sie stecken ihre feuchten Nasen ständig in fremde Betten. In mein Privatleben lasse ich mir nicht hineinreden.«

»Hier handelt es sich um eine Reportage«, sagte ich.

»Und ich spreche von meinem Privatleben«, sagte Lis. »Ich habe nie danach gefragt, ob ich am Tag acht oder achtzehn Stunden für den Verlag unterwegs bin. Dafür erwarte ich von ihm, daß er sich kulant zeigt, wenn ich einmal am Tag das Bedürfnis habe, wenigstens eine halbe Stunde ein Privatmensch zu sein.«

»Nach dem Mittagessen«, sagte ich, »hast du eine ganze Stunde Zeit dafür.«

»Schön«, sagte Lis. »Dann werde ich mir jetzt einen Vorschuß von dreißig Minuten nehmen und dafür nach dem Mittagessen mit einer halben Stunde auskommen. Läßt sich das mit deiner Arbeitsmoral vereinbaren?«

Sie streckte noch immer die Beine in die Luft. Ihr enger Rock war ihr weit über die Knie gerutscht, und es war diesmal ganz anders als sonst, wenn sie ausgezogen in meiner Wohnung umherspazierte. Vielleicht war es schon vorher anders gewesen, heute morgen zum Beispiel, als sie sich zum Fenster hinausbeugte.

Mir war plötzlich eng in meinen Kleidern. Hatte ich mir wirklich nichts dabei gedacht, als sie mir vor ein paar Minuten vorgeschlagen hatte, wir sollten uns verstecken? Es war nicht mehr das gleiche Versteckspiel, wie es mir als Kind geläufig gewesen war, und wenn ich es einmal anfinge, würde es mir vielleicht wieder zur Gewohnheit werden. Es würde vielleicht genauso ernst werden wie damals, als ich es mir angewöhnt hatte, mich vor fremden Männern zu verstecken, wenn sie mir auf einer dunklen Straße oder in einem einsamen Gelände begegnet waren. Oft hatte ich gemeint, vor Furcht zu sterben, ich hatte schweißnaß am Boden gekauert oder mich an eine Mauer gedrückt, aber das lag alles schon über zehn Jahre zurück, und ich hatte seitdem auch nie wieder das Bedürfnis verspürt, mich irgendwo zu verstecken. Ich haßte es heute, mich verstecken zu müssen, ebenso wie ich es haßte, unangenehme Begegnungen aufzuschieben, unangenehme Entscheidungen hinauszuzögern oder auch nur zu verharmlosen. Ich wollte auch *diese* Entscheidung nicht verharmlosen, obwohl sie mir in diesem Augenblick viel weniger bedeutungsvoll erschien als zu jedem früheren Zeitpunkt. Vielleicht lag es an der Landschaft ringsherum, an ihrer Stetigkeit und gelassenen Stille, daß ich mir fast ein wenig lächerlich vorkam und sonderbar gelöst von allem, was mir zu Hause und an meinem Arbeitsplatz als Maßstab diente. In eine zweckdienliche Relation zur menschlichen Gesellschaft gebracht, mochten irdische Maßstäbe ihren frommen und moralischen Aufgaben vielleicht gerecht werden. Sobald man jedoch versuchte, sie in eine vernünftige Relation zu einer Tannenschonung, zum warmen Geruch des Waldbodens an einem schönen Apriltag oder gar zu einem Einzelwesen wie Lis zu bringen, erwiesen sie sich als völlig unzulänglich.

Es tat sich nichts auf dem Weg unten jenseits der Tannenschonung. Es wurde auch nicht mehr geschossen, und es kamen keine Soldaten vorbei. Nach zehn Minuten war ich überzeugt, daß es sinnlos war, hier herumzusitzen, und als ich es Lis sagte, fragte sie: »Weißt du etwas Besseres?«

Ich wußte nichts Besseres, und sie wartete ein paar Augenblicke, dann zog sie ihren dicken Pullover aus, und diesmal hinderte ich sie nicht daran. Sie trug nur ein dünnes Hemdchen auf der Haut, wahrscheinlich gehörte sie zu den seltenen Frauen, die auch im reiferen Alter noch keinen Büstenhalter brauchten. Der Wald hinter uns war dicht und voller Unterholz, wenn wir uns hinlegten, konnten wir auch von unten nicht gesehen werden. Wir hätten zwar rasch noch nach Stuben fahren können, aber mir war nicht danach, und Schulberg würde erst um zwei Uhr den Omnibus nach Münsheim besteigen; ich rechnete nicht mehr damit, daß er sich's noch anders überlegt hatte. Wir hatten noch schrecklich viel Zeit, und es war heiß in der Sonne. Ich schwitzte unter meinem Wollkleid, mein langes Haar klebte mir feucht im Nacken. Ich hatte mich nie an eine kurze Frisur gewöhnen können, sie hätte mir auch nicht so gut gestanden wie Lis. Sie war der Typ, der sich zwar verwandeln, jedoch kaum zu seinem Nachteil verändern konnte. Den Pullover hatte sie sich unter den Kopf geschoben, sie lag mit geschlossenen Augen neben mir, den engen Rock bis fast an die Hüften hinaufgestreift, eine langbeinige Provokation, schmalhüftig, weißhäutig und beneidenswert jung. Obwohl uns nur fünf Jahre trennten, fühlte ich mich plötzlich viel älter als sie, eine nutzlose, alleinstehende Frau mit verklemmten Passionen, moralischen Skrupeln und latenten Komplexen. Vielleicht lag hier auch die Erklärung für mein Bedürfnis, Schulberg helfen zu wollen, mich irgendwie nützlich zu machen, irgendwelche Spuren zu hinterlassen und mich selbst zu bestätigen. Zu mehr würde es wohl nie reichen.

Ich saß ein wenig vornübergeneigt da, die Hände im Schoß verschränkt, allein mit mir und der warmen Sonne, unfähig, mich zu etwas aufzuraffen. Als Lis mir unvermittelt die Hand auf das Knie legte, zuckte ich wie ertappt zusammen. Sie ließ ihre Hand ruhig liegen und verstärkte nur den Druck ihrer Finger, bis sie mir weh tat und ich mein Knie wegzog. Dann erst schlug sie die Augen auf und blickte mir von unten unverwandt ins Gesicht.

Ihre Augen hatten mich vom ersten Tag an fasziniert, man hätte sich stundenlang den Kopf darüber zerbrechen können, welche Empfindungen und Gedanken sich hinter ihnen versteckten, und sicher hätte man jedesmal danebengeraten. Sie hatte lange, dichte Wimpern, die sie wie eine Jalousie hinunterlassen oder blitzartig hinaufziehen konnte, und sooft ich es auch schon erlebt hatte, ließ ich mich doch regelmäßig davon überrumpeln. So wie jetzt und wie immer, wenn sie mich so plötzlich anschaute. »Woran denkst du?« fragte sie.

Es wäre wohl ein wenig kompliziert gewesen, ihr von meinen Gedanken zu erzählen, aber mir fiel gerade eine andere Sache ein, und ich fragte sie, wieso sie gestern gemeint habe, daß wir zusammen ganz schön Geld verdienen könnten.

»Wir beide?« fragte sie. Dann schien sie sich zu erinnern und zuckte mit den Schultern. »Ich habe es mir inzwischen anders überlegt.«

»Vielleicht interessiert es mich trotzdem.«

»Ich glaube nicht, daß es dich interessieren wird. Du ziehst dich ja nicht einmal hier aus.«

Ich blickte mit gerunzelter Stirn in ihr gleichgültiges Gesicht. »Wozu hätte ich mich ausziehen sollen?«

»Es war nur ein Einfall«, sagte Lis und sah von mir weg. »Der Verleger, von dem ich gesprochen habe, gibt ein Magazin heraus.«

»Was für ein Magazin?«

Sie lächelte. »Für Männer. Du hättest die richtige Figur dafür.«

Es verschlug mir vorübergehend die Sprache. Noch ehe ich ihr jedoch antworten konnte, sagte sie rasch: »Es war nur ein Spaß.«

»Das hoffe ich auch«, sagte ich ärgerlich, aber ich hielt es selbst für ausgeschlossen, daß es ihr ernst damit gewesen sein könnte. Daß sie überhaupt solche obskuren Bekanntschaften hatte, war schon enttäuschend genug. »Wie kommst du zu seiner Adresse?« fragte ich.

Sie zuckte wieder mit den Schultern. »Er sah mal irgendwo ein Bild von mir und machte mir ein Angebot; ich habe seitdem nichts mehr von ihm gehört.«

Es beruhigte mich ein wenig. Ich legte mich wie sie auf den Rücken und betrachtete die hohen Baumwipfel. »Wütend?« fragte Lis. Sie drehte sich auf die Seite, beugte sich über mich und schaute mich wieder mit ihrem unergründlichen Blick an. Als sie mich küßte, bekam ich in der warmen Sonne eine Gänsehaut.

Sie küßte mich heute anders als sonst, unbeherrschter, ungeduldig und schmerzhaft. Ich sah ihre Augen dicht vor mir, und ich erkannte sie nicht wieder. In dieser Sekunde war sie mir vollkommen fremd, und ich bekam plötzlich Angst vor ihr und vor mir selbst. Als sie mir die Hand auf die Brust legte, stieß ich sie von mir und richtete mich rasch auf.

Ich war wie benommen. Noch mit geschlossenen Augen fühlte ich ihren Blick in meinem Hirn brennen, geradeso, als ob ich zu lange in die Sonne geschaut hätte, und ich saß eine lange Weile da und rührte mich nicht, bis mein Herz wieder ruhiger schlug; erst dann blickte ich zu Lis hin.

Mir fiel sofort auf, daß sie inzwischen ihren Pullover angezogen hatte. Sie kniete mit abgewandtem Gesicht neben mir, stopfte ihre schwarzen Wollstrümpfe in die große Fototasche und klappte die Tasche zu. Sie kroch auf Händen und Füßen zu ihren Schuhen, zog sie im Knien an, stand auf und hängte sich die Fototasche über die Schulter. Als sie die schmale Schneise zwischen den Tannen zum Waldweg hinunterstieg, hatte sie mich noch kein einziges Mal angeschaut. Ich sah ihr regungslos nach, bis sie in dem dichten Gesträuch am jenseitigen Waldrand verschwand. Dann stand ich mechanisch auf, faltete ihr Cape zusammen und ging zu ihr hinunter. Mein Kopf war so leer wie der hohe Aprilhimmel über den Bäumen, auch meine Brust fühlte sich leer an, ich war innerlich wie ausgehöhlt, und meine Beine trugen mich wie von selbst hinter Lis her. Ich hoffte, sie beim Wagen anzutreffen, aber sie war nicht dort, und ich hörte auch nichts von ihr. Ich blieb neben dem Wagen stehen und fühlte immer noch nichts. Nach einer Viertelstunde tauchte sie mit verweinten Augen zwischen dem Gesträuch auf, setzte sich hinter das Lenkrad und fuhr auf den Weg zurück. Ich wollte ihr etwas sagen, und ich brachte es nicht fertig. Ich wollte meine Hand auf ihren Arm legen, aber meine Hand rührte sich nicht. Wir fuhren den ganzen Weg zurück, ohne ein Wort miteinander zu sprechen, und wir waren uns so fremd, als hätten wir uns nie gekannt.

Meinen Entschluß, die Reportage abzubrechen und sofort nach dem Mittagessen nach Münsheim zu fahren, faßte ich, als wir vor dem Gasthaus aus dem Wagen kletterten. Was ich gesehen und erlebt hatte, reichte mir, um einen ausführlichen Bericht darüber zu schreiben. Der Ausgang des Manövers interessierte mich nicht, ich hatte vom ersten Augenblick an nicht die Absicht gehabt, eine simple Reportage zu schreiben, und für die Leute in Münsheim war es unwichtig, welche Partei das Manöver gewonnen hatte. Solange sie keine Totoscheine ausfüllen durften, versetzte sie ohnedies nichts in Aufregung.

Es war nun doch fast zwölf Uhr geworden. Als wir durch das Restaurant schritten, sah ich Schulberg allein auf der Terrasse sitzen. Ich zögerte ein wenig, aber Lis schien ihn nicht bemerkt zu haben, sie lief sofort auf die Treppe zu, und ich wartete, bis sie oben war, dann ging ich zu Schulberg. Er war damit beschäftigt, ein Blatt Papier mit vielen Zahlen zu bedecken, und nahm von meiner Anwesenheit erst Kenntnis, als ich mich zu ihm an den Tisch setzte. »Machen Sie Inventur?« fragte ich.

Er konnte fast genauso tief erröten wie Leutnant Henley und legte seine Hände über das Papier. »Vielleicht bekomme ich eines Tages viel Geld dafür«, sagte er.

»Sie können es brauchen«, sagte ich. »Es hat sich so ergeben, daß ich voraussichtlich vor Ihnen in Münsheim sein werde. Wir fahren nach dem Mittagessen weg.«

Er blickte schnell in mein Gesicht. »Nach Münsheim?«

»Ja. Wenn es mein eigener Wagen wäre, könnten Sie mit uns fahren; ich möchte meine Freundin nicht darum bitten.«

»Sie hatten meinetwegen hoffentlich keinen Ärger«, sagte er nach einer Pause. Ich schüttelte den Kopf. »Es hat nichts mit Ihnen zu tun.« – Mein Gesicht schien ihm nicht zu gefallen, ich merkte es an der Art, wie er mich musterte, aber er sagte nichts mehr und gab mir stumm meinen Wohnungsschlüssel. »Warten Sie auf Ihr Essen?« fragte ich.

»Ja.«

»Vielleicht können wir zusammen essen«, sagte ich. »Ich bin gleich wieder hier.«

Mein Kopf war jetzt ganz klar, und ich ging zu Lis hinauf. Sie saß am Tisch und war mit ihrer Kamera beschäftigt. »Wenn es dir recht ist«, sagte ich, »gehen wir essen. Nach dem Essen fahren wir nach Hause.«

»Es ist gut«, sagte sie, ohne mich anzuschauen. Ich wußte nicht, was ich erwartet hatte, aber das auf keinen Fall. Ein paar Sekunden fiel mir nichts mehr ein, dann setzte ich mich zu ihr an den Tisch und sagte so ruhig, wie ich konnte: »Ich glaube, es ist für uns beide am besten so.«

»Ich habe ja gesagt, es ist gut«, antwortete sie.

»Es führt zu nichts«, sagte ich. »Wir sind miteinander befreundet, und ich möchte nicht, daß sich das irgendwie ändert.«

Sie legte die Kamera auf den Tisch und blickte mich kalt an. »Wovon redest du überhaupt?«

Es war genauso, als hätte sie mir ein Glas Wasser ins Gesicht geschüttet. Ich stand ernüchtert auf und fragte: »Kommst du mit hinunter?«

»Ich werde zu Hause essen«, sagte sie. »Warum fahren wir nicht sofort?«

»Das ist mir auch recht«, sagte ich. Ich ging zum Schrank, holte meine Sachen heraus und stopfte sie in meine Reisetasche. Ich war nicht wütend, nicht einmal verärgert, nur auf eine sinnlose Weise enttäuscht. Als ich zum Wirt hinunterging, hatte ich feuchte Augen. Er wollte es mir nicht glauben und versuchte, mich umzustimmen. Erst als ich meinen Geldbeutel aus der Tasche holte, resignierte er. »Ich hätte Ihnen heute ein besonders gutes Essen gemacht«, sagte er unglücklich. »Wenn Sie wenigstens noch zum Essen hiergeblieben wären!«

»Es geht leider nicht«, sagte ich und bezahlte unsere und Schulbergs Rechnung. Ich ließ mir eine Quittung geben und steckte sie sorgfältig in meine Handtasche. Wenn ich wieder einmal eine Reportage machte, würde ich es nicht ohne Spesenvorschuß tun. Lis hätte eigentlich daran denken müssen, aber wir hatten uns drei Tage nicht gesehen, und dies war meine erste aufwendige Reportage gewesen. Als ich zu Schulberg zurückkam, saß er bereits bei der Suppe. »Wir essen nicht mehr hier«, sagte ich. »Wie lange braucht Ihr Omnibus bis nach Münsheim?«

»Danach habe ich mich nicht erkundigt«, sagte er. »Ist es wichtig für Sie?«

»Nicht im geringsten«, sagte ich. »Sie werden mich den ganzen Nachmittag in meiner Wohnung antreffen.«

Er blickte mich wieder prüfend an und sagte: »Sie hatten Ärger?«

»Nicht mehr als sonst«, sagte ich und hielt ihm die Hand hin. »Auf Wiedersehen!«

»Auf Wiedersehen!« sagte er. »Hoffentlich tut es Ihnen nicht leid.«

»Was?« fragte ich.

»So genau weiß ich das auch nicht«, sagte er und setzte sich wieder zu seinem Teller.

Ich kehrte zu Lis zurück. Sie war noch mit ihrem Gepäck beschäftigt, und ich sagte: »Die Rechnung habe ich bezahlt.«

»Ich bin gleich fertig«, sagte sie. Ihre Augen waren jetzt nicht mehr gerötet; sie machte einen gelassenen, fast heiteren Eindruck auf mich. Während ich ihr zuschaute, wie sie ihre Sachen packte, wurde mir unvermittelt bewußt, daß ich das alles gar nicht gewollt hatte. Alles, was ich in der letzten halben Stunde getan und unterlassen hatte, war gegen meinen Willen geschehen; ich hatte mich wie eine hysterische Ziege benommen! Es war so schrecklich widersinnig, so unsagbar absurd, daß mir fast übel wurde. Es war auch schon viel zu spät, um noch davonzulaufen. Vielleicht wäre es gestern abend noch nicht zu spät gewesen oder am Freitag, als sie mich zum erstenmal geküßt hatte, aber welchen Sinn hatte es überhaupt, vor sich selbst davonlaufen zu wollen! Außerdem war es paradox, wenn ich mir einredete, meine bisherigen Manövereindrücke würden für einen handfesten Bericht ausreichen. Ich hatte noch nicht einmal eine Ahnung, worum es bei dem Manöver überhaupt ging, wer wen angreifen sollte und in welcher Größenordnung es über die Bühne lief; Schmiedel würde mich für verrückt erklären.

Noch während ich es dachte, meldete sich bereits Widerspruch in mir. Wenn ich ihm eine gute Reportage schrieb, würde er sie vielleicht zum Anlaß nehmen, sich eine neue Arbeit für mich einfallen zu lassen. Mein Interesse für Reportagen war im Augenblick restlos erschöpft, und es war jetzt auch völlig ausgeschlossen, daß ich meinen Entschluß rückgängig machte. Ich hätte Schulberg wieder meinen Wohnungsschlüssel und eine plausible Erklärung geben müssen. Auch der Wirt hätte sich sicher gewundert; von Lis ganz abgesehen. Lieber hätte ich meine Stellung riskiert, als sie meine Unsicherheit merken zu lassen, aber als wir etwas später zusammen die Treppe hinunterstiegen, verachtete ich mich selbst.


Schulberg kam sehr spät; ich hatte mir seinetwegen bereits Sorgen gemacht. Obwohl ich zwischendurch noch rasch in die Stadt gefahren war, ein paar Kleinigkeiten einzukaufen, mußte ich zwei Stunden warten, bis er an meiner Tür läutete. Er erzählte mir, daß der Omnibus in eine große Marschkolonne der Amerikaner geraten und kaum mehr vom Fleck gekommen sei. Außerdem habe er nur am Bahnhof von Münsheim gehalten, und vom Bahnhof brauchte man immerhin fast eine Dreiviertelstunde bis zu meiner Wohnung. Während ich uns in der Küche einen Kaffee machte, ertappte ich mich dabei, daß es mich gar nicht so drängte, ihn wieder loszuwerden. Ich befand mich in einer derart miserablen Verfassung, daß ich für jede Ablenkung dankbar war, und ich hatte gut die Hälfte der zwei Stunden damit verbracht, am Fenster nach ihm Ausschau zu halten. Ein paarmal hatte ich auch versucht, wenigstens die ersten Zeilen meiner Reportage zu schreiben, aber mir war kein einziger vernünftiger Satz eingefallen. Es kam noch hinzu, daß ich mich, je länger ich in meiner Wohnung auf ihn wartete, in steigendem Maße mit einem schlechten Gewissen konfrontiert fühlte. Ähnlich mußte einem Deserteur zumute sein. Ich besaß ein ziemlich ausgeprägtes Pflichtbewußtsein, schon als Kind hatte ich nie ohne dringlichen Grund die Schule versäumt, ich war nie »krank« gewesen, ohne nicht wirklich krank zu sein, hatte nie das Bedürfnis verspürt, mir eine Ausrede einfallen zu lassen, und wenn ich schon einmal das Bett hüten mußte, hatte ich mich todunglücklich gefühlt. Vielleicht lag die Erklärung dafür in dem Umstand, daß mir – wenn ich von Fremdsprachen einmal absah – das Lernen nie besondere Schwierigkeiten bereitet hatte, ich hatte nie die Probleme aller mittelmäßigen Schülerinnen gehabt, die nur mit Widerwillen zum Unterricht kamen, und daran hatte sich auch später, als ich meine ersten journalistischen Gehversuche machte, kaum etwas geändert. Seit Schulberg vorhin die amerikanische Marschkolonne erwähnt hatte, fühlte ich mich wie in einer fremden Haut.

Ich ertappte mich dabei, daß ich mir wünschte, heute abend nicht allein zu sein. Ich fürchtete mich vor diesem Abend, vor meinen Gedanken, vor meinem Schlafzimmer, vor der Stille, wenn ich das Licht ausknipsen und allein im Bett liegen würde. Daß Lis heute noch einmal zu mir kommen würde, hielt ich für völlig unwahrscheinlich. Nach allem, was geschehen war, mußte ich sogar damit rechnen, daß sie überhaupt nicht mehr kam. Wir hatten auch auf der Rückfahrt kein einziges Wort miteinander gesprochen, und als sie mich vor dem Haus abgesetzt hatte, war sie sofort weitergefahren; sie hatte mich nicht einmal mehr angesehen. Ich ertrug es nicht, daran zu denken, daß dies das Ende sein sollte, es machte mich fast krank, mir vorzustellen, daß sie nie mehr neben mir schlafen, nie mehr mit mir plaudern und mir auch nie mehr Anlaß geben würde, mich über sie zu ärgern. Ich war nicht mehr ich selbst, ohne sie.

Ich hatte Schulberg eine Zeitung gegeben. Als ich zu ihm ins Zimmer kam, legte er sie auf den Tisch und blickte in mein Gesicht. Ich wußte, daß ich elend aussah, und ich war ihm dankbar dafür, daß er es nicht aussprach. Es war eine bestürzende Erfahrung für mich, wie rasch man sich an die Anwesenheit eines Mannes gewöhnen konnte, sobald man einmal damit angefangen hatte, seine Gegenwart zu dulden. Vielleicht hätte ich mich sogar daran gewöhnen können, mit einem Mann zusammen zu wohnen, wenn wir zwei getrennte Schlafzimmer gehabt hätten, aber welcher *normale* Mann hätte sich schon auf die Dauer damit einverstanden erklärt! Ich haßte dieses Adjektiv, weil es dazu mißbraucht wurde, die Dinge zu vereinfachen. Wenn sich die normale Veranlagung einer Frau nur darin manifestierte, daß sie mit einem Mann ins Bett ging, so wäre auch der Beruf eines Straßenmädchens völlig normal gewesen, und hätte es einen Komparativ dafür gegeben, so hätte er sogar am allernormalsten sein müssen. Nichts war mir widerwärtiger als Prostitution.

Der Kaffee war mir ein wenig danebengeraten, ich mußte zu viel Pulver in den Filter geschüttet haben und entschuldigte mich dafür, aber Schulberg behauptete, er trinke ihn gerne so schwarz und dann am liebsten noch ohne Zucker. Er war nicht der Mann, der so etwas nur aus Höflichkeit sagte, und daß er verletzend ehrlich sein konnte, war eine meiner ersten Erfahrungen mit ihm gewesen. Während ich mir noch überlegte, wie ich es ihm möglichst unzweideutig beibringen könnte, erst am nächsten Morgen in ein Gasthaus zu gehen, fiel mein Blick wieder auf sein schmutziges Oberhemd. Ich hatte zwar noch nie ein Herrenhemd gebügelt, aber so schwierig konnte es nicht sein, und in der Handhabung eines Bügeleisens gab es bestimmt ungeschicktere Frauen als mich. Die Gelegenheit, das Thema anzuschneiden, ergab sich insofern, als er mich beim Kaffeetrinken nach einem preiswerten

Gasthaus fragte. Da ich in Münsheim noch nie ein Gasthaus gebraucht hatte, schlug ich ihm vor, mich am nächsten Morgen im Verlag einmal umzuhören.

»Das wird mir nicht viel nützen«, sagte er, »oder wissen Sie für heute nacht in der Nähe eine Futterhütte?«

»Wenn Ihnen meine eigene nicht zu unkomfortabel ist«, sagte ich, »würde ich Ihnen vorschlagen, daß Sie bis morgen früh hierbleiben.«

Daß er insgeheim nicht damit gerechnet hatte, hätte sein ungläubiger Gesichtsausdruck nicht überzeugender demonstrieren können, er sagte: »Ich bin nicht gerade zimperlich, aber was werden Ihre Nachbarn dazu sagen?«

»Du lieber Himmel!« sagte ich, »haben Sie nicht schon Schlimmeres auf sich genommen?«

»Ich habe eigentlich weniger an mich dabei gedacht«, sagte er.

»Dann sehe ich kein unüberwindliches Hindernis«, sagte ich. »Die Leute hier im Haus haben genug mit ihren Monatsraten zu tun, und was mich betrifft, so sind Fehleinschätzungen in meinem Berufsrisiko einkalkuliert. Ich hätte, bevor ich Sie wieder auf die Menschheit loslasse, gerne noch Ihr Hemd ausgewaschen und Ihnen für Ihre Hosen zwei brauchbare Bügelfalten mitgegeben. Es könnte Ihnen sonst passieren, daß in ganz Münsheim kein Hotelzimmer für Sie frei ist.«

»Sie haben eine unwiderstehliche Art zu argumentieren«, murmelte Schulberg. Er trank seine Tasse aus, stellte sie langsam auf den Unterteller zurück und blickte unvermittelt in mein Gesicht. »Ist es Ihnen lieber, wenn ich hierbleibe?«

»Ja«, sagte ich, und ich hätte in dieser Sekunde nichts anderes sagen können, auch auf die Gefahr hin, daß er falsche Schlüsse daraus ableitete. Er stand auf, trat ans Fenster und schaute eine Weile hinaus. Als er sich wieder zu mir umdrehte, klang seine Stimme undeutlich. »Sicher haben Sie öfter Besuch«, sagte er.

Möglich, daß er mich nun für *so* eine hielt. Er hatte lange nicht gewußt, woran er mit mir war, aber nun schien er es endlich zu wissen. Vielleicht erklärte es sich aus ihrem übertriebenen Selbstbewußtsein, daß Männer in solchen Situationen unfähig waren, außer dem Nächstliegenden auch noch eine andere Möglichkeit ernsthaft ins Auge zu fassen. Bei Werner war es ähnlich gewesen. Ich hatte wieder einmal einen meiner problematischen Abende gehabt und ihn eigentlich nur mit in meine Wohnung genommen, weil er mir versicherte, sie würde ihm mehr über meine Seele verraten als eine Autobiographie von mir, aber außer meinem Schlafzimmer hatte ihn eigentlich kaum etwas interessiert, und er hatte dann tatsächlich auch viel mehr über meine Seele erfahren.

Ich stand auf, räumte das Kaffeegeschirr vom Tisch und trug es in die Küche. Ich glaubte sicher zu sein, daß Schulberg der erste Mann war, der mich auf diese Weise einschätzte. Werner hatte sich wenigstens nicht einmal mehr überrascht gezeigt, als ich ihm meine physische Unversehrtheit entdeckte, eher selbstzufrieden und erwartungsvoll. Wenn ich heute noch ein leises Gefühl von Zuneigung für ihn empfand, so nur deshalb, weil er mich wenigstens von diesem Komplex befreit hatte. Es gab, meiner Meinung nach, für eine aufgeklärte und reife Frau nichts Widerwärtigeres als das hilflose Eingeständnis ihrer Unschuld, solange eine bestimmte Sorte von Männern sie zur Bedingung machten. Daß sie sich hinterher keine Jagdtrophäe an die Wand nageln und sie ihren Freunden zeigen konnten, mußte ihnen genauso schwer ankommen wie der Bundeswehr ihr Verzicht auf Traditionsfahnen.

Als ich wieder zu Schulberg hineinging, hatte ich meine Verstimmung bereits hinter mir. Er sah jetzt ein wenig verlegen aus und setzte zu einer Entschuldigung an, aber ich kam ihm zuvor:

»Wenn Ihr Hemd bis morgen früh trocken werden soll«, sagte ich, »muß ich es sofort waschen. Ihren Anzug können Sie mir auch gleich geben. Ziehen Sie sich so lange wieder meinen Morgenrock an.«

»Wenn Sie nur etwas mehr Umstände machten«, sagte er verdrossen. »Man findet ja nicht mal Zeit, Ihnen ernsthaft zu widersprechen.«

»Heben Sie sich's für unseren politischen Teil auf«, sagte ich. »Vielleicht werde ich Sie in den nächsten Tagen mal meinem Chef vorstellen.«

»Sicher ein reizender Mann«, sagte er verdrossen. »Ich wette, es hat Ihnen noch nie große Mühe bereitet, den passenden Chef zu finden. Was soll ich jetzt tun? Mich ausziehen?«

»Es würde mir die Arbeit wesentlich erleichtern«, sagte ich. »Falls Sie das Bedürfnis haben, in die Badewanne zu steigen, so wäre dies eine günstige Gelegenheit; Seife und Badetuch sind auch da.«

»Aber den Rücken seifen Sie mir nicht ab?« fragte Schulberg und ging ins Badezimmer.

In der Küche holte ich das Bügelbrett aus dem Besenschrank, setzte den Waschtopf auf den Gasherd und band mir eine Schürze um. Ich tat das alles mit einem geradezu lächerlichen Eifer. Bisher hatte ich solche Arbeiten nur mit Widerwillen verrichtet. Es hatte fast den Anschein, als ob die permanente Gegenwart eines Mannes irgendwie demoralisierend auf meine natürliche Veranlagung wirkte, meine Zeit auch mit gepflegtem Nichtstun totschlagen zu können. Mir jedenfalls wäre ein Leben auf einem bequemen Ruhelager mit Blick auf Rimini oder die Côte d'Azur durchaus vorstellbar gewesen. Daß die Frau ihr Leben generell an Waschzuber und Bügelbrett verbringen müßte, steckte immer noch in vielen Männerköpfen wie ein verdorbenes Ei im Brutkasten.

Schulberg reichte mir seine Kleider schamhaft durch den Türspalt, obwohl er, wie ich mich vergewissern konnte, meinen Morgenrock angezogen hatte, und in der nächsten halben Stunde war ich vollauf damit beschäftigt, mit einer Bürste wenigstens die gröbsten Flecken zu entfernen und der Hose wieder eine halbwegs manierliche Fasson zu geben. Daß ich beim ersten Versuch an einem Hosenbein die Falte entlang der Seitennaht einbügelte, entschuldigte ich mir selbst gegenüber mit mangelnder Erfahrung, aber am Schluß sah sie ganz ordentlich aus, und ich hängte sie zufrieden über einen Kleiderbügel. Als ich mich an die Jacke machte, kam Schulberg aus dem Badezimmer. Er steckte seinen Kopf zur Tür herein und beobachtete mit gerunzelter Stirn mein geschäftiges Tun. »Im Wohnzimmer«, sagte ich, »finden Sie ein Bücherregal. Sie können sich aber auch das Radio einschalten, falls Ihnen das kurzweiliger erscheint.«

»Stört es Sie sehr, wenn ich Ihnen bei der Arbeit ein wenig zuschaue?« fragte er.

»Ich wollte es Ihnen nicht so unmißverständlich nahelegen«, sagte ich. »Essen Sie gerne Bratkartoffeln?«

»Das bin ich eigentlich noch nie gefragt worden«, sagte Schulberg und kam in die Küche herein. Seit er gebadet hatte, sah er fast verjüngt aus. »Leider habe ich keine passenden Hausschuhe für Sie«, sagte ich mit einem Blick auf seine Füße. »Wo haben Sie Ihre Socken?«

»Sie hängen über dem Wäscheständer«, sagte er. »Ich habe sie versehentlich in die Badewanne fallen lassen.«

»Da ich schon Ihr Oberhemd waschen muß«, sagte ich, »hätten Sie sie nicht in die Badewanne zu werfen brauchen. Ist Ihnen sonst noch etwas hineingefallen?«

»Zum Teufel, nein!« sagte er mit rotem Kopf. »Man hat mich im Gefängnis frisch eingekleidet. Wäre es aufdringlich neugierig, Sie zu fragen, was Sie sonst treiben, wenn Sie zufällig keinen Mann hier haben, den Sie bemuttern können?«

»Dann bemuttere ich mich selbst«, sagte ich. »Eine Frau kann das bis zum Exzeß treiben. Wollen Sie wirklich nichts lesen?«

»Ich will mich mit Ihnen unterhalten«, sagte er und setzte sich in meinem Morgenrock auf einen Küchenstuhl. »Es macht mich nervös, Ihre Beweggründe nicht zu kennen. Außerdem erinnern Sie mich an meine Frau.«

»Das tut mir leid«, murmelte ich.

Er schüttelte ungeduldig den Kopf.

»Es braucht Ihnen nicht leid zu tun, Sie haben auch nicht die geringste Ähnlichkeit mit ihr, aber ich habe seitdem keine Frau mehr in der Küche bügeln sehen.«

»Ja«, sagte ich. »Ich glaube, das kann ich verstehen.«

»Es sind nur Kleinigkeiten«, sagte Schulberg. »Zum Beispiel, wenn ich Bettücher an einer Wäscheleine hängen sehe. Ich habe ihr hundertmal gesagt, die große Wäsche wegzugeben; es war ihr nicht beizubringen. Ihre Mutter wäscht heute noch die Bettwäsche selbst, obwohl sie mit einem Mann verheiratet ist, der in seinen Fabriken über siebentausend Leute beschäftigt.«

Ich hörte auf zu bügeln und starrte stumm in sein Gesicht.

»Sie werden noch meine Jacke versengen«, sagte er. »Als wir heirateten, bekam ich das Labor, quasi als Hochzeitsgeschenk. Es gibt unzuverlässigere Karrieren, als die Tochter seines Chefs zu heiraten. Wenn er mich nicht mindestens zweimal am Tag daran erinnert hätte, daß er 1945 mit einer Baracke angefangen hatte, wäre er mir genauso lieb gewesen wie jeder andere. Haben Sie ein Glas Wasser für mich?«

Ich stellte das Bügeleisen auf die Seite, holte ein Glas aus dem Schrank und ließ es vollaufen. Als ich es ihm über den Tisch reichte, fragte ich: »Dann haben Sie sie nur deshalb geheiratet?«

»Zuerst schon«, sagte Schulberg und trank das Glas auf einen Zug aus. »Ich lernte sie auf irgendeiner Jubiläumsfeier der Firma kennen. Ein halbes Jahr vorher hatte ich mein Diplom gemacht; ich hatte zehn scheußliche Jahre hinter mir und mir vorgenommen, keine Chance ungenutzt zu lassen. Sind Sie jetzt enttäuscht?«

Vielleicht wäre ich es gewesen, wenn er in einem anderen Ton erzählt hätte; seine Gleichgültigkeit erschreckte mich nur. Ich setzte mich zu ihm an den Tisch und blickte wieder in sein ausdrucksloses Gesicht. »Das haben schon andere Männer vor Ihnen so gemacht«, sagte ich.

»Nicht so dilettantisch«, sagte er. »Wäre ich nicht so dilettantisch gewesen, so hätte ich mich nicht auch noch in sie verliebt. Ich hätte es nie für möglich gehalten, daß man sich auch noch nach der Hochzeit in eine Frau verlieben könnte. Sie etwa?«

»Mir fehlt da jede Erfahrung«, murmelte ich.

»Nicht nur das«, sagte Schulberg. »Es war auch blödsinnig gefragt. Wenn sie wenigstens nicht das einzige Kind gewesen wäre! Mit ihrem Vater verstand sie sich besonders gut. Männer, die es so weit gebracht haben wie er, brauchen immer jemand, der sie anbetet, und sie hatte ein ausgesprochenes Talent dazu. Sie hat mich sogar so weit gebracht, daß ich auf meinen eigenen Schwiegervater eifersüchtig wurde.«

»Vielleicht haben Sie sich deshalb in sie verliebt«, sagte ich.

»Vielleicht«, sagte Schulberg.

Er brauchte mir jetzt nichts mehr zu erklären, und während ich darüber nachdachte, tat er mir leid; ich hätte ihm die Hand streicheln oder sonst einen Unfug anstellen können. Da ich mit seinem Jackett fertig war, räumte ich das Bügeleisen weg, stellte das Bügelbrett wieder in den Besenschrank und schaute nach seinem Hemd. Das Wasser begann zu kochen, ich drehte die Flamme kleiner und holte aus dem Schlafzimmer noch einen

Kleiderbügel. »Dann kann ich mich jetzt wieder anziehen?« fragte Schulberg. Ich widersprach: »Für die Bügelfalten ist es besser, wenn Sie die Hose noch eine Weile hängen lassen. Vielleicht gehen Sie jetzt doch ins Wohnzimmer; ich möchte mich um das Abendessen kümmern.«

»Ich werde Ihnen nicht in Ihre Bratkartoffeln hineinreden«, sagte er. »Bis jetzt war ich es, der erzählt hat. Eigentlich wollte ich von *Ihnen* etwas hören.«

»Lieber nicht«, sagte ich. »Sie könnten mir wieder falsche Beweggründe unterstellen.«

»Wahrscheinlich war ich ein Idiot«, sagte er und stand auf. Das war gewiß übertrieben, und außerdem war ich mir selbst noch nicht ganz sicher, ob ich schon alle meine Beweggründe kannte. Im Augenblick genügte es mir, daß er bis morgen früh hierblieb.

In der nächsten halben Stunde hatte ich mit dem Essen zu tun. Zwischendurch brachte ich das Bad in Ordnung, rauchte im Schlafzimmer eine Zigarette und versuchte mir vorzustellen, was Lis in dieser Sekunde treiben mochte. Wäre Schulberg nicht hiergewesen, so hätte ich wohl den ganzen Nachmittag und Abend am Fenster gestanden und auf sie gewartet. Man konnte es in seiner Unlogik nur noch mit dem konfusen Gestammel gewisser Regierungsmitglieder vergleichen, wenn sie sich vor Flüchtlingsverbänden zur Oder-Neiße-Linie äußern müssen.

Ich drückte meine Zigarette aus, trat vor den Spiegel und überzeugte mich davon, daß ich genauso miserabel aussah, wie ich mich fühlte. Was es so schlimm machte, war, daß man keinen Menschen dabei zu Rate ziehen und mit niemanden darüber sprechen konnte. Vielleicht hätte ich einmal zu einem Psychiater gehen sollen, aber es verhielt sich dabei wie mit Leberknödel. Da ich sie nicht mochte, wäre ich auch nie auf den Gedanken gekommen, mir ein Kochrezept dafür geben zu lassen. Andererseits hätte ich vor einem halben Jahr auch noch keine Semmelknödel gegessen, und Werner war mein erster Mann gewesen.

Ich mußte über mich selbst lächeln. Wenn ich politisch genauso schlecht argumentierte, hätte Schmiedel mich bereits vor die Tür gesetzt. Ich hatte mich bisher auch noch nie versucht gefühlt, meinen ersten Eindruck noch einmal bestätigen zu lassen. Möglich, daß es nicht mehr dasselbe wäre. Ob man sich einen Zahn ziehen oder ihn nur behandeln läßt, ist auch nicht dasselbe, aber ebensogut hätte ich zu einem Psychiater gehen können, es sei denn, ich erhoffte mir dadurch einen moralischen Rückhalt für meinen privaten Konflikt, daß ich unmoralisch genug wäre, es noch einmal mit dem erstbesten Mann zu versuchen.

Schulberg hatte nebenan das Radio eingeschaltet, ich hörte es durch die dünne Zwischenwand zum Wohnzimmer. Daß man ein Radio gleichzeitig in sämtlichen Räumen der Wohnung hören konnte, war eine der positiven Seiten des sozialen Wohnungsbaus; an Untermieter hatten die Architekten wohl kaum gedacht. Morgen früh würde ich zumindest um die intime Erfahrung reicher sein, ob Schulberg schnarchte oder nicht.

Beim Essen war er etwas einsilbig, möglich, daß es ihm bereits wieder leid tat, mir so viel von sich erzählt zu haben. Werner hatte mir nur selten etwas von sich erzählt. Er schrieb als freier Mitarbeiter für mehrere Zeitungen, hatte mir jedoch nie verraten, für welche. Ich vermutete, daß es unbedeutende Lokalblätter waren, und vielleicht hatte er sich deshalb vor mir geniert; Männer sind in solchen Dingen oft eigen. Ich betrachtete ihn heute als einen mittelmäßigen Journalisten, der seine eigenen Grenzen erkannt und vor ihnen resigniert hatte. Er hatte mir immer nur leid getan, vom ersten Augenblick an, als ich ihn allein an einem Tisch sitzen und geistesabwesend auf die Tanzfläche starren sah. Ich hätte ihn wohl nie kennengelernt, wenn ich nicht von meinem damaligen Ressortchef zu einem Presseball geschleppt worden wäre. Eigentlich bin ich diese weibliche Untugend, gescheiterte Männer bemitleiden zu müssen, nie ganz losgeworden. Objektiv betrachtet, war Schulberg auch nichts anderes, sogar in doppelter Hinsicht. Schwiegerväterliche Protektionen konnten sich eben von Fall zu Fall als zweischneidiges Schwert erweisen, und was seine jüngsten Ambitionen betraf, so machte ich mir keine Illusionen. Es war schon viel für ihn gewonnen, wenn er in Münsheim eine passende Stellung fand und wieder dort anfangen konnte, wo alle jungen Diplomingenieure einmal anfangen mußten. Ich fragte ihn, ob er sich von seinem Schwiegervater wenigstens ein Zeugnis hatte ausstellen lassen. Natürlich hatte er es nicht getan, und als ich mich erkundigte, ob das kein Nachteil für ihn sei, schüttelte er den Kopf. »Die Firma kann sich ja mit der Personalabteilung in Nürnberg in Verbindung setzen. Man wird ihr alles über mich sagen. Schließlich war ich es, der gekündigt hat.«

»Ich nehme an«, sagte ich, »daß Sie in jedem Fall gekündigt hätten?«

»Ich konnte ihren Vater nicht mehr sehen«, sagte Schulberg. »Es machte mich schon verrückt, wenn er mich nur anschaute.«

»Das kann ich verstehen«, sagte ich.

Er schob seinen leeren Teller von sich und wischte sich mit dem Knöchel seines gekrümmten Zeigefingers die Mundwinkel ab. »Sie kochen gut. Es könnte einem fast leid tun.«

»Daß ich gut koche?«

»In Nürnberg«, sagte er, »lernte ich einen Mann kennen, der wertvolle Gemälde sammelte, aber er zeigte sie keinem Menschen.«

Ich mußte lachen. »Auf so ein Kompliment wäre nicht einmal unser Feuilletonchef gekommen. Immerhin handelt es sich hier um Bratkartoffeln.«

»Das Gemüse und das Fleisch waren auch nicht übel«, sagte Schulberg. »Erzählen Sie mir wenigstens, warum Sie nicht heiraten wollen.«

»Ich bin frigid«, sagte ich. Es hatte mich schon immer interessiert, wie ein gebildeter Mann darauf reagieren würde, und heute war es mir wie von allein über die Lippen gekommen. Es hinterließ auch keine Spuren im Raum, keine atemlose Stille und nichts, wovor ich nachträglich hätte erzittern können. Es hinterließ nicht einmal eine sichtbare Wirkung auf Schulberg, er sagte nur: »So sehen Sie auch aus. Haben Sie außerdem noch andere Komplexe?«

»Nicht mehr als üblich«, sagte ich. »Trinken Sie noch eine Tasse Kaffee?«

Er starrte mich ein paar Sekunden mit schmalen Augen an, dann nickte er. »Bitte.«

Während ich das Kaffeewasser aufsetzte, fiel mir ein, daß er sich jetzt vielleicht Gedanken über mein Verhältnis zu Lis machte. Er wußte, daß sie gelegentlich bei mir schlief und daß wir zusammen auf Reportagen gingen. Ihr feindseliges Verhalten mußte ihm nun zwangsläufig in einem völlig neuen Licht erscheinen, und wenn ich mir jemals ganz sicher gewesen war, unüberlegt gehandelt zu haben, dann in diesem Augenblick. Ich reagierte spät, dafür aber um so gründlicher. Als er zu mir in die Küche kam, war über eine Viertelstunde vergangen, und ich hatte es nicht einmal gemerkt. Auch ihn bemerkte ich erst, als er sich zu mir an den Tisch setzte, und er sagte nur: »Sie weinen schon wieder.«

Nicht einmal das war mir bewußt geworden. Ich wischte mir die Tränen ab, blickte mechanisch zum Herd hin, wo das Kaffeewasser überkochte, und stand auf. Ich drehte das Gas ab, holte den Kaffeefilter und eine Kanne und goß das kochende Wasser in den leeren Filter, aber auch das merkte ich erst hinterher. Ich ließ alles stehen und ging in mein Schlafzimmer. Es war jetzt schon dunkel geworden. Ich legte mich im Dunkeln auf mein Bett und weinte wieder. Es machte mir auch nichts mehr aus, daß Schulberg mir nachkam, sich neben mich auf das Bett setzte und nach meiner Schulter tastete. Er berührte meinen Hals, meine Wange und wieder meinen Hals. Als er mir in den Ausschnitt griff, hielt ich seine Hand fest, stand auf und zog mich im Dunkeln aus. Es war genauso, wie es mit Werner gewesen war, nur empfand ich diesmal nichts. Keine Furcht, keinen Widerwillen, überhaupt nichts. Ich zog mich aus, wie ich mich jeden Abend auszog. Mein Kleid hängte ich im Dunkeln über einen Bügel, meine Wäsche über den Stuhl. Die Schuhe stellte ich neben den Schrank, schloß gewohnheitsgemäß die Schranktür ab und kehrte zu Schulberg zurück. Ich hatte jeden Schritt und jede Bewegung schon so oft getan, daß ich nicht einmal die Augen zu öffnen brauchte. Ich legte mich neben ihn und wartete, aber er bewegte sich lange Zeit nicht, und als er schließlich nach mir griff, geschah es zuerst fast widerstrebend. Er streichelte nur meinen Arm, meine Schulter, aber während er mich streichelte, hörte ich seinen Atem laut werden. Ich drehte das Gesicht zur Seite, lag mit offenen Augen da und versuchte, mich zu erinnern, wie es in der vergangenen Nacht gewesen war, als ich neben Lis gelegen hatte. Für eine kurze Weile gelang es mir sogar, mir vorzustellen, daß sie es sei, die mich berührte, und ich hörte auf, lautlos vor mich hin zu weinen, bis Schulberg mich unvermittelt an sich preßte. Nichts hätte mich plötzlicher zur Besinnung bringen können. Als er mich küßte, drehte ich wieder das Gesicht zur Seite, fühlte seine Lippen auf meinem Hals, auf meinen Brüsten, und auch hierin unterschied er sich nicht von Werner. Von diesem Augenblick an wußte ich, daß es bei keinem anderen Mann anders sein würde, und auch seine Berührungen waren jetzt kaum mehr anders. Warum Männer die Persönlichkeit einer Frau immer dort zu entdecken meinen, wo sie in Wirklichkeit am unpersönlichsten ist, gehörte auch zu jenen Fragen, auf die ich nie eine befriedigende Antwort gefunden hatte. Vielleicht wissen sie es selbst nicht, denn nur so ließe es sich auch erklären, weshalb glücklich verheiratete Männer von Zeit zu Zeit öffentliche Häuser besuchen oder ihre Geliebte wechseln. Es mußte, meiner Meinung nach, mehr dahinterstecken als sexuelle Triebhaftigkeit und simple Gewöhnung. Was ihnen durch die individuelle Art einer Frau, sinnlich zu reagieren, offenbar wurde, enthüllte nur einen Bruchteil ihrer Persönlichkeit, und vielleicht gäbe es weniger Ehescheidungen, wenn sie ihn nicht als das Gesamtbild einer Frau interpretierten. Daß eine solcherart modifizierte Frau einen Mann nicht sehr lange an sich binden konnte, war fast ebenso natürlich wie die natürliche Gewöhnung an ihre sinnlichen Reaktionen. Ich hatte sogar den Verdacht, daß Frauen sich oft mitschuldig machten, weil sie bei solchen Anlässen möglicherweise mehr von sich verrieten, als ihrer weiblichen Integrität guttat. Es steigerte nur das männliche Selbstbewußtsein und verführte Männer dazu, sich ihre Unwiderstehlichkeit auch noch von anderer Seite bestätigen zu lassen. Ich selbst hätte mich – wäre ich fähig gewesen, wie eine *normale* Frau zu empfinden – nie ganz von meinen Gefühlen hinreißen lassen. Männer haben ein besonders eindrucksvolles Talent, vollkommene Hingabe mit Undankbarkeit zu belohnen.

In einem Punkt unterschied sich Schulberg wesentlich von Werner: er nahm sich mehr Zeit als dieser. Vielleicht glaubte er, mir entgegenkommen zu müssen, mich dadurch in die richtige Stimmung versetzen zu können, daß er die Skala seiner Zärtlichkeiten möglichst farbig variierte. Er erreichte damit nur, daß mein Widerwille geweckt wurde und ich immer stärker den Wunsch verspürte, es so rasch wie möglich hinter mich zu bringen. Aber gerade dann, als ich mich dazu überwand, es ihm durch ein unmißverständliches Zeichen mitzuteilen, wich er jäh vor mir zurück und ließ mich ebenso unvermittelt los, wie er mich an sich gepreßt hatte.

Meine Unerfahrenheit bewahrte mich vor einer voreiligen Fehleinschätzung. Ich fühlte mich auch nicht schockiert. Mein einziges Empfinden war eine mit Ratlosigkeit gemischte Erleichterung. Ich hörte ihn aufstehen, meinen Morgenrock anziehen und wußte immer noch nicht, was ich davon halten sollte. Ich traute ihm keine Launen zu. Er konnte dickköpfig, unhöflich und auch verletzend abrupt sein, aber niemals launisch. Und daß er sich nur einen makabren Scherz mit mir erlaubt hätte, stand ihm ebensowenig zu Gesicht. Vorsichtshalber zog ich mir die Steppdecke über die Beine und wartete in der Dunkelheit auf eine Erklärung von ihm. Gewisse Dinge lernt man nicht aus Büchern, und ich hatte noch nie davon gehört, daß Männer solcher Absurditäten fähig waren. Selten hatte ich meine Unwissenheit lästiger empfunden als in diesen wenigen Augenblicken, während ich darauf wartete, daß er zu reden anfinge. Ich hörte ihn zuerst zur Tür und dann hinüber in das Wohnzimmer gehen, und als ich nichts mehr hören konnte, schaltete ich die Nachttischlampe ein.

Es war kurz nach neun Uhr, noch zu früh, um mich endgültig schlafen zu legen. Jetzt hätte ich auch nicht schlafen können; ich hatte überhaupt nicht vorgehabt, mich so zeitig hinzulegen. Schließlich hatte ich Schulberg nur hierbehalten, um mir die Zeit bis zum Schlafengehen zu verkürzen. Wenn ich mir das bisherige Ergebnis vergegenwärtigte, fühlte ich mich fast versucht, laut hinauszulachen, obwohl mir nach Heiterkeit eigentlich kaum zumute war. Meine erste Erleichterung wich auch sehr rasch einem wachsenden Unbehagen. Ich glaubte nicht, daß diese Sache es wert gewesen war, die Unbefangenheit unseres Zusammenseins aufs Spiel zu setzen, sie würde sich von nun an wie eine peinliche Erinnerung zwischen uns schieben, unsere Gespräche belasten und selbst unseren Blicken eine unangemessene Bedeutung geben. Sie würde genau das Gegenteil dessen bewirken, was sie normalerweise zwischen Mann und Frau zu bewirken pflegte, und sie war nicht weniger sinnlos als ein unbewohntes Haus. Ich stand immer noch dort, wo ich schon heute vormittag gestanden hatte, als ich vor Lis davongelaufen war, und keinen Schritt weiter.

Ich blieb noch eine Weile liegen. Schließlich ertrug ich es nicht länger und zog mir etwas an. Mein Gesicht im Spiegel sah verweint aus; ich erkannte mich fast nicht wieder. Während ich mich anschaute, wünschte ich, Lis wäre hier.

Im Wohnzimmer brannte kein Licht, als ich es anknipste, saß Schulberg am Tisch. »Sie kommen noch zwei Minuten zu früh«, sagte er. Er sah kaum anders aus als sonst, vielleicht ein wenig blasser, äußerlich gefaßt und der Mund wie immer etwas eingekniffen. Ich war vorbereitet gewesen, rot zu werden, wenn er mich anschaute, aber es war alles viel einfacher, als ich befürchtet hatte, vielleicht, weil ich auf alles mögliche gefaßt gewesen war, nur nicht darauf, daß er am Tisch sitzen und kaum anders aussehen würde als sonst. »Ich hatte mir zehn Minuten vorgenommen«, sagte er. »Jetzt sind es genau acht.«

Ich setzte mich ihm gegenüber an den Tisch, blickte auf seine Hände nieder. Ich wurde auch diesmal nicht rot. »Wofür brauchen Sie sie?« fragte ich.

»Um Ihnen eine Erklärung zu geben«, sagte Schulberg. »Ich habe mir zehn Minuten vorgenommen, weil ich sonst ein paar Stunden dafür gebraucht hätte.«

»Ist sie so schwierig?« fragte ich, noch immer seine Hände betrachtend. Als ob es ihn störte, nahm er sie vom Tisch und steckte sie in die Taschen meines Morgenrocks. »Nicht einmal so sehr. Wenn ich es ganz einfach präzisieren wollte, würde ich sagen, ich war seitdem bei keiner Frau mehr.«

»Seit Ihrem Unfall?« fragte ich.

Er nickte.

»Warum präzisieren Sie es dann nicht ganz einfach?« fragte ich.

»Vielleicht genügt es Ihnen nicht«, sagte er. »Ich müßte noch hinzufügen, daß es nicht an *Ihnen* gelegen hat und daß Sie eigentlich ganz froh darüber sein müßten.«

Ich hob den Blick in sein Gesicht. »Sie nicht auch?«

»Nicht so wie Sie«, sagte er. »Ich habe mich da vielleicht in eine fixe Idee verrannt. Man hat immer das Gefühl, als ob man etwas

Bestimmtes tun könnte oder müßte, dabei trifft es oft gar nicht zu.«

»Ja«, sagte ich, »das habe ich gelegentlich auch.«

Er zuckte mit den Schultern. »Wenn es keine Mißverständnisse auf dieser Welt gäbe, wäre sie nur halb so lustig. Wollten Sie uns nicht eine Tasse Kaffee machen?«

Ich schaute ihn noch ein paar Sekunden an, dann ging ich in die Küche. Mich hatte noch nie ein Mann so stark beeindruckt wie er. Es würde zwar jetzt nicht mehr dasselbe sein wie vorher, aber auch nicht das, was ich befürchtet hatte. Ich würde ihm gegenüber lediglich eine neue Position beziehen müssen, unser Ton würde sich vereinfachen und unsere Gespräche nicht mehr auf halbem Weg steckenbleiben. Zum erstenmal in meinem Leben hatte ich einen Mann gefunden, den ich mit in meine Wohnung nehmen konnte, ohne mit ihm schlafen zu müssen. Ich war sicher, daß er es nie wieder versuchen würde.

Ich machte den Kaffee sehr stark, nahm mein bestes Geschirr, und als ich wieder zu ihm kam, hatte er das Radio eingeschaltet. »Dieser Hindemith«, sagte er, »ist doch einfach nicht zum Anhören!«

Ich widersprach ihm entschieden, und dann diskutierten wir bis gegen Mitternacht über Musik, schlechte Radioprogramme und die EWG. Anschließend gingen wir schlafen, er auf der Couch, ich im Schlafzimmer, und vorher küßte er mich noch auf die Stirn und sagte: »So frigid sind Sie doch gar nicht!«

Ich gab ihm dafür noch einen kleinen Kuß auf den Mund.


Mein erster Gedanke am nächsten Morgen galt Lis, der zweite meiner Reportage, und dann erst erinnerte ich mich wieder an Schulberg. Ich mußte ihm noch sein Hemd bügeln, die dreihundert Mark geben und mich nach einem billigen Gasthaus erkundigen. Auch würde ich mich ein wenig umhören müssen, ob ein neuer Haftbefehl gegen ihn vorlag. Ich sprach mit ihm beim Frühstück darüber, aber er teilte meine Besorgnis nicht. »Bisher«, sagte er, »war es immer so gewesen, daß ich von einem Polizisten aufgefordert wurde weiterzugehen, und da ich es nie tat, mußte er mich natürlich verhaften. Außerdem kann ich mich darauf hinausreden, in eine private Diskussion verwickelt worden zu sein, an der sich – gegen meinen Willen – immer mehr Leute beteiligt haben.«

Ich schnitt ein skeptisches Gesicht. »Ob Ihnen das ein Mensch abnimmt?«

»Vielleicht könnten Sie etwas dazu beitragen«, sagte er. Ich nahm mir vor, mit Schmiedel darüber zu sprechen; er kannte alle wichtigen Leute in der Stadt. »Zuerst«, sagte Schulberg kauend, »werde ich es bei *Schöberl* versuchen. Wenn sie mich dort nicht brauchen können, gehe ich zu *Wiedmann. Schöberl* wäre mir allerdings lieber. Gibt es sonst noch Fabriken für Elektrotechnik hier?«

»Ich werde Ihnen das Adreßbuch mitbringen. Wie steht es mit Ihrem Gepäck?«

»Sie können für mich telefonieren«, sagte Schulberg und holte einen Zettel aus der Tasche. »Ein Arbeitskollege von mir in Nürnberg; er hat die Koffer bei sich aufbewahrt. Geben Sie ihm die Adresse des Hotels; er soll sie dorthin schicken.«

»Vielleicht gefällt es Ihnen nicht.«

»Wenn Sie es herausgesucht haben«, sagte er lächelnd, »muß es mir gefallen.«

Vorhin, als wir uns auf der Diele getroffen hatten, waren wir beide verlegen gewesen. Meine Befürchtung, es könnte sich uns anhängen, hatte sich jedoch als unbegründet erwiesen. Ich steckte den Zettel mit der Telefonnummer ein und sagte: »Warum geben Sie eigentlich kein Inserat auf? Ich hielt es für besser, als den Leuten nachzulaufen.«

Er blickte überrascht auf. »In Ihrer Zeitung?«

»Ich würde dafür sorgen, daß es gut herausgestellt wird«, sagte ich. »Den Text müßten Sie mir allerdings selbst aufschreiben.«

»Wie teuer ist das?«

»Vielleicht brauchen wir gerade einen Füller«, sagte ich. »Andernfalls kriegen Sie natürlich eine große Rechnung.«

»Das ist gar nicht so schlecht«, sagte er und trank seinen Kaffee aus. »Dann soll ich hier auf Sie warten?«

»Ich bin in zwei Stunden zurück«, sagte ich. »Meine Manöverreportage schreibe ich hier. Und jetzt muß ich noch rasch Ihr Hemd bügeln.«

Er schaute mir auch diesmal wieder bei der Arbeit zu. An meinen Morgenrock schien er sich inzwischen so gewöhnt zu haben, daß er ihn gar nicht mehr auszog. »Sie sind ein herrliches Mädchen«, sagte er. »Wo haben Sie das nur gelernt?«

»Beim BDM«, sagte ich. »Wollten Sie mir nicht den Text für das Inserat aufschreiben?«

Er tat es und legte mir den Zettel auf das Bügelbrett. »Selbständige Persönlichkeit!« las ich laut. »Ob Sie sich da nicht übernommen haben?«

»Wieso?« fragte er. Dann mußte er lachen. »Sie sind ganz schön frech!« Ich warf ihm einen schnellen Blick zu. »Und Sie haben sich ganz schön verändert!«

»Ihr guter Einfluß«, sagte er. »Ich wundere mich selbst. Wie haben Sie sich unseren politischen Teil vorgestellt?«

Daß er schon wieder darauf zurückkam, zeigte mir, wie wenig er daran dachte, die Sache aufzugeben. Unter der scheinbar ausgeglichenen Oberfläche steckte unverändert ein Vulkan. »Ich muß zuerst mit meinem Chef darüber reden«, sagte ich. »Hat es nicht ein paar Tage Zeit?«

»Wenn Sie es nicht vergessen.«

»Ich werde es nicht vergessen«, sagte ich kühler als beabsichtigt. Was hatte ich eigentlich erwartet? Daß ich es ihm ausreden könnte? Ich hätte ihn besser kennen müssen. Ein Mann, der so viel auf sich genommen hatte, ließ sich nichts ausreden. Ich war nur ein kleiner Statist für ihn, gerade gut genug, ihm aus einer vorübergehenden Klemme zu helfen. Natürlich nicht umsonst, er hatte seinerseits für mich getan, was in seinen Kräften stand, und sicher hatte er auch dabei keine Sekunde seine große Idee aus den Augen verloren. Männer hatten fast immer irgendwelche große Ideen, und wenn sie keine eigenen hatten, dann identifizierten sie sich mit der großen Idee eines anderen.

Ich hängte sein Hemd zu seinem Jackett über den Bügel, räumte wieder die Küche auf, und bei alldem schaute er mir aufmerksam zu. Es fiel mir auf die Nerven. Hätte ich ihn den ganzen Tag in meiner Wohnung gehabt, so wäre ich wahrscheinlich keiner vernünftigen Arbeit mehr fähig gewesen.

Ich holte ihm noch die Zeitung aus dem Briefkasten. Mit der Post dauerte es in diesem entlegenen Teil Münsheims länger, es wurde regelmäßig Mittag, bis der Briefträger auftauchte. Während Schulberg im Wohnzimmer die Zeitung las, brachte ich das Schlafzimmer in Ordnung und vergewisserte mich mit einem Blick aus dem Fenster, daß ich ohne Mantel gehen konnte. Es war heute sogar noch wärmer als gestern, aber schließlich befanden wir uns bereits in der zweiten Aprilhälfte, und vom Winter hatte ich in diesem Jahr endgültig die Nase voll. Das Geld fiel mir ein. Ich nahm es aus dem Schrank, zog mich fertig an und ging zu Schulberg hinüber. »Gibt es etwas Neues?« fragte ich.

»Wieso lassen Sie sich die Zeitung ins Haus bringen?« fragte er. »Sie haben sie doch nicht etwa abonniert?«

»Im Vertrieb sitzt ein netter Mann«, sagte ich. »Ich lese sie gerne beim Frühstück.«

»Dann tut es mir leid, daß ich Sie heute davon abgehalten habe. Wer ist dieser K. e.?«

»Mein Ressortchef.«

»Ein Spießer«, sagte Schulberg verächtlich. »Er mokiert sich hier über das würdelose Verhalten einiger junger Leute beim Empfang des Bundespräsidenten in Berlin. Sie haben die Hände in den Taschen behalten.«

»Zeigen Sie mal her!« Ich las die Spalte flüchtig durch und lächelte. »Das ist echt Künzle! Er hat einen Autoritätskomplex.«

»Wir sollten froh sein«, sagte Schulberg, »daß sie ihre Hände heute in die Taschen stecken. Sind das die dreihundert Mark?«

»Ja.« Ich legte das Geld auf den Tisch.

»Sie hätten damit warten können«, sagte Schulberg, »bis Sie zurückkommen.«

»Vielleicht stärkt es Ihr Selbstbewußtsein«, sagte ich. »Stellen Sie nichts an, solange ich weg bin. Sie brauchen weder den Küchenboden aufzuwischen noch das Wohnzimmer zu saugen; ich habe es erst Weihnachten gemacht.«

»Das sieht man«, sagte Schulberg und stand auf. Er hatte sich inzwischen angezogen und sah mit dem frisch gebügelten Anzug und dem sauberen Hemd fast vornehm aus. Als ich ihm die Hand hinstreckte, zog er mich an sich und versuchte, mich auf den Mund zu küssen, aber ich wich ihm rasch aus. »Es besteht kein unmittelbarer Anlaß«, sagte ich, »es zur Gewohnheit zu machen.«

»Vielleicht ein mittelbarer«, sagte er und versuchte es wieder. Jetzt kam mir die Routine zugute, die ich mir bei Künzle angeeignet hatte, ich wich ihm zum zweitenmal aus und sagte kühl: »Hören Sie auf!«

Er blieb ernüchtert stehen. »Sie haben auch Ihre Mucken«, sagte er, während er mich mit schmalen Augen anschaute.

Ich hatte mich also doch in ihm getäuscht. Vielleicht war es ein Fehler gewesen, ihm gestern abend noch einen kleinen Gutenachtkuß zu geben. Daß ich es nur aus Erleichterung und Dankbarkeit getan hatte, würde er wohl kaum verstehen. Er war, genau wie ich auch, sehr spät eingeschlafen, ich hatte durch die dünne Zwischenwand hören können, daß er sich unruhig von einer Seite auf die andere warf und hustete. Möglich, daß es für einen Mann etwas anderes war als für eine Frau, und bei ihm wußte man ja nie recht, was in ihm vorging. Wenn sein Selbstbewußtsein darunter gelitten hatte, würde er sich möglicherweise verpflichtet fühlen, mir beweisen zu müssen, daß er trotz des kleinen Mißgeschicks durchaus in der Lage war, die natürlichen Erwartungen einer Frau zu erfüllen, und so weit durfte ich es gar nicht erst kommen lassen. Ich sagte daher so ruhig wie möglich: »Ich dachte, wir hätten uns auf ein Mißverständnis geeinigt!«

»Wir haben es vorausgesetzt«, sagte er ruhig.

»Sie glauben nicht mehr daran?«

»Ich glaube nur, was ich in den Händen halte«, sagte er.

Ich blickte ihn eine kurze Weile schweigend an, dann sagte ich: »Eigentlich müßten Sie es besser wissen.«

»Darum geht es ja«, sagte er. »Ich glaube, daß ich es besser weiß.«

Ich drehte ihm den Rücken zu und ging hinaus. Bis zur Straßenbahnhaltestelle überlegte ich mir, ob es ihm tatsächlich ernst damit gewesen sein könnte, aber wenn es so war, verstand er von Frauen noch weniger als ich von Männern.

Im Verlag lief ich zuerst Wagenbach in die Arme, er kam gerade die Treppe herunter und begrüßte mich, als hätte ich einen achtwöchigen Krankenhausaufenthalt hinter mir. Es war sonst nicht seine Art, sich so überschwenglich zu zeigen, als Chef vom Dienst und künftiger Chefredakteur legte er Wert auf eine angemessene Distanz zu seinen Mitarbeitern, ohne jedoch Schmiedels tiefgekühlte Unpersönlichkeit stilecht kopieren zu können. Eigentlich sah er auch mehr nach einem Fußballstar als nach einem Pressemann aus, ein großgewachsener Mann mit breiten Schultern und der sehr männlichen Angewohnheit, bei schwierigen Entscheidungen das energische Kinn vorzuschieben. Daß er trotz solcher regelwidriger Äußerlichkeiten ein hervorragender Verlagsleiter war, hätten ihm nicht einmal seine größten Widersacher ernsthaft abzustreiten gewagt. Mein Verhältnis zu ihm war immer gut gewesen, er mochte mich, schätzte meine Arbeit und war mit einer telegenen Frau verheiratet, die ihn gelegentlich in einem kleinen Sportwagen abholte. Zukünftige Chefredakteure waren auch Menschen, und wenn sie sich's leisten konnten: warum nicht? Er sprach seine Verwunderung darüber aus, daß ich schon wieder hier war, und um allen Eventualitäten vorzubeugen, erzählte ich ihm, daß ich die Reportage absichtlich früher abgebrochen habe, um den Bericht zu Hause in Ruhe niederschreiben zu können. »Tun Sie das«, sagte er. »Wir haben Sie sowieso erst Ende der Woche zurückerwartet. War es wenigstens interessant?«

»In gewissem Sinne schon«, sagte ich zögernd. Er blickte mich forschend an. »Etwas außer der Reihe?«

»Das auch«, sagte ich. »Ich habe Schulberg wieder getroffen.«

Wagenbach spitzte die Lippen, dann winkte er mir unkonventionell mit dem Kopf und nahm mich mit auf sein Zimmer. Seine Vorzimmersekretärin gehörte zu jenen weiblichen Verlagsangestellten, die mich nur anschauten, wenn ich ihnen gerade einmal den Rücken zukehrte. Dabei war sie selbst gar nicht so unansehnlich; das hätte auch Wagenbachs gepflegtem Geschmack widersprochen. Vielleicht störte es sie, daß ich promoviert hatte, oder ich war eben nicht ihr Typ; schließlich konnte man es nicht allen Leuten recht machen.

Bei einer Zigarette erzählte ich Wagenbach von meiner Begegnung mit Schulberg und seinen weiteren Plänen. Daß er bei mir übernachtet hatte und noch in meiner Wohnung steckte, erzählte ich natürlich nicht. Seine Frage, wo er sich im Augenblick aufhalte, beantwortete ich ausweichend, ließ jedoch einfließen, daß er wieder bei mir vorbeikommen wolle. »Halten Sie es für möglich«, fragte ich, »daß der Chef etwas für ihn tun kann?«

»Das kann ich selbst«, sagte Wagenbach. »Ich kenne den Polizeipräsidenten besser als der Chef.« Er machte sich ein paar Notizen und starrte grübelnd vor sich hin. »Ein verrückter Bursche«, sagte er dann. »Hat er Ihnen auch erzählt, daß seine Frau die Tochter von Gailing war?«

»Nein«, sagte ich überrascht. »Er erwähnte nur, daß er siebentausend Leute beschäftigt.«

»Der große Gailing!« sagte Wagenbach grinsend. »Aber so groß, daß er seinem Schwiegersohn menschliches Versagen zugebilligt hätte, war er nun doch wieder nicht. Was machen wir mit ihm?«

»Das wollte ich dem Chef überlassen.«

»Ich werde mit ihm reden«, sagte Wagenbach. Wenn er nachdenklich war, erinnerte er mich ein wenig an Brauner, aber Brauner hatte es jede Sekunde genossen, er selbst zu sein, was man von Wagenbach nicht behaupten konnte. »Vielleicht lassen sich aus der Sache noch ein paar Schlagzeilen für Sie herausholen«, sagte er. »Sie haben genau die richtigen Intuitionen dafür. Sind Sie noch ein paar Minuten hier?«

»Sie können bei Leibfried anrufen«, sagte ich rasch. »Wenn ich jetzt zu Künzle gehe, komme ich nicht mehr los.«

»Eine Klette«, sagte Wagenbach, und diesmal grinste er nicht. »Wie kommen Sie mit ihm zurecht?«

»Ganz gut«, sagte ich, »aber da Sie mich schon fragen, möchte ich mich über eine andere Sache beschweren. Es ist nicht ökumenisch, eine innenpolitische Redakteurin auf Manöverreportagen zu schicken.«

»Wenn Sie es so betrachten«, sagte Wagenbach, »ist es auch nicht ökumenisch, den Ochsen vor den Karren zu spannen und das Pferd hinterherlaufen zu lassen.«

»Er ist ein tüchtiger Ressortchef«, wandte ich ein.

»Es gibt mehr tüchtige Ressortchefs auf der Welt, als wir brauchen können«, sagte Wagenbach. »Was wir wirklich brauchen, sind Ressortchefs, denen es selbst nicht genügt, nur tüchtig zu sein. Würden Sie das Ressort übernehmen?«

»Nicht unter diesen Voraussetzungen.«

Wagenbach nickte. »Ich greife auch nicht ohne Not gerne zum Messer. Es ist Ihr Problem, und es kostet Sie auch nur ein Wort.«

Er mußte etwas gehört haben, seine Augen waren plötzlich hart und durchdringend auf mich gerichtet. Natürlich hatte sich Künzles übertriebene Sympathie für mich schon längst im ganzen Verlag herumgesprochen, aber außer Blümchen, die ihn einmal dabei überrascht hatte, als er mich gerade wieder zu küssen versuchte, gab es keine belastenden Augenzeugen. Ich war mir allerdings nicht ganz sicher, ob ich mich auf ihre Verschwiegenheit verlassen konnte. Bei ihrer Anhänglichkeit für mich war es nicht völlig ausgeschlossen, daß sie versucht hatte, sich durch eine kleine Indiskretion für mich nützlich zu machen. Es wäre wohl auch sinnlos gewesen, sie danach fragen zu wollen.

Ich stand auf. »Es ist immerhin beruhigend«, sagte ich, »daß man sich in diesem Hause vor gar keinen Umständen scheut.«

»Nur für Sie nicht«, sagte Wagenbach und grinste wieder. »Schade, daß Sie nicht die geringsten Ambitionen haben, Starjournalistin zu werden. Ich hätte Sie zum Aufhänger für unsere Zeitung gemacht.«

»Ob sie das überlebt hätte!« sagte ich. »Sie rufen also bei Leibfried an?«

»In zehn Minuten«, sagte Wagenbach. Er ging noch mit mir bis zur Tür. »Mal sehen, was Sie sich diesmal wieder einfallen lassen. Meine Frau liest Ihre Spalte sogar beim Frühstück. Haben Sie einen General interviewt?«

»Einen Leutnant.« – Wagenbach zog verwundert die Augenbrauen hinauf. »Sie haben wirklich keine Ambitionen.«

Noch vor ein paar Tagen hätte ich mich jetzt in der Lokalredaktion nach Lis erkundigt; heute getraute ich es mich nicht. Ich mußte alles vermeiden, was dem Gerede über uns neue Nahrung geben könnte. Außerdem beschäftigte mich die Frage, warum Wagenbach gerade jetzt die Ressortsache angeschnitten hatte. Obwohl ich mir sagte, daß ich es mir nur einbildete, wurde ich das Gefühl nicht los, als ob irgend etwas im Gange sei. In einem Verlag saß man immer wie in einem großen Mietshaus; man wußte nie recht, was nebenan passierte.

Leibfrieds Begrüßung enttäuschte mich, er schien gar nicht überrascht zu sein, mich schon wieder zu sehen. Als ich ihn daraufhin ansprach, lachte er. »Das ganze Haus weiß schon, daß du mit Wagenbach konferiert hast.«

»Um Gottes willen!« sagte ich. »Dann hat Künzle es auch erfahren. Ich wollte eigentlich ganz unbemerkt wieder verschwinden.«

»Das glaube ich nicht«, sagte Leibfried. »Unbemerkt verschwinden kannst du auch nicht; du bist zu hübsch. Wenn du nur einen Tag fehlst, fangen sie schon an zu gähnen. Wie war's?«

»Weißt du ein preiswertes Gasthaus in Münsheim?«

»Den *Rebstock*«, sagte Leibfried, ohne zu zögern. »Bekannte von mir wohnten einmal dort und waren sehr zufrieden.«

»Du erlaubst?« sagte ich und griff nach seinem Telefonbuch. Während ich die Nummer wählte, fragte ich: »Wie war es in Konstanz?«

»Große Besetzung«, sagte Leibfried. »Fritz war auch da. Ich habe ihm nahegelegt, sich auf Hunderennen zu spezialisieren; von Literatur versteht er doch nichts.«

Ich lächelte. Fritz war Feuilletonchef in München und Leibfrieds rotes Tuch. Das Gasthaus meldete sich. Ich bestellte ein Zimmer für Schulberg, legte den Hörer auf und holte den Zettel mit der Nürnberger Nummer aus der Handtasche. Während ich durchwählte, fragte Leibfried: »Hast du Schulberg gesagt?«

»Ich erkläre es dir sofort«, sagte ich. Ich hatte Glück und bekam sofort Verbindung, eine etwas unangenehm klingende Frauenstimme meldete sich. Als ich Schulbergs Wunsch ausgerichtet hatte, blieb es auf der anderen Seite eine Weile still, dann fragte die Frau: »Warum ruft er nicht selbst an?«

»Er ist verhindert«, sagte ich. »Sie haben doch die Koffer noch?«

»Selbstverständlich«, sagte die Frauenstimme, und diesmal klang sie nicht nur unangenehm, sondern auch noch eingeschnappt. Ich mußte die Anschrift des Gasthauses dreimal wiederholen, dann wurde auf der anderen Seite ziemlich unvermittelt aufgelegt.

»Fiese Person«, sagte ich und blickte Leibfried an. »Wir sind ihm begegnet«, sagte ich. »Die Amerikaner hatten ihn festgenommen.«

»Dann hat er sich immerhin mal was Neues einfallen lassen«, sagte Leibfried etwas schockiert. »Erzähle!«

Er hörte mir gespannt zu. Als ich erwähnte, daß Wagenbach beim Polizeipräsidenten intervenieren wollte, unterbrach er mich zum erstenmal: »Wo steckt Schulberg jetzt?«

Ich hatte mir alles viel einfacher vorgestellt. Unabhängig davon, daß es mir widerstrebte, ihn anzulügen, hatte ich ihm gegenüber auch ein schlechtes Gewissen. »Er wartet in meiner Wohnung«, sagte ich.

Leibfried blickte mich eine Weile stumm an, dann wechselte er unvermittelt das Thema: »Künzle soll abgehalftert werden.«

Mein Gefühl hatte mich also doch nicht getäuscht. Ich hatte plötzlich ein taubes Gefühl in den Beinen und setzte mich auf einen Stuhl. »Woher weißt du das?«

»Bis jetzt munkelt man nur darüber«, sagte Leibfried. »Gestern hat Wagenbach ihn zu sich rufen lassen, und heute früh ist er nicht zur Arbeit erschienen.«

»Künzle ist gar nicht hier?« fragte ich fassungslos. Leibfried schüttelte den Kopf. »Davon hat Wagenbach kein Wort erwähnt«, murmelte ich verstört. »Wer macht die Arbeit?«

»Schmitt hat das Ressort mitübernommen. Hast du mit Wagenbach über Künzle gesprochen?«

»Er fragte mich, ob ich das Ressort übernehmen wolle.«

»Und?«

»Ich habe es abgelehnt.«

»Dann bin ich neugierig«, sagte Leibfried. Er öffnete eine Schublade, holte Pfeife und Tabak heraus und stopfte die Pfeife.

»Ich mache das nicht mit«, sagte ich.

»Wenn sie ihn abschieben wollen«, sagte Leibfried, »wirst auch du es nicht verhindern. Sie werden einen neuen Mann nehmen. Bis jetzt ist alles noch offen.«

»Sie können ihn nicht 'rausschmeißen!« sagte ich. »Er ist verheiratet und hat zwei Kinder.«

»Er hätte selbst daran denken sollen«, sagte Leibfried. »Was er in jüngster Zeit zusammengeschrieben hat, war für Schmiedel schlechthin unzumutbar. Übrigens wurde gestern für dich angerufen.«

Ich war noch so empört, daß ich es gar nicht richtig mitbekam und ihn nur verständnislos anschaute. »Blümchen hat es mir erzählt«, sagte er. »Ferngespräch aus Hamburg, ein Herr, er wollte wieder anrufen, wenn du zurück bist.«

Mein erster Gedanke galt Brauner, aber es war ausgeschlossen. Brauner gehörte zu jenen Männern, die viel zu sehr von sich überzeugt waren, als daß sie es überlebt hätten, einen Irrtum einzugestehen. »Hast du keine Ahnung, wer es gewesen sein könnte?« fragte Leibfried, während er mich durch seinen Pfeifenrauch hindurch beobachtete.

»Sicher mein Vater«, sagte ich. Er hatte mich schon einmal hier im Verlag angerufen, vor einem Vierteljahr, aber damals hatte ich mich verleugnen lassen. Ich war mir nicht sicher, ob ich es heute auch noch fertigbrächte. Ich hatte ihn jetzt seit über zwei Jahren nicht mehr gesehen.

»Eigenartig«, sagte Leibfried. »Ich habe nie daran gedacht, daß du auch noch einen Vater haben könntest; ist das nicht verrückt?«

»Ein bißchen«, sagte ich. Mir ging im Kopf alles durcheinander. Ich steckte mir eine Zigarette an und blies den Rauch zur Decke.

»Dieser Schulberg«, sagte Leibfried, »fängt an, mich ernsthaft zu interessieren. Er will also wieder arbeiten?«

Ich nickte.

»So plötzlich?« fragte Leibfried.

Natürlich machte er sich jetzt Gedanken darüber, warum ich ihn mit in meine Wohnung genommen hatte. Ehrlichkeit bezahlte sich eben nur dann, wenn sie mit keinen unmittelbaren Komplikationen verbunden war. Als ich aufstehen wollte, griff er rasch nach meinem Arm. »Es ist dein Interview«, sagte er ruhig. »Ich werde nichts mehr fragen.«

»Dann hast du dich in Konstanz also amüsiert«, sagte ich. Er lächelte. »Das Essen war mittelmäßig. Außerdem haben wir Feuilletonchefs beschlossen, endlich auch in der Provinz etwas selbständiger zu werden.«

»Ich denke, es war eine Dichterlesung!« sagte ich.

»Mehr als akustische Geräuschkulisse«, sagte Leibfried. »Magst du eigentlich diesen Schwengler?«

»Wer ist das?«

»Ein neuer Maßstab. Wenn man sich heute als Kritiker noch mit Balzac beschäftigt, gilt man bereits als antiquiert. Keinen Menschen scheint es mehr zu kümmern, daß die Literaturgeschichte so alt wie die römische Antike ist. Trinkst du einen Kognak?«

»Jetzt nicht«, sagte ich. Dann fiel mir etwas ein. Ich holte den Zettel mit dem Inseratentext aus meiner Handtasche und telefonierte mit dem Anzeigenchef. Er erkundigte sich, ob ich mich inzwischen mit einem amerikanischen Soldaten verlobt hätte, und als ich ihm antwortete, daß wir es erst am amerikanischen Unabhängigkeitstag tun wollten, lachte er sich am Telefon halb tot. Ich hatte einige Mühe, ihm beizubringen, worum es ging, aber er zeigte sich dann sehr kulant, und nachdem ich ihm noch den Text durchgegeben hatte, versprach er mir das Inserat zum Selbstkostenpreis. Leibfried hatte mir lächelnd zugehört, hielt sich jedoch an sein Versprechen, mir keine Fragen mehr zu stellen, und wir plauderten noch ein wenig über das schöne Frühlingswetter und über ein neues Freibad der Stadt, bis sich endlich Wagenbach am Telefon meldete. Er hatte den Polizeipräsidenten erst nach mehreren Anrufen erreichen können und von ihm die Zusage erhalten, daß er sich, falls noch keine Anklage erhoben worden sei, persönlich darum kümmern werde. Es war viel mehr, als ich für den Augenblick erwartet hatte, und es mußte auch meinem Ton anzumerken sein, denn Wagenbach lachte verwundert. »Wenn ich gewußt hätte«, sagte er, »daß Ihnen so viel daran liegt, hätte ich auch noch den Justizminister bemüht.«

»Das hätte ich Ihnen nicht zugemutet«, sagte ich. Dann fiel mir auf, daß Leibfried mich scharf beobachtete, ich beendete das Gespräch und sagte: »Der Polizeipräsident wird sich persönlich darum kümmern.«

Leibfried nickte. »Wenn du die Sache einmal richtig in die Hand nimmst, werden sie diesem Schulberg auch noch eine Altersrente aussetzen. Simone!«

Ich blickte ihn überrascht an. »Ja?«

»Ach nichts«, sagte er. »Es ist nicht so wichtig.«

»Du hast mich richtig erschreckt«, sagte ich lächelnd. »Ist es auch wirklich nicht wichtig?«

»Nein«, sagte er und betrachtete seine kalte Pfeife. »Falls du mich sonst einmal brauchen solltest«, sagte er, »ich meine, außerhalb des Hauses ...«

»War es das?« fragte ich. Er schüttelte verlegen den Kopf. »Das ist mir eben nur so eingefallen«, sagte er.

Es war schrecklich, aber jedesmal, wenn ich versuchte, ihn mir im Schlafzimmer vorzustellen, schwand meine warme Sympathie für ihn, und ich fühlte mich in seiner Gegenwart befangen und unbehaglich. Bei Schulberg hatte ich dieses Problem nicht gehabt, ihn hatte ich mir wenigstens im Schlafzimmer vorstellen können.

Ich stand auf und klemmte meine Handtasche unter den Arm. »Ich muß noch meinen Bericht schreiben«, sagte ich. »Vielleicht kannst du bis morgen früh herausbekommen, was aus Künzle werden soll. Ich will es unbedingt wissen, bevor ich mich irgendwie entscheide.«

»Ich glaube nicht, daß sie ihn auf die Straße setzen«, sagte Leibfried. »Schmitt liegt Wagenbach schon lange damit in den Ohren, daß er es nicht mehr allein schaffen könne.«

»Das wäre für Künzle genauso schlimm, wie wenn sie ihn auf die Straße setzen«, sagte ich.

»Es ist nur eine Vermutung von mir.« Er hielt einen Augenblick meine Hand fest und fragte: »Dann sehen wir uns morgen wieder?«

»Ja.« Ich konnte es nicht ausstehen, wenn Männer mich so traurig anschauten wie er. Ich kam mir, so unsinnig es auch war, immer ein wenig schäbig vor. Wie eine geizige und herzlose Frau.


Die Kündigung lag im Briefkasten, säuberlich gefaltet in einem hellgrünen Umschlag mit den schwarzgedruckten Initialen der gemeinnützigen Wohnungsbaugesellschaft. Sie schrieb mir in gestelztem Amtsdeutsch, daß die Wohnungszuweisung aufgrund eines bedauerlichen Versehens erfolgt und nicht zu vereinbaren sei mit den Satzungen der Gesellschaft, denen zufolge die Wohnungen in der Örtingerstraße 211 nur an sozial minderbemittelte Ehepaare vergeben werden dürften, aber entgegenkommenderweise und weil das zweite Quartal schon angefangen habe, würde sie sich damit einverstanden erklären, wenn ich die Wohnung erst bis zum Oktober räumte. Und sie verblieb mit vorzüglicher Hochachtung als meine mir stets gerne zu Diensten stehende gemeinnützige Wohnungsbaugesellschaft mit beschränkter Haftung, Münsheim.

Ich mußte mich hinsetzen, und da nichts anderes in der Nähe war, setzte ich mich auf die Treppe. Mir war so übel, daß ich fürchtete, mich übergeben zu müssen, und später kam jemand die Treppe herunter und fragte mich, ob mir schlecht sei. Ich hatte den Mann gar nicht kommen hören, und ich stand auf und sagte, mir sei nicht schlecht, ich hätte mir nur den Fuß etwas übertreten.

Ob er mir helfen könne, fragte der junge Mann mitfühlend, aber ich antwortete ihm, daß mir kein Mensch helfen könne, und stieg die Treppe hinauf. Ich war noch immer so benommen, daß ich sogar vergaß, einen übertretenen Fuß wenigstens vorzutäuschen, und der junge Mann mit den besorgten blauen Augen schaute mir auch ziemlich betroffen nach; ich sah es, als ich weiter oben um den Treppenabsatz bog. Auch Schulberg schaute mich betroffen an, und ich drückte ihm einfach die Kündigung in die Hand, ging ins Badezimmer, schloß die Tür hinter mir ab und setzte mich auf den Klodeckel. Ich klappte meine Handtasche auf, steckte mir eine Zigarette an und betrachtete der Reihe nach den Gasbadeofen, die Badewanne, das Waschbecken und die Schaumgummimatte unter dem Waschbecken, den Wandspiegel, die Wandleuchte, den Zahnglashalter und das Zahnputzglas. Ich saß über zehn Minuten da und betrachtete mir alles, und bis dahin hatte ich drei Zigaretten geraucht. Jedesmal, wenn ich mit einer fertig war, stand ich auf, lüpfte den Klodeckel und warf die Kippe hinein. Als ich zu Schulberg hinausging, konnte ich vor Wut nicht sprechen. Er hatte in der Diele auf mich gewartet, und ich riß ihm das Kündigungsschreiben aus der Hand, stopfte es in die Handtasche und rannte zur Tür. Ohne mich auch nur einen Augenblick aufzuhalten, stürmte ich die Treppe hinunter und auf die Straße. Für den Weg zur Straßenbahnhaltestelle brauchte ich nur die Hälfte der sonst üblichen Zeit, und die Leute, die mir begegneten, machten einen kleinen Bogen, blieben stehen und sahen mir nach. Kurz vor der Haltestelle wurde ich von Schulberg eingeholt, er war außer Atem und fragte: »Was haben Sie vor?«

»Ich werde zu ihrem Büro fahren«, sagte ich.

»Und dann?«

Als ich keine Antwort gab, griff er im Gehen nach meinem Arm. »Sie werden Sie von einem kleinen Angestellten abwimmeln lassen, Simone.«

Es war das erstemal, daß er mich mit dem Vornamen anredete, aber in meiner augenblicklichen Verfassung wurde es mir kaum bewußt. »Mich wimmelt man nicht ab«, sagte ich. »Ich weiß auch schon, wer dahintersteckt.«

»Wirklich?«

»Die Gesellschaft wird zum großen Teil mit städtischen Geldern finanziert. Wir haben hier ein städtisches Dezernat für Wohnungswesen, und der Leiter des Dezernats sitzt auch im Aufsichtsrat der Baugesellschaft.«

»Sie kennen ihn?«

»Er kennt mich«, sagte ich.

Es war schon kurz nach halb zwölf, aber wir hatten Glück und erwischten gleich eine Bahn. Schulberg gab mir den Wohnungsschlüssel. »Haben Sie sich nach einem Gasthaus erkundigt?«

»Der *Rebstock*«, sagte ich. »Sie müssen später irgendwann umsteigen. Fragen Sie am besten den Schaffner. Der Polizeipräsident wird sich übrigens um Ihre Sache kümmern.«

Er schaute mich nur stumm an.

»Dieser kleine, heimtückische Volksvertreter«, sagte ich fassungslos.

»Soll ich nicht lieber mit Ihnen kommen?« fragte Schulberg. Ich schüttelte den Kopf. Wir standen auf der hinteren Plattform, und plötzlich entdeckte ich auch den jungen Mann aus dem Treppenhaus wieder. Er saß im Wageninneren und starrte ununterbrochen besorgt in mein Gesicht. Ich drehte ihm den Rücken zu und blickte zum Fenster hinaus. Es war noch der gleiche schöne Frühlingstag wie heute morgen, und ich hätte jetzt weinen können. »Sie werden wieder eine andere Wohnung finden«, sagte Schulberg neben mir.

»Natürlich«, sagte ich. »Eines Tages werde ich auch ein Loch finden, in das sie mich abseilen werden.«

Er schwieg schockiert. Der Schaffner kam zu uns, und Schulberg fragte ihn nach dem Gasthaus. An der übernächsten Station mußte ich aussteigen. Ich wartete, bis der Schaffner weg war, und sagte dann zu Schulberg: »Sie können mich gar nicht hinauswerfen; die Wohnung hat mich dreitausend Mark Mietvorauszahlung gekostet. Sie werden monatlich mit fünfzig Mark verrechnet.«

»Sicher werden sie Ihnen das Geld zurückgeben«, sagte er. »Ich kenne mich in diesen Dingen nicht aus. Es tut mir leid, daß Ihnen der Tag verdorben wurde.«

»Es ist nicht der einzige«, sagte ich. Dann wurde mir bewußt, daß ich ihn unfair behandelte, ich versuchte ein Lächeln. »Es dauert nie länger als eine halbe Stunde bei mir. Haben Sie noch so lange Geduld.«

»Ich verstehe, wie Ihnen zumute sein muß«, sagte er und griff nach meiner Hand. Er streichelte sie und lächelte ein wenig. »Genauso wütend waren Sie, als Sie mir am vergangenen Freitag sagten, daß die Polizei komme. Es steht Ihnen gut.«

Seine Berührung war mir nicht unangenehm, ich ließ ihm meine Hand, bis ich ausstieg. »Ich schaue heute abend bei Ihnen vorbei«, sagte er noch.

Es paßte mir nicht, weil ich mit Lis rechnete, und ich wollte ihm sagen, daß er heute abend nicht vorbeikommen solle. aber es stiegen noch zwei Leute aus, und Schulberg mußte von der Tür wegtreten. Als die Bahn anfuhr, winkte er mir hinter der Scheibe zu.

Bis zum Verwaltungsgebäude der Baugesellschaft waren es nur einige hundert Meter. Es stand in einer ruhigen Straße, drei Stockwerke mit glatten Fensterfronten und im Parterre zwei große Schaufenster. Dahinter renommierten farbige Plakate mit den außergewöhnlichen Verdiensten der Gesellschaft für den sozialen Wohnungsbau, und für alle, die noch einen Rest von Zweifel an diesen Verdiensten hegten, waren hübsche Modelle aufgestellt. Einfamilienhäuser, große Wohnblocks und auch Hochhäuser. Die Hochhäuser standen im Norden der Stadt, und jedesmal, wenn ich sie dort stehen sah, mußte ich an die Katastrophen von Skopje und Agadir denken.

Im Erdgeschoß gab es so etwas wie eine Rezeption, ledergepolsterte Klubsessel, runde Tische mit schwarzen Glasplatten und das stereotype Lächeln einer dunkelgekleideten und flachbrüstigen Empfangsdame, das sich auch dann nicht veränderte, als ich ihr das Kündigungsschreiben zeigte und den zuständigen Sachbearbeiter zu sprechen verlangte. Sie forderte mich zum Sitzen auf und blieb sehr lange weg. Nach dem ledergepolsterten Aufwand zu schließen, hätte man meinen können, die Gesellschaft schütte jährlich fünfundzwanzig Prozent Dividende aus; mir kroch schon wieder die Wut hoch.

Als der gepflegt aussehende Jüngling hereinkam, entsprach er ziemlich präzis meinen Vorstellungen über Sachbearbeiter von Wohnungsbaugesellschaften im allgemeinen und gemeinnützigen im besonderen. Anscheinend hatte er Anweisung erhalten, mich mit *ausgesuchter* Höflichkeit zu behandeln, sein verbindliches Lächeln hatte er bereits aufgesetzt, noch ehe er mich recht zu Gesicht bekam, und dann wurde es auch noch um eine Nuance verbindlicher. Er raffte sich sogar zu einer fast korrekten Verbeugung auf. Nur seine Hände schienen ihm etwas im Weg zu sein, aber vielleicht sollte dies seine Gesellenprüfung werden. Er redete mich mit gnädige Frau an, zog sich beim Hinsetzen sorgfältig die Bügelfalten hinauf und legte das Kündigungsschreiben mit spitzen Fingern zwischen uns auf den Tisch. Ich käme wohl wegen der Kündigung, sagte er, haarscharf schließend, seine Gesellschaft bedauere sie außerordentlich, aber es seien gerade in letzter Zeit strengste Direktiven erlassen worden, und seine Gesellschaft sehe sich zu ihrem aufrichtigen Bedauern nicht in der Lage, etwas daran zu ändern.

Meine Mietvorauszahlung würde ich natürlich nach Abzug der bis dahin fälligen Mietverrechnungen zurückerhalten, und die Gesellschaft würde darüber hinaus entgegenkommenderweise sogar auf den ihr bei solchen Gelegenheiten vertraglich zustehenden und obligatorischen Wohnungsabnutzungsbonus des Mieters verzichten.

Er leierte das alles so flüssig und verbindlich lächelnd herunter, daß man der Mühe, die so viel Perfektion voraussetzte, kaum gewahr wurde. Als ich ihn fragte, ob ich mich nun auch mal zu Wort melden könne, wurde er direkt überschwenglich: Selbstverständlich könne ich ruhig meine Meinung dazu äußern, er habe mir das alles nur für alle Fälle eben einmal sagen müssen, weil dies ja nun mal die Fakten seien.

Dann gehöre es wohl auch zu seinen Fakten, daß die von ihm zitierten Direktiven erst in jüngster Zeit erlassen worden seien, fragte ich, aber davon wollte er partout nichts wissen, er behauptete vielmehr, daß sie schon bei Gründung der Gesellschaft verbindlich gewesen seien und daß es nur der Nachlässigkeit eines inzwischen vom Dienst suspendierten Angestellten zuzuschreiben wäre, daß ich die Wohnung überhaupt bekommen hatte.

»Mit anderen Worten«, sagte ich, »muten Sie mir zu, daß ich der Nachlässigkeit Ihres Angestellten wegen innerhalb eines halben Jahres zwei Umzüge und die damit verbundenen Unkosten auf mich nehmen soll?«

Dafür sei man mir ja auf andere Weise entgegengekommen, sagte der höfliche junge Mann. Natürlich stünde es mir frei, gegen die Kündigung die im Mietvertrag garantierten Rechte des Mieters geltend zu machen.

»Von Rechten habe ich eigentlich wenig feststellen können«, sagte ich. »Ich habe auch nicht die Absicht, mit Ihrer Gesellschaft zu prozessieren.«

Sein verbindliches Lächeln wurde ein bißchen maliziös. »Die Gesellschaft hätte das aufrichtig bedauert, gnädige Frau.«

»Ich denke mir vielmehr«, fuhr ich ungerührt fort, »daß es für die Öffentlichkeit einmal ganz interessant sein müßte, Recherchen darüber anzustellen, wie viele Ihrer Mieter den Direktiven der Gesellschaft wirklich entsprechen, und das Ergebnis in unserer Zeitung zu publizieren.«

Vielleicht hatte ich mich zu kompliziert ausgedrückt, sein verbindliches Lächeln schrumpfte zu einer betretenen Grimasse angestrengter Nachdenklichkeit zusammen. Dann fragte er ziemlich naiv: »Sind Sie von der Presse?«

Ich stand auf. »Sie wissen doch sonst alles über Ihre Mieter?«

»Wir haben allein in Münsheim über eintausend Wohnungen«, sagte der junge Mann, und dafür, daß er gerade eine so schlimme Periode absoluter Ratlosigkeit durchzustehen hatte, bewahrte er immer noch eine bewunderungswürdige Haltung. Als ich meine Handtasche aufklappte und das Kündigungsschreiben hineinsteckte, bat er mich hastig um ein paar Minuten Geduld, da er sich rasch noch einmal den Mietvertrag ansehen wolle.

»Wenn Sie sich etwas davon versprechen«, sagte ich mit gespielter Gleichgültigkeit. Das Feld seiner bisherigen Direktiven konnte nicht sehr weit abgesteckt gewesen sein, er ging, leicht angeschlagen, aus dem Ring und würde sich nun von irgendeinem sachkundigen Trainer neue Instruktionen geben lassen. Ich war einigermaßen gespannt, auf welche Taktik sie sich diesmal festlegen würden. Die flachbrüstige Empfangsdame verkürzte mir die Zeit, indem sie mich zum Augenzeugen einiger routinemäßiger Handlungen werden ließ, die sich darin erschöpften, daß sie die äußere Tür abschloß, im Empfangsraum ein Fenster öffnete und die buntfarbigen Prospekte auf den Tischen in eine neue Konstellation zueinander brachte. Trotzdem hatte ich den Eindruck, sehr lange warten zu müssen, und nach zehn Minuten schaute ich zum erstenmal auf die Uhr. Als ich zum drittenmal auf die Uhr schaute, kam der junge Mann zurück. Mit seinen neuen Direktiven hatte sich auch sein Ton verändert, er sprach jetzt fast kollegial zu mir, drückte sein Bedauern darüber aus, daß die nochmalige Durchsicht des Mietvertrages keine neuen Gesichtspunkte ergeben habe, aber er sehe vielleicht doch noch einen Weg, meine besondere Situation zu berücksichtigen, ich müßte mich nur einmal persönlich mit den Leuten in Verbindung setzen, die für die strengen Direktiven der Gesellschaft verantwortlich zeichneten. Es hörte sich alles ein wenig ungereimt und auch komplicenhaft an, und als ich mich erkundigte, an welche speziellen Leute er dabei denke, verriet er mir mit gesenkter Stimme den Aufsichtsrat der Gesellschaft. Ihm selbst seien ja als Angestelltem die Hände gebunden, aber er kenne einige Fälle, ähnlich gelagert dem meinen, wo man im Aufsichtsrat in Anbetracht besonderer Umstände schon einmal ein Auge zugedrückt habe. Ich versagte mir die neugierige Frage, von welchen besonderen Umständen eigentlich die Rede sei, und sagte statt dessen: »Sie meinen also, daß ich mich an den Aufsichtsrat wenden soll?«

Genau das meine er, antwortete der junge Mann. Nur sei es etwas schwierig, an die Leute heranzukommen, weil sie alle sehr beschäftigt seien oder sonst eine wichtige Funktion im öffentlichen Leben zu erfüllen hätten. Am sichersten würde man nur den zuständigen Dezernenten für das Wohnungswesen erreichen, der sei nämlich auch im Aufsichtsrat der Gesellschaft und ständig im Rathaus anzutreffen.

Es war eine abgekartete Sache, man wollte mich zu einem Bitt- und Bußgang zu Kießling zwingen, und im ersten Moment fühlte ich mich auch versucht, sein naives Ansinnen rundweg abzulehnen. Daß ich es mir dann doch noch anders überlegte, hatte mehr unterschwellige Ursachen. Mich hatte schon immer einmal gereizt, Kießling unter vier Augen gegenüberzusitzen und ihm die Meinung zu sagen. Ich tat, als ob ich die Sache gründlich überdächte, dann sagte ich: »Entgegen landesüblichen Vorstellungen sind Zeitungsredakteure auch sehr beschäftigte Leute.«

Daran hege er auch nicht die Spur eines Zweifels, versicherte mir der junge Mann erwartungsvoll.

»Ich werde daher«, sagte ich, »morgen gegen sechzehn Uhr bei Herrn Kießling vorzusprechen versuchen. Sollte er keine Zeit für mich haben, so versuche ich es nicht mehr.«

»Mittwoch ist ein guter Tag«, sagte der junge Mann zuversichtlich. »Ich glaube bestimmt, daß Sie ihn morgen um sechzehn Uhr antreffen werden.«

»Ich hoffe es«, sagte ich und stand endgültig auf. Er brachte mich noch zur Tür, drehte gewichtig den Schlüssel herum und lächelte erleichtert. »Herr Kießling kann da sicher etwas machen«, sagte er noch.

»Sicher«, sagte ich. »Das hat er schon mit der Kündigung bewiesen.« Obwohl ich dabei nicht in sein Gesicht schaute, war ich auch so zufrieden. Als ich an der nächsten Straßenecke noch einmal zurückblickte, stand er unverändert in der Tür.

Auf dem Weg zur Straßenbahnhaltestelle kam ich an einer Telefonzelle vorbei. Einer Eingebung folgend, wählte ich die Nummer des Verlags und verlangte Blümchen. Sie erkannte mich zuerst gar nicht, dann war sie auf einmal still, und ich hörte sie nur noch atmen. »Sind Sie allein?« fragte ich.

Sie war allein, und sie fand auch wieder ihre Sprache zurück und sagte, sie habe bereits gehört, daß ich schon im Verlag gewesen sei. Es klang etwas vorwurfsvoll, und ich beeilte mich, sie zu beruhigen. Bei so sensiblen Mädchen wie Blümchen entstanden leicht irgendwelche Komplexe. »Was ist eigentlich mit Künzle los?« fragte ich dann. »Wurde er entlassen?«

»Das glaube ich nicht«, sagte Blümchen. Am Telefon klang ihre Stimme noch farbloser. »Er muß mit dem Chef einen Streit gehabt haben.«

»Mit Schmiedel?« fragte ich ungläubig.

»Ja.«

»Weshalb?«

»Ihretwegen«, sagte Blümchen. »Er hat sich darüber beschwert, daß man Sie auf die Reportage geschickt hat.«

Es war genauso, wie wenn sie mir gesagt hätte, Künzle wäre plötzlich unter die Antialkoholiker gegangen; ich brauchte eine ganze Weile, um es sinngemäß zu verarbeiten. »Woher wissen Sie es?« fragte ich schließlich.

»Er hat es mir gesagt, bevor er zum Chef hinaufging«, sagte Blümchen. »Er war schon den ganzen Vormittag so komisch.«

»Komisch?« fragte ich.

»Schlecht gelaunt«, sagte Blümchen. »Man konnte ihm nichts recht machen.«

Es ging immer noch nicht ganz in meinen Kopf, ich fragte: »Sonst wissen Sie nichts?«

»Nein, Fräulein Doktor«, sagte Blümchen.

Als ich etwas später vollends zur Straßenbahnhaltestelle ging, hatte ich Schluckbeschwerden. Künzle mußte den Verstand verloren haben!

Den ganzen Nachmittag versuchte ich, meinen Bericht zu schreiben, aber ich kam einfach nicht voran. Wie immer ich auch die Sache anpackte, sie mißriet mir jedesmal wie ein schlecht aufgegangener Hefeteig. Ich konnte mir nicht einmal schlüssig werden, wo ich sie aufhängen sollte, und obwohl ich der Reihe nach alle Möglichkeiten durchexerzierte, scheiterte ich regelmäßig an meinem Unvermögen, mich ernsthaft auf die Arbeit konzentrieren zu können. Ich trank eine ganze Kaffeekanne leer, rauchte sämtliche Zigaretten auf und hatte ein paarmal den törichten Wunsch, an der Decke spazierenzugehen. Da es mich noch zusätzlich aufregte, keine Zigaretten mehr zu haben, mußte ich meine Arbeit sogar für eine Stunde unterbrechen und in die Stadt fahren. Wenn man in diesem Teil Münsheims als Frau rasch einmal etwas brauchte – und als Frau brauchte man des öfteren rasch einmal etwas –, war man noch schlimmer dran als auf den Fidschiinseln.

Nach zwei Stunden gab ich es wenigstens auf, mir über die Ursache meiner Unkonzentriertheit noch länger etwas vorzumachen. Mir fehlte Lis überall, wo ich hinschaute und nicht hinschaute. Ihre Abwesenheit machte mir selbst meine Wohnung zu einer feindseligen Umgebung, in der ich mich – wie in einem luftleeren Raum – zwischen sinnlosen Dingen mit einer sinnlosen Arbeit beschäftigte und von sinnlosen Problemen gepeinigt wurde. Ein einziges Wort von mir hätte all das beenden können, eine einzige Geste nur, und ich begriff nicht mehr, warum ich mich nicht längst dazu aufgerafft hatte. Als am späten Abend Schulberg zu mir kam, war ich so mürbe, daß ich jeden Augenblick befürchtete, in Tränen auszubrechen. Heute schuf mir seine Anwesenheit auch keine Erleichterung, sie hinderte mich daran, mich selbst bemitleiden, mich in mein Bett legen zu können und mir Dinge vorzustellen, die mich ebenso erschreckten wie angenehm erregten, ich selbst zu sein, mir nichts mehr vormachen zu müssen und endlich damit aufhören zu können, moralische Skrupel zu haben. Ich trank, wenn ich durstig war, und wenn ich Hunger verspürte, holte ich mir etwas zu essen, aber Hunger und Durst schienen mir an diesem Abend unvergleichlich erträglicher zu sein als das, was mir nun schon seit fast einer Woche die Stunden zu einer nahtlos aneinandergereihten Kette nutzloser Quälereien werden ließ. Ich war nicht mehr länger bereit, sie noch länger wie ein unabwendbares Geschick hinzunehmen.

Schulberg hatte bereits gegessen, er äußerte sich befriedigt über das Gasthaus, erkundigte sich sofort, wie es mir bei der Wohnungsbaugesellschaft ergangen sei, und quittierte meine Erklärung, daß in dieser Angelegenheit noch einige Türen offenstünden, mit einem zufriedenen Lächeln. »Ich habe auch nicht recht daran glauben können«, sagte er. »Sie sind nicht der Typ von Frau, der sich so ganz einfach herumschubsen läßt.«

Nein, das war ich gewiß nicht, und ich würde mich auch, was Lis betraf, nicht länger herumschubsen lassen. Von mir selbst nicht und von anderen Leuten erst recht nicht. Man lebte in Wirklichkeit genauso allein, wie man auch starb, und dies war *mein* Leben, meine Wohnung und mein Bett. Dies war einzig und allein *mein* Problem, und ich würde es für mich zu keiner Diskussion mit einem System werden lassen, welches die Menschen in Fromme und Sünder, Christen und Heiden, Normale und Anomale kategorisierte. Ich verabscheute dieses System ebenso, wie ich es verabscheute, mir vom Staat vorschreiben zu lassen, für welche Völker ich Sympathie und für welche ich Abneigung zu empfinden hatte, ob ich mir Kinder wünschte oder keine. Seit der Staat auch noch im Schlafzimmer seine moralischen Direktiven geltend machte, war die menschliche Intimsphäre nur noch eine Farce.

Ich fragte Schulberg, ob er etwas trinken wollte, aber er wollte nicht und blickte mich wieder eigenartig an. Also würde es wohl wieder dort weitergehen, wo es heute mittag aufgehört hatte, und warum hatte ich gestern abend nicht daran gedacht, daß man es nicht auf einen Augenblick lokalisieren konnte, daß er Privilegien, Ansprüche und Gewohnheiten daraus ableiten würde. Was überhaupt hatte ich mir dabei gedacht? Daß ich mir auf diese Art meine moralische Immunität Lis gegenüber bewahren könne! Und um welchen Preis sogar! »In Nürnberg habe ich angerufen«, sagte ich. »Man wird Ihnen die Koffer ins Gasthaus schicken.«

Er nickte gleichgültig. »Es war eine Frau am Apparat«, sagte ich. »Nicht gerade freundlich.«

»Wahrscheinlich hat sie mir nicht verziehen«, sagte Schulberg, »daß ich nicht in Nürnberg geblieben bin, um mich von ihr trösten zu lassen.«

»Ach so.«

Schulberg·lächelte. »Frauen haben manchmal ihre eigenen Ansichten über Männerfreundschaften. Ich war zwanzig, als ich einem Freund zum letztenmal das Mädchen ausgespannt habe. Was ich damals von ihm zu hören bekam, beeinflußte meinen Charakter nur zum Vorteil.«

Er stand auf, steckte die Hände in die Taschen und ging zum Fenster. Während er hinausschaute, fragte er: »Erscheint morgen das Inserat?«

»Ja«, sagte ich.

»Ich weiß jetzt nicht einmal, ob ich mich schon bei Ihnen bedankt habe«, sagte er. »Ich war heute vormittag ein bißchen unhöflich.«

»Das sind Sie oft«, sagte ich.

Er drehte sich nach mir um und blickte in mein Gesicht. »Die rauhe Schale meines Vaters«, sagte er. »Er war Dreher in einer Maschinenfabrik.«

»Wie haben Sie Ihr Studium finanziert?« fragte ich.

»Auf dem Armeleuteweg«, sagte Schulberg. »Zum Abitur verhalf mir noch ein netter Onkel; der Rest war Anpassung. Sicher haben Sie auch studiert?«

»Ja«, sagte ich.

»Promoviert?«

Ich nickte.

»Ich habe es mir gedacht«, sagte Schulberg. »Es paßt zu Ihnen.«

Er sagte es in einem Ton, der nicht klarwerden ließ, wie er es meinte. Als er wieder zu mir an den Tisch kam, nahm er die Hände aus den Taschen. Er blieb hinter mir stehen, legte mir eine Hand auf die Schulter und fragte: »Das war heute vormittag doch nicht Ihr Ernst?«

»Was?« fragte ich.

»Daß Sie sich von mir nicht mehr küssen lassen wollen?«

Ich schwieg.

»Ist es wegen gestern abend?« fragte er.

Ich hatte mich vor dieser Frage gefürchtet. Vielleicht wäre es eine Gelegenheit gewesen, ihn endgültig loszuwerden, aber sie war mir zu schäbig. Ich hatte etwas gegen schäbige Lösungen, sie deprimierten mich. Außerdem hatte ich seinetwegen schon zu viel auf mich genommen, als daß ich es mir zum Schluß so billig gemacht hätte. Ich sagte: »Das ist es nicht.«

»Was sonst?« fragte er.

»Ich möchte so bleiben, wie ich bin«, sagte ich, und Schulberg fragte: »Wie sind Sie?«

»Unabhängig«, sagte ich.

»Sind Sie das wirklich?« fragte er, und seine Hand lag jetzt hinter meinem Nacken. Er berührte mit den Fingerspitzen meine

Haut, und ich sagte: »Es würde nie das werden, was Sie sich davon versprechen.«

»Wissen Sie, was ich mir davon verspreche?« fragte er.

Ich wußte es nicht, ich wußte nicht einmal, wie ich jetzt weitermachen sollte; es war alles so hoffnungslos verfahren, daß ich keinen Ausweg mehr sah. Als er mich auf den Nacken küßte, versuchte ich aufzustehen, aber er hielt mich auf dem Stuhl fest, und ich sagte: »Sie begehen einen Fehler.«

»Ich habe mein ganzes Leben lang nichts anderes getan«, sagte er. »Warum meinen Sie, daß ich einen Fehler begehe?«

»Weil Sie mich falsch einschätzen«, sagte ich.

»Das hätten Sie mir schon gestern abend sagen sollen«, sagte Schulberg. »Heute glaube ich es Ihnen nicht mehr.«

»Sie hätten es von selbst merken müssen«, sagte ich.

»Woran?« fragte er. Als ich nicht antwortete, ließ er mich los und fragte: »Ist es Ihnen lieber, wenn ich gehe?«

Auch das wußte ich nicht, aber wenn ich es nicht wollte, würde ich ihn wieder mit in mein Schlafzimmer nehmen müssen.

»Sie sind ein merkwürdiger Mensch«, sagte Schulberg und setzte sich auf seinen Stuhl. »Wenn es Ihnen nur um Ihre Unabhängigkeit geht, sehe ich kein Hindernis; wir könnten uns arrangieren.«

»Wie?« fragte ich.

»Indem wir es künftig Ihnen überlassen«, sagte er. Ich blickte prüfend in sein Gesicht. »Künftig?«

»Ab morgen«, sagte er ruhig. »Ich komme nur noch, wenn Sie mich einladen.«

»Das sagen Sie jetzt«, sagte ich.

»Sie dürfen mich daran erinnern«, sagte er.

Während ich darüber nachdachte, fiel mir wieder Lis ein. Ich stand auf und sagte: »Ich werde Sie daran erinnern.«

»Bleiben Sie hier!« sagte er. Ich drehte mich verständnislos nach ihm um, und er griff nach meiner Hand, zog mich zur Couch und sagte: »Ich bin abergläubisch.«

Mir war schon alles gleich, und ich dachte, daß ich es nicht anders verdient hatte und daß einem nichts ungerufen widerfuhr, wenn man selbst mitgewirkt hatte, es zu provozieren. Und dies hier hatte ich selbst provoziert; es war alles meine Schuld.

Heute wollte er alles wissen, war zärtlich und grob, leidenschaftlich und berechnend, fiel neben mir auf die Knie, riß sich die Kleider herunter, riß sie auch mir herunter, ungeduldig, unbeherrscht, wollte alles zugleich sehen und fühlen, erfahren und schmecken, zerrte weg, was ihn daran hinderte, zu schmecken, wollte wissen, wie tief und wie breit, lag keuchend neben mir und wollte wissen, und mir war schlecht. Sein Gesicht bereitete mir Übelkeit, sein nasser Mund, seine selbstdemütigende Art, neben mir auf den Knien zu liegen, und vor allem wieder sein Gesicht. Ich hätte nicht in sein Gesicht blicken dürfen, gestern abend hatte ich es nicht sehen können. Im Schlafzimmer meiner Mutter hatte auch das Licht gebrannt, und ich hatte ihn über ihr gesehen, mit dem gleichen Gesicht wie Schulbergs Gesicht und Werners Gesicht und den immer gleichen Gesichtern aller Männer. Ich drehte den Kopf ein wenig, biß in rauhen Kissenstoff, biß würgend in den rauhen Kissenstoff, zerbiß das Würgen, den Ekel, schluckte Magensäure, lag schluckend und würgend da, meine Haut kalt und feucht, mein Gesicht kalt und feucht, kalter Schweiß auf meiner Haut. Allein mit mir und meinem Ekel lag ich da eine ganze Ewigkeit, bis er endlich nichts mehr wissen und nichts mehr schmecken wollte und mit dem Gesicht an meinem Schoß weinte. Ich sah es nicht, konnte nur fühlen, konnte fühlen, daß er weinte, seine Tränen an meinem Schoß, meine Schenkel benetzend, und die Arme hingen wie leblos an seinem Körper herab, berührten den Boden neben seinen Knien, und so weinte er lautlos.

Während ich ihn weinen fühlte, während ich regungslos dalag und er an meinem Schoß weinte, empfand ich nur noch Mitleid mit ihm, keinen Ekel mehr und keinen Haß. Mir hatte nie ein anderer Mann so leid getan wie er, ich richtete mich sitzend auf, streichelte sitzend seinen Kopf, sein Haar, und ich dachte, daß ihm seine Frau mehr bedeutet haben mußte als alles andere auf der Welt. Ich hatte keine Ahnung gehabt, wie weit so etwas gehen konnte, und dies war die erste Erfahrung meines Lebens, die ich in meinen Gedanken nicht schon einmal irgendwie vorweggenommen hätte. Daß Liebespaare zusammen in den Tod gingen, war so alt wie die Menschheitsgeschichte, aber ich hatte nicht gewußt, daß es auch *so* sein konnte, und es war etwas, was mich tiefer berührte, als ich wahrhaben wollte, weil es zu jenen Dingen gehörte, von denen ich mich auf eine widerspruchsvolle Art ausgeschlossen fühlte.

Später stand er auf, griff mit abgewandtem Gesicht nach seinen Kleidern und verließ, ohne mich ein einziges Mal anzusehen, das Zimmer. Ich hörte ihn ins Bad gehen, hörte seine Schritte im Bad und dann nichts mehr. Ich saß immer noch auf der Couch, wie gelähmt und unfähig, mich zu irgend etwas aufzuraffen. Ich wußte auch nicht, was ich noch hätte tun oder ihm sagen können, ohne nicht alles nur noch schlimmer zu machen. Ich war siebenundzwanzig Jahre alt und so hilflos wie ein Kind. Erst als ich ihn wieder aus dem Bad kommen hörte, griff ich hastig nach meinem Kleid und stieß, während ich es mir über den Kopf zog, meine anderen Sachen mit dem Fuß unter die Couch. Dann merkte ich, daß er zur Wohnungstür ging, und ich rannte mit bloßen Füßen und halboffenem Kleid zu ihm hinaus und sagte: »Gehen Sie nicht *so* weg.«

»Ich dachte, es wäre Ihnen lieber so«, sagte er, und sein Gesicht sah ganz weiß aus. Ich bekam plötzlich Angst, er könnte wieder eine Dummheit machen, und sagte: »Es wäre jedem anderen Mann an Ihrer Stelle genauso ergangen.«

»Das glaube ich nicht«, sagte er und knöpfte mir das Kleid vollends zu. »Sie brauchen sich trotzdem keine Gedanken zu machen«, sagte er. »Ich gehöre nicht zu den Leuten, die sich deshalb gleich eine Kugel durch den Kopf schießen; ich habe eine zu übertrieben hohe Meinung vom menschlichen Leben.«

»Es hat nicht nur an Ihnen gelegen«, sagte ich ruhig.

»Natürlich nicht«, sagte Schulberg. Er nahm mein Kinn zwischen Daumen und Zeigefinger, küßte mich auf die Wange und sagte: »Falls auf das Inserat etwas eingehen sollte, schicken Sie es mir bitte ins Gasthaus.«

»Das habe ich schon veranlaßt«, sagte ich.

»Vielen Dank«, sagte er und wandte sich endgültig zum Gehen. Diesmal machte ich keinen Versuch mehr, ihn zurückzuhalten. Ich blieb hinter der Tür stehen, bis ich seine Schritte auf der Treppe nicht mehr hörte. Dann kehrte ich ins Wohnzimmer zurück, holte meine Sachen unter der Couch hervor und betrachtete sie. Betrachtete meine Strümpfe, den Gürtel und das andere. Ganz unvermittelt war mir nach einem Bad zumute. Ich ging ins Badezimmer, drehte den Warmwasserhahn auf und zog mein Kleid aus. Ausgezogen ging ich wieder ins Wohnzimmer, setzte mich auf die Couch und erinnerte mich mit geschlossenen Augen, aber diesmal löste es keinen Widerwillen in mir aus. Ich konnte mir jetzt alles ins Gedächtnis zurückrufen, ohne daß es mich anekelte, und ich begriff es nicht. Ich begriff nicht, daß es mich plötzlich erregte und daß es mich nicht erregt hatte, als es geschehen war, bis mir bewußt wurde, daß es mich nur im Zusammenhang zu einem blaukarierten Bettbezug erregte, und dann war ich wieder da, wo ich schon gewesen war, bevor ich Schulberg heute abend die Tür geöffnet hatte.

Ich fröstelte, es war kühl im Zimmer. Aus dem Badezimmer hörte ich das Wasser laufen, ich ging hinüber, tauchte die Fingerspitzen hinein, ließ kaltes Wasser nachfließen und band mein Haar hinauf. Ich verbrauchte beim Baden die Hälfte meiner Seife, duschte mich hinterher zuerst heiß und dann lange kalt, stieg mit blauen Lippen aus der Wanne und frottierte meine Haut, bis sie mir weh tat. Bevor ich mich wieder anzog, betrachtete ich im Spiegel mein Gesicht. Ich war hübsch. Ich band das Tuch ab, legte mein Haar vom Nacken über die Schultern, und als ich den Kopf senkte, reichte es mir bis auf die Brust. Leibfried hatte einmal behauptet, es sei mehr blau als schwarz, und meine Haut war sehr weiß. Ich war nie länger als eine halbe Stunde in der Sonne, auch beim Schwimmen nicht. Auf meiner weißen Haut sah das Haar tatsächlich fast blau aus, ich betrachtete mich, das Kinn fest gegen das Brustbein gedrückt, mit verdrehten Augen, und sie waren genauso blauschwarz wie mein Haar. Ich hatte einen langen, schönen Hals, ich gefiel mir, während ich mich betrachtete, und ich hatte auch noch nie Tage gehabt, an denen ich nicht mit mir zufrieden gewesen wäre, wenn ich nicht gerade von einem Schnupfen geplagt worden war oder von etwas anderem, was sich auch nicht immer ganz vermeiden ließ; mit Tränen vor allen Dingen, mit verheultem Gesicht gefiel ich mir überhaupt nicht.

Im Schlafzimmer zog ich mich an, übertriebenerweise war mir auch nach frischer Wäsche zumute, sogar ein anderes Kleid holte ich aus dem Schrank und betrachtete mich wieder im Spiegel.

Die langen Beine hatte ich von meinem Vater, sein Anruf von gestern beunruhigte mich, ich konnte mir nicht recht denken, was er von mir wollte. Bei der Beerdigung seiner Schwester hatte er mir von seiner neuen Arbeit erzählt, und ich hatte ihm erklärt, daß ich ihn, solange er für dieses Dreckblatt schreibe, nicht mehr sehen wolle.

Dieses elende Dreckblatt! dachte ich auch jetzt wieder, dieses schmutzige kleine Blatt, und er auch noch verantwortlicher Redakteur dieses schmutzigen, kleinen Blattes! Jedesmal, wenn ich seinen Namen im Impressum las, verschwamm er mir vor den Augen.

Ich holte wieder meine Schreibmaschine aus dem Sekretär, spannte ein neues Blatt ein und setzte mich, die Schreibmaschine auf den Schoß nehmend, auf die Couch. Ebensogut hätte ich eine Blumenvase oder ein Bügeleisen auf den Schoß nehmen können, ich wußte genau, daß mir an diesem Abend nichts mehr einfallen würde, und morgen wahrscheinlich auch nicht, übermorgen nicht, und in der ganzen Woche nicht. Nicht, solange ich aus dem Unterbewußtsein heraus ständig mit einem Ohr zur Tür horchte, mit einem Auge zum Fenster schielte und mit der Hälfte meiner grauen Zellen blaukarierte Bilder produzierte, die sich nachher wie ein schwerer Nebel über mein Hirn legten und meine journalistischen Intuitionen unter sich begruben. Eine halbe Stunde hielt ich das so aus, hielt es aus, in sinnloser Unkonzentriertheit auf den eingespannten Bogen Papier zu starren, sinnlose Hoffnungen zu hegen und auf die leere Stille meiner Wohnung zu horchen, dann war ich psychisch am Ende. Ich bekam Angst, daß ich zu schreien anfinge, daß ich es nicht länger mehr unterdrücken könne, die mir so liebgewordene und vertraute Stille meiner Wohnung mit meinen Schreien zu zerfetzen, wie man einen unangenehmen Brief zwischen den Fingern zerfetzt. Ehe ich zur Tür hinauslief, hatte ich doch noch eine Intuition, ich steckte Bleistift, Papier und einen Briefumschlag in meine Handtasche, knipste das Licht hinter mir aus, und fünf Minuten später war ich auf dem Weg zur Straßenbahnhaltestelle. Ich ging so spät nur selten aus, das Haus lag mir zu einsam, bis zur Straßenbahnhaltestelle mußte man lange Strecken ohne Laternen passieren, und im Wald war ständig etwas los, gruselige

Nachtvögel und andere nervtötende Geräusche, es konnte einem ganz schummerig werden. Ich atmete jedesmal auf, wenn im Lichtkreis einiger hoher Bogenlampen das Wartehäuschen wie eine Stätte sanfter Geborgenheit meinen verstörten Augen sichtbar wurde.

Ich war der einzige Fahrgast, der Schaffner noch nicht alt genug, es nicht wenigstens mit einem halb zugedrückten Auge versuchen zu müssen, und als es zu keinem unmittelbaren Ergebnis führte, ging er zum Fahrer vor, tuschelte mit ihm, und der Fahrer drehte das Gesicht nach hinten, obwohl ihm das streng verboten war. Ich hatte *geradeaus* verlangt, was, wörtlich genommen, eine Paradoxie war, denn die Linie führte alles andere als geradeaus, weil sie sonst direkt über den Fluß und die jenseitigen Talwände hätte hinauffahren müssen, aber wenn man geradeaus verlangte, kam man automatisch in die Stadtmitte, und ich fing an, mich zu fragen, was, um alles in der Welt, ich um zehn Uhr abends in der Stadtmitte zu finden hoffte. Es gab kaum noch Häuser ohne Fernsehantennen, und so schlecht konnte kein Fernsehprogramm sein, daß sich die Leute davon hätten abhalten lassen, es nicht wie ein Evangelium in sich aufzunehmen. Um zehn Uhr abends lag die Stadt so ausgestorben da, wie es mir noch aus den Kriegsjahren in Erinnerung geblieben war, wenn die Sirenen Großalarm gegeben hatten. Man fühlte sich als alleinstehende Frau, die es noch zu keinem Fernsehgerät gebracht hatte und statt dessen abends spazierenging, fast schon als asoziales Element der menschlichen Gesellschaft. Selbst die obligatorischen Liebespärchen schienen erst noch das Abendprogramm abwarten zu müssen, ehe sie sich wieder den ernsteren Aufgaben menschlichen Daseins zuwandten. Ich nahm mir vor, einfach bis zur entgegengesetzten Endstation und dann wieder zurückzufahren. Vielleicht war ich bis dahin müde genug, und da ich natürlich mit Rücksicht auf den Schaffner eine Bahn würde überspringen müssen, konnte ich währenddessen einen kleinen Spaziergang machen. Es war von meinem Unterbewußtsein so herrlich und wunderbar logisch eingefädelt worden, daß es mich beinahe selbst hätte überzeugen können, wenn es nicht von der entgegengesetzten Endstation nur noch zehn Minuten bis zur Wohnung von Lis gewesen wären und in meiner Handtasche nicht ein Blatt Papier und ein Umschlag für einen Brief an sie gesteckt hätten.

Da ich mir nun nicht länger mehr etwas vorzulügen brauchte, stieg ich sogar eine Station früher aus, weil es von hier höchstens fünf Minuten bis zu ihrer Wohnung sein konnten, und ich ging durch die menschenleeren Vorortstraßen unter den trüben Laternen, vorbei an dunklen Häusern, meinen eingeschlagenen Weg, und kurz vor ihrer Wohnung blieb ich unter einer Laterne stehen, holte Briefbogen und Briefumschlag aus meiner Handtasche, kritzelte mit dem Bleistift meinen Vornamen auf den Briefbogen, die Adresse von Lis auf den Umschlag, faltete den Briefbogen, steckte ihn sorgfältig in den Umschlag und befeuchtete mit der Zunge sorgfältig die Gummierung. Meine Handtasche als Unterlage benutzend, klebte ich den Umschlag zu und ging, ihn fest in der Hand haltend, die letzten Meter zu ihrem Haus.

Daß ich die beiden erst bemerkte, als es für eine Umkehr bereits zu spät war, lag an der schlechten Beleuchtung der Straße, und auch Lis erkannte mich erst, als ich nur noch wenige Schritte von ihr entfernt war. Der junge Mann trug enge Hosen und eine schwarze Lederjacke, er sah aus wie alle jungen Männer mit engen Hosen und schwarzen Lederjacken. Er war groß, beinahe so groß wie ich und einen halben Kopf größer als Lis, sein Gesicht konnte ich in der Dunkelheit nicht richtig sehen, aber die Gesichter dieser jungen Männer mit ihren schwarzen Lederjakken waren sich alle ein wenig ähnlich wie Konfektionsware.

Ich blieb stehen, konnte nicht mehr zurück und auch nicht mehr weiter, blieb einfach stehen, und in mir war alles wie vereist. Ich hatte keinen Kopf mehr, keine Hände, keine Beine, ich war völlig gefühllos, stand gefühllos da neben dem kleinen Vorgarten, und zu Lis waren es nicht mehr als fünf Schritte. Ich hörte ihre Stimme, sie sprach hastig und leise auf den jungen Mann ein, und der junge Mann verabschiedete sich mit einem Handschlag von ihr und starrte mir im Vorübergehen aufdringlich ins Gesicht. Er überquerte hinter mir die Straße, und ich drehte mich halb um und sah ihm nach, wie er in eines der Häuser auf der anderen Straßenseite ging. Dann kam Lis zu mir, und sie sagte in der Stille der dunklen Straße: »Das konnte ich nicht wissen.« Ich hörte es, ohne zu verstehen, hatte immer noch Eis in mir, aber meine Glieder gehorchten mir wenigstens wieder. Der Gedanke, wir könnten von dem jungen Mann aus einem der dunklen Fenster des Hauses beobachtet werden, ernüchterte mich ein wenig. Ich drehte mich um, ging langsam den gleichen Weg zurück, und Lis kam an meine Seite und schritt eine Weile stumm neben mir her. Unter der Laterne, wo ich den Brief an sie geschrieben hatte, wurde mir bewußt, daß ich ihn noch in der Hand hielt. Ich steckte ihn in eine Tasche meines Trenchcoats und fragte mit einer mir völlig fremden Stimme: »Was konntest du nicht wissen?«

»Daß du heute abend zu mir kommen wirst«, sagte Lis. »Ich war im Kino.«

»Mit deinem Freund?« fragte ich.

»Er ist nicht mein Freund«, sagte sie. »Er ist zwei Jahre jünger als ich, und wir gingen schon zusammen in den Kindergarten. Als ich aus dem Wagen stieg, kam er zufällig vorbei.«

Ich glaubte ihr kein Wort. Nun, da ich wieder denken konnte, da ich wieder Kopf, Arme und Beine hatte, haßte ich sie, und ich haßte mich selbst. Ich haßte mich für den Brief an sie, dafür, daß ich hier war, daß ich mir diese Demütigung selbst zuzuschreiben und vor einer halben Stunde noch gemeint hatte, ohne sie nicht mehr länger leben zu können. Ich haßte mich für alles, was ich an diesem Tag und an allen anderen Tagen ihretwegen durchgemacht und ausgestanden hatte. Mir war ganz kalt vor Haß, aber ich versuchte, mir nichts anmerken zu lassen, und es war auch wieder meine eigene Stimme, als ich sagte: »Ich wollte dir einen Brief in den Kasten werfen.«

»Ich habe ihn gesehen«, sagte Lis. »Was hast du mir geschrieben?«

»Ich komme mit der Reportage nicht weiter«, antwortete ich. »Sage Wagenbach, daß ich mich nicht wohl fühlte.«

»Ja, das kann ich verstehen«, sagte Lis. »Ich werde es ihm morgen ausrichten. Kann ich dir nicht helfen?«

»Nein«, sagte ich.

»Ich habe mir gedacht, daß du Schwierigkeiten haben wirst«, sagte Lis neben mir in der dunklen Straße. »Deshalb war ich gestern abend auch bei dir.«

Ich blieb stehen und starrte in ihr Gesicht.

»Ich war vor deiner Tür«, sagte sie, »aber dann hörte ich Schulbergs Stimme und fuhr wieder nach Hause.«

Es war noch immer die gleiche Straße, die gleichen Häuser mit den gleichen kleinen Vorgärten wie vorhin, und trotzdem hatte ich plötzlich den Eindruck, als wüchse alles um mich herum ins Uferlose, während ich selbst im gleichen Maße zu einem Nichts in der Uferlosigkeit ringsumher zusammenschrumpfte, und Lis sagte mit einer müden, fast tonlosen Stimme: »Es war ein blödsinniger Film heute abend; ich mußte während der ganzen Zeit heulen. Soll ich dich nicht nach Hause fahren?«

Ich nickte nur.

»Dann warte hier auf mich«, sagte sie. »Ich muß rasch noch in die Wohnung.«

Als ich allein war, lehnte ich mich mit dem Rücken gegen einen Gartenpfosten. Ich konnte nicht einmal weinen, nichts denken, ich stand allein in der dunklen Straße, und von irgendwoher duftete es nach Maiglöckchen oder ähnlich. So stand ich auch noch, als Lis mit dem Wagen kam, und wir sprachen während der ganzen Fahrt durch die leere Stadt kein Wort miteinander. Erst vor meiner Haustür fragte ich: »Warten deine Eltern auf dich?«

»Nein«, sagte sie. »Gehe schon voraus; ich stelle den Wagen auf die andere Seite.«

Ich ließ die Haustür hinter mir offen, stieg zu meiner Wohnung hinauf, zog meinen Mantel aus und deckte im Schlafzimmer das Bett auf. Als Lis hereinkam, saß ich noch angezogen auf dem Bett, und sie sagte: »Die Lokalheinis wollen morgen früh ein paar Bilder für eine Reportage über das neue Schwimmbad; ich muß schon um neun Uhr dort sein. Soll ich vor dir ins Bad gehen?«

»Ja«, sagte ich. Während sie im Bad war, zog ich mich aus, warf alles in den Schrank und schlüpfte in meinen Pyjama. Ich legte mich ins Bett, deckte mich bis zum Hals zu und wartete auf Lis. Sie hatte kaum mehr etwas an und sagte: »Jetzt habe ich wieder keine Zahnbürste dabei. Gehst du nicht mehr ins Badezimmer?«

»Später«, sagte ich, und sie schaute mich einen Augenblick stumm an, dann holte sie sich aus dem Schrank einen Pyjama, und als sie zu mir ins Bett kam, hatte ich plötzlich wieder den Geruch von Maiglöckchen in der Nase. Ich fragte: »Soll ich den Wecker stellen?«

»Lieber nicht«, sagte sie. »Die Dinger erschrecken mich jedesmal fast zu Tode.«

Sie lag so nahe bei mir, daß sich unsere Arme berührten, und etwas später griff ich unter der Decke nach ihrer Hand und hielt sie fest. Sie kam mit dem Kopf an meine Schulter, und ich hätte eigentlich jetzt das Licht ausmachen sollen, aber dazu hätte ich ihre Hand loslassen müssen, und das wollte ich nicht. Als sie ihren Kopf auf meine Schulter legte, berührte ich mit den Lippen ihre Stirn, und sie sagte: »Ich werde nie mehr allein ins Kino gehen.«

»Das brauchst du auch nicht«, sagte ich, und in mir war alles sehr ruhig, fast ein wenig feierlich war mir zumute. Sie ließ sich auch noch eine Ewigkeit Zeit, und dann waren *ihre* Liebkosungen ganz anders, verhaltener, beinahe scheu. Sie weckten Empfindungen in mir, wie sie mir bisher fremd gewesen waren, brachten meine Haut zum Prickeln, und das Prickeln übertrug sich auf meinen ganzen Körper, löste zuckende Reflexe in meinen Muskeln aus, und Lis, die scheu und zärtlich war, nach Maiglöckchen duftete und mir in dieser Nacht zu einer fast wundersamen Entdeckung in mir selbst verhalf, blickte mit nassen Augen in mein erhitztes Gesicht und sagte: »Jetzt können wir endlich ohne Pyjamas schlafen.«

Im Vorzimmer saß ein blasiertes Wesen mit hochgestecktem Haarknoten und randlosen Brillengläsern. Ob ich angemeldet sei, wollte es wissen, und dann verschwand es hinter einer Tür und blieb sehr lange weg. Sicher hätte sich Kießling auch eine hübschere Sekretärin aussuchen können, aber in der Lokalredaktion erzählte man sich, daß seine Frau vom Land und krankhaft eifersüchtig sei, sie käme mindestens einmal am Tag aufs Rathaus und schaue dort nach dem Rechten, und schließlich waren Kommunalverwaltungen mehr an preiswerten als an attraktiven Bediensteten interessiert.

Daß er mich mit so strahlendem Lächeln begrüßen würde, hatte ich eigentlich nicht erwartet, er kam mir sogar ein paar Schritte entgegen, und ich durfte seine kleine, weiche Hand anfassen und mich auf einen hohen Stuhl setzen. Sein rundes, rosiges Mondgesicht leuchtete förmlich vor väterlichem Wohlwollen. Wenn wir politisch auch nicht immer einer Meinung seien, versicherte er mir lächelnd, freue er sich doch sehr über meinen Besuch und was er für mich tun könne.

Vielleicht mußten gute Politiker auch gute Schauspieler sein, er blickte tatsächlich so unschuldig drein, daß ich mich meines bösen Verdachtes wegen fast ein wenig genierte und mich erst wieder auf das Kündigungsschreiben besinnen mußte. Als ich es ihm auf den Tisch legte, setzte er eine altmodische Brille auf, sah jetzt wie ein Oberlehrer aus, bewegte beim Lesen den kleinen Mund, schob mit perfekt gespielter Betroffenheit eine kleine, feuchte Unterlippe vor und legte das Schreiben dann wieder auf den Tisch zurück. Das sei natürlich sehr unangenehm für mich, sagte er mit warmer Teilnahme in der Stimme. Er werde sich sofort einmal nach den Details erkundigen und, wenn es mir recht sei, sich dann mit mir in Verbindung setzen.

Dagegen hätte ich nichts einzuwenden, sagte ich, aber es wäre mir lieb, wenn er sich so rasch wie möglich mit mir in Verbindung setzen könne.

So rasch wie möglich, versicherte er mir wohlwollend. Er werde sich noch heute darum kümmern. Natürlich müsse ich verstehen, daß er mir noch rein gar nichts versprechen könne, weil die Entscheidung darüber nicht allein von ihm abhänge.

Ich lächelte ihn unbefangen an. Daran zweifle ich keinen Augenblick, aber schließlich gehöre es zu seinen unbestrittenen persönlichen Verdiensten, das Gesicht dieser Stadt mitgeprägt zu haben, und ich könne mir daher auch nicht recht vorstellen, daß sein Einfluß so unbedeutend sei, wie er es bescheidenerweise hinzustellen versuche.

Ich hatte seinetwegen extra einen sehr engen Rock angezogen, ließ ihn meine Beine bis über die Knie sehen, und ab und zu auch noch etwas mehr, und er setzte seine Brille, die er vorübergehend abgenommen hatte, wieder auf und lächelte verständnisinnig. Man merke eben gleich, sagte er, daß ich Journalistin sei und genau wisse, was die Leute gerne zu hören wünschten. »Im Grunde«, sagte er, »tun wir beide doch nur das gleiche.«

»Mit einem unbedeutenden Unterschied«, sagte ich. »Sie tun es, weil Sie Politiker sind, und ich, weil ich daran glaube.«

Er lachte herzhaft, drohte mir schelmisch mit dem Zeigefinger und meinte, ich hätte es faustdick hinter den Ohren, und ob ich nicht vielleicht doch ein klein wenig Rücksicht darauf nehmen könne, daß die Leute hier nun einmal ein besonders ausgeprägtes Gefühl für Moral und Sitte hätten.

»Das ist mir eigentlich noch nie aufgefallen«, sagte ich. »Ich habe vielmehr den Eindruck gewonnen, sie treiben es hier genauso wie anderswo.«

Er war schockiert, ich merkte es an seiner Art, unruhig die kurzen, dicken Finger zu bewegen. »Ich glaube«, sagte er reserviert, »ich sehe und höre genausoviel wie Sie von der Zeitung, vielleicht sogar noch ein bißchen mehr. Wenn die Leute hier so wären, wie Sie sie in Ihren Artikeln hinzustellen versuchen, hätten wir vor vier Jahren ein ganz anderes Wahlergebnis gehabt.«

Vielleicht war es ihm tatsächlich ernst damit, er schaute so gutgläubig und unbefangen drein wie ein Farbenblinder, der bei Rot die Straße überquert. »Wenn Sie es nur danach beurteilen wollen«, sagte ich, »könnten wir zumindest in Münsheim die Ohrenbeichte abschaffen.«

»Kein Mensch ist ganz frei von Fehl«, sagte er stirnrunzelnd.

»Etwas anderes wollte ich ja auch nicht ausdrücken«, sagte ich. »Wer nicht ohne Fehl ist, soll sich nicht nach Steinen bücken.«

»Genau das tun Sie!« sagte Kießling und streckte den Zeigefinger vorwurfsvoll in die Luft. »Sehen Sie, ich habe nichts gegen Ihre Zeitung, wir leben in einem freien Rechtsstaat, und wir alle haben mitgeholfen, ihn zu dem zu machen, was er heute ist. Sie genauso wie ich.«

Er legte eine kleine Pause ein, als wartete er darauf, daß ich mich für seine Toleranz irgendwie erkenntlich zeige, und als ich es nicht tat, wurde er wieder pathetisch: »Diesen Rechtsstaat«, sagte er, »müssen wir gegen alle inneren und äußeren Feinde verteidigen. Vergegenwärtigen Sie sich doch nur einmal das bedauernswerte Schicksal Ihrer Kollegen in der Ostzone!«

»An Gesinnungslumpen«, sagte ich, »waren wir anderen immer etwas voraus.«

Sein Gesicht wurde ein wenig blaß. »Das sind nicht *nur* Gesinnungslumpen, mein Fräulein.«

»Sicher nicht«, sagte ich. »Es gibt eine ganze Reihe unter ihnen, die es sogar aus innerer Überzeugung tun.«

»Aber das ist doch lächerlich!« sagte Kießling entschieden. »Sie werden mir doch nicht etwa einreden wollen, daß man heute als aufgeklärter Deutscher noch ehrlichen Herzens ein überzeugter Kommunist sein kann?«

Er schien gar nicht zu merken, wie hoffnungslos er sich in seinen eigenen Argumenten verstrickt hatte. »Darum ging es ja nicht«, sagte ich. »Sie erinnerten mich an meine bedauernswerten Kollegen in der Ostzone.«

»Ich wollte Sie nur auf den Unterschied aufmerksam machen«, sagte er ärgerlich. »Schließlich können Sie Ihrer politischen Meinung hier uneingeschränkt Ausdruck geben.«

»Kann ich das?« fragte ich.

Er starrte mich einen Augenblick böse an, dann lächelte er wieder. »Solange Sie das sittliche und moralische Empfinden der Leute nicht verletzen.«

»Sie meinen«, sagte ich, »solange ich so schreibe, wie es Ihrer Partei moralisch vertretbar erscheint?«

»Über Moralbegriff«, sagte Kießling, »kann man nicht diskutieren, das sind feststehende Werte, die auch in einem freien Rechtsstaat für den einzelnen verbindlich sind.«

»Das bestreitet niemand«, sagte ich. »Aber Sie tun so, als hätte sie Ihre Partei für sich gepachtet.«

»Wir bemühen uns wenigstens«, sagte Kießling, »sie gewissenhaft auszulegen.«

»Und die Opposition tut das nicht?« fragte ich.

Er starrte mich wieder böse an. »Sie haben eine etwas fatale Dialektik«, sagte er dann.

»Aus dem Osten importiert«, sagte ich. »Meinen Sie das?«

»Ich meine, daß Sie es sich ein wenig zu einfach machen«, sagte Kießling und nahm seine Brille wieder ab. »Sie legen mir Dinge in den Mund, die ich nie gesagt habe.«

»Auf Ihrer letzten Wahlrede«, sagte ich, »erklärten Sie Ihren

Zuhörern, daß es nur an den deutschen Wählern liege, ob das christliche Abendland weiterexistieren würde oder nicht.«

»An wem soll es sonst liegen?« fragte er naiv.

»Ich weiß es nicht«, sagte ich. »Aber das war doch eindeutig gegen die Opposition gerichtet.«

»Ich bin nun mal nicht von der Opposition«, sagte Kießling. »Was ist das eigentlich? Ein Interview?«

»Bis jetzt nicht«, sagte ich lächelnd und ließ ihn wieder ein größeres Stück meiner oberen Beine sehen. »Was glauben Sie, wie lange es dauern wird, bis Sie mir über die Wohnung Bescheid geben können?«

»Das kann ich noch nicht sagen. Jedenfalls nicht vor übermorgen.«

»Es wäre reizend«, sagte ich und stand auf. Er starrte verdrossen in mein Gesicht, dann lächelte er gezwungen. »Wir sind gar nicht so prüde, falls Sie das jetzt glauben sollten. Wir meinen nur, daß man alles in vertretbaren Grenzen halten muß.«

»Gewiß«, sagte ich.

»Wenn man es in vertretbaren Grenzen hält«, sagte er wieder väterlich, »drücken wir auch ein Auge zu.«

»Ein christliches?« fragte ich. – Er lachte und drohte mir erneut scherzhaft mit dem kleinen, dicken Finger. »Sie sind eine ganz durchtriebene Person, aber Sie sehen, wir lassen mit uns reden.«

»Ich bin beeindruckt«, sagte ich. »Bedanken werde ich mich erst, wenn ich Ihre Nachricht habe.«

»Kann man Sie anrufen?«

»Nur im Verlag. Zu Hause habe ich noch kein Telefon.«

Er tat fast empört: »Eine Redakteurin ohne Telefon! Wie kommt das?«

»Ich warte noch auf die Zuweisung«, sagte ich.

»Ich mußte auch ein halbes Jahr warten«, sagte er. »Aber sonst gefällt Ihnen die Wohnung?«

»Ja«, sagte ich. »Allerdings hat man mir beim Einzug versprochen, die Wände in der Küche und im Badezimmer noch zu lackieren; der Verputz blättert bereits ab.«

»Das ist unverantwortlich!« sagte Kießling lebhaft. »Das Haus ist doch noch so gut wie neu! Warum hat man es nicht gleich getan?«

»Keine Ahnung«, sagte ich.

Er musterte mich ein paar Sekunden abwägend. »Das würde mich fast einmal interessieren«, sagte er dann. »Ich könnte es im Aufsichtsrat zur Sprache bringen.«

»Wenn Sie es sich einmal anschauen wollen . «

Mein Angebot schien ihn ebensosehr zu locken wie mißtrauisch zu stimmen. »Natürlich«, sagte ich, »könnten Sie auch einen Mann von der Wohnungsbaugesellschaft vorbeischicken.«

»Der würde es nur verharmlosen. Wenn ich es selbst gesehen hätte, könnte ich besser damit auftrumpfen. Wann trifft man Sie am zuverlässigsten an?«

»Das ist schwierig, aber wenn Sie mich vorher im Verlag anrufen, können wir einen Termin ausmachen.«

Er schien immer noch mit sich zu kämpfen, und ich streckte ihm lächelnd die Hand hin. »Überlegen Sie sich's. Wenn Sie kommen, werden wir zusammen eine Tasse Kaffee trinken und noch etwas plaudern.«

»Über Politik?« fragte er lauernd. Er sah jetzt wie ein Mann aus, der sich anschickt, eine dünne Eisdecke zu betreten, und ich setzte ein möglichst undeutbares Lächeln auf. »Das liegt an Ihnen«, sagte ich.

Vielleicht täuschte ich mich, aber ich hatte den Eindruck, als ob sich seine kleinen Ohren bewegten, und sie waren genauso rund und rosig wie sein ganzes Gesicht. »Man hat eben viel zuviel am Halse hängen«, sagte er seufzend. »Mal sehen.«

Er brachte mich noch an die Tür, ein kleiner, rundlicher Mann mit einem Doppelkinn, rosigen Wangen und wäßrigblauen, freundlichen Augen. Ich hatte ihm eine schillernde Giftpflanze mitten in sein argloses Politikerherz gepflanzt, und als ich nach Hause fuhr, machte ich mir deshalb fast Vorwürfe, aber wahrscheinlich hätte er mir die Niederlage unserer kleinen Diskussion ohne die Einladung nie ganz verziehen. Wenn ich ihn erst einmal zu einer Tasse Kaffee in meiner Wohnung gehabt hatte, würde er sich vielleicht bei der Beurteilung meiner Artikel künftig mehr Zurückhaltung auferlegen.

Daheim machte ich mich sofort wieder an die Arbeit, und sie ging mir so leicht von der Hand, als ob es sich um eine simple Abschrift handle. Als Lis kam, feilte ich gerade an den letzten

Zeilen herum. Ich hatte ihr vorsorglich einen Schlüssel mitgegeben, und sie streckte einen Augenblick den Kopf zur Tür herein und sagte: »Laß dich bitte nicht stören; ich muß noch ein paarmal hinunter.«

»Hoffentlich«, sagte ich, »hast du nicht auch noch deinen Kleiderschrank mitgebracht.«

»I wo!« sagte sie, »nur etwas Gartenmöbel und einen kleinen Swimming-pool.«

Ich war nun doch neugierig geworden und ging in die Diele hinaus. Sie hatte schon zwei große Koffer heraufgeschleppt, und wenn sie noch ein paarmal zum Wagen hinuntermußte, konnte ich mich auf einiges gefaßt machen. Während ich die Koffer betrachtete, ertappte ich mich dabei, daß ich darauf wartete, es zu bereuen, aber ich bereute es nicht, ich hätte keinen Abend mehr ohne sie sein können. Ich hatte nichts überstürzt getan, und auch keine mögliche Konsequenz außer acht gelassen. Was jetzt kam, war nur noch das zwangsläufige Ergebnis eines langen Weges, den ich für nichts auf der Welt ein zweites Mal zurücklegen wollte. Mit ihren Kleidern würde es zwar etwas schwierig werden, notfalls mußten wir einige Sachen auf den Speicher schaffen, aber das alles wog nichts, gemessen an dem Gedanken, sie künftig ständig hierzuhaben, nur noch die Hand nach ihr ausstrecken zu brauchen und neben ihr einschlafen zu können, ohne befürchten zu müssen, daß es doch einen Mann in ihrem Leben gäbe.

Ich kehrte wieder an meine Arbeit zurück, schrieb den Bericht zu Ende, und dann hatten wir eine ganze Stunde damit zu tun, das Chaos zu lichten, leere Koffer und überflüssige Kleider auf den Speicher zu schleppen, und als ich mich hinterher völlig erledigt auf das Bett setzte, kam sie zu mir, zog mich an den Haaren, zupfte mich hier und dort, und sie war genauso kitzlig wie ich, wir balgten uns auf dem Bett, kicherten, sie war über mir, und ganz unvermittelt hörte sie auf, schaute mich mit ihren unergründlichen Augen ernst an und küßte mich. »Ich habe nur Angst«, sagte sie, »daß es dir eines Tages leid tun wird.«

»Das ist Unsinn«, sagte ich, und sie: »Du kennst dich vielleicht nicht.«

»Kennst du dich?«

»Ich kenne mich auch nicht«, sagte sie und legte sich neben mich auf den Rücken. »Bevor ich dich kennengelernt habe, hätte ich an so etwas auch nie gedacht; es war wie ein Fieber.«

»War?« fragte ich.

»Bis gestern abend«, sagte sie. »Ich kam mir schon vor wie eine zimperliche Jungfrau.«

»Es ist nicht dasselbe«, sagte ich.

»Wieso nicht?« fragte sie. »Es ist doch auch dasselbe, wenn sie ihre Kinder zuerst in den Religionsunterricht und später in den Krieg schicken! Wirst du einmal heiraten?«

»Nein«, sagte ich.

»Ehrenwort?«

»Ehrenwort«, sagte ich.

»Wenn du einmal heiratest«, sagte sie, »erzähle ich ihm alles.«

Ich blickte rasch in ihr Gesicht. »Wem?«

»Deinem Mann.«

Ich glaubte nicht, daß sie es im Ernst gesagt hatte, und trotzdem versetzte es mir einen kleinen Stich. Ich schwieg, und Lis legte die Hand zu mir herüber. »Ich bin so froh, daß ich hier bin.«

»Ich auch«, sagte ich. »Beinahe wäre nichts daraus geworden.«

»Wieso?« fragte sie bestürzt.

Ich erzählte ihr von dem Kündigungsschreiben und meinem Besuch bei Kießling. »Dieser kleine Pinscher!« sagte sie, und sie war richtig blaß geworden. »Glaubst du, daß er es rückgängig machen wird?«

»Bestimmt«, sagte ich. »Er hat Angst bekommen.«

»Fred kann ihn auch nicht leiden«, sagte Lis. »Er arbeitet bei seinem Vater; sie haben eine große Tankstelle. Kießling ist Stammkunde bei ihnen.«

»Ist das der junge Mann von gestern abend?« fragte ich.

»Ja, ich fahre manchmal auch zum Tanken hin. Kießling gibt nie ein Trinkgeld.«

»Anscheinend«, sagte ich, »verstehst du dich sehr gut mit ihm!«

»Mit Fred?« Sie lachte abfällig. »Sehe ich wie ein Kindermädchen aus?«

Sie hatte noch immer ihre Hand bei mir liegen und fing an aufzuknöpfen. »Nicht jetzt«, sagte ich, aber sie gab keine Ruhe und sagte: »Nur heute; weil ich so froh bin.«

Diesmal ließ sie sich keine Zeit, und auch ich wollte plötzlich wissen, ob meine Entdeckung kein Zufallsergebnis gewesen war, hatte Angst, es könnte nicht mehr so sein wie in der vergangenen Nacht, hatte heiße Hände, heiße Wangen, und Lis war hübscher als je zuvor, fühlte sich auch heiß an, hatte wieder nasse Augen, atmete laut an meinem Ohr, fühlte sich heiß und feucht und dann auf einmal ganz kühl an, und es war genauso wie in der vergangenen Nacht. Sie biß mir zärtlich ins Ohr, stand auf, ging hinaus, und ich lag mit geschlossenen Augen auf dem Rükken und dachte daran, wie einfach alles sein könnte.

Wir gingen an diesem Tag nicht mehr aus dem Haus und am Abend früh ins Bett. In der Nacht wachte ich einmal auf, weil ich fror, und ich hatte nichts über mir. Im Dunkeln tastete ich nach Lis, sie war nicht da, aber dann hörte ich sie irgendwo an der Tür, sie kam zu mir, schmiegte sich an mich, und wir schliefen wieder zusammen ein, und am Morgen wachten wir zusammen auf, ich eine halbe Minute früher als sie, und als ich das Stativ neben der Tür entdeckte, setzte mein Herz ein paar Schläge aus. Ich blickte zu Lis hin, sah, daß sie mit offenen Augen neben mir lag und mich merkwürdig anschaute. »Was hast du gemacht?« fragte ich.

»Wann?« fragte sie.

»Heute nacht«, sagte ich. »Wozu hast du das Stativ gebraucht?«

Sie richtete den Oberkörper auf, starrte bestürzt das Stativ an, und während ich sie dabei beobachtete, schwand auch der letzte Zweifel in mir. Mir war auf einmal eiskalt, und ich konnte vor Zorn und Enttäuschung kaum sprechen. »Gib mir den Film«, sagte ich tonlos.

Sie stand mit schneeweißem Gesicht auf, ging hinaus und kehrte mit der Filmspule zurück. Ich nahm sie ihr aus der Hand, legte sie in meine Nachttischschublade und stand auf. Als ich ins Bad ging, kam sie mir nachgelaufen, schlang von hinten die Arme um mich und weinte. Ich machte mich von ihr los, drehte mich nach ihr um und fragte: »Warum hast du das getan?«

»Damit du nicht heiratest«, sagte sie weinend.

Es war etwas, womit ich nicht gerechnet hatte, ich starrte sie stumm an. »Ehrenwort«, sagte sie weinend. »Nur deshalb.«

»Nicht für dein Magazin?« fragte ich kalt.

Sie schüttelte heftig den Kopf. »Ich bin doch nicht so verrückt, mich selbst für ein Magazin zu fotografieren!«

»Dich selbst?« fragte ich.

»Natürlich«, sagte sie weinend. »Ich lag doch neben dir. Es war kein einziges Bild von dir allein dabei.«

Obwohl ich in diesen Dingen kein Experte war, wußte ich doch, daß ihr Apparat einen Selbstauslöser hatte, und meine Stimme klang jetzt etwas weniger kalt: »Wo hättest du die Dinger entwickeln lassen?«

»Da tue ich doch selbst«, sagte sie, »im Badezimmer.« Sie trat dicht vor mich hin und blickte von unten mit verweinten Augen in mein Gesicht. »Bitte, glaub mir doch«, sagte sie. »Außer mir selbst hätte die Bilder kein Mensch zu sehen bekommen.«

»Bis auf meinen eventuellen Mann, was?«

»Ich weiß nicht, was mit mir los war«, sagte sie. »Ich mußte die halbe Nacht daran denken, was ich tun würde, wenn du doch heiratest; ich würde mich umbringen.«

Ich blickte sie noch eine Weile an, dann ging ich ins Bad und schloß die Tür hinter mir ab. Es gab keinen plausiblen Grund, an ihren Worten zu zweifeln, sie hätte die Bilder ohne meine Einwilligung doch nicht veröffentlichen können, aber sie hätten mich ihr bedingungsloser ausgeliefert, als ich es mir selbst gegenüber verantworten konnte. Mich störte, daß sie es hinter meinem Rücken getan hatte, während ich schlief, und sie neben mir, nackt!

Mein Gesicht brannte. Ich wusch mich hastig, zog meinen Morgenrock an, und als ich wieder zu ihr kam, lag sie mit zuckenden Schultern im Bett und vergrub das Gesicht in den Kissen. »Es wird Zeit für dich«, sagte ich. »Denk an deine Reportage.«

»Ich gehe nicht hin«, sagte sie schluchzend. »Sollen sie mich doch hinauswerfen.«

Ich wollte nicht, daß man sie hinauswarf, und mein Zorn und meine Enttäuschung waren auch nicht mehr so echt wie vorhin. Ich klammerte mich noch ein wenig daran, weil ich meinte, daß ich es mir schuldig sei, aber als ich sie mit zuckenden Schultern im Bett liegen sah, fragte ich mich, welchen Sinn es habe, es auch noch zu dramatisieren. Mir war genausowenig daran gelegen wie ihr, und meine Empfindungen für sie wurzelten zu tief, als daß sie nicht auch einen ordentlichen Stoß ausgehalten hätten. Ich hatte mich ihretwegen schon einmal zu einem unbesonnenen Schritt hinreißen lassen, vorgestern, als ich wider mein besseres Wissen die Reportage abgebrochen hatte, und was war in Wirklichkeit dabei herausgekommen? Ein zerwühltes Bett und die verstreuten Wäschestücke am Boden. Nicht einmal dafür hatten wir uns gestern abend noch Zeit gelassen, wir hatten sie uns gegenseitig förmlich heruntergerissen, als hätten uns nur ein paar armselige Sekunden und nicht eine ganze Nacht gehört, als hätten wir beide befürchtet, daß es irgendwann zu Ende gehen würde, heute, morgen oder übermorgen, und während ich sie jetzt anschaute, während ich ihren nackten, zuckenden Rücken anschaute, hatte ich plötzlich das sichere Gefühl, daß uns nicht mehr viel Zeit füreinander bliebe. Ich hätte keine Erklärung dafür gewußt, und ich suchte nach keiner Erklärung. Ich war nur auf eine hoffnungslose Art traurig, und so ging ich zu ihr hin.

Als ich in den Verlag kam, war die Redaktionskonferenz bereits vorüber. Ich hatte absichtlich so lange gewartet, weil es mir an diesem Tag unerträglich gewesen wäre, mich so vielen neugierigen Männerblicken auszusetzen. Obwohl ich mir sagte, daß es nicht mehr als nur ein närrischer Komplex sei, wurde ich das Gefühl nicht los, man müsse es mir anmerken, so etwas könne nicht ohne Spuren bleiben und man müsse mir nur in die Augen schauen, um alles zu sehen und alles zu wissen. Als ich Blümchen aufsuchte, zitterte ich fast davor, mich irgendwie zu verraten, aber sie begrüßte mich so wie immer, erzählte, ehe ich sie danach fragen konnte, daß Künzle auch heute nicht in den Verlag gekommen sei und eigentlich niemand recht wisse, warum und wieso. Obwohl ich sie dabei scharf beobachtete, machte sie nicht den Eindruck, als ob sie mich irgendwie verändert finde, und ich ging, etwas beruhigt und in meinem Selbstvertrauen wieder gestärkt, zu Schmitt hinüber.
Er habe gerade ein paar Blumen besorgen und sie mir an mein Krankenlager schicken wollen, sagte er grinsend. Ich sehe auch

so todkrank aus, daß ihm die Haare zu Berge stehen würden, wenn er nur noch welche hätte.

Das war übertrieben, er hatte zwar eine kreisrunde Glatze am Hinterkopf und tiefe Geheimratsecken, aber in der Mitte sproß es noch ganz munter, und er pflegte es auch mit allen Mitteln, die sich beim augenblicklichen Stand der haarbiologischen Wissenschaft auftreiben ließen. Meine Aversion gegen rothaarige Männer hatte ich nie ganz unterdrücken können; es war eine pure Voreingenommenheit. »Falls Sie gerade einen witzigen Tag haben«, sagte ich ziemlich ungnädig, »komme ich vielleicht besser morgen wieder vorbei. Womit machen wir heute auf?«

»Mit den Russen«, sagte Schmitt unverändert grinsend. »Sie haben gestern angekündigt, daß die sowjetischen Wissenschaftler eine neue Kartoffelsorte gezüchtet haben, die auch auf dem Mond gedeihen soll. Sie wollen sie jetzt mit einer Rakete hinaufschießen.«

»Seit Sie auch noch die Innenpolitik am Halse hängen haben«, sagte ich, »geht es Ihnen wohl nicht sehr gut?«

»Na ja«, sagte er. »Nachdem Sie nun wieder hier sind, wird das hoffentlich besser. Für Ihren Kram brauchen wir heute sowieso nur vier Spalten.«

»Wenn man den Bock zum Gärtner macht. Wieviel Spalten haben *Sie*?«

Er grinste verlegen. »Kaum mehr.«

»Als amtlich eingesetzter Verwalter eines Treuhandvermögens säßen Sie spätestens nach einem halben Jahr im Zuchthaus.«

Wenigstens hörte er jetzt endlich auf zu grinsen. »Was wollen Sie?« fragte er nervös. »Wagenbach war doch damit einverstanden!«

»Zu dem muß ich auch noch«, sagte ich, »und zwar sofort.«

Ich hatte Glück, gleich vorgelassen zu werden, und Wagenbach fragte mich mit aufrichtig klingender Teilnahme in der Stimme: »Sie sind hoffentlich nicht zu früh aufgestanden? Wo fehlte es?«

»Nur eine kleine Erkältung«, sagte ich, aber ich kam mir nun schon selbst ernsthaft krank vor. »Wieso haben wir heute nur vier Spalten?«

Er schaute mich mit seinen sympathischen und gescheiten Augen amüsiert an. »Ich hatte eigentlich gehofft, Sie würden erst morgen wiederkommen. Schmitt ist im Moment überlastet und gab seinem eigenen Metier begreiflicherweise den Vorrang. Haben Sie Ihren Manöverbericht schon fertig?«

»Ja.«

»Da bin ich ja gespannt«, sagte Wagenbach lachend. Wenn er den Bericht gelesen hatte, würde er wahrscheinlich noch mehr lachen. Ich fragte: »Und Künzle?«

Er wurde so unvermittelt ernst, daß es fast nach einem Trick aussah. »Sie wollen ja das Ressort nicht?« fragte er.

»Nein«, sagte ich.

»Dann ist das also klar«, sagte er und stand auf. Mir war überhaupt nichts klar, aber wenn Wagenbach von seinem Stuhl aufstand, war ein Gespräch unwiderruflich beendet. Ich kehrte zu Blümchen zurück, schickte sie zu Schmitt mit dem Auftrag, sich sämtliche Nachrichten von ihm geben zu lassen, und hatte dann eine Weile zu telefonieren. Anschließend sah ich die Nachrichten durch, schnitt heraus, was ich für wichtig hielt, aber es war am Schluß so viel, daß ich noch die ganze Mine meines Kugelschreibers verbrauchte und mir im Eifer mit der Schere in den Finger schnipselte. Während der ganzen Zeit wünschte ich Schmitt sämtliche unheilbaren Krankheiten an den Hals.

Beim Mittagessen saß ich wieder mit Leibfried zusammen. Er wollte auch wissen, warum ich gestern nicht dagewesen sei. Vielleicht redete ich es mir nur ein, aber bei ihm kam es mir vor, als ob er mich irgendwie verändert fände. Vielleicht lag es auch nur daran, daß ich es nicht mehr fertigbrachte, ihm in die Augen zu schauen. Wir unterhielten uns über mein Gespräch mit Wagenbach, und er wußte auch nicht recht, was er davon halten sollte.

»Ich könnte mir nur denken«, sagte er, »daß sie Künzle ein paar Tage zappeln lassen wollen.«

»Aber das wäre doch eine Roßkur!« sagte ich empört. Leibfried lächelte beruhigend. »Er hat ein dickes Fell und verträgt einiges. Außerdem kommt es auch dir zugute.«

»Ich habe mich nie beklagt«, sagte ich.

»Über wen?« fragte Lis, die im gleichen Augenblick an unseren Tisch kam. Sie setzte ihren Teller ab, rümpfte angewidert die Nase und sagte: »Dieser Kantinenfritze muß in Oberpiebing einen Onkel haben. Was dessen Säue nicht mehr fressen, schickt er ihm. Über wen hast du dich nie beklagt?«

»Über Künzle«, sagte Leibfried.

»Dafür kann sie nichts«, sagte Lis. »Sie hat ein Gelübde abgelegt, es zuerst mit christlicher Nächstenliebe zu versuchen, und wenn das nicht hilft, will sie ihn auf eine Wallfahrt nach Altötting schicken.«

Sie war nicht kleinzukriegen. Wenn ich mich erinnerte, wie deprimiert sie heute früh gewesen war, fühlte ich mich versucht, ihr meinen Teller an den Kopf zu werfen. »Wie war deine Reportage?« fragte ich.

»Enorm! Ich habe sogar Unterwasseraufnahmen gemacht.«

»Wirklich?« fragte Leibfried verwundert.

Sie nickte. »Vor dem Schwimmbad steht ein großer Springbrunnen.« Zu mir sagte sie: »Die Abzüge von den Invasionstruppen werden bis heute mittag fertig. Wann erscheint dein Artikel?«

»In der Montagausgabe.«

»Das wird ein Fest«, sagte Lis und schob sich mit der Gabel eine kleine Mohrrübe in den frechen Mund.

Als Blümchen neben mir auftauchte, war sie außer Atem. »Ein Herr, der Sie sprechen will«, sagte sie. »Er wartet in Ihrem Zimmer, Fräulein Doktor.«

»Wer ist es?« fragte ich.

»Ihr Vater«, sagte Blümchen.

Ich starrte sie mit halboffenem Mund an, und neben mir verschluckte sich Lis an ihrer Mohrrübe und hustete verzweifelt. Dann merkte ich, daß Leibfried zu mir herüberschaute. Ich machte meinen Mund zu, legte mein Besteck weg und stand auf. »Nimm bitte meinen Teller mit!« sagte ich zu Lis.

»Du hast ihn noch gar nicht leergegessen«, sagte sie mit rotem Kopf.

»Ich bin satt«, sagte ich.

»Das kann ich verstehen«, sagte Lis.

Ich war nicht einmal so sehr überrascht. Seit ich wußte, daß er wieder versucht hatte, mich anzurufen, war ich auf alles gefaßt gewesen. Ich hatte nur nicht erwartet, daß er sogar in den Verlag kommen würde, und als ich ihn dann an meinem Schreibtisch sitzen sah, mußte ich mich doch sehr zusammennehmen. Er hatte sich in diesen zwei Jahren kaum verändert. Als kleines Kind hatte ich wie zu einem Denkmal zu ihm aufgesehen, obwohl ich ihn immer mehr gefürchtet als geliebt hatte, und wenn wir zusammen durch die Stadt gegangen waren, hatte es für mich keinen Zweifel darüber gegeben, daß ich von allen Leuten um dieses Prachtexemplar von Vater beneidet werden müßte. Er sah auch heute noch sehr respektabel aus, groß, weißhaarig und tief gebräunt. Ich hatte ihn allerdings schon früher im Verdacht gehabt, seine gesunde Bräune nicht nur lauteren Mitteln zu verdanken, aber jeder Mann war auf seine Art eitel, und der Stadtdirektor von Münsheim trug sogar blütenweiße Socken. Er begrüßte mich mit gespielter Erschütterung, faßte theatralisch nach meinen Händen, sagte: »Laß dich anschauen, mein Kind!« und tat es von oben bis unten. Ich habe mir nie darüber klarwerden können, was Väter sich dabei denken, wenn sie erwachsene Töchter auf diese Weise anschauten, aber mich störte es, und ich fragte: »Warum hast du vorher nicht angerufen?«

»Weil meine Tochter sich vor ihrem eigenen Vater verleugnen läßt«, sagte er leise. »Sind wir so weit gekommen?«

»Ich kann nicht objektiv beurteilen, wie weit *ich* gekommen bin«, sagte ich, »aber wie weit *du* gekommen bist, kann ich jeden Tag in deinem kleinen Hetzblatt lesen.«

Es traf ihn zutiefst. Immer, wenn ihn etwas sehr tief traf, kniff er schmerzlich die Augen zusammen.

»Ich dachte, du seist endlich vernünftig geworden«, sagte er enttäuscht, »aber ich bin nicht hier, mich mit dir zu streiten. Wie geht es dir, mein Kind?«

»Deinem Kind geht es gut«, sagte ich. »Es hat im Augenblick ein schönes Monatsgehalt, eine gemütliche Zweizimmerwohnung und sehr viel zu tun. Und wie geht es meinem Vater?«

»Ihm geht es auch gut«, sagte er lächelnd. »Du bist wirklich hübsch geworden.«

»Das war ich schon vor zwei Jahren«, sagte ich. »Inzwischen bin ich höchstens etwas älter geworden. Leider kann ich dir hier nichts anbieten.«

»Du könntest es«, sagte er, »du bräuchtest nur deine freundliche Sekretärin in die Kantine zu schicken, aber auch ich habe sehr viel zu tun; ich bin dienstlich unterwegs.«

»Aha!« sagte ich. »Familienangelegenheiten auf Spesenabrechnung. Wieviel darf es denn kosten?«

Er ließ endlich meine Hände los, setzte sich hin, sein Anzug war von einem vorzüglichen Schneider. Seine Schuhe waren neu und tadellos sauber, seine Krawatte tadellos gebunden, sein dichtes weißes Haar tadellos frisiert, alles an ihm wirkte korrekt und vertraueneinflößend. Noch mit sechzehn Jahren hatte er mich bei jedem geringfügigen Anlaß *erzogen*, oft auf den blanken Popo. Väter sollten ihre unterschwelligen Gelüste unterdrücken können; mit sechzehn Jahren hatte man bereits ein schreckliches Gedächtnis dafür. »Was führt dich also her, mein lieber Vater?« fragte ich. »Soll ich dir einen Artikel für dein kleines Hetzblatt redigieren oder ein Pamphlet auf unsere Demokratie abfassen helfen?«

»Keines von beiden«, sagte er lächelnd. »Ich kann das selbst noch ganz gut, und was die Demokratie betrifft, so haben wir inzwischen ja wieder eine Partei verboten.«

»Dazu noch deine eigene!« sagte ich. »Ich habe sehr an dich denken müssen und ob du es ohne Schaden an deiner Seele verwinden wirst. Was machen die alten Soldaten?«

»Sie sind nicht die schlechtesten Demokraten«, sagte mein Vater laut. »Sie haben ein untrügliches Gefühl dafür, wo die wirklichen Feinde unserer Demokratie sitzen.«

»In Bonn«, sagte ich, »auf den Bänken der Bundestagsabgeordneten.«

»Diätenempfänger!« sagte mein Vater mit geröteter Stirn. »Haben sie sich nicht eben erst wieder selbst die Diäten erhöht?«

»Es sind kleine Männer in Hosen«, sagte ich, »und die Hosen werden auch immer teurer. Außerdem haben sie zu Hause süße kleine Kinderchen sitzen, die auch einmal groß werden und für das Vaterland sterben wollen. Wie müßten *deine* Bundestagsabgeordneten aussehen?«

»Wirkliche Volksvertreter«, sagte mein Vater. »Idealisten, denen das Gesamtwohl über persönlichen Profit geht.«

»Wie die alten Nazis«, sagte ich. »Sie lebten in einfachen Hütten, sangen fromme Lieder und halfen totschlagen, wo sie nur konnten. Du bist doch nicht etwa gekommen, mich zu bekehren?«

Er starrte mich mit schmalen Augen an. Vielleicht wünschte er sich jetzt, mich wieder verhauen zu können, und diesmal würde es ihm wahrscheinlich noch mehr Vergnügen machen. Ich haßte ihn nicht, und ich liebte ihn nicht, er war mir einfach gleichgültig geworden. Möglich, daß es schlimm war, wenn einem der eigene Vater gleichgültig werden konnte, aber er hatte nichts getan, es zu verhindern. Es hätte ihn nur ein einziges vernünftiges Wort gekostet.

Ich beugte mich lächelnd zu ihm hinüber, berührte die Hand, die mich so oft gehauen hatte, und sagte: »Ich möchte mich auch nicht mit dir streiten, Vater. Ich freue mich, daß du hier bist. Du siehst immer noch sehr attraktiv aus!«

»Gute Ware«, sagte er und lächelte geschmeichelt. Er hielt meine Hand fest und sagte: »Im Ernst, Simone, ich bin gekommen, mit dir zu reden.«

»Das dachte ich mir«, sagte ich lächelnd. »Ich bin jetzt auch ganz still.«

»Vor acht Tagen«, sagte mein Vater, »habe ich zufällig Brauner getroffen.«

»Natürlich«, sagte ich. »Einen so großen Mann trifft man entweder nur ganz zufällig oder überhaupt nicht. Wie geht es denn dem großen Mann? Hat er immer noch so viel Ärger mit seinen kleinen Redakteuren?«

»Er hat jetzt ein gutes Team beisammen«, sagte mein Vater ernsthaft. »Wirklich erstklassig!«

»Das merkt man«, sagte ich. »Sie sind so intellektuell, daß man ihre Leitartikel ohne Glutaminsäure gar nicht kapieren kann. Ob da der einfache Mann auf der Straße auf die Dauer noch mitkommt?«

»Du wolltest ernst mit mir reden«, sagte mein Vater vorwurfsvoll und ließ meine Hand los. »Schön«, sagte ich. »Hat er dir etwas aufgetragen für mich?«

»Du bist doch mein kluges Mädchen«, sagte mein Vater erleichtert. »Er hat mir tatsächlich etwas aufgetragen. Wenn du Lust hast, kannst du sofort wieder dein altes Ressort bei ihm übernehmen.«

Ich lachte. »Er wird doch nicht auf seine alten Tage unter die Gesinnungslumpen gegangen sein!«

»Gesinnungslumpen?« fragte mein Vater stirnrunzelnd.

»Na ja«, sagte ich, »die unser eigenes Nest beschmutzen. Das hat er mir doch zuletzt vorgehalten!«

»Du darfst das nicht so wörtlich nehmen«, sagte mein Vater. »Er war damals eben erregt, und wenn man erregt ist, legt man die Worte nicht auf die Goldwaage.«

»Das hat er eigentlich nie getan«, sagte ich. »Eine Mistgabel war ihm gerade gut genug.«

»So solltest du nicht über ihn reden«, sagte mein Vater, und er war jetzt ernstlich böse. »Wirklich nicht. Er ist ein hervorragender Verleger.«

»Ach, weißt du«, sagte ich, »an hervorragenden Verlegern hat es uns noch nie gefehlt. Die einen haben eben mehr Skrupel als die anderen und werden deshalb auch im Volk nicht so populär.«

»Es gibt eine ganze Reihe sogenannter christlicher Blätter«, sagte mein Vater laut, »denen kein Mittel schlecht genug ist, politische Gegner abzuschießen.«

»Das haben sie noch aus den Kreuzzügen beibehalten«, sagte ich.

»Und wie war das mit der linken Wange hinhalten?« fragte mein Vater höhnisch.

Ich lachte wieder. »Sei doch nicht einfältig, Vater. Schließlich gab es vor zweitausend Jahren auch noch keine Wasserstoffbomben.«

»Jedenfalls«, sagte mein Vater, »wenn wir ein Hetzblatt sind, dann könnte ich dir eine ganze Reihe anderer Zeitungen nennen, auf die das Sujet genauso zutrifft. Wir wehren uns unserer Haut, sonst nichts, und wir erheben nicht einmal Anspruch darauf, es im Namen der christlichen Nächstenliebe zu tun. Ich sage dir, es gibt nichts Unduldsameres auf der Welt als diese journalistischen Laienbrüder. Hast du gestern das *Christliche Abendland* gelesen?«

»Gestern nicht«, sagte ich. »Der Chefredakteur ist übrigens ein reizender Mann.«

»Bin ich kein reizender Mann?« fragte mein Vater eingeschnappt.

Ich nickte ihm beruhigend zu. »Gewiß. Ihr seid alles reizende Männer, die gerne dicke Zigarren rauchen, sich ein bißchen zu wichtig nehmen und vom lieben Gott ein Unfehlbarkeitszeugnis in der Tasche haben. Wie konntest du nur schreiben, daß die Historiker das letzte Wort über die tieferen Ursachen des letzten Krieges noch lange nicht gesprochen haben?«

»Das ist meine Überzeugung«, sagte mein Vater nachdrücklich. »Dafür stehe ich kerzengerade.«

»Im Fähnlein der Sieben Aufrechten«, sagte ich. »Was ich der Regierung in Bonn vorwerfe, ist nicht, daß sie euch so verharmlost; das könnte man im Hinblick auf euere schlechte Presse im Ausland noch verstehen. Ich werfe ihr vielmehr vor, daß sie so tut, als ob es euch gar nicht gäbe.«

»Sie wird ihre Gründe dafür haben«, sagte mein Vater selbstgefällig.

»Sicher hat sie ihre Gründe«, sagte ich. »Einige sitzen sogar mit in der Regierung, aber ihr werdet trotzdem keine schwarzweißroten Fahnen mehr durch die Straßen tragen. Nicht, solange es Verleger wie Schmiedel gibt und die Leute ein hübsches Auto eueren abgestandenen Parolen vorziehen. Bestelle Brauner, daß ich mich nicht in der Lage sähe, seinen Kreuzzug wider die politische Vernunft noch einmal mitzumachen.«

»Dein letztes Wort?« fragte mein Vater blaß.

Ich nickte. »Mein letztes.«

»Dann kann ich ja wieder gehen«, sagte er und stand schwerfällig auf. Er erinnerte mich ein klein wenig an einen pensionierten General, dabei hatte er im Krieg nur mit der Feder attackiert, zusammen mit Freund Brauner rührende Frontreportagen verfaßt und den Menschen in der Heimat unermüdlich versichert, daß ein Wall von Blut und Eisen die Russen daran hindern werde, nach Berlin zu kommen, und als sie dann in Berlin waren, erwischten ihn bei seiner Flucht nach Westen die Franzosen und degradierten ihn vom freien Geistesschaffenden zum unfreien Holzfäller in den Vogesen. Es war schon schlimm für ihn gewesen.

»Hast du zu Mittag gegessen?« fragte ich.

»Im Speisewagen«, sagte mein Vater. »Ich fahre jetzt nach Frankfurt, und morgen geht es weiter nach Berlin.«

»Nimm aber bitte ein Flugzeug«, sagte ich. »Dein politischer Ruf in Pankow ist noch schlechter als bei den westdeutschen Linksintellektuellen.«

»Darauf bin ich stolz«, sagte mein Vater kühl. Er gab mir kühl die Hand, setzte seinen Hut auf und ging zur Tür. Einmal hatte er mir zu Weihnachten eine Puppenküche geschenkt und war schrecklich enttäuscht gewesen, daß ich mich so gar nicht beglückt zeigte. In die Seele eines dreizehnjährigen Mädchens hatte er sich schon damals nicht hineinfühlen können. Vielleicht hatte er gehofft, mir mit der Puppenküche meine Mutter zu ersetzen. Ich wußte nicht, warum ich jetzt daran denken mußte, es fiel mir eben so ein, als ich ihn zur Tür gehen sah, und ich rief: »Vater!«

Er blieb stehen und blickte kühl in mein Gesicht. »Bitte?«

»Nicht so«, sagte ich und ging zu ihm hin. Ich küßte ihn auf den Mund und sagte: »Gute Reise, Vater.« Für eine Sekunde sah es aus, als ob ihm seine Augen zu schaffen machten, er blinzelte ein wenig, und dann sagte er: »Danke, mein Kind. Lebe wohl.«

»Lebe wohl, Vater«, sagte ich, und mir war plötzlich sehr elend.

Das Zusammenwohnen mit Lis spielte sich reibungslos ein, wir ergänzten uns gegenseitig im Haushalt, beim Einkaufen und auch sonst. Ich gewöhnte mich rasch daran, neben ihr einzuschlafen, neben ihr aufzuwachen, und nachdem ich zweimal nachts gefroren hatte, zogen wir auch wieder unsere Pyjamas an. Es gab auch so noch genug Gelegenheit, sie auszuziehen, und wir wurden es nicht müde. Wurden es nicht müde, uns anzuschauen, zu küssen und zu umarmen. Manchmal hatte sie unvermittelt Depressionen, weinte an meiner Brust oder schloß sich im Bad ein, aber sie sagte jedesmal, es sei nur, weil sie mich so gern habe, und ich glaubte es ihr. Sie konnte stundenlang neben mir liegen, mich betrachten, meine Hand festhalten, mein Gesicht streicheln und dabei lautlos die Lippen bewegen. Über den Zwischenfall in der ersten Nacht sprachen wir nicht mehr, ich hatte die Filmspule in den Küchenherd geworfen, und die Sache war damit für mich erledigt. Meine eigenen Empfindungen für sie vertieften sich während unseres Zusammenseins in gleichem Maße, wie sie mir ihre Zuneigung immer hemmungsloser enthüllte, ich lernte sie auf eine ganz neue Art kennen, ihre Schwächen, ihre Leidenschaften und intimsten Gedanken. Sie las viel, besonders im Bett – woran ich mich erst gewöhnen mußte –, konnte mitten in der Nacht aufwachen, sich an mich schmiegen und über ihre Eltern sprechen. Ich erkannte, daß sie darunter litt, daß sie gar nicht so oberflächlich war, wie sie es einen gerne glauben machte. Wir schämten uns unserer gegenseitigen Empfindungen auch nicht mehr, meine ersten Komplexe hatte ich rasch überwunden, aber es konnte mir noch passieren, daß ich unter einem prüfenden Blick in der Straßenbahn oder im Verlag jäh errötete. Da ich immer sehr spät nach Hause kam, hatten wir eigentlich nur die Nächte und die Morgenstunden ganz für uns. Ich freute mich schon auf das Wochenende und nahm mir vor, keinen Fuß vor das Haus zu setzen.

Am dritten Tag traf in der Frühe ein Eilbrief ihrer Eltern ein. Wir hatten noch fest geschlafen, und ich nahm den Brief an der Tür entgegen, legte mich wieder zu Lis und sagte: »Er ist für dich.«

Sie öffnete den Brief, las ihn mit unbewegtem Gesicht durch und gab ihn dann mir. »Lies ihn selbst!« sagte sie. Es waren nur ein paar Zeilen, anscheinend von ihrem Vater, er forderte sie auf, unverzüglich nach Hause zu kommen, andernfalls würde er die erforderlichen Konsequenzen daraus ziehen und keine Tochter mehr haben.

»Das hat er aus seiner Leihbücherei«, sagte Lis. »Er liest nur Blut-und-Boden-Romane.«

»Anscheinend«, sagte ich mit belegter Stimme, »rechnet er fest damit, daß du wieder zu Kreuze kriechen würdest.«

»Das tut er immer«, sagte Lis.

»Und jetzt?« fragte ich mit belegter Stimme.

Sie nahm mir den Brief weg, zerriß ihn in viele kleine Stücke, legte sie sich auf die flache Hand und blies sie in die Luft. »Ich muß heute sowieso das Schlafzimmer einmal saubermachen«, sagte sie. »Haben wir noch ein paar Minuten Zeit?«

»Eine ganze Stunde noch«, sagte ich, aber sie machte keinen Versuch mehr, wieder einzuschlafen, lag mit offenen Augen neben mir und blickte zur Zimmerdecke. »Schlimm?« fragte ich, und sie fragte: »Hat Kießling noch nichts von sich hören lassen?«

»Noch nicht«, sagte ich. »Sicher wird er es heute tun.«

»Und wenn er nichts von sich hören läßt?«

»Dann gehe ich nächste Woche noch einmal zu ihm.«

»Ich habe Angst«, sagte sie. »Es wäre schrecklich, wenn wir die Wohnung nicht behalten könnten.«

»Wir werden sie behalten«, sagte ich.

»Manchmal«, sagte sie, »würde ich mich am liebsten in den Wagen setzen und irgendwohin fahren.«

»Wohin?« fragte ich.

»Irgendwohin«, sagte sie, »wo wir ganz allein wären.«

»Sind wir das nicht?« fragte ich.

»Nicht richtig«, sagte sie. »Ich habe immer das Gefühl, als ob sie uns von nebenan zuhörten, und dann noch dieses Versteckspiel im Verlag. Man muß jedesmal aufpassen, daß einem kein dummes Wort entschlüpft.«

»Das wußten wir schon vorher«, sagte ich.

»Es ist ekelhaft«, sagte sie. »Ich könnte sie alle umbringen.«

Ich griff nach ihrer Hand, und sie wandte sich mir mit einer raschen Bewegung zu, küßte mich auf den Hals und murmelte: »Ich kann doch auch nichts daran ändern.«

»Woran?« fragte ich.

»Daß es so ist«, sagte sie.

Ich schwieg, aber es ging mir nicht mehr aus dem Kopf.

Im Verlag erlebte ich eine Überraschung. Als ich in mein Zimmer kam, saß Künzle hinter seinem Schreibtisch. Er stand gemessen auf, reichte mir die Hand und sagte: »Guten Morgen.«

»Guten Morgen«, sagte ich verwirrt. »Wie geht's?«

»Danke. Und Ihnen?«

Ich starrte ihn nur an, aber er schien es nicht zu merken, setzte sich wieder an seinen Tisch und arbeitete weiter. Wir hatten uns in diesem vergangenen halben Jahr in der Arbeitsteilung so aufeinander eingespielt, daß mir im Moment auch nichts mehr einfiel, was ich ihn noch hätte fragen können. Ich zog meinen Mantel aus, setzte mich auf meinen Platz und starrte ihn wieder an. »Gesund fühlst du dich doch noch?« fragte ich vorsichtshalber.

»Ich war nie gesünder als gerade heute. Man braucht mir nur noch zu sagen, was ich zu machen habe, und ich mache es.«

»Aha!« sagte ich.

»Ganz, wie man es wünscht«, sagte Künzle, ohne von seiner Arbeit aufzuschauen. »Ganz, wie es den Herren da oben paßt.«

Ich hatte mich jetzt einigermaßen gefangen und sagte: »Vielleicht solltest du trotzdem einmal einen Arzt konsultieren.«

»Ich brauche keinen«, sagte er. »Wenn einem hier mein Ton zu vertraulich erscheint, brauche ich keinen Arzt, um das zu ändern; das mache ich ganz allein.«

Der Nebel begann sich jetzt wenigstens für mich zu lichten, ich sagte: »Ich habe mich nie über deinen Ton beklagt.«

»Es interessiert mich nicht, wer sich darüber beklagt hat. Mir braucht man nur zu sagen: Tun Sie dies oder tun Sie jenes, und ich tue es.«

»Und wer hat dir gesagt, daß du verrückt spielen sollst?« fragte ich grob.

Diesmal wirkte es, sein rotes Gesicht färbte sich noch dunkler. »Ich spiele nicht verrückt. Wenn Ihnen der neue Ton nicht paßt, können Sie sich ja bei Herrn Wagenbach beschweren.«

Männer konnten mitunter unsagbar kindisch werden, und er schien es sich nun einmal in seinen roten Bierkopf gesetzt zu haben, heute unbedingt kindisch zu sein. Da ich mich auf diesem Niveau nicht weiter mit ihm auseinandersetzen wollte, wandte ich mich meiner Arbeit zu, und eine halbe Stunde später rief Kießling an und fragte mich, ob es mir heute mittag passen würde. Ich hatte Mühe, meine Stimme ruhig klingen zu lassen, und sagte, daß ich es einrichten könne und wann er bei mir aufzukreuzen gedenke.

Irgendwann zwischen vier und fünf Uhr, sagte Kießling. Auf die Minute genau wisse er es natürlich noch nicht.

»Ich werde dasein«, sagte ich und legte den Hörer auf. Als ich zu Künzle hinschaute, blickte er mich erwartungsvoll an. »Privatgespräch«, sagte ich.

»Seit wann führst du Privatgespräche mit fremden Männern?« fragte er fassungslos. Ich lächelte. »Mit fremden Männern führe ich nie Privatgespräche. Außerdem muß ich langsam an meine Altersversorgung denken. Es stört dich doch nicht?«

»Von mir aus«, sagte er fassungslos, »kannst du Privatgespräche führen, soviel du willst.«

»Das bringt mich auf einen Gedanken«, sagte ich und wählte die Nummer von Schulbergs Gasthaus. Ich hatte gestern schon anrufen wollen, es jedoch wieder vergessen. Der Mann am anderen Ende war sehr entgegenkommend: Herr Schulberg sei leider am frühen Morgen weggegangen und habe auch nicht hinterlassen, wann er wieder zurückkehre.

Ich bedankte mich, überlegte ein paar Sekunden und rief dann den Anzeigenchef an. Er mußte sich erst erkundigen, dann erzählte er mir, daß auf Schulbergs Inserat sieben Briefe eingegangen seien.

»Meine Glückszahl!« sagte ich erfreut. »Uns würde so etwas wohl kaum passieren, was?«

Der Anzeigenchef lachte. »Die brauchen sich heute nur noch ihr Diplom an den Hut zu stecken und auf die Straße zu gehen.«

Aus den Augenwinkeln stellte ich fest, daß Künzle jetzt völlig verstört aussah. »Was, zum Teufel, hast du denn mit diesem Schulberg?« fragte er. Ich beendete das Telefongespräch und sagte: »Das ist auch privat.«

»Bitte!« sagte er gereizt. »Ich bin ja gar nicht neugierig.«

»Eben!« sagte ich.

»Meinetwegen kannst du wochenlang Privatgespräche führen«, sagte er gereizt. »Das lockt mich nicht einmal hinterm Ofen hervor.«

»Wie geht es deiner Frau?« fragte ich.

»Das ist *meine* Privatsache«, sagte er. »Was geht dich meine Frau an?«

»Das stimmt«, sagte ich. »Ich wollte dich auch nur etwas aufmuntern.«

»Du bist heute überhaupt sehr gut aufgelegt, was?« fragte er giftig. Das war ich. Seit Lis bei mir wohnte, hatte ich keine größeren Probleme mehr, ich freute mich auf heute abend, auf den Sonntag mit ihr.

»Hätten wir etwas da zum Aufmachen?« fragte ich. Dann meldete sich Wagenbach am Telefon. Er habe mit Schmiedel über Schulberg gesprochen, aber der Chef sehe im Augenblick keine Möglichkeit, sich noch weiter für ihn einzusetzen.

Obwohl ich mir nicht allzuviel davon versprochen hatte, enttäuschte es mich nun doch. »Vielleicht könnten wir wenigstens im lokalen Teil ...«, begann ich, aber Wagenbach schnitt mir das Wort ab: »Ausgeschlossen, der Chef ist grundsätzlich dagegen. Wenn Schulberg wieder etwas anstellt, dann gern.«

»Ach so!« sagte ich. »Er muß also erst wieder ins Gefängnis wandern, bevor wir uns um ihn kümmern dürfen?«

»Warum nicht?« fragte Wagenbach. »Wenn er schon die Steuerpolitik der Regierung ändern will, dann muß er sich auch etwas einfallen lassen. Wir leben ja nicht davon, unseren Lesern zu erzählen, ob er lieber Spiegeleier oder Bratwürstchen ißt.«

»Und wenn ich es selbst noch einmal beim Chef versuche?« fragte ich. Wagenbach lachte. »Wollen Sie wieder auf eine Reportage geschickt werden?«

»Sie sind ein schrecklicher Materialist!« sagte ich erbittert. »Haben Sie auch nichts vom Polizeipräsidenten gehört?«

»Noch nicht«, sagte Wagenbach lachend. »Ich nehme an, die Sache geht in Ordnung, sonst hätte er sich sicher wieder gemeldet.«

»Wenigstens etwas!« sagte ich und legte auf. Künzle platzte jetzt schier vor Neugierde. »Was ist mit dem Polizeipräsidenten?« fragte er.

»Auch nichts«, sagte ich. »Alles privat.«

»Aber du hast doch gesagt ...«

»Hör mal!« unterbrach ich ihn. »Du vergißt schon die ganze Zeit, mich zu siezen. Wenn das der Chef erfährt, schickt er dich in die Kantine, Kartoffeln schälen.«

Künzle sagte nichts mehr. Auch während der Redaktionskonferenz hockte er verbissen neben mir und überließ es mir, mich mit Schmitt um die Titelseite zu raufen. »Meinetwegen«, sagte ich zu Wagenbach, der uns grinsend zuhörte, »kann er dafür den Leitartikel haben. Das wird bei ihm doch schon zu einer Manie mit seinen Russen. Diese Sowjetmenschen brauchen nur einmal zu husten, schon soll es auf die Titelseite!«

»Aber das ist doch ein saublödes Geschwätz!« sagte Schmitt und ruderte mit den Armen empört gegen die Strömung allgemeiner Abneigung. »Hier handelt es sich doch um einen Staatsbesuch von allerhöchster Wichtigkeit!«

Ich blickte ihn kühl an. »Ich glaube«, sagte ich, »nicht nur in meinem Namen zu sprechen, wenn ich mich dagegen verwahre, daß das Niveau Ihrer außenpolitischen Leitartikel jetzt auch noch auf die Redaktionskonferenz übertragen werden soll.«

»Hier geht es um einen Staatsbesuch!« bellte Schmitt mit rotem Kopf. »Um *einen Staatsbesuch!*«

»Du lieber Gott«, sagte ich. »Wenn sie schon hinter verschlossenen Türen konferieren, können sie genausogut Wodka trinken und unanständige Lieder singen«, und damit hatte ich die Sympathien des Auditoriums und die Titelseite endgültig für mich gewonnen. Die Konferenz zog sich heute etwas länger hin, ein Groß-industrieller aus Münsheim hatte unfreiwillig sein Lebenswerk beendet, und die Belegschaft und Familienangehörigen versicherten in zwei ganzseitigen Inseraten glaubhaft, ihm ein ehrendes Andenken bewahren zu wollen. Das schränkte den Platz für die einzelnen Ressorts radikal ein, aber Wagenbach war nicht nur ein guter Zeitungsmann, er verstand es auch, mit ein paar kühl servierten Worten einen undisziplinierten Haufen Ich-besessener Ressortchefs in die Musterklasse eines Internats zu verwandeln, und später kam Leibfried zu mir und fragte mich, wo ich das Boxen gelernt hätte. »Bei Brauner«, sagte ich. »Wenn du dort nicht immer mit harten Bandagen herumläufst, bist du ständig am Boden.«

»Ein smarter Bursche«, sagte Leibfried. »Eines Tages wird er noch die Wahlen beeinflussen.«

»Das tut er heute schon«, sagte ich. »Die Leute lesen seine Schlagzeilen wie die Bibel. Seit sie keinen Führer mehr haben, der Fraktur mit ihnen redet, sind sie dankbar für jeden groben Klotz.«

»Schlecht gelaunt?« fragte Leibfried lächelnd.

Bei ihm kostete es mich noch immer Überwindung, ihm in die Augen zu sehen. Ich hatte Wagenbach in die Augen gesehen und Künzle und allen anderen, aber ihm gegenüber hatte ich ein schlechtes Gewissen, geradeso, als hätte ich leichtfertig anderweitig verschenkt, was nach Gesetz und Moral eigentlich ihm zugekommen wäre. Außerdem hatte ich mitten in der Redaktionskonferenz wieder an das Gespräch mit meinem Vater und an die Puppenküche denken müssen. Es war etwas Eigenartiges mit Kindheitserinnerungen. Die Jahre zwischen Fünfzehn und Zwanzig hatten kaum Spuren in mir hinterlassen, ich hatte sie abgestreift wie ein eng gewordenes Kleid, ohne mir dabei weh zu tun, aber die Puppenküche tat mir heute noch weh.

»Wenn das schöne Wetter über das Wochenende anhält«, sagte Leibfried, »fahre ich vielleicht weg.«

Er hatte einen kleinen Wagen und mir im vergangenen halben Jahr schon ein dutzendmal erzählt, daß er über das Wochenende wegfahren würde, aber ich hatte ihn noch nie gefragt, wohin. Hätten wir uns schon länger gekannt, so hätte ich mich vielleicht auch noch mit dem Gedanken belasten müssen, ihn durch meine bloße Existenz davon abzuhalten, sich endlich nach einer passenden Frau umzuschauen. Daß ich ihn nie würde heiraten können, wußte ich seit drei Tagen endgültig. Ich entschuldigte mich unter irgendeinem Vorwand und ging wieder in mein Zimmer, wo Künzle, unleidlichen Gesichts, seine Arbeit verrichtete. »Du hättest ihm ruhig die Titelseite geben können«, sagte er. »Vielleicht hätten wir sie morgen dringlicher gebraucht.«

»Erwartest du einen Regierungssturz?« fragte ich.

»Es hat sich schon manches über Nacht getan«, sagte er.

»Das stimmt«, sagte ich. »Manche Leute besucht sogar der Klapperstorch über Nacht. Wenn du schlechte Laune hast, kann ich ja wieder gehen.«

»Ich weiß«, sagte er giftig, »daß du auch ohne mich zurechtkommst.«

Ich hatte keine Ahnung, was zwischen ihm und Schmiedel gesprochen worden war, aber wenn es bei diesem Ergebnis blieb, hätte ich gerne darauf verzichtet. »Wenn du das weißt«, sagte ich, »könntest du mich jetzt vielleicht in Ruhe lassen. Wofür hast du geheiratet, wenn du immer noch andere Leute brauchst, deine seelischen Konflikte abzubauen?«

Er warf, was er gerade in der Hand hielt, auf den Schreibtisch und lief hinaus.

Ich sah ihn erst in der Kantine wieder, und da schaute er mich nicht an. Dafür schaute mich Lis sehr zärtlich an und sagte: »Ich habe heute morgen Mist geredet, Darling.«

»Sag nicht Darling zu mir«, sagte ich. »Was ist das überhaupt für ein neuer Spleen?«

»Du weißt, ich mag diese Engländer nicht«, sagte sie, »aber im Zusammenhang mit dir gefällt mir Darling ganz gut.«

»Versuch es mal mit Baldrian«, schlug ich vor, »oder einem guten Abführmittel. Kießling hat angerufen.«

Sie starrte mich ungläubig an. »Im Ernst?«

»Im Ernst, Darling«, sagte ich. Dann kicherte ich. »Das kommt nur von deinem Blödsinn!«

Sie lachte sich wieder halb tot, und als sie sich beruhigt hatte, fragte sie: »Und?«

»Er kommt heute mittag vorbei.«

»Blumen!« sagte Lis. »Wo krieg' ich jetzt noch schnell irgendwo Blumen her?«

»Du schaust schon ganz irr«, sagte ich. »Ich habe daheim noch ein Kaffeegeschirr mit Blumenmuster; das genügt.«

»Der gute alte Kießling!« sagte Lis glücklich. »Wirst du ihn verführen?«

»Mal sehen«, sagte ich.

Er schaute sich alles an, zuerst das Bad, dann die Küche, schüttelte über den abgeblätterten Verputz empört den Kopf und machte sich wichtige Notizen in ein wichtig aussehendes Notizbuch. Seit wann das aufgetreten sei, wollte er wissen, und als er es wußte, machte er sich wieder wichtige Notizen. Im Bad hingen noch ein paar Sachen von mir auf dem Wäscheständer, und Kießling schaute sie nachdenklich an, machte sich neue Notizen und wurde etwas wortkarg. Es hätte mich sehr interessiert, was er sich da alles aufschrieb, ich wollte jedoch nicht neugierig erscheinen, und als wir am Schlafzimmer vorbeikamen, fragte er: »Was ist das?« Ich zeigte ihm auch mein Schlafzimmer, und er meinte, es sei sehr nett, sehr geschmackvoll eingerichtet und woher ich dieses tolle Bett hätte. »Aus Frankreich«, sagte ich und setzte mich, um ihm zu beweisen, wie komfortabel es war, einmal drauf. Er schien mit sich zu kämpfen, ob er es auch versuchen solle, aber vielleicht hatte ich ihn diesmal ein bißchen zu viel von meinen Beinen sehen lassen, er machte plötzlich einen geistesabwesenden Eindruck, fuhr sich mit einem weißen Taschentuch zwischen Hals und Hemdkragen und bekam eine dünne Stimme: »Sehr hübsch!« sagte er. »Wirklich sehr hübsch! Und Sie wohnen ganz allein hier?«

»Ganz allein«, sagte ich.

»Aber sicher nicht mehr lange?« fragte er.

»Wieso nicht?« fragte ich.

»Na ja«, sagte er, »sicher werden Sie auch mal heiraten wollen.«

»Eigentlich«, sagte ich, »fühle ich mich ledig ganz wohl. Man muß ja nicht immer gleich ans Heiraten denken.«

»Nein«, sagte er, »da haben Sie recht. Sie sind ja auch noch nicht lange hier in Münsheim.«

»Für eine Frau«, sagte ich, »ist das immer viel schwieriger.«

»Bitte?« fragte er.

»Ich meine«, sagte ich, »was den gesellschaftlichen Anschluß in einer fremden Stadt betrifft.«

»Das leuchtet mir ein«, sagte er und steckte sein Notizbuch in die Tasche. »Andererseits«, sagte er, »arbeiten Sie ja in einem großen Verlag.«

»Das ist so 'ne Sache«, sagte ich.

»Bitte?« fragte er.

Ich ging mit ihm ins Wohnzimmer und bot ihm einen Stuhl an.

»Mit den Kollegen«, sagte ich.

»Ach so!« sagte er.

»Es führt nur zu Komplikationen«, sagte ich. »Sie trinken doch eine Tasse Kaffee mit mir?«

Er schaute mich belustigt an. »Sie haben mich noch gar nichts gefragt!«

»Wenn Sie mir etwas zu erzählen haben«, sagte ich, »werden Sie es schon noch tun.«

»Das ist ein guter Standpunkt«, sagte Kießling.

In der Küche überlegte ich, ob ich zu weit gegangen sei. Ich ließ mir die Unterhaltung noch einmal durch den Kopf gehen, kam jedoch zu dem Ergebnis, daß ich es noch verantworten könne. Wenn er mehr herausgehört hatte, war es seine Privatangelegenheit.

Ich hatte schon alles vorbereitet gehabt, auf dem Nachhauseweg sogar Gebäck eingekauft, und er zeigte sich sehr angetan. »Eine perfekte Hausfrau!« sagte er artig, »aber ich möchte Sie auch nicht länger auf die Folter spannen.«

»Ich habe ziemlich gute Nerven«, sagte ich und berührte, während ich ihm den Kaffee eingoß, mit der Brust seine Schulter. Er saß so unbeweglich wie ein Kaninchen während der Konfrontation mit einer Schlange. »Mit Milch?« fragte ich.

»Ja«, sagte er. »Bitte!«

Ich setzte mich ihm gegenüber und lächelte. »Also?«

»Ich glaube«, sagte er wichtig, »Sie brauchen sich der Wohnung wegen keine Gedanken mehr zu machen.«

»Sie glauben es?«

»Ich muß es noch vor den Aufsichtsrat bringen«, sagte Kießling.

»Ich möchte aber sagen: es ist schon so gut wie sicher.«

»Daß ich mir keine Gedanken mehr zu machen brauche?«

»Ja.«

»Das ist sehr fein«, sagte ich. »Zucker?«

»Danke«, sagte er. »Ja.«

Er steckte sich etwas von dem Gebäck in den Mund, kaute langsam und sagte: »Sehr fein! Selbst gebacken?«

»Nein«, sagte ich. »Gekauft.«

»Trotzdem!« sagte er. »Sehr fein!«

»Ja«, sagte ich.

»Auch das Geschirr«, sagte er. »Sehr geschmackvoll!«

»Nur für besondere Anlässe«, sagte ich. »Greifen Sie zu!«

»Danke«, sagte er.

Während er aß, blickte er unverwandt in mein Gesicht. Immer hatte ich mir einmal gewünscht, ihm gegenübersitzen zu können und ihm zu sagen, wie lächerlich ich ihn fand, wie widerlich er mir war und welche Schadenfreude ich empfunden hatte, als seine Bemühungen, in Münsheim eine regierungsfreundliche Zeitung herauszubringen, gescheitert waren. Er haßte Schmiedel mehr, als es sein rundes, rosiges Gesicht möglich scheinen ließ, er haßte uns alle, die Redakteure, weil wir anarchistische Artikel verfaßten, die Setzer, weil sie die anarchistischen Artikel druckten und selbst die beklagenswerten Zeitungsboten, die jeden Morgen unsere anarchistischen Artikel in die Häuser tragen mußten. Und nun saß er allein mit mir in meiner Wohnung, kaute auf meinem Gebäck herum, und er sah aus, als könne er keiner Fliege etwas zuleide tun. Fast fiel es mir schwer, mich daran zu erinnern, wie sehr er uns haßte. Ich konnte ihn mir in der Kirche vorstellen, wie er seine kleinen, dicken Finger in den Weihwasserkessel tauchte und ein Vaterunser verrichtete. Ich konnte ihn mir vorstellen, wie er seine Kinder auf dem Rücken durchs Zimmer trug, seiner Frau gutmütig ans Gesäß griff oder mit halboffenem Mund neben ihr lag und schnarchte. All das konnte ich mir vorstellen. Ich konnte mir plötzlich nur nicht mehr vorstellen, daß dieser kleine, runde Mann mit seinen wäßrigblauen freundlichen Augen fähig sein sollte, so unversöhnlich zu hassen. Gestern, als ich meinem Vater gegenübergesessen hatte, war es mir auch schwergefallen, mir vorzustellen, daß er keine Hemmungen gehabt hatte, einer sechzehnjährigen Tochter den Schlüpfer auszuziehen, um sie zu verhauen. Es war eine meiner nachhaltigsten Erfahrungen gewesen, daß man es eigentlich kaum einem Mann ansah, wie pervers, selbstsüchtig, intolerant oder kriminell er sein konnte. Bei einer Frau hatte man eher ein Gefühl dafür, ob sie ein Luder war oder nicht, man brauchte nur auf ihre Kleidung zu achten, auf ihre Art, sich zu bewegen, zu sprechen oder einen anzuschauen. Vielleicht hatte man dieses Gefühl nur als Frau für Frauen, und vielleicht hatten Männer ein ähnliches Gefühl füreinander. Ich wußte es nicht. Ich wußte nur, daß ich Kießling, so wie er dasaß, keine Schlechtigkeit zugetraut hätte, keine politische Diffamierung, keine hinterhältigen Querschüsse und auch keinen Ehebruch. Ich begann mich unbewußt zu fragen, wieviel es mich kosten würde, ihn zu einem Ehebruch zu verleiten, ein Blinzeln nur, ein hochgeschürztes Kleid oder eine eindeutige Berührung? Es hätte mich reizen können zu sehen, wie er reagierte, wenn ich jetzt hinausgegangen und im Morgenrock zurückgekommen wäre oder wenn ich mich auf die Couch gelegt und ihn aufgefordert hätte, sich zu mir zu setzen. Was, in aller Welt, hätte ein Mann wie Kießling in einer solchen Situation getan? Ich schätzte ihn nicht älter als siebenundvierzig, ein Politiker ohne persönliche politische Ambitionen. Die Kandidatur für den Landtag hatte er ausgeschlagen, für das Amt eines Beisitzers nur widerwillig kandidiert. Sein Arbeitsfeld lag woanders, in der Fraktion, im Parteibüro, im zähen Kleinkrieg um die Gunst der Wähler für seine Partei. Nicht für sich selbst, nur für seine Partei. Männern wie ihm verdankte die Regierung ihre Volkstümlichkeit, ohne sie hätte sie sich keine vierzehn Jahre behaupten können, und nicht einmal ich wagte zu beurteilen, wie die Dinge nach 1945 gelaufen wären, wenn es nicht so viele unscheinbare, verbissene, bescheidene und kompromißlose Idealisten wie Kießling gegeben hätte. Fast bewunderte ich ihn, und vielleicht war meine Bewunderung daran schuld, daß ich meine gefährlichen Überlegungen über seine moralische Widerstandskraft nicht noch bis zu einem kritischen Punkt treiben ließ. Ich hatte erreicht, was ich wollte, die Wohnung war mir sicher, und über mein politisches Glaubensbekenntnis konnte er sich ohnedies keine Illusionen mehr machen. Vielleicht wäre es noch ganz amüsant gewesen, ihn wieder ein wenig in die Enge zu treiben, aber ich verkniff mir diese menschliche Unart unter ungleichen Gegnern. Zudem hatte ich Lis versprochen, ihn spätestens bis halb sechs Uhr loszuwerden, derweil sie in der Stadt einige Besorgungen erledigte, und wenn er fort war, würden wir beide noch einmal zusammen Kaffee trinken und uns ein gemütliches Wochenende machen. Ich war einfach zu gut gelaunt, um ihn noch zu provozieren. Auch er zeigte sich heute nur von der angenehmsten Seite und erzählte mir beim Kaffeetrinken, daß er im Juni mit seiner ganzen Familie in die Berge fahren und dort tüchtig marschieren wolle.

Das sehe man ihm gar nicht an, daß er ein so großer Marschierer sei, sagte ich beeindruckt, und er lachte und sagte: »Ich habe es in Rußland gelernt, drei Jahre, bis mir so ein Iwan ins Bein geschossen hat.« Er sagte es in einem Ton, als hätte ihm der Iwan mit seinem Schuß eine persönliche Verunglimpfung zugefügt, und ich fragte: »Aber heute können Sie wieder marschieren?«

»Ich mußte lange Zeit an Krücken gehen«, sagte er. Und dann fragte er ganz unvermittelt: »Was haben Sie eigentlich gegen unsere Partei?«

Es kam wie ein Wolkenbruch aus heiterem Himmel, und ich mußte erst mal ordentlich Luft holen. »Wieso?« fragte ich, um etwas Zeit zu gewinnen.

»Das ist doch offensichtlich«, sagte er, »daß Sie eine Aversion gegen uns haben!«

Ich mußte lachen. »Sie werden es vielleicht nicht für möglich halten, aber vor vier Jahren habe ich noch Ihre Partei gewählt.«

Hätte ich ihm gesagt, daß ich zum Frühstück grundsätzlich nur grüne Heringe äße, so hätte er kaum ungläubiger dreinschauen können. »Sie schätzen mich vollkommen falsch ein«, sagte ich belustigt. »Wenn ich als Journalistin Mängel in der Regierungspolitik aufdecke, so doch nur, um Ihrer Partei Gelegenheit zu geben, sie in eigenem Interesse zu beseitigen.«

»Dafür«, sagte Kießling grinsend, »müßten wir uns eigentlich auch noch erkenntlich zeigen. Werden Sie uns im Herbst wieder wählen?«

»Das ist unwahrscheinlich«, sagte ich. »Im übrigen dürfte Ihnen als Politiker auch nicht entgangen sein, daß ich mich in meinen Artikeln nicht nur mit *Ihrer* Partei auseinandersetze.«

»Paritätisch verfahren Sie jedenfalls nicht«, sagte Kießling.

»Das liegt an den politischen Gegebenheiten«, sagte ich. »Sie sind nun mal an der Regierung, die anderen nicht.«

Er schien ernsthaft darüber nachzudenken, dann fragte er. »Warum wollen Sie uns im Herbst nicht wieder wählen?«

»Aus Fairneß«, sagte ich. »Als Journalistin bin ich für den freien Wettbewerb, auch in der Politik. Außerdem: warum gönnen Sie Ihrer Partei nicht auch einmal einen Urlaub von der Regierungsverantwortung? Eine Regeneration täte ihr gut.«

Er lächelte mitleidig. »Damit die in vier Jahren kaputtmachen, was wir in vierzehn Jahren aufgebaut haben? Wir sind doch keine Selbstmörder!«

»Das ist ja das Schlimme!« sagte ich.

»Wieso?« fragte er.

»Weil Sie davon überzeugt sind, die anderen wären zum Regieren untauglich. Wenn sie zum Regieren untauglich sind, dann sind sie auch zum Opponieren untauglich, ergo, wir brauchen überhaupt keine anderen mehr. Ist das Ihr Fazit?«

»Es ist Ihres«, sagte Kießling grinsend. »Für wie dumm halten Sie mich eigentlich?«

»Das ist keine Frage der Intelligenz. Wenn Sie anfangen wollen, Politik mit Intelligenz zu identifizieren, vergeben Sie sich Ihre besten Wahlchancen.«

»Mit anderen Worten«, sagte Kießling lauernd, »unsere Wähler sind durch die Reihe hindurch Dummköpfe?«

Seine Augen gefielen mir nicht, sie waren plötzlich sehr hinterhältig. Ich zuckte mit den Schultern und sagte: »Du lieber Gott, so viele dumme Leute gibt es gar nicht. Ich wollte Sie nur wieder auf den Boden zurückführen. Wenn Politik gleich Intelligenz wäre, täten wir gut daran, den Geschichtsunterricht in unseren Schulen durch ein nettes Fernsehprogramm mit Wildwestfilmen zu ersetzen. Sie wollen doch auch Ihren eigenen Kindern in die Augen schauen können, oder nicht?«

»Ihre Argumente«, sagte Kießling, »entbehren nicht einer gewissen Komik.«

»Das kann sein«, sagte ich. »Schließlich bin ich Redakteurin für Innenpolitik. Man kann auch nicht schwimmen, ohne sich die Beine naß zu machen.«

»Aber Sie schwimmen gegen den Strom«, sagte Kießling. »Mit Ihrer Glosse vom vorletzten Freitag sind Sie auch gegen den Strom geschwommen.«

»Gegen welchen?« fragte ich. »Oder sind Sie jetzt bereits wieder bei der Moral?«

»Ich sehe schon«, sagte er, »daß man mit Ihnen nicht sachlich diskutieren kann.«

Ich lächelte. »Schade, vor drei Tagen kamen Sie noch zu einem anderen Ergebnis. Schließlich haben *Sie* mich gefragt, was ich gegen Ihre Partei hätte. Trinken Sie noch eine Tasse Kaffee?«

»Nein.« Er wischte sich ein paar Gebäckkrümel von seinem Revers und blickte grinsend in mein Gesicht. »Es war trotzdem ein aufschlußreiches Gespräch.«

»Ja?« fragte ich.

»Unbedingt«, sagte er. »Sie haben mir ein paar gute Argumente für die kommenden Wahlversammlungen geliefert, sozusagen aus der anderen Küche.«

»Hoffentlich«, sagte ich, »bin ich Ihnen jetzt wenigstens noch als Mensch sympathisch. Oder kann ich in dieser Richtung etwas gutmachen?«

Er bewegte wieder die Ohren, diesmal ganz deutlich. »Ich meine«, sagte ich rasch, »indem ich Ihnen doch noch etwas Gebäck auf Ihren Teller lege?«

»Nein, wirklich nicht«, sagte er. »Ich habe ja jetzt gesehen, was ich sehen wollte.« – »Und gehört«, sagte ich.

»Das auch«, sagte er und lachte. »Vielleicht überlegen Sie sich's bis zum Herbst doch noch.«

»Das mit den anderen?«

»Ja«, sagte er. »Mehr als wir können die ja auch nicht machen.«

»Vielleicht«, sagte ich. »Mal sehen.«

»Bestimmt nicht«, sagte Kießling. »Sie haben doch eine schöne Wohnung, ein schönes Einkommen, eine aufgeschlossene Stadtverwaltung. Was wollen Sie eigentlich noch mehr?«

»Ja«, sagte ich. »Da haben Sie fast recht. Wenn man es so ganz persönlich betrachtet ...«

Er stand auf, lächelte mir väterlich zu und sagte: »Das war wirklich ein reizender Mittag. Schade, daß ich nicht mehr Zeit habe.«

»Vielleicht kommen Sie wieder einmal vorbei«, sagte ich. »Sie brauchen vorher nur anzurufen.«

»Danke«, sagte er verlegen, »aber jetzt im Wahljahr ...«

»Natürlich«, sagte ich und ging mit ihm zur Tür. »Trotzdem wollte ich es Ihnen gesagt haben. Auf Wiedersehen!«

Er hielt meine Hand fest und blickte mir treuherzig ins Gesicht. »Es ist wirklich schade«, sagte er, »daß Sie sich dermaßen in Ihre Voreingenommenheit verrannt haben!«

»In meine menschliche?«

»In Ihre politische«, sagte Kießling. »Sie sind eine intelligente Frau, und weil Sie das wissen, glauben Sie, es sich selbst schuldig zu sein, eine bessere Meinung zu haben als wir. Sie werden damit aber auch nicht die Sterne vom Himmel pflücken.«

»Nein«, sagte ich. »Das werde ich gewiß nicht tun.«

»Und Sie könnten es!« sagte Kießling und ging.

Ich wußte nicht, an welche Sterne er dabei dachte, und seine lyrische Entgleisung versetzte mich tatsächlich eine Viertelstunde lang in einen Zustand tiefsinniger Betrachtung über alle menschliche und politische Unzulänglichkeit, aber dann tauchte zum Glück Lis auf, und sie fragte: »Hat er sich wenigstens bedankt?«

»Wofür?«

»Für das Gebäck natürlich«, sagte Lis. »Oder hat er sonst noch etwas bekommen?«

»Nein«, sagte ich. »Er war sehr nett.«

»Nett?« fragte Lis.

»Wie ein netter Onkel«, sagte ich.

Sie betrachtete mich mißbilligend. »Du hast ja auch ein ziemlich ordinäres Kleid an. Enger ging es wohl nicht?«

»Nein«, sagte ich. »Ich ziehe es auch sofort aus.«

Lis nickte. »Aber vorher muß ich noch etwas essen.«

Am Abend wollte sie unbedingt ins Kino, und obwohl ich mir vorgenommen hatte, an diesem Tag keinen Fuß mehr aus dem Haus zu setzen, ließ ich mich dazu überreden, in eine Spätvorstellung zu gehen. Es handelte sich um einen italienischen Spielfilm, der irgendeinen wichtigen Preis bekommen hatte und auch mit dem Prädikat *Besonders wertvoll* ausgezeichnet worden war. Meine Erfahrungen hatten mich gelehrt, daß dies nicht immer auch eine Qualitätsgarantie war, denn seit es der Filmwirtschaft so schlecht ging, war es für die Leute bereits Anlaß genug, kulturelle Orgien zu feiern, wenn sie bei einem Film einmal nicht schon nach den ersten zehn Minuten einnickten. Allerdings mußte ich mir selbst gegenüber einräumen, daß ich trotz meiner Aversion gegen Teigwaren mit italienischen Filmen keine so schlechten Eindrücke gesammelt hatte wie mit hausgemachten. Vielleicht hing das damit zusammen, daß sich die italienischen Filmproduzenten nicht ganz so sehr ihrer Vergangenheit verpflichtet fühlten wie wir, wozu sie zugegebenermaßen auch weniger Anlaß hatten, und seit es bei uns auch noch Bundeszuschüsse für Drehbücher gab, hatte sich der Schwerpunkt kulturellen Lebens ohnedies in die Bonner Ministerien verlagert. Dabei war auch zu berücksichtigen, daß es die deutschen Filmschaffenden nicht gerade leicht hatten. Die schier unüberbrückbare Diskrepanz zwischen kommerziellem Selbsterhaltungstrieb und künstlerischen Ambitionen avantgardistischer Filmkritik stellte sie oft vor unlösbare Probleme. Andererseits konnte man es auch keinem Kritiker verwehren, in jedem Film nach intellektueller Ergiebigkeit schürfen und hinterher eine Dissertation darüber schreiben zu wollen. Mit Niveaugrenzen verhielt es sich wie mit freien Verhältnissen: man wußte nie recht, wann sie anfingen, verbindlich zu werden.

Beim Abendessen war Lis schweigsam, hatte keinen rechten

Appetit und machte einen geistesabwesenden Eindruck. Vielleicht bedrückte sie der Brief ihres Vaters, man brach nicht ohne innere Anteilnahme alle Brücken hinter sich ab, und manchem wurde es erst nachträglich bewußt. Bei mir hatte sich das undramatischer ergeben, ohne Bruch und scharfe Kanten, an denen ich mir hätte weh tun können. Es hatte keine plötzliche Lücke gegeben und auch kein Vakuum. In gleichem Maße, wie ich mich meinem Vater entfremdet hatte, waren andere Dinge in mein Leben getreten, Erwachsenenprobleme, mein Beruf und mein eigener kleiner Haushalt. Ich hatte es früh lernen müssen, auf eigenen Beinen zu stehen, mich in einer ungewohnten Umgebung zurechtzufinden und meine Wohnung als eine Art Festung zu betrachten, in die ich mich von Fall zu Fall zurückziehen und von äußeren Einflüssen abschirmen konnte. Mit Erinnerungen war es allerdings etwas schwieriger, sie fanden immer ein Loch, auch wenn man Fenster und Türen noch so fest zumachte.

Daß ich den jungen Mann bemerkte, verdankte ich nur einem Zufall. Beim Überqueren der Straße blieb ich mit einem Absatz irgendwo hängen, verlor den Schuh und drehte mich um. Dabei fiel mein Blick zurück, und ich sah ihn in seiner schwarzen Lederjacke einen Augenblick vor dem beleuchteten Treppenhaus in der halboffenen Tür stehen. Obwohl er sofort hinter der Tür verschwand, hatte ich ihn einwandfrei erkannt, und ich rührte mich ein paar Sekunden nicht vom Fleck, bis Lis ungeduldig nach mir rief. Ich bückte mich mechanisch nach dem Schuh, zog ihn an und setzte mich zu ihr in den Wagen. »Was war los?« fragte sie, und ich sagte: »Mein Schuh.«

Es gab nur eine Erklärung dafür, und während ich darüber nachdachte, bekam ich einen trockenen Mund. Neben mir fragte Lis: »Was ist mit deinem Schuh?«, und ich sagte: »Ich bin mit dem Absatz hängengeblieben.«

»Was ziehst du auch so blödsinnige Schuhe an!« sagte Lis. Ich blickte zurück, und er kam auf einem Motorrad hinter uns hergefahren. Zuerst sah ich nur den Scheinwerfer, dann mußte er an einer Laterne vorüber, und ich erkannte wieder seine schwarze Lederjacke. »Woher weiß er, daß du bei mir wohnst?« fragte ich mit trockenem Mund. Sie schaute rasch in mein Gesicht. »Wer?«

»Dein Tankstellenfreund«, sagte ich. »Er hat vor unserer Tür herumspioniert. Als wir herauskamen, versteckte er sich irgendwo im Haus und ließ uns vorbeigehen.«

Ich merkte, daß sie jäh vom Gas herunterging, dann blickte sie in den Rückspiegel, trat auf die Bremse und öffnete die Tür.

»Bleib hier!« sagte ich. »Weiß er es von dir?«

»Nein«, sagte sie, und ihr Gesicht sah im Licht der Armaturen fast grün aus. »Er wußte nur, daß ich gelegentlich bei dir übernachte.«

»Er kennt mich also?«

»Ich habe ihm von dir erzählt«, sagte Lis. »Bitte, werde jetzt nicht hysterisch.«

»Ich werde nicht hysterisch«, sagte ich. »Ich stelle nur fest, daß du mich angelogen hast.«

Der junge Mann mußte gleichfalls angehalten und seinen Scheinwerfer ausgemacht haben; ich sah nur noch die dunkle Straße hinter uns.

»Wieso habe ich dich angelogen?« fragte Lis.

»Weil zwischen euch beiden etwas sein muß«, sagte ich.

»Das will ich dir ja gerade erklären«, sagte Lis, und ihre Stimme klang unvermittelt hart. »Ich war siebzehn, als wir zum erstenmal zusammen in den Wald gegangen sind.«

»Und er fünfzehn«, sagte ich und öffnete meine Handtasche. Ich holte meine Zigaretten heraus, steckte mir eine an und sagte: »Fahr weiter!«

»Meinetwegen«, sagte Lis mit harter Stimme, »hätte er auch erst dreizehn sein können. Ich kannte ihn besser als alle anderen. Wir spielten schon als Kinder miteinander.«

»Du sollst weiterfahren«, sagte ich.

»Ich habe ihn richtig verführt«, sagte Lis. »Ich kannte es nur aus Büchern, aber ich habe ihm sogar gezeigt, wie er es machen muß.«

Einen Augenblick fühlte ich mich versucht, ihr auf den Mund zu schlagen, aber ich hatte mich noch nie so weit hinreißen lassen, und auch diesmal schreckte ich im letzten Moment davor zurück. Vielleicht hätte ich jetzt einfach aussteigen und davonlaufen sollen. Die Furcht, es könnte das Ende zwischen uns bedeuten, war stärker in mir. So blieb ich neben ihr sitzen, zog an meiner Zigarette und weinte.

»Ich habe mit ihm Schluß gemacht«, sagte Lis. »Am vergangenen Freitag. Laß mich mit ihm reden.«

Meine Zigarette brannte nicht richtig, sie war naß von meinen Tränen, ich drehte das Fenster herunter und warf sie hinaus. »Nicht jetzt«, sagte ich. »Fahr weiter.«

»Du willst noch ins Kino?« fragte Lis.

»Ja«, sagte ich.

Sie fuhr weiter, und als wir an der Straßenbahnhaltestelle vorbeikamen, sagte sie: »Ich weiß nicht, wie das bei dir mit siebzehn war, aber ich konnte das scheinheilige Gerede daheim nicht mehr mit anhören. Das darf man nicht, und jenes darf man nicht, und als ich sechzehn war, klärten sie mich auf. Sie sagten mir, daß Mann und Frau zusammen ins Bett gehen müßten, um Kinder zu machen, aber sie gingen jeden Abend zusammen ins Bett und machten keine Kinder mehr. Ein Jahr hielt ich es aus, dann wollte ich wissen, warum man es noch macht. Ich wußte damals schon alles, was man mit siebzehn Jahren wissen kann, nur das wußte ich noch nicht.«

Ich schwieg, und ich fragte mich, warum es mich so sehr enttäuschte. Als ob ich es nicht gewußt hätte! Und welche Rolle spielte es dann noch, mit wem, und wann, und wo? Hatte *sie* mich gefragt, mit wem, und wann, und wo? Hatte sie mich auch nur ein einziges Mal daraufhin angesprochen? Vielleicht würde sie ihn eines Tages heiraten, ihre Probleme waren nicht die meinen, sie liebte mich, weil sie mich bewunderte, weil ich – wie sie es sich noch einredete – etwas Besonderes an mir hatte, aber früher oder später würde sie es sich nicht mehr einreden, sie würde anfangen, sich zu langweilen, und dorthin zurückkehren, wohin sie alle zurückkehrten, wenn sie nicht so waren wie ich. Ich hatte es gewußt, vom ersten Augenblick an, es war nur angenehm gewesen, nicht daran zu denken, sich vorzumachen, es könnte immer so bleiben, und die Augen vor der Wirklichkeit zu verschließen.

Er folgte uns bis vor das Kino, und Lis sagte, ich solle schon die Karten kaufen. Ich sah noch, wie sie zu ihm hinging, dann kaufte ich die Karten und wartete auf sie. Es dauerte lange, und als sie wiederkam, sagte sie mit vor Ärger rotem Kopf: »Geh schon allein hinein; ich komme nach.«

»Was ist los?« fragte ich, und sie sagte: »Er will nicht glauben, daß es endgültig Schluß zwischen uns ist. Vielleicht dauert es etwas länger.«

Ich ließ sie stehen. Die Vorstellung hatte bereits angefangen, ich saß neben einem erkälteten Mann mit starkem Husten, schaute zur Leinwand vor, ohne etwas zu sehen, wartete auf Lis, fühlte mich wieder zum Weinen, und sie kam nicht. Sie kam nicht, und ich saß neben dem hustenden Mann und vor mir ein junges Pärchen, saß zwischen fremden Menschen allein im Kino. Nach einer Viertelstunde hielt ich es nicht mehr aus, verließ das Kino, und die Straße vor dem Kino lag leer in der Dunkelheit. Mich faßte plötzlich eine entsetzliche Angst, ich wußte nicht, warum, wußte nicht, warum ich an die leere Wohnung denken mußte, ein untrügliches Gefühl trieb mich zum nächsten Taxistand, und als ich dann im Wagen saß, konnte ich vor Angst kaum reden. Der Taxifahrer schaute mich merkwürdig an, drehte am Hebel seines Taxameters, schaute mich wieder im Rückspiegel an und fuhr los. Ich saß in der äußersten Ecke, hatte kein Gefühl dafür, wie rasch wir fuhren, wie lange, durch welche Straßen, hatte immer nur das eine untrügliche Gefühl, und als ich ihren Wagen vor unserem Haus stehen sah, war meine Angst plötzlich weg. Ich hörte den Taxifahrer etwas sagen, sah sein mißtrauisches, unrasiertes Gesicht im trüben Licht der Innenbeleuchtung auf mich gerichtet, und ich öffnete meine Handtasche, gab ihm Geld und stieg aus. Als ich über die Straße ging, rief er mir noch etwas nach, aber auch das verstand ich nicht. Die Haustür war offen, ich stieg die Treppe hinauf, holte beim Hinaufsteigen meinen Wohnungsschlüssel aus der Handtasche, blieb vor der Wohnungstür einen Augenblick stehen, horchte, dann schloß ich auf, ging hinein und fand sie im Schlafzimmer. Ich blieb in der Tür stehen, und es war genauso wie damals, als ich in das Schlafzimmer meiner Mutter geschaut hatte. Ich hatte es seitdem nie wieder so deutlich vor Augen gehabt, es war, als ob ich es in dieser Sekunde noch einmal erlebte. Ich drehte mich um, ging ins Wohnzimmer hinüber, schloß die Tür hinter mir ab, hörte ihre Stimmen durch die dünne Wand, die Stimme des jungen Mannes laut und zornig, dann wurde Lis auch laut, schrie, die Schlafzimmertür wurde zugeschlagen, dann die Tür zum Badezimmer, ein Schlüssel herumgedreht, und ich sah alles, als wäre keine Wand dazwischen. Etwas später hörte ich den jungen Mann aus dem Schlafzimmer kommen, vor meiner Tür setzten seine Schritte kurz aus, dann die Wohnungstür auf, die Wohnungstür zu, und ich hatte noch immer das Bild im Schlafzimmer meiner Mutter vor Augen.

Mir war schlecht, meine Hände taten mir weh, ich betrachtete meine Hände, sah die blutunterlaufenen Abdrücke meiner Nägel in der Haut, und ich lockerte meine verkrampften Fäuste, bis die Nägel mir nicht mehr weh taten. Irgendwann klopfte es gegen die Tür, ich hörte Lis betteln, dann weinen, wie ein Kind wimmern, und ich saß mit meinen schmerzenden Händen regungslos am Tisch, dachte an das Schlafzimmer meiner Mutter, an den jungen Franzosen und an nichts anderes mehr. Schließlich stand ich mechanisch auf, öffnete Lis die Tür, und sie kam weinend herein, wollte die Arme um mich schlingen, und als ich sie zurückstieß, fiel sie auf die Knie, schlang die Arme um meine Beine und weinte mit dem Gesicht an meinem Schoß. Und jetzt erst wußte ich wieder, was geschehen war. Sie hätte mit ihm in den Wald gehen können oder in einen dunklen Hausflur, sie hätte überall mit ihm hingehen können, nur nicht in die Wohnung. Ich sagte: »Morgen ziehst du wieder aus«, riß mich von ihr los und ging ins Schlafzimmer hinüber. Ich zerrte alles vom Bett herunter, die Steppdecke, die zerwühlten Kopfkissen, das zerwühlte Überschlaglaken, das zerwühlte Bettlaken, zerrte alles auf den Boden, stieß alles mit dem Fuß blindlings durchs Zimmer, holte frische Laken, frische Kopfkissen und eine frische Steppdecke aus dem Schrank und bezog das Bett neu. Als ich damit fertig war, zog ich mich aus, ging ausgezogen ins Badezimmer, stellte mich unter die eiskalte Dusche, duschte mich, bis meine Zähne aufeinanderschlugen. Naß stellte ich mich vor den Spiegel, putzte meine Zähne, und ich haßte mich. Ich haßte nur noch mich, nicht Lis und auch den jungen Mann nicht. Ich haßte und verabscheute mich für jede Berührung, jeden Kuß zwischen uns, und als ich wieder ins Schlafzimmer zurückkam, sah ich ihre halboffene Handtasche auf dem Nachttisch stehen. Ich warf sie auf den Boden, stieß sie mit dem Fuß unter das Bett und zog meinen Pyjama an. Durch die dünne Wand hörte ich Lis im Wohnzimmer weinen. Ich legte mich ins Bett, machte das Licht aus, lag mit offenen Augen in der Dunkelheit, bis ich ihr Weinen nicht mehr ertrug. Ich ging zu ihr hinüber und sagte: »Damit machst du es auch nicht mehr ungeschehen; ich möchte jetzt schlafen.«

Sie kauerte dort, wo ich sie hingestoßen hatte, am Boden, das Kinn gegen die Brust gespreßt und rührte sich auch jetzt nicht vom Fleck, nur ihr Weinen wurde leiser. »Schön«, sagte ich, »dann wirst du hier schlafen. Ich bringe dir etwas herüber.«

»Nein«, sagte sie weinend. »Warum hörst du mich nicht wenigstens an?«

Ich konnte jetzt wieder klar denken, und wenn sie mich vorhin nicht an meine Mutter erinnert hätte, wäre es auch nicht so schlimm gewesen. »Ich brauche keine Erklärung. Was willst du mir noch erklären?«

»Er hat doch darauf bestanden«, sagte sie undeutlich. »Er hat gesagt, nur das eine Mal noch, dann würde er mich künftig in Ruhe lassen.«

Männer hatten in solchen Situationen immer dieselben Einfälle, ob sie nun fünfzig waren oder erst zwanzig. »Warum seid ihr nicht wieder in den Wald gegangen?« fragte ich kalt.

»Weil er mich sehen wollte«, sagte sie weinend. »Er wollte zuerst in ein Hotel.«

»Mit seiner Lederjacke?« fragte ich. »In Münsheim gibt es keine Stundenhotels.«

»Was hätte ich denn tun sollen?« fragte sie weinend.

Ich, an ihrer Stelle, hätte ihm vielleicht einen Fußtritt gegeben, aber sie war fünf Jahre jünger als ich und ging seit fünf Jahren mit ihm ins Bett und in den Wald. Wenn sie es in diesen fünf Jahren nicht fertiggebracht hatte, ihn loszuwerden, würde es ihr auch jetzt nicht gelingen. Ich sagte: »Andere haben auch kein Bett. Wo habt ihr es sonst im Winter getrieben?«

Sie wurde plötzlich ruhig. »Wenn du wüßtest«, sagte sie leise, »wie es mich immer angekotzt hat.«

»Kein Wunder«, sagte ich, »wenn man es mit siebzehn Jahren anfängt. Aber ihn hat es nicht angekotzt?«

»Ich hasse ihn«, sagte Lis.

»Ich habe es gesehen«, sagte ich.

»Ich hasse ihn wirklich«, sagte Lis und sprang auf die Beine. »Ich hasse ihn!« sagte sie mit fleckigem Gesicht. »Ich kann dir nicht sagen, wie sehr ich ihn hasse.«

Ich betrachtete sie, ihr Gesicht, ihre verweinten Augen, ihre kleinen Brüste, das Haar an ihrem Schoß, und während ich sie betrachtete, sah ich in Gedanken den jungen Mann neben ihr liegen. Ich kehrte ins Schlafzimmer zurück und legte mich wieder ins Bett. Es war schrecklich, aber ich würde es auch jetzt nicht ertragen, sie nicht mehr bei mir zu haben. Ich wußte genau, daß ich es nicht ertragen, daß ich sie lieber mit einem Mann teilen würde, als ganz auf sie zu verzichten. Ich konnte es nicht. Keine Enttäuschung, kein Haß, keine Demütigung waren groß genug, mir mein Leben ohne sie vorstellen zu können. Ich hatte nicht einmal mehr die Wahl, mich für oder gegen sie zu entscheiden. Als sie dann zu mir kam und sich im Dunkeln neben mich legte, konnte ich auch nicht weinen. Meine Augen waren trocken und heiß, meine Haut fühlte sich trocken und heiß an, meine Hände schmerzten. Ich hatte das Gefühl, von innen her langsam zu verbrennen, ich lag da und verbrannte, bis ich sie wieder fühlte, und jetzt erst weinte ich, lag nicht mehr allein in der Dunkelheit und nicht mehr allein mit meiner Angst, sie zu verlieren. Wir sprachen auch nicht mehr darüber, und wir waren schon fast am Einschlafen, als sie in der Dunkelheit plötzlich zu suchen anfing.

»Was suchst du?« fragte ich.

»Meine Handtasche«, sagte sie. »Hast du sie gesehen?«

»Sie liegt unter dem Bett«, sagte ich, und ich merkte, daß sie sich aus dem Bett beugte, hörte sie mit den Händen den Boden abtasten und fragte: »Wofür brauchst du sie?«

»Mein Taschentuch«, sagte sie, und dann schien sie die Handtasche gefunden zu haben, und sie wurde still, lag unbeweglich neben mir, lange Zeit, und dann fragte sie mit einer fast schrillen Stimme: »Hast du etwas herausgenommen?«

»Wo herausgenommen?« fragte ich. »Aus deiner Handtasche?«

»Ja«, sagte sie mit schriller Stimme, »ich hatte sie auf dem Nachttisch stehen.«

»Ich habe nichts herausgenommen«, sagte ich. »Vermißt du etwas?« Als sie nicht antwortete, knipste ich die Lampe an, und sie saß mit todblassem Gesicht neben mir, die offene Handtasche in den Händen, und mir setzte das Herz aus, als ich sie so sitzen sah. »Was ist passiert?« fragte ich. Sie wandte mir mit zuckenden Lippen das Gesicht zu, starrte mich an und immer nur an, daß mir ganz Angst wurde. »Was ist denn geschehen, um Gottes willen?« fragte ich, und sie sagte: »Ich weiß es genau, ich ließ ihn allein im Schlafzimmer und schloß mich im Bad ein. Er hatte sein Motorrad beim Kino stehen lassen.«

»Na und?« fragte ich verständnislos.

»Er hatte kein Geld bei sich«, sagte Lis, während sie mich mit zuckenden Lippen und todblassem Gesicht anstarrte. »Er hat sich Geld aus meiner Handtasche genommen.«

»Viel Geld?« fragte ich, und Lis nickte, so wie man nickt, wenn man eine Frage nicht verstanden hat, dann sagte sie: »Für die Straßenbahn. Er hat die Handtasche geöffnet, mein Gott!«

Ich wurde jetzt mißtrauisch. Selbst wenn er ihr fünfhundert Mark aus der Handtasche genommen hätte, brauchte sie sich nicht so anzustellen, ich hatte sie noch nie in dieser Verfassung erlebt, sie sah aus, als ob ihr das nackte Entsetzen den Rücken heraufkröche. Ich fragte: »Wieviel Geld war es?«, und sie sagte: »Ich weiß es nicht.«

»Na hör mal«, sagte ich, »du muß doch ungefähr wissen, wieviel Geld du in der Tasche gehabt hast!«

»Das ist es nicht«, sagte sie, und dann wurde sie wieder ganz ruhig und sagte: »Aber ich werde das wieder in Ordnung bringen; verlaß dich drauf.«

Ich richtete meinen Oberkörper auf und fragte genauso ruhig wie sie: »Was hat er wirklich herausgenommen?«

»Etwas Persönliches«, sagte Lis. »Es betrifft nur mich.«

»Wirklich?« fragte ich. Sie blickte mich fest an. »Nur mich«, sagte sie. »Und jetzt bin ich müde.«

Ich machte das Licht aus und legte mich wieder hin. Wenn ich den Film mit ihren nächtlichen Aufnahmen nicht selbst in den Herd geworfen und verbrannt hätte, so wäre mir jetzt himmelangst geworden, aber mir kam, während ich im Dunkeln neben ihr lag, plötzlich der Gedanke, es könnte vielleicht gar nicht der *richtige* Film gewesen sein. Obwohl ich es ihr nicht zutraute, wurde ich eine dumpfe Angst nicht mehr los. Es gab manches in ihrem Leben, was ich ihr bis vor ein paar Tagen nicht zugetraut hätte, und sosehr ich mir auch den Kopf zerbrach, fiel mir kein anderes überzeugendes Motiv für ihr beunruhigendes Verhalten ein. Was konnte ein zweiundzwanzigjähriges Mädchen in seiner Handtasche herumschleppen, dessen Verschwinden solch nacktes Entsetzen in ihm auslöste?

Ich schlief erst gegen Morgen ein.

Sie mußte in aller Frühe aufgestanden sein, als sie mich weckte, war es erst halb zehn Uhr, und sie war bereits fertig angezogen. »Wenn wir noch rechtzeitig in die Kirche kommen wollen«, sagte sie, »wird es höchste Zeit für dich.«

Ich murmelte eine unfeine Verwünschung, drehte mich ostentativ auf die andere Seite, aber sie zog mir das Bettlaken weg, und als das nichts half, auch noch mehr, war quietschvergnügt, biß mich ins Ohr und rannte in die Küche. Mit einer Tasse Wasser kam sie wieder zurück, ich warf ihr meinen Pyjama an den Kopf und flüchtete ins Bad. Hier erst fand ich Zeit, mich darüber zu wundern, weshalb sie schon angezogen war, und dann fiel mir alles wieder ein. Ich duschte mich, zog meinen Bademantel an und ging zu ihr in die Küche. »Du warst schon aus?« fragte ich.

»Ja«, sagte sie, »dein feines Lischen war schon aus und hat dir auch einen wunderbaren Marmorkuchen mitgebracht.«

»Und deshalb bist du so früh aufgestanden?« fragte ich mißtrauisch, und sie antwortete: »Nein, deshalb nicht«, goß heißes Wasser in den Kaffeefilter und fing an zu pfeifen. Ich ging wieder ins Bad zurück, verrichtete meine morgendlichen Umstände und schaute beim Zähneputzen nach dem Wetter. Auch heute war der Himmel blau, der Wald war schon richtig grün, und ich lächelte über meine Angst in der vergangenen Nacht. Sie war ein gescheites Mädchen, und was immer auch in ihrer Handtasche gesteckt haben mochte, es konnte auf keinen Fall das gewesen sein, was ich befürchtet hatte. Ihre gute Laune wirkte ansteckend auf mich, ich zog mir zum Frühstück ein feierliches Kleid an, und als ich in die Küche kam, sagte Lis Tantchen zu mir und servierte uns das Frühstück ins Wohnzimmer. »Du weißt genau«, sagte ich, »daß ich morgens keinen Kuchen esse.«

»Ausnahmsweise«, sagte sie. »Du mußt etwas Festes im Magen haben, wenn wir in die Kirche gehen, Tantchen.«

»Ist das ein neuer Schlager?« fragte ich mißtrauisch, aber sie schüttelte entschieden den Kopf und sagte: »Wenn du nicht mitkommst, gehe ich allein. Ich habe einfach heute Lust dazu.«

»In die Kirche zu gehen?« fragte ich perplex. Sie lächelte mich unschuldig an. »Du hast doch nichts gegen die Kirche?«

»Grundsätzlich«, sagte ich, »gehe ich höchstens einmal zu Ostern hinein.«

»Ostern war schon«, sagte sie. »Warst du zu Ostern drin?«

»Nein«, sagte ich.

»Dann wird es höchste Zeit«, sagte Lis entschieden. Du kannst sonst keinem Pfarrer mehr in die Augen schauen.«

»Wenn es nur *davon* abhinge!« sagte ich, und sie wurde ein wenig rot und sagte: »Wovon sonst?«

»Wo warst du heute morgen?« fragte ich.

»Einen Besuch machen«, sagte sie.

»Hat er es dir zurückgegeben?« fragte ich.

»Das Geld?« Sie lächelte. »Natürlich.«

»So ganz anstandslos?« fragte ich.

»Ach, weißt du«, sagte sie und steckte sich ein Stück Marmorkuchen in den Mund, »in diesem Alter haben sie noch mehr Pickel als Verstand. Wenn man es richtig überlegt, sind sie doch sehr einfältig. Wie ist es nun? Kommst du mit?«

Ich merkte jetzt erst, daß es ihr mit der Kirche wirklich ernst war, und sagte: »Nein.«

»Schade«, sagte Lis. »Du hast mich noch nie richtig singen hören.«

»Ich stelle es mir trotzdem aufregend vor«, sagte ich.

»Aber du würdest mir eine riesige Freude damit machen«, sagte Lis. »Im Ernst! Sie berührte meine Hand und blickte mich mit ihren grauen Augen fest an. »Bitte.«

Ich konnte ihr einfach nichts abschlagen, und wenn ich es ihr abgeschlagen hätte, wäre ich wahrscheinlich zwei Stunden damit beschäftigt gewesen, mich tödlich zu langweilen und mir Vorwürfe zu machen, nicht mitgegangen zu sein. Da mich das schöne Wetter ohnedies zu einem kleinen Spaziergang verlockte, gab ich brummig meine Einwilligung, und sie sagte: »Ich habe mir immer einmal gewünscht, zusammen mit dir in die Kirche zu gehen.«

Bei ihr überraschte mich eigentlich nichts mehr, vielleicht würde sie mich eines Tages auch noch dazu überreden, mit ihr in einen Beichtstuhl zu gehen. Je skurriler und absurder ihre Einfälle waren, desto besser paßten sie zu ihr. Wir räumten noch die Wohnung auf, und Lis zog ein hübsches weißes Kleid, Nylonstrümpfe und weiße Schuhe mit hohen Absätzen an. Sie war eine richtige kleine Dame, und ich mußte sie erst einmal von allen Seiten anschauen. »Bist du dir sicher?« fragte ich, »daß du das noch selbst bist?«

»Wenn nur du dir sicher bist«, sagte sie. »Gefalle ich dir sehr?«

»Na ja«, sagte ich, »im Pyjama siehst du auch nicht übel aus.«

»Und erst ohne Pyjama«, sagte Lis. »Ich kann es oft selbst nicht fassen, daß ich das sein soll.«

»Beruhige dich«, sagte ich und nahm vorsichtshalber einen Schirm mit. Auf der Straße hakte sie sich bei mir ein, und dort, wo die weißen Bungalows anfingen, hielt ein elegant gekleideter Mann unseretwegen seinen kostbaren Wagen an und spitzte die Lippen. Wir wurden überhaupt viel angestarrt, die Leute an der Haltestelle hörten auf, ungeduldig nach der nächsten Bahn zu schauen, und wirkten plötzlich alle sehr heiter. Nur eine ältere Dame mit Brille führte ungehalten Selbstgespräche, betrachtete uns mißbilligend und rückte immer wieder an ihrem schwarzen Hut. Ich vergewisserte mich unwillkürlich, ob mein eigener Hut richtig saß, und Lis sagte emphatisch: »Was ist das doch für ein reizender Sonntag!«

»Jedenfalls«, sagte ich, »vor Ostern nächsten Jahres schleppst du mich nicht mehr in die Kirche.«

»Vielleicht zu Weihnachten!« sagte Lis. »Ich singe so gerne Weihnachtslieder.«

In der Straßenbahn blieben wir auf der hinteren Plattform stehen, man sah von hier aus mehr und wurde nicht so angestarrt. Die ältere Dame mit ihrem nervösen Hut war zum Glück in den vorderen Wagen gestiegen, und als der Schaffner zu uns kam, wünschte er uns sogar einen guten Morgen. Das sei aber ein schönes Wetter, meinte er, und Lis sagte, in der Tat, das sei ein ausnehmend schönes Wetter.

»Richtig Frühling!« sagte der Schaffner. »So warm hatten wir es im April schon lange nicht mehr.«

»Nein«, sagte Lis, »höchstens im Juli und dann auch nicht so.«

Der Schaffner lachte. Er war groß, hager und hatte eine Nase wie de Gaulle. Als er mir das Wechselgeld zurückgab, nickte er mir heiter zu. »Dann viel Spaß.«

»Oh, danke«, sagte ich, und Lis fragte: »Wo hast du ihn kennengelernt?«

Wir kicherten beide.

Die Kirche gehörte zum östlichen Stadtteil von Münsheim und war schon sehr alt. Vor der Kirche lag ein halbrunder Platz mit großen Kastanien, und auf dem Platz standen sonntäglich gekleidete Menschen in kleinen Gruppen beisammen und plauderten gut gelaunt miteinander. Mir war schon immer aufgefallen, daß man nirgendwo so viele gutgelaunte Menschen beisammen stehen sah wie vor Kirchen. Sie erinnerten mich jedesmal an große Hochzeitsgesellschaften, und sie bewegten sich alle ein wenig feierlich und grüßten nach allen Seiten. Ein korpulenter Mann zog mindestens zwanzigmal seinen Hut, oft so rasch hintereinander, daß es wie eine Vorstellung aussah. Alle trugen sie Gebetbücher in der Hand, auch die Frauen, obwohl sie ihre Gebetbücher ebensogut in die Handtasche hätten stecken können. Nur ihre Kinder schauten gelangweilt und mißmutig in die Runde oder zerrten ungeduldig an ihren Röcken.

Wir betraten die Kirche durch einen Seiteneingang. Was mich in katholischen Kirchen am meisten stört, ist die mittelalterliche Trennung der Geschlechter. In manchen Kirchen sind sogar noch Tafeln für *Männer* und *Frauen* aufgestellt, sie erinnerten mich jedesmal an Bedürfnisanstalten, und das Reglement wird von den Gläubigen auch so korrekt eingehalten, als stünde jeder Verstoß unter der Androhung sofortiger Exkommunikation. Der tiefere Sinn ist mir eigentlich immer verborgen geblieben, ich hatte nie recht einsehen können, warum Männer und Frauen, die oft mehr als dreißig Jahre miteinander verheiratet waren, in der Kirche durch einen breiten Mittelgang voneinander getrennt sein mußten. Sicher gab es plausible und historische Erklärungen dafür, und doch empfand ich gerade diese banale Äußerlichkeit als symptomatisch für alles, was mich im Laufe der Jahre der Kirche entfremdet hatte. Mein Vater hatte nie eine Kirche besucht, er hatte es meiner Mutter überlassen, mich katholisch zu erziehen, und ihr Nachkriegsverhältnis mit dem jungen Franzosen mochte ihn in seiner atheistischen Geisteshaltung nur noch bestärkt haben. Trotzdem mußte ich ihm zugestehen, daß er mich auch nach seiner Scheidung noch dazu angehalten hatte, sonntags die Kirche zu besuchen, zwar ohne Gewaltandrohung und mehr belustigt als ernsthaft, bis er dann einmal herausfand, daß ich den Gottesdienst dazu benutzte, mich heimlich mit meiner Mutter zu treffen, und von da an ließ er mich nicht mehr in die Kirche gehen. Daß ich es später, als ich selbständiger wurde, doch wieder getan hatte, geschah mehr aus Opposition gegen ihn und weil es mich jedesmal an meine Mutter erinnerte. Heute war ich von solchen Sentimentalitäten frei, und wenn ich mich einmal dazu aufraffte, in einen Gottesdienst zu gehen, so eigentlich nur, um mir zu beweisen, daß ich meine innere Beziehung zur Kirche noch nicht ganz verloren hatte. In Münsheim war ich allerdings noch nie in der Kirche gewesen, und dennoch hatte ich jetzt keinen Augenblick das Gefühl einer *Heimkehr* oder eines ungebetenen Gastes. Ich saß unter den Menschen genauso, wie ich im Kino unter den Menschen saß, und ihre Lieder waren mir ähnlich vertraut wie der Straßenlärm oder das Stampfen der Rotationsmaschinen in Schmiedels Verlag. Sie lösten auch keine Erschütterungen in mir aus, keine sentimentalen Jugenderinnerungen, ich hörte sie, wie ich zu Hause Radiomusik hörte, angenehm und unverbindlich zugleich, bis Lis neben mir zu singen begann, und ihre Stimme klang wie die Stimme eines kleinen Mädchens. Ich hörte nur noch *ihre* Stimme, und einmal lächelte sie mich, während sie sang, mit den Augen rasch an, und auch die Leute rings um uns herum sangen laut und kräftig mit, aber ich hatte nur noch Ohren für Lis, nur noch Augen für Lis, stand mit gefalteten Händen neben ihr und wünschte, das Lied würde nie aufhören. Vor uns weinte eine Frau in Trauerkleidung, ich sah es an ihren zuckenden Schultern, der Pfarrer verließ den Altar und schritt langsam zur Kanzel. Er war ein alter, weißhaariger Mann mit gütigem Gesicht, und als die Orgel aussetzte, hatte ich noch immer die Stimme von Lis in den Ohren, und der Pfarrer war jetzt auf der Kanzel angelangt, wir setzten uns hin, und er fing an, sanft und leise zu predigen, von der Natur, die sich draußen verjüngte, von den Vögeln, die aus fernen Ländern zu ihren heimischen Nestern zurückfanden und

Gott ihre Lieder sangen. Es war eine schöne Predigt, und Lis saß ganz andächtig neben mir, den Mund halb geöffnet, und schaute unverwandt zur Kanzel empor. Die schwarzgekleidete Frau vor uns weinte nicht mehr, es war sehr still und feierlich in der Kirche, und der weißhaarige Pfarrer auf der Kanzel sagte mit sanfter und leiser Stimme, daß Gott in seiner Güte und Allwissenheit keine einzige dieser unzähligen Vogelstimmen überhöre, und wie könnte er, dem selbst die Sprache der Blumen und Bäume geläufig sei, gar überhören, wenn ein Mensch in seiner Not zu ihm spräche und ihn um seine Hilfe anflehe. Ich hatte Gott oft angefleht, mir meine Mutter zurückzugeben. Immer, wenn ich mich mit ihr heimlich in der Kirche getroffen hatte, sie neben mir weinen hörte und der Pfarrer auf der Kanzel kam, hoffte ich, er würde sie zu sich heraufwinken, ihr die Hände auf den Kopf legen und etwas sagen, was ihren Kummer beendet hätte. Später fing ich sogar an, ihn zu hassen, weil er sie nie zu sich heraufwinkte, obwohl er sehen mußte, daß sie weinte, und obwohl ich jedesmal zehn Vaterunser und Gegrüßetseistdumaria betete, damit er sich endlich meiner Mutter erbarme. Einmal hatte ich mir sogar vorgenommen, ihm einen Brief zu schreiben, und drei volle Tage daran verschwendet, aber ich hatte das Vertrauen zu ihm verloren gehabt, und es war damals auch kein weißhaariger und gütiger Pfarrer gewesen wie heute, er hatte sehr streng ausgesehen, beim Predigen die Leute in der Kirche mit den Fäusten bedroht und kein Ende gefunden, sie zu beschimpfen. Der alte Pfarrer beschimpfte seine andächtigen Zuhörer nicht, er sprach liebevoll mit ihnen wie zu Kindern, und sie saßen auch wie Kinder da und hörten ihm aufmerksam zu. Nach der Predigt wurde wieder ein Lied gesungen, diesmal sang Lis zu meiner Enttäuschung nicht mit, erst ganz am Ende, als ein Marienlied angestimmt wurde, und die Leute standen alle auf und sangen: »Maria zu lieben ist allzeit mein Sinn«. Mir fiel dabei ein, daß heute der erste Mai war, und ich fühlte mich fast ein wenig versucht mitzusingen, aber ich hätte dann Lis nicht mehr so gut hören können, und so ließ ich es sein. Als wir dann nach dem Schlußsegen hinausgingen, hängte sie sich wieder bei mir ein und sagte: »Das war doch ganz nett, oder nicht?«

»Doch, sehr«, sagte ich, und dann stellte ich fest, daß sie nasse

Augen hatte. Ich ging stumm neben ihr her zwischen all den vielen Leuten, die mit uns aus der Kirche kamen, vorbei an den alten Kastanien zur Straßenbahnhaltestelle, und überall, wo wir gingen, hörte ich Vögel singen. Es war wirklich ein ausnehmend schöner Tag, die Straßenbahn war überfüllt von Leuten, die noch kein eigenes Auto besaßen und ihren Sonntagsausflug machten. Eine Jugendgruppe mit buntem Wimpel hatte die hintere Plattform für sich in Beschlag genommen, wir standen dicht gedrängt im Wageninnern, und die Jugendgruppe sang Wanderlieder. Es war so laut im Wagen, daß ich mich mit Lis nicht unterhalten konnte, und ich war froh, als wir die Endstation erreichten. Hier stieg auch die Jugendgruppe aus, formierte sich in Dreierreihen und marschierte singend die Straße hinauf, vorbei an den weißen Bungalows den grünen Hügeln entgegen. Wir blieben ein wenig zurück, und Lis machte eine abfällige Bemerkung. »Wieso?« fragte ich. »In einer Jugendgruppe sind sie wenigstens aufgehoben.«

»Ich war auch nie in einer Jugendgruppe«, sagte Lis. »Warum müssen sie nur immer in Dreierreihen marschieren?«

»Sie werden es in der Schule gelernt haben«, sagte ich. »Manche Lehrer fühlen sich dadurch an ihre eigene Jugend erinnert.«

»An ihre SA-Uniformen?« fragte Lis. Dann lachte sie. »Mein Vater war auch in der SA. Kannst du dir das vorstellen?«

»Warum nicht?« fragte ich. »Das galt damals als sehr schick.«

»Wie ein Sonnenstich«, sagte Lis.

Wir vermieden es beide, über den Gottesdienst zu sprechen, und als wir uns unserer Wohnung näherten, sah ich Schulberg vor der Haustür stehen. Ich hätte ihn fast nicht erkannt, er trug einen eleganten Einreiher, und ich schloß daraus, daß seine Koffer inzwischen eingetroffen waren. Lis stieß einen leisen Pfiff aus und sagte: »Er hat sich ganz schön herausgemopst. Bist du mit ihm verabredet?«

»Nein«, sagte ich. »Nur neugierig.«

»Worauf?«

»Ob er schon eine Stellung gefunden hat.«

Obwohl wir uns seit jenem Abend, als wir uns vor ihrem Haus begegnet waren, nicht mehr über ihn unterhalten hatten, stellte sie keine einzige Frage. Möglich, daß sie bereits Bescheid wußte, meine verschiedenen Telefonate, die ich seinetwegen im Verlag geführt hatte, waren natürlich dankbarer Gesprächsstoff für das Redaktionssekretariat, und mit den Mädchen dort verstand sich Lis sehr gut. Schulberg hatte uns jetzt auch gesehen und kam uns rasch entgegen. »Ich überlegte mir gerade«, sagte er, während er mir die Hand gab, »ob es Sinn habe, noch länger auf Sie zu warten.«

»Das hätten Sie nicht tun sollen«, sagte Lis. »Sie sehen schon ganz mitgenommen aus.«

Er lächelte und gab auch ihr die Hand. »Aggressiv wie immer«, sagte er. »Sie machen heute so einen erwachsenen Eindruck.«

»Vielleicht sollten Sie eine Brille tragen«, sagte Lis. »Oder sehen Sie nur bei schönem Wetter gut?«

Wenigstens machte sie sonst keine Schwierigkeiten, lächelte ihn sogar an und schüttelte so heftig seine Hand, daß er verwundert die Augenbrauen hinaufzog. »Wir kommen gerade von der Kirche«, sagte sie. »War Ihnen bekannt, daß Vögel jedes Frühjahr zu ihren heimischen Nestern zurückfinden?«

»Ich habe mal davon gelesen«, sagte Schulberg. Und zu mir sagte er: »Darf ich einen Augenblick mit hinaufkommen?«

»Müssen wir ihn zum Mittagessen einladen?« fragte Lis. Er lachte. »Danke; ich werde im Gasthaus erwartet.«

In der Wohnung zog sich Lis diskret in die Küche zurück. Schulberg fragte: »Waren Sie wirklich in der Kirche?«

»Enttäuscht Sie das?« fragte ich und nahm meinen Hut ab.

»Bei Frauen weniger«, sagte er, »aber Sie sind doch ein aufgeklärter Mensch?«

Ich setzte mich an den Tisch. »Es gibt aufgeklärte Menschen, die sogar daran glauben, die Steuerpolitik der Regierung ändern zu können. Trinken Sie etwas?«

»Nein, danke«, sagte er und blickte auf seine Armbanduhr. »Ich bringe Ihnen Ihre dreihundert Mark zurück.«

»Hoppla!« sagte ich. »Sie haben doch nicht etwa gespielt?«

Er schaute mich mit gerunzelter Stirn an. »Sie tun fast so, als passe es Ihnen nicht.«

»Aber warum denn?« sagte ich. »Ich wundere mich nur.«

»Na ja«, sagte er, »Sie wissen auch von nichts. Ich habe mich seit Jahren ganz privat mit einigen technischen Verbesserungen auf dem Gebiet der Datenverarbeitung befaßt. Im Gefängnis hatte ich Zeit, meine Berechnungen abzuschließen.«

»Da wird sich der Schwiegervater aber freuen«, sagte ich lächelnd. »Wußte er es?«

»Ich wollte ihn überraschen.«

»Das wird Ihnen auch jetzt noch gelingen«, sagte ich. »Sie haben also eine Stellung?«

»Bei *Wiedmann*«, sagte Schulberg. »Das Betriebsklima dort behagte mir mehr als bei *Schöberl*. Haben Sie schon mit Ihrem Chef gesprochen?«

»Mein Gott«, sagte ich. »Ich dachte, Sie seien jetzt froh, endlich eine Stellung gefunden zu haben.«

»Die Stellung ist unwichtig«, sagte Schulberg schroff. »Wenn es mir nur um eine Stellung gegangen wäre, hätte ich es billiger haben können. Ich hoffe, Sie haben Ihr Versprechen nicht vergessen?«

Ich hätte ihm jetzt die Wahrheit sagen müssen, aber ich war zu feige dazu. Ich hatte Angst, er könnte sich, wenn ich ihm mein Gespräch mit Wagenbach erzählte, wieder auf die Straße stellen und die Leute aufwiegeln. »Sie müssen mir noch ein wenig Zeit lassen«, sagte ich. »Es ist nicht so einfach.«

»Nein?« fragte er und blickte mich prüfend an.

»Wir brauchen noch einen Aufhänger«, sagte ich. »Ich muß mir das gründlich durch den Kopf gehen lassen. Bis gestern hatte ich mit meiner Manöverreportage zu tun.«

»Ich dränge Sie nicht«, sagte er. »Ich möchte nur wissen, was Sie zu tun gedenken.«

Warum setzte er eigentlich voraus, daß ich etwas tun müßte? Ich sagte kühler, als ich wollte: »Lassen Sie mir noch eine Woche Zeit.«

»Schön«, sagte er und stand auf. »Dann komme ich heute in acht Tagen wieder vorbei. Ich kenne die Verhältnisse hier nicht so gut wie Sie, aber es müßte doch möglich sein, ein paar Leute zu finden, die auch bereit wären, etwas zu investieren.«

»Woran denken Sie?«

»An einen Klub oder Verein, wir müssen die Leute auf ihn aufmerksam machen.«

Mir kam das alles ein wenig utopisch vor, ich wollte ihn aber nicht verletzen und sagte: »Sind Sie sicher, daß es zwecklos wäre, es einmal bei einem Automobilklub zu versuchen?«

Er winkte ungeduldig ab. »Sobald es politisch wird, denken sie nur noch an ihre Mitgliedszahlen; sie würden es nie riskieren, zu einem Wahlboykott aufzurufen.«

»Es kann ja sein«, sagte ich seufzend, »daß Sie recht haben, Sie dürfen nur nicht zu viel von den Leuten erwarten. Engagements sind immer mit Unbequemlichkeiten verbunden.«

»Verdammt«, sagte er gereizt. »Denken Sie, ich wüßte das nicht?« Er griff nach seiner Brieftasche, legte ein paar Geldscheine auf den Tisch und fragte: »Was hat das Inserat gekostet?«

»Nichts«, sagte ich.

»Und meine Rechnung im Gasthaus?«

»Das habe ich jetzt nicht im Kopf«, sagte ich. »Wir sehen uns ja wieder.«

»In acht Tagen«, sagte Schulberg. Er kam um den Tisch herum und faßte nach meiner Hand. »Es hängt jetzt alles von Ihnen ab. Allein schaffe ich es nicht. Werden Sie mit Ihrem Chef sprechen?«

»Ja«, sagte ich müde. »Ich werde mit ihm sprechen.«

»Ich setze alles auf Sie«, sagte er wieder. »Mit ein paar guten Artikeln können Sie die Leute auf meine Seite bringen. Ich hoffe, Sie lassen mich jetzt nicht im Stich.«

»Habe ich Sie schon einmal im Stich gelassen?« fragte ich.

»Nein«, sagte er und blickte zur Tür hin. »Wie lange bleibt sie noch hier?«

Ich entzog ihm meine Hand, die er noch immer festgehalten hatte, und sagte: »Sie hatte Streit mit ihren Eltern.«

»Dann wohnt sie jetzt fest hier?« fragte Schulberg.

»Vorläufig«, sagte ich.

Er blickte mich eine Weile stumm an, dann sagte er: »Vielleicht trauen Sie mir doch nicht ganz.«

»Das ist Unsinn!« sagte ich. »Sie hat schon bei mir gewohnt, bevor Sie nach Münsheim kamen.«

»Aber nur zeitweilig.«

Ich bekam es unvermittelt satt, ihm Rede stehen zu müssen. Als ich zur Tür ging, kam er rasch hinter mir her, faßte nach meinen Schultern und drehte mich um. »Offen gestanden«, sagte er ruhig, »hatte ich gehofft, Sie würden mich für heute abend wieder einladen.«

Ich blickte in sein mageres Gesicht mit den scharfen Falten in den Mundwinkeln und fragte: »Wozu?«

Vielleicht war es nicht fair gewesen, ich sah, wie er die Farbe wechselte und ein paarmal schluckte, aber was hätte ich ihm sonst noch antworten können! Seit Lis bei mir wohnte, war alles anders geworden. »Sie haben nicht immer so gedacht«, sagte er nach einer Weile. »Wahrscheinlich habe ich mich nicht deutlich genug ausgedrückt.«

»Worüber?« fragte ich.

»Daß Sie mehr für mich bedeuten«, sagte er. »Sie haben doch auch sonst Geduld mit mir gehabt.«

»Das ist keine Sache der Geduld«, sagte ich, und er fragte: »Was sonst?« Als ich nicht antwortete, sagte er: »Sie würden nicht so denken, wenn es anders gewesen wäre.«

»Damit hat es nichts zu tun«, sagte ich müde.

»Das sagen Sie jetzt«, sagte er, und ich sagte: »Ich habe es Ihnen schon am ersten Tag gesagt.«

Aus der Küche drang das Klappern von Geschirr ins Wohnzimmer. Schulberg bewegte etwas den Kopf zur Tür hin und sagte: »Ich weiß nicht, woran es liegt, aber ich kann dieses kleine Aas nicht leiden.«

»Gegenseitige Abneigung«, sagte ich. »Das gibt es.«

»Vielleicht«, sagte er. Wir standen uns so nahe gegenüber, daß ich seinen Atem im Gesicht fühlte, und er tat mir wieder leid, er sah plötzlich so hilflos und irgendwie verloren aus. Ich sagte: »Ich freue mich, daß Sie eine Stellung gefunden haben.«

»Hätten Sie mich lieber auf der Straße krepieren lassen«, sagte er und drehte sich um. Ich hörte, wie er rasch zur Wohnungstür ging. Als sie hinter ihm zuschlug, kam Lis herein. Sie schaute mich forschend an und fragte: »War es sehr schlimm?«

»Nein«, sagte ich, aber ich mußte mich auf einen Stuhl setzen, und Lis kam zu mir und legte mir einen Arm um die Schultern. »Sie wieder loszuwerden«, sagte sie, »ist immer viel schwieriger.«

»Ja«, sagte ich und rieb meine Wange an ihrem Kinn.

Der erste, dem ich am Montagmorgen begegnete, war Schmitt. Er kam gerade die Treppe herunter, schüttelte mir wortlos die Hand und grinste. Dann begegnete mir eine Sekretärin von der Lokalredaktion, sie wünschte mir einen guten Morgen und grinste gleichfalls. In meinem Zimmer saß Künzle grinsend hinter seinem Schreibtisch, und ehe ich mir etwas Luft schaffen konnte, kam Wagenbach hinter mir zur Tür herein und grinste über das ganze Gesicht. »Da ist sie ja!« sagte er. »Schönen Sonntag gehabt?«

»Ist das eine Epidemie?« fragte ich mißtrauisch.

»Ich weiß nicht«, sagte er, »wovon Sie reden, aber der Chef möchte Sie sprechen.«

»Am Montagmorgen?« fragte ich. »Hatte er Ärger daheim?«

»Im Gegenteil«, sagte Wagenbach grinsend, »sie waren über das Wochenende irgendwo segeln; der Wind war gerade richtig.«

Daß mich der Chef sprechen wollte, hätte er mir auch am Telefon sagen können, und ohne sein Grinsen hätte ich jetzt wieder Herzklopfen gehabt. Er hielt sich auch nicht weiter auf, sondern verschwand so nichtssagend, wie er hereingekommen war. »Würdest du mir vielleicht erklären«, sagte ich zu Künzle, »was hier gespielt wird?«

»Keine Ahnung«, sagte er grinsend.

An Stupidität waren Männer kaum zu überbieten, und als ich zu Schmiedel hinaufging, bedachte ich Künzle mit halblauten Schimpfworten. Ich brauchte nicht zu warten, und auch diesmal stellte ich wieder fest, daß der Schreibtisch für Schmiedel viel zu groß war, er sah wie ein Lokomotivführer hinter seiner Maschine aus. Fast erleichterte es mich zu sehen, daß wenigstens er nicht grinste. Seine kühle Unpersönlichkeit tat mir nach so viel komplicenhafter Geheimnistuerei direkt gut. »Ganz originell«, sagte er sachlich. »Sie sollten öfter Reportagen schreiben.«

Ich hatte es zwar ein bißchen vermutet, aber daß meine Reportage so einschlagen würde, hätte ich doch nicht erwartet. »War es tatsächlich so, wie Sie es schildern?« fragte Schmiedel.

»Ziemlich genau«, sagte ich. »Etwas ausgeschmückt, aber . . .«

»Schon gut«, sagte Schmiedel. »Ganz ohne Intuitionen geht es nicht. Und die Schiedsrichter stimmen auch?«

»Ja«, sagte ich. Schmiedel lächelte. »Wenn die Manöverleitung

Ihren Bericht zu sehen bekommt, werden die beiden vielleicht Ärger haben.«

»Das kann sein«, räumte ich ein.

»Aber schließlich«, sagte Schmiedel, »ist das nicht unsere Sorge.«

»Das ist richtig«, sagte ich.

»Es sei denn«, sagte er, »der Regimentsgefechtsstand wäre auch nur ein Produkt Ihrer Intuition.« Er schaute mich so neugierig an, wie es sonst nur alte Frauen vermögen, und ich verwahrte mich entschieden dagegen: »Es ist alles wahr.«

»Dann haben Sie ihnen ihren ganzen Manöverplan verdorben«, sagte Schmiedel lächelnd. »Sehr geschickt.«

»Danke«, sagte ich.

»Nicht übel«, sagte Schmiedel und ließ sich mit dem Rücken gegen die Lehne fallen. »Sie haben Talent.«

»Ja, danke«, sagte ich.

»Was Sie nicht dazu verführen sollte«, sagte Schmiedel, »es zu mißbrauchen. Meine Frau hat sich heute früh geärgert.«

»Über mich?« fragte ich betroffen.

»Nein.« Schmiedel griff nach einer Zeitung und schlug sie auf. »Man hat ihr Lieblingskabarett vom Fernsehprogramm abgesetzt.«

Ich erinnerte mich; die Nachricht war von Künzle bearbeitet worden. »Aus politischen Gründen«, sagte Schmiedel. »Ein Regierungssprecher bezeichnete es als untragbar. Ich habe meiner Frau für morgen zum Frühstück einen Leitartikel versprochen. Sie können das ja ganz gut.«

»Danke«, sagte ich, und ich wußte schon ungefähr, was ich schreiben würde.

»Sonst haben wir im Augenblick nichts«, sagte Schmiedel lächelnd, aber ich hatte noch etwas. Wenn er so guter Laune war, wäre es sträflich gewesen, sie nicht auszunutzen. »Ich habe mich«, sagte ich, »gestern wieder mit Schulberg unterhalten. Er möchte einen Verein gründen.«

»Wie originell!« sagte Schmiedel und hörte auf zu lächeln. »Wozu?«

»Er möchte die Wähler beeinflussen«, sagte ich. »Ich habe ihm versprochen, ihn dabei zu unterstützen.«

»Das war recht voreilig«, sagte Schmiedel kühl. »Was, zum Beispiel, würden Sie schreiben?«

»Ob sich ein Mann erst kreuzigen lassen muß, um die Regierung aufzuwecken.«

»Ihr Vokabular«, sagte Schmiedel, »ist ebenso drastisch wie tendenziös. Für Brauner würde ich die Schlagzeile akzeptieren.«

»Man könnte es auch veredeln«, sagte ich beschwörend. » Jeder zweite Verkehrstote kostet die Regierung eine Wählerstimme.«

Ich sah, wie seine Lippen zuckten, aber er hatte noch mehr Gewalt über sich als Schulberg. »Sie haben schon einen ausführlichen Artikel gebracht«, sagte er. »Ich muß, aufgrund früherer Erfahrungen, ohnedies in Rechnung stellen, daß uns Ihr morgiger Leitartikel viel mehr Antipathien bescheren wird, als unserer Auflage guttut. Belassen wir es dabei.«

»Ich dachte«, sagte ich enttäuscht, »Sie hätten ein persönliches Interesse an Schulberg.«

»Solange er originell bleibt«, sagte Schmiedel. »Guten Tag.«

Ich war wütend, enttäuscht und verbittert. In dieser Verfassung ging ich zu Leibfried. Er hatte bei der Pressestelle der ARD einen guten Bekannten sitzen, und ich sagte: »Ich brauche eine genaue Liste aller Sendungen, die in den letzten Jahren aus politischen Gründen vom Fernsehprogramm abgesetzt wurden.«

»Bis wann?« fragte er.

»Der Leitartikel soll morgen hinein.«

Er schnitt ein bedenkliches Gesicht und griff zum Telefon. Während wir auf die Verbindung warteten, fragte er: »Dein Einfall?«

»Schmiedels«, sagte ich. »Man hat seiner Frau ein Maskottchen aus dem Fernsehprogramm gestrichen.«

»Das macht Schule«, sagte Leibfried. »Seit sich ihre Experten das ostzonale Fernsehprogramm anschauen müssen, sind sie ständig inspiriert.«

»Vielleicht kaufe ich mir doch kein Fernsehgerät«, sagte ich. »In ein paar Jahren servieren sie uns vielleicht ein Staatsprogramm.«

»Mit klassischen Opern als Zwischeneinlagen«, sagte Leibfried. »Sie wissen, was wir uns schuldig sind.«

»Bei einem Goethe als Maßstab«, sagte ich.

»Und nicht nur Goeth‹ «, sagte Leibfried. »Wir haben noch mehr.«

»Im Gegensatz zu anderen«, sagte ich.

»Zu den Amerikanern, zum Beispiel«, sagte Leibfried.

»Die praktisch keine kulturelle Vergangenheit haben.«

»So gut wie keine«, sagte Leibfried, dann kam die Verbindung. Wir hatten das Glück, seinen Bekannten sofort zu erreichen, und er versprach uns, in zwei Stunden zurückzurufen. »Reicht dir das?« fragte Leibfried mich. Ich zuckte mit den Schultern. »Es muß reichen; sie will es unbedingt zum Frühstück haben.«

»Na eben«, sagte er, »eine zivilisierte Frau.«

Ich blieb noch ein paar Minuten bei ihm, und er erzählte mir von seinem Sonntagsausflug und daß er in der Gegend von Regensburg einen kleinen Waldsee entdeckt habe. »Kaum ein Mensch dort gewesen«, sagte er.

»Muß nett gewesen sein«, sagte ich.

»Sehr«, sagte Leibfried mit angestrengtem Gesicht. »Dich würde so etwas wohl nicht reizen, was?«

»Eigentlich«, sagte ich, »bleibe ich sonntags gerne im Bett liegen.«

Er lachte gezwungen. »Schrecklich! Ich halte es spätestens um sieben Uhr im Bett nicht mehr aus.«

»Sonntags auch?« fragte ich. »Gerade sonntags«, sagte er.

Die bloße Vorstellung schockierte mich. Wenn ich mit ihm verheiratet wäre, würde ich schon um sechs Uhr aufstehen und die Butterbrote für das Picknick streichen müssen. Die Rücksichtnahme auf andere Gewohnheiten betrachtete ich in einer Ehe als besonders problematisch. Ich würde mich nie fremden Gewohnheiten anpassen können. Mit siebenundzwanzig Jahren hatte man sich schon so an seinen eigenen Lebensrhythmus gewöhnt, daß jede Umstellung zu einer psychischen Belastung führen mußte. Die meisten Männer setzten als selbstverständlich voraus, daß sich die Frauen ihren Eigenheiten anpaßten. Dieser männlichen Intoleranz war auch nicht mit der Gleichberechtigung beizukommen, sie war eine Art Naturereignis, dem man sich entweder beugen oder daran kaputtgehen mußte. Nun, dieses Problem würde mir wenigstens erspart bleiben.

Ich kehrte zu Künzle zurück, unterrichtete ihn von Schmiedels Auftrag, setzte mich dann mit Wagenbach in Verbindung, aber er wußte wieder einmal bereits Bescheid. »Es ist möglich«, sagte ich, »daß ich mit zwei Spalten nicht auskomme. Würden Sie das bitte berücksichtigen?«

»Mal sehen«, sagte er. »Zuerst muß ich Ihr Pamphlet lesen. Wenn es mir gefällt, bringe ich noch ein Bild von Ihnen.«

»Das ist nicht nötig«, sagte ich bescheiden.

Ich hatte jetzt eine Menge zu tun, drückte mich vor der Redaktionskonferenz und bekam ziemlich pünktlich den Rückruf der Rundfunk-Pressestelle. Die Liste war lang, es befanden sich auch Sendungen darunter, die gar nicht erst aufgeführt worden waren. Ich bedankte mich, und der Mann von der Pressestelle versicherte mir, daß ich eine ungewöhnlich sympathische Stimme hätte.

»Und nicht nur das!« sagte ich. »Ich trage auch noch Zöpfe.« Er lachte und wollte wissen, wozu ich den Kram brauchte. Als ich es ihm verriet, war er ein paar Sekunden still, dann sagte er, ich solle an seine Familie denken und ihn nicht unglücklich machen. Außerdem, fuhr er fort, habe er meinetwegen sämtliche Protokolle der letztjährigen Programmkonferenzen durchblättern müssen, und wie ich mir das Honorar dafür vorstellte?

Ich versprach ihm einen meiner Zöpfe.

Lis kam heute nicht in die Kantine, sie hatte irgendwo in der Stadt zu tun, und da ich es mir zur Gewohnheit gemacht hatte, Leitartikel nur in meiner Wohnung zu verfassen – weil ich dort am wenigsten gestört wurde –, fuhr ich nach dem Essen sofort nach Hause und hatte zwei Stunden angestrengt zu arbeiten, aber das Thema lag mir, ich hatte es in Gedanken schon hundertmal vorweggenommen, und ich fand auch den richtigen Ton dafür. Was ich deutschen Leitartiklern am meisten vorwerfe, ist ihr absoluter Mangel an Humor, sie gebrauchen ihre Feder wie ein Fleischermesser, und jedesmal, wenn ich am Morgen ihre Artikel überflog, sah ich sie in Gedanken zähneknirschend hinter ihren Manuskripten sitzen. Ich konnte mich auch in Zorn schreiben, aber es las sich dann nicht so bitterernst, und ich war auch noch niemals von der Unfehlbarkeit dessen überzeugt gewesen, was ich schrieb. Die Unfähigkeit zur Selbstkritik war mehr als eine spezifisch deutsche Unart, sie schien mir fast symptomatisch zu sein für alles, was wir anfaßten, ebenso wie wir auch keine fremde Kritik ertrugen. In meinem Leitartikel setzte ich mich hauptsächlich mit der Frage auseinander, inwieweit es sich eine frei gewählte Regierung ohne Prestigeverlust leisten konnte, unbequeme Kritik zu unterdrücken, ob nur bis zur Absetzung einer lästigen Fernsehsendung oder bis zum Reichspresseamt und Konzentrationslager. Diese Formulierung schwächte ich später stark ab, behielt sie jedoch sinngemäß bei, und ich fragte – nach einer chronologischen Aufzählung aller vom Fernsehprogramm abgesetzten Sendungen – die verantwortlichen Stellen, ob die innere Logik einer Demokratie darin bestehen könne, sich täglich selbst zu widerlegen. Aber vielleicht, schrieb ich abschließend, sei deutsche Innenpolitik weniger eine Angelegenheit der Logik als die einer geschichtlichen Gesetzmäßigkeit, denn wo der unsachlichen Kritik keine Chance mehr eingeräumt werde, habe auch die sachliche Kritik erfahrungsgemäß nur noch eine beschränkte Lebenserwartung. Auch diese Formulierung schwächte ich ein wenig ab, tat es jedoch nur mit halbem Herzen, feilte den ganzen Artikel dann noch einmal gewissenhaft durch, vergaß auch nicht zu erwähnen, daß eine freie und unabhängige Presse die Vorgänge in den Fernsehanstalten wachsam verfolge und dafür sorgen werde, daß die im Artikel 5 des Grundgesetzes garantierte Meinungsfreiheit vor staatlichen Übergriffen gewahrt bleibe. Im großen und ganzen war ich mit dem Artikel zufrieden, und ich gönnte mir hinterher noch eine Zigarettenpause, saß rauchend am Fenster und blickte über das Tal hinweg. Am Vormittag waren Wolken aufgekommen, es sah aus, als ob die Schönwetterperiode vorüber wäre. Unwillkürlich mußte ich daran denken, was Kießling wohl empfinden würde, wenn er meinen Leitartikel zu Gesicht bekam. Vielleicht würde ich wieder eine Wohnungskündigung bekommen, aber diesmal wäre es zu offensichtlich, und Schmiedel hätte dann auch noch ein Wort mitzureden. Irgendwie empfand ich es als deprimierend, mir vorzustellen, daß Männer wie Kießling völlig unfähig waren, hinter meinen kritischen Äußerungen auch eine wohlmeinende Absicht zu akzeptieren. Dabei war es mir mit dem, was ich ihm gesagt hatte, durchaus ernst gewesen, die Verdienste seiner Partei ließen sich ebensowenig leugnen wie ihre innenpolitischen Ungeschicklichkeiten. Wie sehr sie sich selbst damit schadete, schien keinem ihrer verantwortlichen Männer bewußt zu werden, es hatte fast den Anschein, als hätte eine vierzehnjährige Regierungsverantwortung nicht nur ihr politisches Fingerspitzengefühl, sondern auch ihr Gespür für Popularität abgestumpft. Möglich, daß ich voreingenommen war, meine persönlichen Probleme hätten mich auch ohne meine politischen Einwände früher oder später in einen inneren Konflikt zu einem Staat gebracht, dessen zum Teil mittelalterlich anmutende Gesetzgebung und moralische Maßstäbe selbst die menschliche Intimsphäre nicht ausklammerten. Ich hatte mich gegen diese antiquierte Geisteshaltung deutscher Gesetzgeber schon immer gesträubt und nicht erst heute, da ich Anlaß hatte, mich auf eine indirekte Art persönlich betroffen zu fühlen. Andererseits war ich mir darüber im klaren, daß sich mein privater Konflikt nachteilig auf meine journalistische Objektivität auswirken mußte, und ich versuchte, dieses Handikap durch ein höheres Maß von Toleranz einigermaßen zu nivellieren. Ich war sogar bereit, auch im Herbst wieder der Regierungspartei meine Stimme zu geben, selbst dann, wenn es wider mein besseres Wissen geschehen müßte. Für eine innenpolitische Redakteurin gab es subtilere Möglichkeiten, politische Ressentiments abzureagieren, als die, gleich eine ganze Weltanschauung an den Nagel zu hängen. Außerdem war ich im Grunde meines Herzens doch ein sehr konservativer Mensch, ich besaß neben meinen Pyjamas auch noch bürgerliche Nachthemden, trank grundsätzlich keinen Whisky oder Gin und zog ein paar Dutzend tiefer Rumpfbeugen allen modischen Schlankheitskuren und sonstigen medizinischen Errungenschaften vor. Wie alle konservativen Menschen hatte ich auch einen unüberwindlichen Horror vor politischen Engagements, deren Tragweite über den Horizont des Übersehbaren hinausreichte. Ich hielt es für durchaus möglich, daß es der Opposition als Regierungspartei gelingen könne, der festgefahrenen Außen- und Innenpolitik sowie dem gesamten politischen Stil in Deutschland neue Impulse zu geben. Einigen ihrer führenden Köpfe traute ich jedenfalls mehr zu als maßgebenden Persönlichkeiten der Regierung, aber ich war mir meiner Sache nicht so absolut sicher, daß ich auch bereit gewesen wäre, dafür eine persönliche Verantwortung auf mich zu laden. Schon mein Engagement Schulberg gegenüber widersprach meinen Grundsätzen, mir keine zusätzlichen Bürden aufhalsen zu wollen, und ich würde jetzt zusehen müssen, wie ich am besten mein Gesicht wahren konnte, ohne ihn wieder auf die Straße zu treiben. In diesem Punkt war ich neuralgisch. Entweder mußte es mir gelingen, ihm seine komplizierten Absichten ganz auszureden, oder ich würde es riskieren, mir Schmiedels Ungnade zuzuziehen, indem ich den Lesern seiner Zeitung wenigstens einen kleinen Hinweis auf Schulbergs künftige Pläne gab. Wie hätte ich ihm sonst noch einmal gegenübertreten sollen!

Ich stand auf, ging in die Küche, trank ein Glas Wasser und zog dann ein anderes Kleid an. Vielleicht würde es bis heute abend wieder regnen. Ich beneidete alle Leute, die in Gegenden wohnten, wo man das schöne Wetter wie das tägliche Frühstück hinnahm. Männer hatten es in dieser Beziehung etwas leichter: als Frau wußte man in dieser Jahreszeit nie recht, was man anziehen sollte.

Den jungen Mann sah ich wieder, als ich aus dem Haus trat. Er stand auf der anderen Straßenseite, hatte die Hände in den Hosentaschen und starrte zu mir herüber. Von seiner schwarzen Lederjacke schien er sich ebensowenig trennen zu können wie Lis von ihren Wollstrümpfen. Ich hatte etwas gegen Männer mit Dauerwellen, er sah jedesmal aus, als käme er gerade aus einem Frisiersalon. Auch sein Gesicht war mir fast zu hübsch, sehr regelmäßig, mit einem etwas dünkelhaften Ausdruck. Sicher betrachtete er sich nicht weniger oft im Spiegel als eine Frau, trug nachts ein Haarnetz und schnitt beim Rasieren männliche Grimassen. Wie er im Bett aussah, wußte ich auch schon, obwohl ich ihn an jenem Abend kaum angesehen hatte. Auch in dieser Beziehung waren sich junge Männer ziemlich gleich. Es amüsierte mich, sie in Schwimmbädern zu beobachten, wenn sie sich mit zurückgezogenen Schultern und angehaltenem Atem von kleinen Mädchen bewundern ließen oder die Muskeln ihrer Oberarme bewegten. Wenn sie auf dem Rücken lagen, produzierten sie sich mit eingezogenen Bäuchen und lässigen Bewegungen. Es war völlig unzutreffend zu behaupten, daß nur Frauen richtig eitel sein könnten, und was das Produzieren betraf, waren Männer mitunter nicht zu überbieten.

Es war mir sofort klar, daß er auf Lis wartete, aber diesmal schockierte es mich nicht. Sicher war das, was sie in den letzten Jahren mit ihm verbunden hatte, nicht viel mehr als Gewohnheit gewesen. Mit siebzehn Jahren war man noch nicht sehr wählerisch, und heute mochte sie selbst empfinden, daß er nicht mehr diskutabel für sie war. Bei jungen Männern verhielt es sich oft genau umgekehrt, Gewohnheit entwickelte sich bei ihnen zur Abhängigkeit, und was sein Verhältnis mit Lis betraf, so waren bei ihnen die Rollen ohnedies vom ersten Tag an vertauscht gewesen. Es würde sie noch einige Anstrengungen kosten, ihn ganz abzuschütteln, wenn ihm nicht zufällig ein anderes Mädchen begegnete, das seine Dauerwellen hübsch und sein dünkelhaftes Gesicht männlich fand. In einigen Jahren würde er sich seiner Abhängigkeit schämen und sich nicht mehr daran erinnern wollen, daß er sich vor ihrem Haus herumgetrieben und ihr nachspioniert hatte. Es war nicht mein Problem, und ich ärgerte mich jetzt, mir seinetwegen auch nur einen Augenblick den Kopf zerbrochen zu haben. Was mich ein wenig wunderte, war die Unverfrorenheit, mit der er mich anstarrte. Man hätte doch meinen müssen, daß ein zwanzigjähriger Mann, der in so eindeutiger Situation überrascht worden war, beim nächsten Wiedersehen wenigstens eine Spur von Verlegenheit verraten würde, aber davon konnte ich mit dem besten Willen nichts entdecken, er wirkte eher aggressiv als verlegen, und seine Art, mich anzustarren, hätte direkt den Eindruck wachrufen können, als sei nicht ich es gewesen, die ihn mit Lis überrascht hatte, sondern er uns beide. Ich kümmerte mich auch nicht länger um ihn, und als ich mich eine Viertelstunde später der Straßenbahnhaltestelle näherte, kam er auf seinem Motorrad langsam an mir vorbeigefahren, starrte mich wieder aufdringlich an und zeigte mir dann, daß er auch rasch fahren konnte. Warum junge Männer sich einredeten, sie könnten eine Frau mit einer plötzlich erhöhten Tourenzahl beeindrucken, war mir auch nicht ganz klar; ich fand es ausgesprochen lächerlich.

Im Verlag fing die Grinserei wieder an, sogar der Portier grinste, als er mich sah. Ich nahm mir vor, die Manöverreportage noch einmal in Ruhe durchzulesen. Heute morgen hatten wir uns ein wenig verspätet gehabt, und ich war nicht mehr dazugekommen, mir die Zeitung vorzunehmen. Soweit ich die Reportage jedoch in Erinnerung hatte, war sie gar nicht so sehr ungewöhnlich, ein wenig auf Ironie getrimmt, aber sonst ... Mir fiel ein, daß Leibfried kein Wort darüber verloren hatte, und ging zuerst einmal zu ihm hinein. »Schon fertig?« fragte er.

Ich hielt ihm das Manuskript unter die Nase und fragte: »Wieviel Spalten habe ich?«

»Eineinhalb. Vorausgesetzt, es kommt nichts mehr dazwischen.«

»Ich habe die Nachrichten gehört«, sagte ich. »Nichts los heute. Wie hat dir meine Manöverreportage gefallen?«

Jetzt grinste er wirklich. »Die eineinhalb Spalten hast du dir verdient. Schmiedels Protektion ist dir jetzt sicher.«

»Das weiß man bei Schmiedel nie«, sagte ich.

»Sonst hätte er dich den Leitartikel nicht schreiben lassen«, sagte Leibfried. »Er riskiert damit einen Volksaufstand.«

Ich schob ein paar Bücher und Manuskripte auf die Seite, setzte mich auf seinen Schreibtisch und ließ die Beine baumeln. »So schlimm wird er gar nicht. Andere Blätter brachten es schon schärfer.«

»Aber nicht in Münsheim«, sagte Leibfried und betrachtete meine Beine. Ich hielt ihm meine Zigarettenpackung hin, ließ mir von ihm Feuer geben und schwatzte noch ein bißchen mit ihm, bis das Telefon läutete. Er nahm ab, gab den Hörer dann mir und sagte: »Es ist für dich.«

Blümchen war am Apparat, sie sagte, daß ein Herr schon zweimal angerufen habe und jetzt schon wieder nach mir verlange. »Legen Sie das Gespräch hierher«, sagte ich.

Ich dachte zuerst an Schulberg, aber dann vernahm ich die Stimme von Kießling, und ich stand unwillkürlich auf. Er fragte mich, wie es mir gehe, und fügte im gleichen Atemzug hinzu, daß die Wohnungsgeschichte endgültig geregelt sei, ich bräuchte also nicht auszuziehen.

»Fein«, sagte ich, und er war eine ganze Weile still. Vielleicht wartete er jetzt darauf, daß ich mich bedankte, und als ich es nicht tat, fragte er: »Sind Sie noch da?«

Ich bestätigte ihm, daß ich noch da sei, und er fragte: »Ist diese Manövergeschichte von Ihnen?«

Natürlich wußte er, daß sie von mir war; er kannte mein Signum, und er sprach auch sofort weiter: »Hoffentlich kriegen Sie da keine Schwierigkeiten; das war doch ein richtiges Manöver?«

»Wieso Schwierigkeiten?« fragte ich.

»Immerhin«, sagte er, »tun die Amerikaner das ja nicht zu ihrem Vergnügen, und wenn Sie ihnen dann hineinmurksen, ist das doch ein bißchen unverantwortlich, oder nicht?«

Daß er sich jetzt auch noch anmaßte, meine Manöverreportage kritisieren zu wollen, überschritt das Maß des Vertretbaren, ich sagte: »Vielleicht wird ihnen im Ernstfalle auch ein bißchen hineingemurkst. Seit wann interessieren Sie sich auch für amerikanische Manöver?«

»Schließlich sind sie unsere Verbündeten«, sagte Kießling.

»Und?« fragte ich. Seine Stimme wurde ungeduldig: »Das müssen Sie doch selbst einsehen! Wissen Sie, daß man Ihnen das als Sabotage auslegen könnte?«

Ich legte auf, drückte meine Zigarette aus und blickte Leibfried an. »Hast du das mitbekommen?«

»Ungefähr«, sagte er. »Ich habe dir schon vor zehn Tagen gesagt, daß du auf seiner Abschußliste stehst. Wenn er jetzt noch deinen Leitartikel morgen liest, bist du für ihn überfällig.«

»Wo leben wir eigentlich?« fragte ich.

»Wo wir schon immer gelebt haben«, sagte Leibfried. »Im Verlag kann er dir nichts anhaben. Bevor du zu uns kamst, wurden einem Reporter von uns in einer Nacht sämtliche Fensterscheiben eingeworfen.«

»Ich lasse nachts die Läden herunter«, sagte ich. »Was hat er geschrieben?«

»Er lag ungefähr auf deiner Linie«, sagte Leibfried. »Kam aus Frankfurt und hat sich nach einem Jahr wieder von uns verabschiedet. Die Stadtverwaltung boykottierte ihn.«

»Ich bin kein Reporter«, sagte ich.

Leibfried griff nach meinem Arm. »Ich kenne diese Stadt seit fünfzehn Jahren«, sagte er ruhig. »Gib ihnen außerhalb des Verlages keine Handhabe gegen dich.«

Ich blickte stumm in sein Gesicht. Er mußte wissen, daß Lis bei mir wohnte, wahrscheinlich hatte es sich schon im ganzen Verlag herumgesprochen; wir kamen fast jeden Morgen zusammen in ihrem Wagen angefahren, aber das war es nicht, was mich beunruhigte. Mit seinen Augen stimmte etwas nicht, und während ich ihn anschaute, hatte ich das sichere Gefühl, daß er meine Beziehungen zu Lis schon längst durchschaut hatte.

Ich unterhielt mich am späten Abend mit ihr darüber, aber sie lachte und meinte, ich sähe Gespenster. »Und selbst«, sagte sie, »wenn es so wäre, müßten sie es uns erst einmal nachweisen.«
»Das fehlte noch!« sagte ich, durch ihre Unbekümmertheit gereizt. »Hast du jemandem erzählt, daß du bei mir wohnst?«
»Sie hätten es auch so erfahren«, sagte Lis. »Paps war bei Wagenbach.«
Ich hielt es zuerst für einen Hörfehler und fragte: »Wer?«
»Mein alter Herr«, sagte sie. »Wagenbach hat mir alles brühwarm erzählt. Paps fragte ihn, ob er mich als mein Chef nicht beeinflussen könne, wieder ins teuere Elternhaus zurückzukehren.«
Ich hatte mir gerade eine Laufmasche vorgenommen gehabt und stach mich in den Finger. »Dein Vater war bei Wagenbach?« fragte ich fassungslos.
»Das erzähle ich dir ja schon die ganze Zeit«, sagte Lis. Sie lag auf der Couch, war mit einem Buch beschäftigt, und als ich sie fragte, wann das geschehen sei, hörte sie auf zu lesen und sagte: »Gestern mittag.«
Ich starrte sie noch immer fassungslos an. »Warum hast du mir nichts davon gesagt?« fragte ich schließlich.
»Wozu?« fragte sie. »Natürlich hat Wagenbach ihm erklärt, daß das nicht in seiner Kompetenz läge.« Sie lachte. »Er hat tatsächlich *Kompetenz* gesagt! Kannst du dir das vorstellen?«
Ich legte den Strumpf mit der Laufmasche auf den Tisch, ging zu ihr an die Couch und setzte mich neben sie. »Ich könnte dir eine herunterhauen«, sagte ich leise. »Merkst du denn nicht, daß sie dadurch förmlich mit der Nase daraufgestoßen werden?«
»Worauf?« fragte sie verwundert.
Wahrscheinlich war es ihr sogar ernst damit, ihre gelegentlichen Depressionen dauerten nie länger als ein paar Augenblicke, und

sie hatte auch kein Gedächtnis dafür. Manchmal schien es mir, als ob sie unser Verhältnis genauso selbstverständlich hinnähme wie ihre sonstigen Gewohnheiten. Von der Unsicherheit der ersten Tage war ihr nichts mehr anzumerken, und ich wünschte, ich könnte es genauso sehen wie sie. Für sie schienen keine Probleme mehr damit verbunden zu sein, sie umarmte mich, bevor sie abends einschlief, und am Morgen, wenn sie aufwachte, umarmte sie mich wieder. Sie stellte auch keine komplizierten Überlegungen mehr darüber an, wie es weitergehen und wo es enden würde. Seit sie sich meiner sicher war, hätte sie vielleicht auch nichts mehr dagegen einzuwenden gehabt, Schulberg auf meiner Couch schlafen zu lassen. Sie hatte sich ihr Leben zwischen ihrer Arbeit und unserem gemeinsamen Bett häuslich eingerichtet, tat mal dies und mal jenes, fotografierte und liebte, und wenn sie nicht fotografierte und nicht liebte, las sie in einem Buch, bügelte ein Kleid oder hatte im Badezimmer zu tun, wo sie ihre Negative entwickelte. Ich fragte mich oft, ob sie sich tatsächlich keine Gedanken mehr darüber machte oder ob das, was sie mich sehen ließ, nur dazu bestimmt war, es mich genauso selbstverständlich finden zu lassen, wie sie vielleicht nur vorgab, es selbstverständlich zu finden. Man wußte bei ihr nie ganz, woran man war, wieweit sie davon berührt wurde und wieweit nicht, wo es bei ihr anfing, in die Tiefe zu gehen, und welche Gedanken und Empfindungen es in ihr auslöste. Vielleicht hätte es mich weniger beschäftigt, wenn ich mich wenigstens mit ihr darüber hätte aussprechen können, wenn sie mir gesagt hätte, wie sie darüber dachte, ob es sie noch belastete oder nicht, aber sie ließ es gar nicht erst zu einem ernsthaften Gespräch zwischen uns kommen, so wie eben und wie immer, wenn ich davon anfing. Je länger dieser Zustand andauerte, desto unsicherer wurde ich auch in meiner Einstellung dazu. Nicht etwa, daß ich plötzlich fremde Maßstäbe übernommen, fremde Vorurteile zu meinen eigenen gemacht hätte. Was mich beschäftigte, war vielmehr die Frage, inwieweit ich es mir selbst gegenüber verantworten konnte oder mußte oder durfte. Möglich, daß meine Bedenken in meiner Vergangenheit wurzelten. Ich hatte nie teilgenommen an dem, was jungen Mädchen mit spätestens siebzehn Jahren zum Lebensinhalt wird, ich hatte es immer nur von der Peripherie erlebt, neugierig, aber nicht teilnahmsvoll, interessiert, aber isoliert davon. Gewissensfragen, wann und in welchem Alter man einem Mann zum erstenmal nachgeben dürfte, waren mir immer erspart geblieben. Erspart geblieben auch die Frage, ob es moralisch sei oder Sünde, unmoralisch oder Naturereignis. Ich hatte es nachgeholt wie einen verspäteten Schwimmkurs, wie einen Tanzkurs für einen späten Jahrgang, und ich hatte es wenigstens kennengelernt, ohne es als unmoralisch empfinden zu müssen. Unter unmoralisch hatte ich immer andere Dinge verstanden, ich konnte Politik als unmoralisch empfinden, Dreiecksverhältnisse, Verführung von Minderjährigen, Notzucht, Nacktbaden und Steuerhinterziehungen. Nur im Zusammensein zweier erwachsener Menschen hatte ich noch nie etwas Unmoralisches entdecken können, nicht, solange es sich in ihrer Intimsphäre abspielte und keinen Dritten mittelbar oder unmittelbar berührte. Ich war von meinen Eltern nie aufgeklärt worden, hatte als Mädchen auch nie das Bedürfnis verspürt, aufgeklärt zu werden. Was ich über diese Dinge wußte, hatte ich aus wissenschaftlichen Werken, guten Romanen oder Filmen. Es hatte mich nie erregt und auch nie sonderlich abgestoßen, solange ich es in keine direkte Beziehung zu mir selbst gebracht hatte. Ich hatte mir das Wissen darüber angeeignet, weil es für eine erwachsene Frau unumgänglich war, weil man es sich mit fünfundzwanzig Jahren selbst schuldig war, den Dingen auf den Grund zu schauen, Zusammenhänge zu erkennen, Ursachen und Wirkungen zu verstehen und sich eine eigene Meinung darüber zu bilden. Heute hatte ich meine eigene Meinung, ich hielt sie nicht für die einzig richtige, und ich versuchte auch nicht, sie anderen Menschen aufzudrängen. Es genügte mir in der Regel, mich selbst davon zu überzeugen, und was Lis betraf, so war ich der Meinung gewesen, mich überzeugt zu haben. Jetzt war ich mir meiner Sache nicht mehr so sicher. Ich war zwar nach wie vor der Ansicht, daß es meine Privatangelegenheit war, aber ich fing an, mich zu fragen, inwieweit ich mir damit den Rückweg zu meiner früheren Unabhängigkeit verbaute. Konnte man es, wenn man es schon einmal angefangen hatte, überhaupt auf ein bestimmtes Verhältnis lokalisieren, oder würde es so etwas wie eine Kettenreaktion in meinem Leben auslösen? Ich wußte keine Antwort darauf, weil mir die Erfahrung fehlte, weil ich in diesen Dingen immer mit mir allein gewesen war und auch nie Gelegenheit gehabt hatte, mich mit einem anderen Menschen darüber zu unterhalten. Ich hätte viel dafür gegeben, es wenigstens ein einziges Mal tun zu können.

Ich kehrte an den Tisch zurück, nahm meine Arbeit wieder auf und versuchte, an andere Dinge zu denken. Es fiel mir nicht einmal so schwer. Die Frage, wie Kießling reagieren würde, wenn er morgen früh meinen Leitartikel las, beschäftigte mich in zunehmendem Maße. Es war das erstemal gewesen, daß Schmiedel mich persönlich mit einem so hochbrisanten Thema beauftragt hatte. Künzle würde es sicher wieder als Brüskierung empfinden, sein mürrisches Gesicht heute abend war nicht zu ignorieren gewesen. Leitartikel waren normalerweise sein Privileg, und er verrichtete seine Arbeit ebenso gewissenhaft wie unverbindlich, tat selten jemandem weh, und wenn er schon einmal kritisch werden mußte, geschah es mehr im onkelhaften Ton eines Mannes, der nur widerstrebend einer unangenehmen Verpflichtung nachkommt. Schmiedel mußte schon ausnehmend guter Laune gewesen sein, mir die Sache zu übertragen, und Leibfrieds Vermutung, daß ich den Leitartikel nur meiner guten Manöverreportage zu verdanken hätte, war vielleicht gar nicht so sehr aus der Luft gegriffen. Es war überhaupt schon ein kleines Wunder gewesen, daß Schmiedel mir gegenüber seine Frau erwähnt hatte, er war sonst, was sein Privatleben anging, nicht gerade mitteilsam.

Ich hatte sie auch noch nie persönlich gesehen, angeblich sollte sie zehn Jahre jünger als er und sehr attraktiv sein. Sie war seine zweite Frau, er hatte sie auf einer Geschäftsreise in Frankfurt kennengelernt und ihr nach der Hochzeit eine Dreihunderttausendmark-Luxusvilla an die Peripherie von Münsheim gestellt. Ob sie sie als einen angemessenen Ersatz für das fehlende kulturelle Niveau der Stadt zu empfinden vermochte, wurde im Verlag allgemein angezweifelt, es hieß, sie langweile sich in ihrer Villa noch zu Tode.

Es war kurz nach halb elf Uhr, als draußen in der Diele die Türglocke anschlug. Ich blickte zu Lis hin, sie legte wieder ihr Buch auf die Seite und fragte: »Erwartest du noch Besuch?«

»Ich nicht«, sagte ich.

»Dann ist es am besten«, sagte sie, »wir machen gar nicht erst auf.«

Die Fensterläden waren noch nicht heruntergelassen. Wer immer auch vor der Tür stand, mußte von der Straße gesehen haben, daß wir noch Licht hatten. Ich ging hinaus, und dann blickte ich wieder in das Gesicht des jungen Mannes; er fragte: »Ist Fräulein Hensel hier?«

Er grüßte nicht, hatte die Hände in den Taschen und starrte mich aufdringlich an. Ich machte ihm die Tür vor der Nase zu, kehrte zu Lis zurück und sagte: »Dein Tankstellenboy.«

»Ich bringe ihn um!« sagte sie. »Was will er?«

»Dich«, sagte ich und setzte mich wieder an den Tisch, aber ich war nicht so ruhig, wie ich mir den Anschein gab. Das flegelhafte Verhalten des lederbejackten Jünglings hatte mir das Blut in den Kopf getrieben. Ich merkte, daß Lis mich aufmerksam anschaute, dann ging sie hinaus, schloß die Tür hinter sich, und etwas später vernahm ich ihre Stimmen undeutlich durch die geschlossene Tür. Sie stritten sich, ich hörte es an der Lautstärke, dann wurde die Wohnungstür heftig zugeschlagen, ich hörte Lis ins Bad gehen, und sie schlug auch die Badezimmertür vernehmlich hinter sich zu. Es geschah etwa im gleichen Augenblick, als der junge Mann wieder energisch auf den Klingelknopf drückte. Ich war jetzt so aufgebracht, daß ich sofort hinauslief, die Tür aufriß und atemlos sagte: »Wenn Sie nicht auf der Stelle verschwinden, rufe ich die Polizei.«

»Tun Sie es doch!« sagte der junge Mann aufsässig. »*Ich* brauche keine Angst vor der Polizei zu haben.«

Die Art, wie er es betonte, brachte mich jäh zur Besinnung. »Was wollen Sie damit sagen?« fragte ich kalt.

»Fragen Sie doch Ihre *Freundin*!« sagte der junge Mann und drehte mir den Rücken zu. Ich blieb an der Tür stehen und beobachtete, wie er die Treppe hinunterlief. Als ich ihn nicht mehr sehen konnte, schloß ich die Tür, lehnte mich mit dem Rücken dagegen und dachte nach. Dann ging ich zu Lis. Die Tür zum Badezimmer war abgeschlossen, ich hämmerte mit der Faust dagegen und sagte: »Komm heraus!«

Es dauerte eine ganze Weile, bis sie die Tür öffnete, und sie sah ganz verstört aus. Ich packte sie am Arm, zog sie mit mir ins

Wohnzimmer und stieß sie auf die Couch. »Was weiß er?« fragte ich atemlos vor Angst.

»Alles«, sagte sie, und dann ließ sie sich mit dem Gesicht auf die Couch fallen und weinte laut.

Meine Beine waren wie abgestorben, ich setzte mich neben Lis und betrachtete mein Zimmer, den kleinen Sekretär mit meiner Schreibmaschine, die Holzmaserung der Anrichte, den roten Teppich, die längsgestreiften freundlichen Tapeten, den Tisch und die Stühle. Mir war, als säße ich plötzlich in einem mir völlig fremden Zimmer, nichts war mir noch vertraut, alles wirkte fremd, feindselig und nüchtern, wie in ein fluoreszierendes, kaltes Licht getaucht, das meinen Augen weh tat und mir ein Gefühl psychischer Nacktheit vermittelte. Ich hatte auch kein Empfinden dafür, wie lange ich so saß, jeden Zoll meines Zimmers betrachtete und mich innerlich nackt, kalt und wie tot fühlte. Ich hatte auf einmal das Bedürfnis, allein zu sein, ging auf meinen abgestorbenen Beinen steif ins Schlafzimmer hinüber, legte mich im Dunkeln auf das Bett, lag mit offenen Augen, empfindungslos, regungslos und wie in ein schwarzes Tuch gehüllt. Als Lis hereinkam, konnte ich sie nicht einmal hassen, sie setzte sich zu mir und sagte mit undeutlicher Stimme: »Er hat die Fotos in meiner Handtasche gesehen.«

Sie verriet mir nichts Neues mehr, ich hatte es schon vorgestern abend geahnt. Und gestern morgen, als sie so früh aufgestanden war, hatte sie die Aufnahmen bei ihm zurückgeholt. Ich wußte nicht, zu welchem Preis, und vielleicht war er gar nicht so einfältig, wie sie angenommen hatte. Ich wußte jetzt nur, daß die Aufnahmen existierten und daß er sie gesehen hatte; mehr brauchte ich nicht zu wissen. Vielleicht hätte ich sie noch fragen können, wo die Bilder jetzt waren, aber ich konnte auch nicht reden, mein Mund war trocken, meine Kehle trocken, ich hatte das Gefühl, nur ein Krächzen hervorbringen zu können. Allein der bloße Gedanke, daß sie die Bilder ständig in ihrer Handtasche herumgeschleppt hatte, betäubte mich. Nichts wirkte magischer auf männliche Neugierde als der Anblick einer unbewachten Damenhandtasche, und eine Fotoreporterin hatte sie mehr im Wagen liegen als in der Hand. Vielleicht hatte sie sie auch einmal in der Lokalredaktion liegenlassen, die jungen

Männer dort wurden sogar noch dafür bezahlt, neugierig zu sein, es war ihr Beruf, in fremden Dingen herumzuschnüffeln, und wenn einer die Bilder gesehen hatte, war ich so gut wie erledigt. Als Redakteurin erledigt, als Frau erledigt, ich würde mich nirgendwo mehr sehen lassen können. Auch vor dem jungen Mann nicht, ich erinnerte mich jetzt wieder, wie er mich heute mittag angestarrt hatte, wie er auf seinem Motorrad langsam an mir vorbeigefahren war und mich von Kopf bis Fuß gemustert hatte. Es machte mich verrückt, daran zu denken, daß er sich, während er mich musterte, die Bilder vergegenwärtigte, daß er sich zu Hause in seinem Bett an ihnen erregt hatte, es machte mich so verrückt, daß ich lautlos vor mich hin lachte, und neben mir fing Lis zu schluchzen an. Einen Augenblick fühlte ich mich versucht, mit den Fäusten auf sie einzuschlagen, aber auch das hätte es nicht mehr ungeschehen machen können. Wenn ich wenigstens fähig gewesen wäre, zu weinen oder zu schreien, mir irgendwie Luft zu schaffen, um endlich etwas anderes zu empfinden als diese sinnlose, idiotische Heiterkeit, die mich fast tötete. Ich drehte mich auf den Bauch, hielt die Luft an, bis das Lachen in mir erstickte und ich wieder frei atmen konnte. Und während ich dalag und tief durchatmete, löste sich auch die Verkrampfung in mir, ich wurde unvermittelt ganz ruhig, und auch meine Stimme klang ganz ruhig, als ich sagte: »Du kannst nicht länger hierbleiben.«

Sie wurde augenblicklich still, für eine kurze Weile hörte ich nur noch ihre Atemzüge, dann sagte sie genauso ruhig wie ich: »Tu das nicht.«

»Ich weiß, was ich tue«, sagte ich. »Wenn du morgen abend noch hier bist, stelle ich deine Sachen vor die Tür.«

»Das wirst du nicht tun«, sagte sie. »Nie.«

Ich richtete mich auf, knipste das Licht an, und sie saß mit schneeweißem Gesicht neben mir. Während ich in ihre vom Weinen geröteten Augen blickte, fühlte ich ein Frösteln auf meiner Haut. »Wenn du das tust«, sagte sie, »weiß ich nicht mehr, was ich mache.«

»Du wußtest es auch so nicht«, sagte ich. »Du hast es auch nicht gewußt, als du die Bilder aufgenommen hast.«

Ich stand auf, ging zum Schrank und holte Bettzeug heraus. Als ich es ins Wohnzimmer trug, kam sie mir nachgelaufen und fragte: »Wozu tust du das?«

»Du wirst heute nacht auf der Couch schlafen«, sagte ich.

»Nein«, sagte sie.

»Dann werde ich auf der Couch schlafen«, sagte ich. »Geh mir aus dem Weg!«

»Ich weiß, warum«, sagte sie durch die Zähne. »Du willst deinen Schulberg wieder hierhaben.«

Ich drückte sie mit dem Ellbogen zur Seite, ging an ihr vorbei und stieß die Tür hinter mir zu. Ich sah keine andere Möglichkeit mehr. Solange sie hier war, würde der junge Mann keine Ruhe geben, und wozu junge und eifersüchtige Männer fähig waren, wußte ich. Wenn es überhaupt noch eine Möglichkeit gab, wenigstens das Schlimmste zu verhüten, dann nur die, daß sie zu ihren Eltern zurückkehrte.

Ich mußte noch einmal ins Schlafzimmer zurück. Als ich in die Diele kam, stand Lis noch auf dem gleichen Fleck. »Du kannst in deinem Bett schlafen«, sagte sie, ohne mich anzusehen. »Ich schlafe auf der Couch.«

Ich nickte nur. Im Badezimmer schloß ich die Tür hinter mir ab. Wie immer, wenn ich mir über eine Sache endgültig klargeworden war, duldete ich keinen Widerspruch in mir. Es überraschte mich, wie leicht es mir fiel. Während ich darüber nachdachte, wurde mir bewußt, daß ich auch jetzt nicht die Absicht hatte, es zu einem endgültigen Bruch kommen zu lassen. Sie würde mich auch in Zukunft noch besuchen können, wenn gewährleistet war, daß der junge Mann nichts davon erfuhr. Vielleicht war dies der einzige Weg, aus alldem herauszukommen; ich sah keinen anderen. Sie bedeutete mir selbst in dieser Sekunde noch mehr, als ich in meiner augenblicklichen Verfassung wahrhaben wollte. Dies war keine Sache, die man wie ein schlechtes Bühnenstück an einem x-beliebigen Punkt zu Ende bringen konnte, sie hatte auch nicht an irgendeinem x-beliebigen Punkt angefangen; sie war schon immer dagewesen, ich hatte es nur nicht gewußt.

Lis war nicht mehr in der Diele, als ich hinauskam. Ich ging ins Schlafzimmer, zog mich im Dunkeln aus und legte mich hin. Solange der junge Mann so abhängig von ihr war und sie keine Kurzschlußhandlung bei ihm provozierte, würde er auch nichts weitererzählen; ich hielt sie für intelligent genug, es selbst zu wissen. Ich glaubte auch nicht mehr daran, daß noch ein anderer Mann die Bilder gesehen haben könnte, ich hätte es sonst im Verlag schon zu fühlen bekommen. Ich konnte jetzt auch wieder ganz ruhig darüber nachdenken, ohne Panik und lähmende Furcht, und ich nahm mir vor, mit Lis darüber zu reden. Sobald einmal die unmittelbarste Gefahr beseitigt war, würde man weitersehen, es irgendwie zu einem Ende führen, ohne schmerzhaften Bruch und unübersehbare Folgen. Ich fühlte mich sogar schon ein wenig geneigt, den ganzen Vorfall als eine glückliche Fügung hinzunehmen, die es uns ersparte, nach einer anderen und vielleicht viel komplizierteren Lösung suchen zu müssen. Was heute noch wie ein kaum zu bewältigendes Problem aussah, konnte sich eines Tages von selbst lösen; man mußte den Dingen nur Zeit lassen, sich zu entwickeln.

Ich war sicher, daß sie noch einmal zu mir hereinkommen würde, aber sie stellte meine Geduld auf eine harte Probe, und als sie schließlich kam, war über eine halbe Stunde vergangen. Sie setzte sich neben mich, griff im Dunkeln nach meiner Hand, preßte sie an ihren Mund, und ich fühlte, daß ihr Gesicht naß war von Tränen. »Das kannst du nicht tun«, sagte sie wieder. »Du kannst mich jetzt nicht einfach davonjagen.«

»Was wollte er?« fragte ich.

»Was er immer will«, sagte sie, und ich sagte: »Du lügst. Wenn es nur das gewesen wäre, hätte er so spät nicht mehr an unserer Tür geläutet. Er stand schon heute nachmittag vor unserem Haus.«

Sie schwieg, und nach einer Weile fragte sie: »Wann war das?«

»Gegen fünf Uhr«, sagte ich. »Ich glaube, ich weiß auch, was er von dir wollte. Du hast ihm versprochen, nicht länger bei mir wohnen zu bleiben.«

»Das ist nicht wahr!« sagte sie heftig, aber ich kannte sie jetzt schon zu gut, als daß es mich noch überzeugt hätte. »Natürlich hast du es ihm versprochen«, sagte ich. »Dafür hat er dir auch wieder die Bilder zurückgegeben.«

»Hat er dir das erzählt?« fragte sie rasch.

Ich gab keine Antwort, und sie blieb wieder eine Weile stumm neben mir sitzen. Als sie sich über mich beugte, merkte ich, daß sie ohne Kleider war. Sie küßte mich auf den Mund, legte ihr nasses Gesicht an meine Wange und murmelte: »Ich darf trotzdem hierbleiben, nicht wahr?«

»Es geht nicht«, sagte ich. »Wenn du hierbleibst, werden wir keine ruhige Minute mehr haben.«

»Ich werde schon mit ihm fertig«, sagte sie mit dem Gesicht an meiner Wange. »Überlaß das nur mir.« Auch ihre Hände waren naß von Tränen, sie griff unter meinen Pyjama, und ich hielt ihre nasse Hand unter meinem Pyjama fest und sagte: »Wir werden es so einrichten, daß er es künftig nicht mehr erfährt.«

»Was einrichten?« fragte sie, und ich sagte: »So wie früher.«

»Indem ich dich ab und zu besuche?« fragte sie.

»Ja«, sagte ich.

Sie nahm ihre Hand von meinem Körper weg und richtete sich schnell auf. »Soll das heißen, daß ich nicht hierbleiben kann?« fragte sie.

»Ich sehe keine andere Möglichkeit«, sagte ich. »Solange er wie ein kleiner Hund hinter dir herläuft, ist es das einzige, was wir tun können.«

»Er wird auch noch wie ein kleiner Hund hinter mir herlaufen, wenn ich nicht mehr bei dir wohne«, sagte Lis, und ihre Stimme klang plötzlich hart und laut.

»Sicher hat er außerdem gelegentlich auch noch etwas anderes zu tun«, sagte ich.

»Der nicht«, sagte Lis, »der findet immer Zeit, hinter mir herzulaufen. Ich denke nicht daran, mich von ihm einschüchtern zu lassen.«

»Dann denke wenigstens an mich«, sagte ich.

»Hast du mehr zu verlieren als ich?« fragte sie kalt.

Vielleicht hatte ich es falsch angefaßt, aber ich wurde jetzt ungeduldig und sagte: »Ich habe nicht mehr zu verlieren als du, aber vielleicht wirst du mir wenigstens einräumen, daß nicht ich die Bilder gemacht habe.«

»Es tut mir leid«, sagte sie kalt.

»Mir auch«, sagte ich. »Es ist nun einmal geschehen, und wir müssen sehen, wie wir damit fertig werden.«

»Wie *du* damit fertig wirst?« fragte sie.

»Ich habe von uns gesprochen«, sagte ich.

»Aber vielleicht hast du nur an dich dabei gedacht«, sagte Lis.
»Ich könnte ja abends ins Kino gehen, wenn ich euch im Weg
bin.«

Sie machte es mir fast zu schwer, und es kostete mich Mühe,
ruhig zu bleiben. »Du weißt genau, daß es so nicht ist«, sagte
ich.

»Weiß ich das?« fragte Lis.

Ich war müde, hatte vor Aufregung Kopfschmerzen und keine
Lust mehr, mich noch länger mit ihr herumzustreiten. Ich sagte:
»Wir reden morgen weiter.«

»Das ist nicht nötig«, sagte Lis. »Ich habe auch so verstanden.«

»Was hast du verstanden?« fragte ich.

»Daß ich euch im Weg bin«, sagte sie. Dann änderte sich unvermittelt ihr Ton, sie faßte wieder nach meiner Hand und sagte
bettelnd: »Laß mich hierbleiben, Simone.«

»Es geht nicht«, sagte ich, und mir war schon ganz übel vor Ver-
zweiflung. Sie blieb wieder eine lange Weile still neben mir sitzen, dann ließ sie meine Hand los und sagte leise: »Das werde
ich dir nie verzeihen.«

Es war so hoffnungslos verfahren, daß mir keine Antwort mehr
einfiel. Ich hörte im Dunkeln, wie sie aus dem Schlafzimmer
ging, dann hörte ich noch die Wohnzimmertür zufallen, und ein
einziges Wort von mir hätte alles verhindern können. Ich
weinte.


Am nächsten Morgen war sie nicht mehr da, und als ich am
Abend nach Hause kam, hatte sie ihre Sachen geholt. Ich saß bis
gegen Mitternacht in meiner leeren Wohnung, konnte nichts tun,
nichts essen, konnte nur dasitzen, und auch in der Kantine hatte
ich sie nicht gesehen. Kießling hatte nicht wegen des Leitartikels
angerufen, im Verlag hatten sie mir gratuliert, auch Künzle hatte
mir gratuliert, Wagenbach hatte mir lächelnd die Hand geschüt-
telt, alle waren sie nett zu mir gewesen, nur Lis war nicht gekommen. Ich hatte so gehofft, sie zu sehen, ich war ihretwegen
eine halbe Stunde früher in den Verlag gegangen, zum erstenmal
früher als Künzle, und ich hatte den ganzen Tag gegen die Versuchung ankämpfen müssen, in der Lokalredaktion nach ihr zu

fragen. In der Nacht schlief ich dann unruhig, wachte immer wieder auf, lag mit Herzklopfen im Bett, und als ich am Morgen aufstand, hatte ich Kopfschmerzen, einen üblen Geschmack im Mund und fühlte mich krank. Ich kam so gereizt in den Verlag, daß ich schon nach den ersten zehn Minuten Streit mit Künzle hatte und den ganzen Vormittag kaum mehr ein Wort mit ihm sprach. Beim Mittagessen schaute Leibfried besorgt in mein Gesicht, und Lis war auch heute nicht da. Ich hielt es einfach nicht länger aus und beauftragte nach dem Essen Blümchen damit, sich in der Lokalredaktion nach ihr zu erkundigen. Sie erzählte mir, daß Fräulein Hensel ein paar Tage Urlaub genommen habe und erst Ende der Woche wieder in den Verlag komme. Am Abend wußte ich wieder nichts mit mir anzufangen, saß lustlos herum, verrichtete lustlos einige Arbeiten, hörte lustlos die Nachrichten im Radio und entschloß mich dann, als mich die Stille in meiner Wohnung förmlich aufzuspießen begann, zu einem Spaziergang. Es war nicht zum Regnen gekommen, der Himmel hatte sich sogar wieder aufgeklart, und da es ziemlich frisch draußen war, nahm ich einen Mantel mit. Wie immer um diese Zeit begegnete ich kaum einem Menschen auf der Straße, ich ging bis zur Straßenbahnhaltestelle, zog es dann jedoch vor, noch ein Stück zu laufen, und schlug die Richtung zum Fluß ein. Während ich durch die leeren Straßen ging, intensivierte sich in mir das Gefühl des Alleinseins. Ich blickte auf die beleuchteten Fenster der Häuser, hier und dort sah ich die Silhouette eines Mannes oder einer Frau hinter den vorgezogenen Gardinen, hörte fremde Stimmen aus den Häusern, Radiomusik oder das Fernsehprogramm, das Klappern von Tellern, eine Geschirrspülmaschine. Es waren nicht mehr die Geräusche meiner Kindheit, nicht mehr die warmen, von einem unbestimmbaren Fluidum eingehüllten Erinnerungen an vergangene Tage. Nur gelegentlich noch, wenn ich zum Beispiel an einem frühen Winterabend durch die festlich illuminierten Straßen lief, konnte es geschehen, daß es mich wie eine jähe Vision überkam, ein plötzliches Aufblitzen hinter dem Horizont meines Bewußtseins, den Bruchteil einer Sekunde nur, und doch nachhallend wie ein vielfaches Echo in meiner Seele. Aber solche Augenblicke wurden immer seltener, je älter ich wurde, desto stärker verblaßten die Bilder in meinem Gedächtnis, es war, als ob mit jedem Tag, der verstrich, auch der Faden meiner Erinnerungen nach hinten ein kleines Stück kürzer werde und irgendwo in den ungewissen Dämmerungen meines Bewußtseins untertauchte.

Ich ging noch bis an den Fluß und ein kleines Stück über die kastaniengesäumte Uferstraße, sah die geschwungenen Konturen seiner Brücken schwarz vor dem Sternenhimmel, und jede Brücke führte zu Lis hinüber. Auch zu Fuß hätte ich von hier aus in einer halben Stunde bei ihr sein können, und seit ich sie das letzte Mal gesehen hatte, waren nahezu achtundvierzig Stunden vergangen. Es hätte mich nur einen winzigen Entschluß gekostet, diese Zeit wie eine unangenehme Erinnerung aus meinem Bewußtsein auszulöschen, ich hätte nur den Fuß auf eine dieser alten Brücken zu setzen, noch ein paar Straßen zu gehen brauchen, es wäre alles so unsagbar einfach gewesen, und trotzdem tat ich es nicht. Ich blieb neben einer Brücke stehen und blickte zur anderen Seite hinüber, sah die Lichter der Laternenalleen gleich zweifach, im Wasser und über der dunklen Uferböschung, sah die von Scheinwerfern angestrahlten Kirchtürme und alten Festungsmauern wie die Kulissen eines Amphitheaters vor den tiefen Schatten der steilen Berghänge, und die kahlen Äste der Uferkastanien glichen aus dieser Entfernung einem dichten Maschengitter, das Stadt und Fluß voneinander trennte. Ich hatte die Stadt nie richtig gemocht, ihre Menschen nicht und ihre provinzielle Atmosphäre nicht, ich hatte mich an sie gewöhnt, wie man sich an die kürzer werdenden Tage im Herbst gewöhnt, widerwillig und resignierend zugleich. Mein Verhältnis zur ihr hätte sich höchstens als eine Vernunftehe apostrophieren lassen, mehr war es nie gewesen, und zu mehr würde es sich wohl auch nie entwickeln. Es gab einige romantische Winkel, die mir gefielen, besonders im historischen Teil, und die Landschaft ringsherum war schön und abwechslungsreich, vor allem im Süden der Stadt, wo der Fluß sich verbreiterte und seine Ufer mit Schilf und hohem Gesträuch bewachsen waren. Dort mußte Lis auch den Porschefahrer fotografiert haben, genauso hemmungslos und kaltblütig, wie sie mich fotografiert hatte oder uns beide, und sicher hatte sie sich auch für das *künstlerische Arrangement* etwas Hübsches einfallen lassen. Ich wagte gar nicht, daran zu denken, wie es ausgefallen sein könnte, sicher jedenfalls nicht so, daß es über die Art unserer Beziehungen auch nur den Schatten eines Zweifels gelassen hätte. Ihre Leidenschaft für ausgefallene Motive war schon krankhaft, und was mich am meisten daran störte, war, daß sie auch nicht einen einzigen Tag damit verloren, sondern die erste sich bietende Gelegenheit beim Schopfe gefaßt hatte, und sicher hatte sie auch nur deshalb ohne Pyjama schlafen wollen.

Ich wurde, während ich es mir durch den Kopf gehen ließ, etwas ruhiger. Es gab kaum eine Entschuldigung für das, was sie getan hatte, auch nicht für die Kaltschnäuzigkeit, mit der sie mir vor die Augen getreten war, als sie den falschen Film hereinbrachte. Noch in ihrem Schrecken darüber, daß sie vergessen hatte, das Stativ wegzuräumen, hatte sie mich bereits wieder eiskalt an der Nase herumgeführt. Sie hatte sich zwar verwirren, aber nicht einschüchtern lassen, und sie würde sich auch von dem jungen Mann nicht einschüchtern lassen. Ich glaubte nicht, daß ich mir seinetwegen noch Gedanken zu machen brauchte.

Auf dem Rückweg fiel mir ein, daß ich mir Schulbergs Gasthaus wenigstens einmal im Vorübergehen anschauen könne. Ich war in diesem Teil Münsheims noch nie gewesen, und es war auch kein großer Umweg. Es lag in einer Parallelstraße zur Straßenbahnlinie, und ich hatte nur zehn Minuten zu gehen. Von außen wirkte es wie ein Wohnhaus, ein dreistöckiges Gebäude mit hohen Fenstern und einem kleinen Garten. Es machte einen soliden Eindruck, und durch die Fenster im Parterre konnte ich in das Restaurant schauen. Gäste waren im Augenblick nicht zu sehen, aber hinter der Theke stand ein schwarzhaariger jüngerer Mann mit weißer Schürze, sicher der Wirt, mit dem ich telefoniert hatte. Wäre es nicht schon so spät gewesen, so hätte ich ihn nach Schulberg gefragt. Mir graute davor, wieder in meine Wohnung zurückkehren zu müssen. Ich hatte mich in dieser einen Woche so an die Gegenwart von Lis gewöhnt, daß mir die Wohnung ohne sie wie ausgeräumt vorkam. Wenn ich wenigstens einen Hund oder eine Katze gehabt hätte, die daheim auf mich warteten! Ich hatte es noch nie so stark empfunden wie gerade jetzt.

Daß ich Schulberg dann doch noch begegnete, gehörte zu jenen angenehmen Zufällen, ohne die das menschliche Dasein fast unerträglich wäre. Er stand an der Endstation der Straßenbahn und mußte mich schon etwas früher gesehen haben, denn er kam direkt auf meine Wagentür zugelaufen und half mir beim Aussteigen. »Bei Ihnen war ich«, sagte er. »Ist Ihre Freundin auch nicht zu Hause?«

»Sie wohnt wieder bei ihren Eltern«, sagte ich. Etwas in seinem Gesicht beunruhigte mich, ich fragte: »Ist etwas passiert?«

»Man hatte mich heute mittag auf das Polizeipräsidium geladen«, sagte Schulberg.

Ich blieb unwillkürlich stehen. »Schlimm?«

»Und ob!« sagte er. »Sie haben mir nahegelegt, die Stadt zu verlassen.«

»Aber das können sie doch gar nicht!« sagte ich ungläubig. »Das wäre ja gegen das Grundgesetz!«

»Das wissen die auch«, sagte Schulberg. »Sie haben sich etwas Besseres einfallen lassen. Darf ich mit Ihnen kommen?«

Ich war so verstört, daß ich mechanisch nickte. Während wir auf der dunklen Straße zu meiner Wohnung gingen, erzählte er mir, daß immer noch eine Anzeige wegen der letzten Geschichte gegen ihn vorliege. Man habe ihm auf dem Polizeipräsidium angedeutet, daß man unter gewissen Voraussetzungen nicht darauf zurückkommen werde.

»Wörtlich?« fragte ich rasch. Er schüttelte den Kopf. »Dafür sind sie zu gerissen; es war trotzdem unmißverständlich.«

»Das hört sich böse an«, sagte ich verstört. »Was haben Sie ihnen geantwortet?«

»Daß ich es mir noch überlegen werde«, sagte Schulberg. »Ich weiß nur noch nicht, wozu.«

Es war ein Komplott, und obwohl es vielleicht nur Voreingenommenheit von mir war, mußte ich plötzlich an Kießling denken. Sicher hatte er meinen Artikel über Schulberg gelesen, und da ich mich so für ihn engagiert hatte, war die Möglichkeit nicht einmal an den Haaren herbeigezogen. Um mir eins auszuwischen, würde ihm kein Mittel primitiv genug sein, und ein Mann wie Schulberg mußte ohnedies wie ein rotes Tuch auf ihn wirken.

»Was werden Sie jetzt tun?« fragte ich schließlich.

»Das wollte ich Sie fragen«, sagte Schulberg. »Im Augenblick bin ich am Ende.«

Ich hatte ihn noch nie in diesem Ton reden hören, er erschreckte mich. Ich fragte: »Arbeiten Sie schon?«

»Seit gestern«, sagte er. »Sehen Sie noch eine Möglichkeit?«

Ich wußte es noch nicht, meine ganze Hoffnung konzentrierte sich jetzt auf Schmiedel. Vielleicht würde er, wenn er davon erfuhr, seine ablehnende Haltung doch noch revidieren. Dies war ein glatter Fall von politischer Erpressung, wenn man ihn in die Zeitung brachte, würde er nicht nur in Münsheim einigen Staub aufwirbeln. »Ich rede morgen mit meinem Chef«, sagte ich entschlossen. »Kann ich Sie telefonisch erreichen?«

»Im Betrieb«, sagte Schulberg. »Nach einer Wohnung habe ich mich noch nicht umgesehen; es wäre schade um die Mühe. Versprechen Sie sich etwas davon?«

»Wenn er mitmacht«, sagte ich.

Den Rest des Weges legten wir schweigend zurück, und in meiner Wohnung ließ er sich sofort auf die Couch fallen und fragte: »Haben Sie wenigstens etwas zu trinken hier?«

In der Anrichte stand noch eine angebrochene Flasche Kognak, ein Weihnachtsgeschenk von Leibfried. Wenn ich allein war, trank ich nur selten etwas. Ich füllte zwei Gläser, gab eines davon Schulberg und setzte mich an den Tisch. »Diese kleinen Männer!« sagte ich.

»Haben Sie schon einmal einen großen erlebt?« fragte Schulberg. Er sah müde und resigniert aus, und ich beobachtete, wie er sein Glas austrank, die Flasche vom Tisch holte und das Glas wieder vollgoß. »Und dann«, sagte er, »versuchen Sie sich noch vorzustellen, daß auch Richter und Staatsanwälte genauso kleine Männer sind. Zum Wohl!«

»Zum Wohl!« sagte ich mechanisch.

»Menschliche Unzulänglichkeit, in schwarze Roben verpackt«, sagte Schulberg. »Entschuldigen Sie, bitte, wenn ich etwas voreingenommen sein sollte.«

»Ich entschuldige es«, sagte ich.

Er trank noch ein Glas leer, stand auf, kam zu mir und setzte sich vor meiner Nase auf den Tisch. »Zu Hause machte ich das nie. Aber ich habe Grund anzunehmen, daß Sie sich nicht zu mir auf die Couch setzen wollen, und möchte Ihnen ein wenig näher sein. Fragen Sie mich jetzt um Himmels willen nicht, wozu!«

»Ich werde Sie nicht fragen«, sagte ich.

»Wenn ich es mir recht überlege«, sagte er, »hatte ich schon immer etwas gegen Richter und Staatsanwälte. Ich glaube, ihr Beruf verdirbt ihnen die Fähigkeit, selbstkritisch zu sein. Darf ich wenigstens Ihr Kleid aufknöpfen?«

Ich blickte ruhig in seine Augen. »Wenn es Ihnen hilft.«

»Alles für den lieben Onkel!« sagte Schulberg. »Was würden Sie eigentlich nicht für mich tun?«

»Ich weiß es auch nicht«, sagte ich.

»Und ich glaube es Ihnen sogar«, sagte er und knöpfte mein Kleid auf. Er schob es mir über die Arme, griff in den Ausschnitt meines Hemdes und streichelte mit abgewandtem Gesicht lange meine Brust. Dann zog er mir das Kleid wieder hinauf, knöpfte es zu und fragte: »Wie lange, glauben Sie wohl, kann ein Mensch so etwas durchhalten, ohne sich dabei kaputtzumachen?«

»Warum versuchen Sie es dann immer wieder?« fragte ich ruhig.

»Es hat mich nur interessiert«, sagte er, »zu sehen, ob sich zwischen uns nichts geändert hat.«

»Und jetzt haben Sie es gesehen?« fragte ich.

»Ja«, sagte er und stand auf. »Vielen Dank für den Kognak.«

»Ich komme noch ein kleines Stück mit Ihnen«, sagte ich rasch.

»Das ist nicht nötig«, sagte er, aber ich war schon in der Diele und zog meinen Mantel an. »Ich hätte doch mit Ihnen hinuntergehen müssen«, sagte ich. »Die Haustür wird schon abgeschlossen sein.«

»Wenn Sie meinen . . .«, sagte er.

Auf der Straße schob er mir die Hand unter den Arm. Mein Gesicht war heiß, und es kam nicht nur vom Kognak. »Vielleicht hätte ich es einmal im Wald versuchen sollen«, sagte er. »In Ihrer Wohnung sind zu viele Formalitäten damit verbunden.«

»Das liegt mir nicht«, sagte ich.

»Es handelt sich hier nicht um Sie«, sagte er. »Es handelt sich um mein Selbstvertrauen. Wissen Sie einen Weg in der Nähe?«

»Nein«, sagte ich.

»Ich erinnere mich«, sagte er, »am Sonntag einen gesehen zu haben. Das muß doch hier gewesen sein?«

Er zog mich am Arm hinter sich her, und ich folgte ihm, als hätte ich keinen Willen mehr. Im Dunkeln öffnete er mir irgendwo den Mantel, knöpfte mein Kleid von oben bis unten auf und drückte mich gegen einen Baum. Er küßte meinen Hals, mein Gesicht, zerrte an meiner Wäsche, und ich stand da, als wäre ich zu einem Teil des Baumes geworden. Als er sich gegen mich lehnte, hatte er sein Selbstvertrauen wiedergefunden, aber er tat mir weh, und obwohl ich versuchte, ihm dabei zu helfen, quälten wir uns gegenseitig, bis ich sagte: »Sie haben es mir nicht glauben wollen.«

»Ja«, sagte er und ließ mich los. Er drehte sich um, brachte seine Kleider in Ordnung und ging davon. Ich sah ihm nach, wie er, ohne ein einziges Mal zurückzuschauen, zur Straße ging, dann knöpfte ich mein Kleid und meinen Mantel zu, hob den Schlüpfer auf und steckte ihn in die Manteltasche. Als ich auf die Straße kam, war Schulberg verschwunden, und mein einziges Empfinden war eine sinnlose, fast schmerzhafte Genugtuung.

Kießling rief auch am nächsten Tag nicht an. Nach der Redaktionskonferenz versuchte ich, zu Schmiedel zu kommen, aber er hatte keine Zeit für mich, und ich wandte mich an Wagenbach. »Wenn es nicht länger als fünf Minuten dauert«, sagte er und hörte mir mit unbewegtem Gesicht zu. Einmal griff er nach einem Bleistift, zog die Oberlippe von den Zähnen und klopfte mit dem Bleistift dagegen. Dann legte er den Bleistift auf die Seite, verschränkte die Hände auf dem Schreibtisch und fragte: »Wie wollen Sie das beweisen?«

»Wozu erst noch beweisen?« fragte ich. »Man hat ihm nahegelegt, die Stadt zu verlassen, andernfalls droht man ihm mit einem Prozeß. Ist das nicht eindeutig?«

»Wenn wir ein Tonband davon hätten«, sagte Wagenbach. »Was denken Sie wohl, wem man mehr Glauben schenken wird, den Leuten vom Polizeipräsidium oder einem Vorbestraften?«

»Schließlich«, sagte ich, »ist er kein Krimineller.«

»Er ist ein Politischer«, sagte Wagenbach, »und das wiegt in diesem Land viel schwerer. Sie sind doch schon so etwas wie ein alter Hase in diesem Metier. Warum wollen Sie nicht einsehen, daß es so nicht geht?«

»Sehen Sie einen anderen Weg?« fragte ich.

»Ja«, sagte Wagenbach. »Er müßte sich von einem Kirchturm stürzen und es vorher mit ganzseitigen Anzeigen in sämtlichen Zeitungen publizieren.«

»Und Sie glauben«, fragte ich, »daß das irgendeinen Mann in Bonn beeindrucken wird?«

»Auf keinen Fall«, sagte Wagenbach und stand auf. Ich machte keinen Versuch mehr, ihn umzustimmen. Zwar hatte ich zumindest erwartet, daß er mir zusichern würde, sich mit Schmiedel darüber zu unterhalten, aber ich machte keinen Versuch mehr. Warum dies so war und warum selbst Männer wie Wagenbach und Schmiedel in einem solchen Fall vor einem verbindlichen Engagement zurückschreckten, gehörte zu jenen Dingen, für die mein journalistischer Horizont nicht weit genug war. Vielleicht hätte ich ebensosehr juristisch wie journalistisch, ebensosehr kaufmännisch wie redaktionell versiert sein müssen, um es zu begreifen, aber es verhielt sich im kleinen genauso wie im großen. Irgendwann waren alle historischen Tragödien nur deshalb nicht vermieden worden, weil irgendwo irgend jemand vor einem verbindlichen Engagement zurückschreckte. Das reichte bis Adam und Eva und würde auch immer so weitergehen. Ich redete mir nicht ein, alle weltpolitischen Zusammenhänge immer zu durchschauen, und ich hatte mir auch noch nie angemaßt, in dramatischen Situationen ein besseres Rezept in der Tasche haben zu wollen als jene, deren man sich in der Regel in dramatischen Situationen bediente. Vielleicht lag auch in der menschlichen Unlogik ein Akt der Wahrheitsfindung, und was wäre das auch für eine Welt gewesen, wenn sie sich nicht jeden Tag in ihrer Unzulänglichkeit selbst bestätigt hätte!

In meinem Zimmer blieb ich eine Weile geistesabwesend an meinem Schreibtisch sitzen und ließ mir die verrücktesten Einfälle durch den Kopf gehen. Ich war auch jetzt noch nicht bereit, einfach zu resignieren, schließlich war es meine Idee gewesen, Schulberg wieder nach Münsheim zu bringen. Ich fühlte mich für ihn verantwortlich, und seit gestern abend war ich auch auf eine persönliche Art mit ihm verbunden. Ich hätte mein Empfinden nicht genau definieren können, ob es mehr komplicenhaft oder die natürliche Solidarität zwischen zwei Menschen war, die sich, auch physisch, kaum mehr etwas zu verbergen hatten. Ich glaubte auch, ihn jetzt gut genug zu kennen, um mir über sein ebenso verletzendes wie unverständliches Verhalten gestern abend keine schwerwiegenden Gedanken machen zu müssen. Er war ein impulsiver Mensch, und wahrscheinlich würde er bei unserer nächsten Begegnung so tun, als ob nichts gewesen wäre. Einen kleinen Denkzettel hatte er allerdings verdient, ich nahm mir vor, ihn heute nicht anzurufen, was mir um so leichter fiel, als ich ohnedies nicht wußte, was ich ihm hätte sagen können.

Ich hatte vor dem Mittagessen noch einiges zu tun, ging mit Künzle die eingegangenen Nachrichten durch, und wir hatten auch heute wieder etwas für die Titelseite. Sein Benehmen mir gegenüber hatte sich in den letzten Tagen normalisiert, er versuchte nicht mehr, mich zu siezen, und enthielt sich auch aller anderen außergewöhnlichen Zustände. Daß er sich einer geradezu rührenden Korrektheit befleißigte, konnte ich ihm nicht übelnehmen, ich war im Gegenteil froh, ihn nicht mehr zur Räson bringen zu müssen, was auf die Dauer doch sehr ermüdend war. Vor dem Essen ging ich noch auf einen Sprung zu Leibfried und sprach mit ihm den ganzen Komplex gründlich durch, aber er fand auch keine überzeugende Erklärung für Wagenbachs ablehnende Einstellung Schulberg gegenüber. »Ich könnte mir nur vorstellen«, meinte er, »daß sie das Gefühl haben, deine diversen Glossen und Leitartikel reichten vorerst mal aus. Ich möchte nicht wissen, was Schmiedel seit gestern früh alles verdauen muß.«

»Das ist in seinem Berufsrisiko enthalten«, sagte ich achselzukkend. »Wenn's ihm zuviel wird, kann er sich ja zur Ruhe setzen. Was sind das überhaupt für Argumente, Menschenskind!«

»Fiktive«, sagte Leibfried lächelnd. »Wenn du es verbindlich haben willst, mußt du Schmiedel selbst fragen.«

»Er empfängt mich ja gar nicht erst«, sagte ich verdrossen. »Ich habe Schulberg versprochen, ihm irgendwie zu helfen, und wenn ich deshalb noch einmal mit Kießling sprechen müßte.«

»Nach deinem gestrigen Leitartikel«, sagte Leibfried, »würde er dich mit gezücktem Brieföffner empfangen.«

»Möglich«, sagte ich, aber es war nicht ganz meine Überzeugung. Wie alle einigermaßen attraktiven Frauen hatte ich eine ziemlich hohe Meinung von meinen persönlichen Möglichkeiten. Es müßte auch zu schaffen sein, ohne gleich bis ins Schlafzimmer zu gehen. Daß er für physische Reize nicht unempfänglich war, glaubte ich mit einiger Sicherheit voraussetzen zu können.

Da mir das Gespräch mit Leibfried auch nicht weiterhalf, gingen wir zusammen in die Kantine, und hier erlebte ich eine Überraschung. Obwohl es keine feste Sitzordnung gab, hatte es sich mit der Zeit doch so eingebürgert, daß fast immer die gleichen Leute an einem Tisch beisammensaßen, und dort, wo ich mit Leibfried zu sitzen pflegte, wurden wir von Lis erwartet. Im ersten Moment brachte ich keinen Ton heraus, ich starrte sie nur an, aber sie tat, als hätten wir gestern abend noch zusammen im Bett gelegen, und sagte: »Das dauerte ziemlich lange. Hat er dir wieder ein süßes Geheimnis verraten?«

»Weder ein süßes noch ein anderes«, sagte ich, als ich wieder sprechen konnte, und ich war so aufgeregt, daß ich sogar ein wenig stotterte. Sie betrachtete mich lächelnd, dann wandte sie sich an Leibfried, der einen roten Kopf bekommen hatte: »Sie sitzt mehr bei Ihnen als an ihrer Schreibmaschine. Wird Ihnen das mit der Zeit nicht zuviel?«

»Bis jetzt«, sagte er, »habe ich es nicht als störend empfunden.«

Sie kicherte. »Hast du das gehört? Er spricht im Leben genauso gepflegt wie in seinen Essays. Ich würde ihm gerne einmal ein Gedicht zum Rezensieren geben.«

»Von dir?« fragte ich.

»Natürlich«, sagte Lis, und zu Leibfried sagte sie: »Würde es mit Ihrer Eigenschaft als Feuilletonchef sehr disharmonieren, wenn Sie uns das Essen holten?«

Es sah aus, als ob er zu einer scharfen Entgegnung ansetzen wollte, dann fiel sein Blick auf mich, und ich sagte: »Bitte!«

Er stand auf, und Lis sah ihm lächelnd nach und sagte: »Ein sympathischer Mann. Ich könnte mir vorstellen, daß er dich auf Händen tragen würde, und das nicht nur ins Bett.«

Ich konnte mich vor Empörung kaum mehr beherrschen und fragte schroff: »Was willst du?«

»Ich?«

Sie widmete mir einen verwunderten Augenaufschlag.

»Was soll ich in der Kantine schon groß wollen? Mittagessen, oder was hast du dir gedacht?«

»Ich schätze deinen Ton nicht«, sagte ich. »Was muß er von uns denken!«

»Er ist so intelligent«, sagte sie gleichgültig, »daß ihm auch ohne meinen Ton etwas einfallen wird. War es nett gestern abend?« Ich schaute rasch in ihr Gesicht. »Wann?«

»Es war schon ziemlich spät«, sagte sie lächelnd, »als ich mich auf leisen Sohlen deinem Hause näherte, und wer, rate einmal, stand dort?«

»Vielleicht das Haus?« fragte ich mit plötzlichem Herzklopfen.

»Das auch«, sagte Lis, »aber vor dem Haus stand noch ein Mann, und er sah todunglücklich aus. Na ja, habe ich mir gesagt, einmal wird es ihm doch zuviel werden, warten wir noch ein bißchen, du kennst ja die Bank in der Nähe, Gott, was habe ich gefroren.«

Ich blickte sie noch immer unverwandt an.

»Schließlich ging er«, sagte sie, »genauso todunglücklich, wie er vor dem Hause gestanden hat, zur Straßenbahnhaltestelle, und als ich ihn dann wieder zurückkommen sah, war er gar nicht mehr todunglücklich. Ich muß sagen, du hast wirklich nicht viel Zeit verloren.«

Ich konnte ihr nicht antworten, weil Leibfried das Essen brachte, er sagte: »Es lohnt sich bald, in einem Gasthaus zu essen!«

Lis nickte. »Was ich schon immer gesagt habe: der Pächter taugt nichts. Ich wette, in seiner Familie hat es immer nur Eintopf gegeben. Guten Appetit!« Mir war der Appetit vergangen. Daß sie gesehen hatte, wie ich mit Schulberg zurückkam, beunruhigt mich nicht. Mich beunruhigte, wie lange sie dann noch vor dem Haus gestanden hatte. Die Vorstellung, sie könnte uns auch noch im Wald beobachtet haben, hatte etwas Obszönes; ich fühlte förmlich, wie sich mir der Magen dabei herumdrehte.

Beim Essen wurde kaum ein Wort zwischen uns gesprochen, Leibfried machte einen geistesabwesenden Eindruck, ein paarmal ertappte ich ihn dabei, wie er mich heimlich musterte; ich konnte es schon nicht mehr ertragen und war froh, als er sich sofort nach dem Essen mit einem gemurmelten Hinweis auf dringliche Arbeit entschuldigte. Als er uns nicht mehr hören konnte, sagte ich: »Jetzt hast du erreicht, was du erreichen wolltest.«

»Aber wo sind wir denn?« fragte Lis verwundert. »Wenn er **eine** dringliche Arbeit hat!«

Ich schob meinen halbleeren Teller von mir und fragte so ruhig ich konnte: »War das alles, was du mir erzählen wolltest?«

»Eigentlich ja«, sagte sie. »Es dauerte mir dann zu lange, und ich ging nach Hause. Schließlich konnte ich ja nicht die ganze Nacht auf der Bank sitzen bleiben.«

»Du hättest heraufkommen können«, sagte ich erleichtert.

»Aber woher denn!« Sie schüttelte in gespielter Entrüstung den Kopf. »Ich weiß doch, was sich gehört. Ich gehe ja auch nicht zu meinen Eltern ins Schlafzimmer. Wie ist er?«

Ich verstand zuerst gar nicht, was sie damit meinte und fragte: »Wer?«

»Schulberg«, sagte Lis, und sie lächelte jetzt nicht mehr. Ihre Nase sah auf einmal ganz spitz aus, und als ich in ihre Augen blickte, fröstelte es mich wieder. »Ich stelle ihn mir sehr aufregend vor«, sagte sie. »Er ist der Typ, der wilde Lustschreie ausstößt und vom Schrank springt.«

Ich stand auf und ging zur Tür. Draußen holte sie mich ein und vertrat mir den Weg. »Das hättest du nicht tun sollen«, sagte sie leise. »Nicht schon am nächsten Tag.«

»Es war der übernächste«, sagte ich kalt.

»Vielleicht war er schon am Abend vorher bei dir«, sagte sie. »Ich habe gleich gewußt, daß alles nur ein Vorwand war, um mich loszuwerden. Wirst du ihn heiraten?«

»Vielleicht«, sagte ich kalt.

»Du wirst ihn nicht heiraten«, sagte Lis, und ihre Nase sah noch immer ganz spitz aus. »Ich schwöre dir, daß du ihn nicht heiraten wirst!« Sie drehte sich um und rannte davon.

Mir war wieder übel. Ich ging auf die Toilette, schloß mich eine Viertelstunde ein und wußte nicht mehr, was ich tun sollte. Mir war alles so zuwider, daß ich nur noch das Bedürfnis hatte, nach Hause zu gehen, mich in mein Bett zu legen und nichts mehr zu sehen und nichts mehr zu hören. Ich ging zu Blümchen und sagte: »Bestellen Sie Künzle, daß ich nach Hause gefahren sei.«

Sie blickte besorgt in mein Gesicht. »Fühlen Sie sich nicht wohl?«

Ich nickte, zog meinen Mantel an, ging hinaus und die Treppe hinunter. Ich verspürte jetzt auch keine Lust, mich in der Straßenbahn anstarren zu lassen, und nahm mir ein Taxi. Daheim setzte ich mich ins Wohnzimmer, rauchte hintereinander ein halbes Dutzend Zigaretten, schenkte mir einen Kognak ein und trank das Glas mit geschlossenen Augen leer. Nach zehn Minuten wußte ich, daß es ein Fehler gewesen war, nach Hause zu gehen, hier war alles nur noch schlimmer. Ich saß wie gelähmt vor meinem Glas, unfähig, einen vernünftigen Gedanken zu fassen. Als ich es nicht mehr ertrug, stand ich auf, holte ein Tuch aus der Küche und fing an, Staub zu wischen. Zuerst die Anrichte, dann den Sekretär, den Tisch und die Stühle. Ich war in wenigen Minuten fertig damit und holte auch noch den Staubsauger. Dann arbeitete ich eine halbe Stunde, ging ins Schlafzimmer und machte dort weiter. Hinterher ging ich in die Küche, wischte den Boden naß auf, dann noch den Boden der Diele und das Badezimmer. Als es in der ganzen Wohnung nichts mehr naß zu wischen gab, nahm ich ein Putzmittel, polierte die Armaturen im Bad und in der Küche, putzte die Wanne, das Waschbecken und den Spiegel. Nach eineinhalb Stunden schwitzte ich am ganzen Körper, ich riß mir im Schlafzimmer die Sachen herunter, zog ein leichtes Hauskleid an und putzte weiter. Ich lag auf den Knien, putzte die Tapetenleisten, die Heizkörperrippen der Zentralheizung und sämtliche Fensterscheiben. Als ich auch damit fertig war, fühlte ich mich wie gerädert, die Haare hingen mir ins Gesicht, meine Knie waren geschwollen, meine Arme taten mir weh, ich ging wieder ins Bad, warf drei Schlaftabletten in ein Glas Wasser und trank es aus. Dann legte ich mich in meinem Hauskleid aufs Bett und weinte vor Erschöpfung. Ich ekelte mich vor mir selbst.

Ich ging auch am nächsten Tag nicht in den Verlag, und am frühen Abend kam Schulberg und fragte mich, ob ich den Anruf vergessen hätte. Er sah genauso blaß und müde aus wie ich, und als er sich im Wohnzimmer eine Zigarette ansteckte, zitterten seine Hände. Mir war nichts mehr eingefallen, was ich noch für ihn hätte tun können, aber der Gedanke, er würde unwiderruflich aus Münsheim weggehen, war mir unerträglich. Ich konnte mir mein Leben plötzlich nicht mehr vorstellen ohne ihn, und ich nahm ihn mit in mein Schlafzimmer, aber es war wieder genauso wie vorgestern abend im Wald, ich hätte vor Schmerzen schreien können, und als er es merkte, ließ er von mir ab und sagte: »Ich hätte es nicht mehr versucht.«

»Ich weiß es. Es war meine Schuld.«

Er streichelte mir den Kopf, das Gesicht, und ich legte das Gesicht an seine Brust und weinte wieder. Es war das einzige, was mir noch half, und er hörte nicht auf, mich zu streicheln, bis ich mich beruhigte. Dann sagte er: »Ich glaube jetzt auch, daß es am besten ist, wenn ich verschwinde.«

»Vielleicht«, sagte ich.

»Ich möchte nur noch etwas tun«, sagte er. »Etwas, damit diese verdammte Stadt mich nicht so rasch vergißt. Was hat dein Chef gesagt?«

Es war das erstemal, daß er mich duzte, und ich antwortete: »Er meinte, wir hätten zuwenig Beweise.«

»Ich habe es mir gedacht«, sagte Schulberg. »Sonst sagte er nichts?«

»Doch. Wenn du vom Kirchturm springst, geben sie dir sogar den Leitartikel.«

»Von welchem Kirchturm?« fragte Schulberg.

So, wie er mich jetzt streichelte, erinnerte es mich an meine Mutter, ich legte mein Gesicht in seine Hände und küßte sie. »Ich habe alles falsch angefaßt«, sagte er, »aber mir ist nichts Besseres eingefallen. Was wird nun aus uns?«

»Nichts«, sagte ich in seine Hände. »Es ist alles sinnlos.«

»Wenn man es so sieht«, sagte er, »hat das ganze Leben keinen Sinn. Hast du nie einen Mann gehabt?«

Ich nickte. »Doch.«

»War es da genauso?«

»Nein«, sagte ich. »Es war schlimmer.« Ich hatte Angst, er würde mir jetzt raten, zu einem Arzt zu gehen, aber er tat es nicht und küßte meinen Rücken und meine Schultern. Er strich mir das Haar aus dem Nacken, küßte auch meinen Nacken, und ich bat ihn, die Nacht hierzubleiben. Er sagte: »Ich werde morgen auf das Präsidium gehen und ihnen sagen, daß ich am Montag verschwinde.«

»Wir brauchen uns trotzdem nicht aus den Augen zu verlieren«, sagte ich. »Du wirst auch in München oder Augsburg eine Stellung finden, und wir werden uns gelegentlich besuchen.«

»Daran habe ich auch schon gedacht«, sagte er. Etwas in seiner Stimme gefiel mir nicht, ich blickte rasch in sein Gesicht. »Aber du wirst keine Dummheiten machen?«

»I wo!« sagte er. »Du kennst ja meine Einstellung dazu.«

»Dann koche ich uns jetzt einen Kaffee«, sagte ich und stand auf. Im Bad wusch ich mein Gesicht, ging dann in die Küche, machte uns Kaffee und trug ihn ins Schlafzimmer. Es war kühl, ich zog meinen Morgenrock an. Wir tranken den Kaffee im Bett. »Objektiv gesehen«, sagte Schulberg, »habe ich immer ein bißchen Pech gehabt, schon mit meinen Eltern; meine Mutter erwischte es bei einem Luftangriff, sie war eine einfache Frau, aber erzählen konnte sie, ich glaube, sie hätte Bücher schreiben können.«

»Ist dir nicht kalt?« fragte ich.

»Nein«, sagte er und lächelte. »Wie kann man bei einer Frau sein und frieren!«

»Das kommt auf die Frau an«, sagte ich, und er fragte: »Wieso? Du bist schön warm. Wahrscheinlich klingt es abgestanden, wenn ich dir sage, daß ich mich bei dir aufgehoben fühle, wie schon lange nicht mehr. Ähnlich aufgehoben habe ich mich nur gefühlt, als meine Eltern noch lebten.«

»Bei deiner Frau nicht?« fragte ich.

Er öffnete den Gürtel meines Morgenrocks und sagte: »Nicht so. Ich habe sie geliebt, aber ich fühlte mich nicht aufgehoben. Etwas aufgehoben fühlte ich mich eigentlich nur bei meiner Arbeit, und da auch wieder anders als bei meinen Eltern und bei dir. Ein Mann ist mit seiner Arbeit genauso verheiratet wie mit seiner Frau.«

»Ohne meine Arbeit «, sagte ich, »würde ich es nicht ertragen.«

»Es ist bei dir ähnlich wie bei mir«, sagte er, während er mich betrachtete. »Oder so, wie es bei mir war. Ich kann das schlecht erklären, es war etwas, was zusammengehörte, ich meine, meine Frau und meine Arbeit.«

»Ja«, sagte ich. »Das kann ich verstehen.«

»Als sie tot war«, sagte Schulberg, »gab es auch einen Bruch in meiner Arbeit. Es war nicht mehr dasselbe wie früher.«

»Das wird sich wieder geben«, sagte ich ohne Überzeugung, und er sagte: »Es gibt sich alles wieder. Dieses verdammte Leben ist so herrlich eingerichtet, daß sich alles wieder gibt. Ich kann das schon nicht mehr mit anhören.«

»Es tut mir leid«, murmelte ich.

Er streichelte meine Beine, mein Haar und sagte: »Es war nicht so gemeint. Ich kriege das, was ich oft sagen will, nicht mehr richtig auf die Zunge, ich weiß zwar genau, was ich sagen möchte, aber wenn ich versuche, es in Worte umzusetzen, habe ich Schwierigkeiten. Du bist wohl viel allein?«

»Ja«, sagte ich.

»Ich habe das früh kennengelernt«, sagte er. »Ein Onkel kann eben keine Eltern ersetzen, es hörte erst auf, als ich meiner Frau begegnete. Wir waren uns schon einig, bevor wir das erste Wort miteinander gesprochen hatten. Es war etwas Merkwürdiges.« Er verstummte, dann lachte er ein wenig. »Jetzt fange ich an, dich zu langweilen.«

»Du langweilst mich nicht«, sagte ich. »War sie schön?«

»Ich habe alle Bilder von ihr zerrissen«, sagte er. »Ja, ich glaube, sie war schön, sie hatte ein Gesicht wie vom Reißbrett, ähnlich wie du. Mit einem Kind an der Brust hätte sie ein gutes Reklamefoto für natürliche Ernährung geliefert. In Wirklichkeit war sie gar nicht so scharf auf Kinder; sie hatte Angst.«

»Ich hätte auch Angst«, sagte ich. Er nickte, während er noch immer meine Haare streichelte. »Es ist heute nicht mehr so wie vor zehn Jahren«, sagte er, »aber vielleicht wäre es für dich schlimmer als für andere; ich bin kein Mediziner. Außerdem bist du auch gar nicht der Typ für Kinder.«

»Gibt es den?« fragte ich lächelnd. Er lächelte auch. »Gefühlsmäßig, meine ich. Ich glaube, Kinder würden dich zu deinem Nachteil verändern. Als ich dich zum erstenmal sah, hatte ich einen verrückten Gedanken, ich dachte, daß man dich, so wie du heute bist, konservieren sollte, damit du der Nachwelt unverändert erhalten bleiben würdest.«

»Wie schrecklich«, sagte ich lächelnd.

»Das ist nicht schrecklich«, sagte er. »Schrecklich ist für einen Mann wie mich nur, sich vorzustellen, daß du eines Tages nicht mehr so aussehen wirst wie heute.«

»Das finde ich auch schrecklich«, sagte ich.

»Es gibt überhaupt viel Schreckliches«, sagte er. »Man empfindet es nur nicht, weil man sich allmählich daran gewöhnt, von schrecklichen Dingen umgeben zu sein, und weil man sie als etwas Unabwendbares hinnimmt; dabei müßte es gar nicht so sein.«

»Wieso nicht?« fragte ich.

»Da komme ich mit mir selbst in Konflikt«, sagte er, »aber das muß jeder mit sich allein ausmachen.«

Es war jetzt schon dunkel geworden, und er stand auf, machte das Licht an und trat ans Fenster. Während er hinausschaute, veränderte sich seine Haltung, er fragte: »Erwartest du noch jemand?«

»Nein«, sagte ich. »Wieso?«

»Ich glaube«, sagte er, »deine Freundin steht auf der anderen Seite.«

Ich griff hastig zum Lichtschalter und lief dann ans Fenster. Sie war es, ich hätte sie auch erkannt, wenn es draußen noch dunkler gewesen wäre. Als ob sie uns am Fenster entdeckt hätte, drehte sie sich plötzlich um und ging rasch davon. »Ein eigenartiges Mädchen«, sagte Schulberg. »Was hast du mit ihr?«

»Alles«, sagte ich.

Er nickte wieder, ich fühlte es mehr, als ich es sah. »Ich habe es vermutet«, sagte er. »Sie ist eifersüchtig auf mich. Wie alt ist sie?«

»Zweiundzwanzig«, sagte ich, und ich wußte auch diesmal nicht, warum ich es ihm gesagt hatte, ich konnte es nicht einmal verhindern. Ähnlich mußte es sein, wenn man sich eine Kugel durch den Kopf schoß. Ich legte mich wieder im Dunkeln auf das Bett, knöpfte meinen Morgenrock zu und sagte: »Das ändert jetzt wohl alles für dich, nicht wahr?«

»Warum?« fragte er nach einer Pause. Als ich nicht antwortete, setzte er sich neben mich und schob mir die Hand unter den Nacken. »Komplexe?« fragte er.

»Es ist doch unnatürlich«, sagte ich, und er sagte: »Das einzig Unnatürliche auf der Welt ist das Zölibat. Warum wohnt ihr nicht mehr zusammen?«

»Sie hat einen Freund«, sagte ich. »Er spioniert ihr nach.«

»An diesem Punkt«, sagte Schulberg, »wird es immer ein bißchen traurig.«

Ich weinte wieder, und er kraulte meinen Nacken und sagte: »Ich glaube, es ist besser, ich bleibe heute nacht nicht hier. Ich werde morgen wieder vorbeischauen.«

»Ja«, sagte ich.

Er nahm die Hand von meinem Nacken, und ich hörte, wie er im Dunkeln seine Kleider zusammensuchte. »Aber wenn wir verheiratet wären«, sagte ich, »würde es dich stören?«

»Das kann sein«, sagte er. »Ich weiß es nicht. Man kann so etwas als Mann vorher schlecht sagen.«

Er beugte sich angezogen über mich, küßte mich auf den Mund und sagte: »Bleib liegen; ich finde den Weg allein.«

Ich hörte ihn zur Tür gehen, und ich haßte ihn. Ich empfand nur noch Haß und Verachtung für ihn. Ich haßte ihn für seinen verständnisvollen Ton, und wenn ich ihn nicht so gut gekannt hätte, wäre mir sein verständnisvoller Ton sogar ein Trost gewesen. Es hätte mich vielleicht erleichtert, daß er sich nicht voller Abscheu von mir zurückgezogen, sondern mich sogar noch geküßt und mir den Nacken gekrault hatte, aber wenn ein Mann wie Schulberg innerhalb von fünf Minuten seine Absicht änderte, die Nacht hierzubleiben, wenn er innerhalb von fünf Minuten seine Kleider anzog und sich verabschiedete, dann war das genauso, wie wenn ein anderer mir ins Gesicht gespuckt hätte. Ich haßte ihn so sehr, daß ich nicht einmal mehr weinen konnte.

Ich erfuhr es am nächsten Vormittag zuerst von Künzle. Er grinste mich breit an und fragte: »Hast du es schon gehört?«

»Was gehört?« fragte ich und zog meinen Mantel aus.

»Von diesem Schulberg«, sagte Künzle. »Er hat sich in der vergangenen Nacht vor einen Zug fallen lassen.«

Es war wie ein Schlag auf meinen Kopf, aber ich stürzte nicht um, ich spürte nur den Schlag, hatte Nebel vor den Augen und durch den Nebel hindurch, genau im Zentrum des Nebels, breit und verschwommen das grinsende Gesicht von Künzle. »Eine todsichere Sache«, sagte er grinsend. »Andere springen nur von einer Brücke herunter, er aber springt auch noch vor einen an-

fahrenden Güterzug; der perfekte Selbstmord!« Dann schien ihm
etwas aufzufallen, er stand rasch auf und kam zu mir gelaufen.
»Was hast du denn?« rief er bestürzt.

»Nichts«, sagte ich, aber ich hörte meine Stimme nicht und ließ
mich von ihm zu einem Stuhl führen. »Soll ich dir ein Glas
Wasser holen?« fragte er bestürzt.

Das war auch so ein Requisit aus zweitklassigen Bühnenstücken,
ich schüttelte den Kopf, und während ich den Kopf schüttelte,
wurden meine Augen klar, ich hatte nie so deutlich gesehen, es
war, als ob ich durch ein Vergrößerungsglas blickte, die Dinge
im Zimmer wirkten plötzlich überdimensional, ohne ihre maß-
gerechten Perspektiven zu verlieren, und ich saß, umgeben von
überdimensionalen Horizontalen und Vertikalen auf meinem
Stuhl und erlebte, wie sie allmählich zusammenschrumpften, bis
die Proportionen in mir und um mich herum wieder mit der
Wirklichkeit übereinstimmten. Dann merkte ich, daß ich allein
im Zimmer saß, die Tür stand offen, und etwas später kam
Künzle mit einem Glas Wasser hereingestürzt, hinter ihm sah ich
Blümchen und Schmitt auftauchen. Sie redeten fast gleichzeitig
auf mich ein, und Künzle versuchte, mir das Wasser einzuflößen.
Auf einmal waren noch mehr Leute im Zimmer, von der Lokalredaktion zwei, ein paar Mädchen vom Redaktionssekretariat,
sie standen alle um mich herum und starrten mich verstört an,
die Mädchen mehr neugierig als verstört, vielleicht dachten sie
jetzt, ich bekäme ein Kind. Es brachte mich schneller zur Besinnung, als ein Kübel kalten Wassers es vermocht hätte. Ich stand
auf, griff nach meinem Mantel und ging, ohne ein Wort zu sagen, aus dem Zimmer. An der Treppe begegnete ich Wagenbach,
sein sonst so gesundes Sportlergesicht sah aus wie nach einem
Schlaganfall, er sagte: »Den Leitartikel schreiben Sie; Sie bekommen jeden Platz.«

»Ich werde keinen Leitartikel schreiben«, sagte ich und ging an
ihm vorbei. Vor dem Verlagsgebäude wurde ich von Lis eingeholt; ich hätte sie fast nicht erkannt, sie war leichenblaß. »Ich
fahre dich nach Hause«, sagte sie.

Ihr Wagen stand in einer Seitenstraße, während wir durch die
Stadt fuhren, blickte ich durch die Windschutzscheibe, und alles,
was ich sah, wirkte eigenartig verändert und unpräzis, geradeso,

als ob ein alter Film vor meinen Augen abliefe. Die Menschen bewegten sich ruckartig über die Straße, auch die Autos bewegten sich ruckartig, ich beobachtete eine dunkle Limousine, die vor uns eine Kreuzung überquerte, und sie war plötzlich verschwunden, obwohl ich sie eben noch mitten auf der Kreuzung gesehen hatte, ein Verkehrspolizist schien sich in einen Ballettänzer verwandelt zu haben, bewegte ruckartig seine Arme und drehte sich anmutig im Kreise. Ich kicherte, und als ich ihn nicht mehr sehen konnte, betrachtete ich angestrengt die Häuser auf beiden Seiten der Straße, als führe ich durch eine fremde Stadt. Ich empfand keinen Schmerz, keine Trauer und auch keinen Zorn. Unempfindlich und regungslos ließ ich mich durch die Stadt fahren, und erst viel später erinnerte ich mich, daß Lis, als ich gekichert hatte, mir die Hand auf das Knie legte. Wir fuhren, schien mir, stundenlang durch Straßen, die ich nie zuvor gesehen hatte, und irgendwann erreichten wir meine Wohnung und stiegen die Treppen hinauf. Ich warf meinen Mantel irgendwohin und ging ins Wohnzimmer. Dort fragte ich: »Trinkst du einen Kognak?«, und Lis sagte: »Nein.«

»Du siehst schlecht aus«, sagte ich, »vielleicht solltest du doch einen Kognak trinken.« Ich holte die Flasche, suchte lange nach zwei Gläsern, die direkt neben der Flasche standen, goß ein Glas voll und stellte es auf den Tisch. Dann ging ich ins Badezimmer, wusch mir umständlich die Hände, betrachtete mich im Spiegel und fand, daß ich ganz grün aussah, aber die Kacheln im Badezimmer waren grün, es mußte an den Reflexen liegen, und ich beruhigte mich wieder. Lis stand noch mitten im Wohnzimmer, und ich fragte: »Warum setzt du dich nicht hin?«, dann fiel mir auf, daß sie weinte. Ich selbst hatte bis zu diesem Augenblick noch nicht geweint, vielleicht, weil mein Verstand sich noch dagegen sträubte, daß Schulberg nicht mehr leben solle. Ich setzte mich an den Tisch und rief mir alle Einzelheiten unseres gestrigen Gesprächs ins Gedächtnis zurück, er hatte ein paar unklare Redewendungen gebraucht, aber nichts, was auf seine Absicht hätte schließen lassen, sich das Leben nehmen zu wollen, sich von einer Brücke vor einen anfahrenden Zug fallen zu lassen, einfach Schluß zu machen, ausgerechnet er, der angeblich eine so hohe Meinung vom menschlichen Leben gehabt hatte! Ich ertappte mich bei der Überlegung, inwieweit ich ihm persönlich Anlaß dazu gegeben haben könnte, aber es mußte tiefer gewurzelt haben, vielleicht war das letzte Gespräch zwischen uns nur noch der berühmte Tropfen gewesen, der das Faß zum Überlaufen gebracht hatte, und wenn das so war, wäre es immer noch schlimm genug für mich, ich hatte ihm gegenüber versagt, als Frau versagt, als Journalistin und auch als Mensch. Ich hatte mich wieder einmal nicht über meine Komplexe hinwegsetzen können, sie hatten sich wieder einmal als stärker erwiesen als aller guter Wille, als alle Bereitschaft, ihm zu helfen, und sei es auch nur im Bett. Das änderte aber nichts daran, daß mein Verstand sich hartnäckig dagegen sträubte, daß ich mich noch immer hartnäckig dagegen zur Wehr setzte, daß mir der Schock darüber noch immer die Fähigkeit genommen hatte, wie ein normaler Mensch zu reagieren, zu empfinden oder auch nur darüber zu sprechen. Ich mochte auch nicht mit Lis darüber sprechen, aber es regte mich allmählich auf, sie weinend im Zimmer stehen zu sehen, ich sagte: »Hör auf zu heulen, ich bin jetzt nicht in der Verfassung, dich heulen zu hören.«

»Ich habe das nicht gewollt«, sagte sie weinend, »ich schwöre dir, daß ich das nicht gewollt habe.«

»Ich habe es auch nicht gewollt«, sagte ich. »Du müßtest doch froh darüber sein.«

»Das ist es nicht«, sagte sie. »Es ist etwas anderes, etwas, was viel schlimmer ist.«

In normaler Verfassung wäre ich jetzt stutzig geworden, aber solange sich mein Verstand dagegen sträubte, Schulbergs Tod als eine unwiderrufliche Tatsache hinzunehmen, sah und hörte ich alles nur durch diesen einen Gedanken hindurch. Er isolierte mich wie eine dicke Schicht Glaswolle von meiner Umgebung, von allem, was mir wissentlich oder unwissentlich geschah, und er isolierte mich sogar von mir selbst, von jenen Bezirken meines Ichs, die normalerweise Empfindungen in mir auslösten, mich froh oder traurig sein ließen, und ich sagte zu Lis: »Ich möchte jetzt allein sein.«

»Nein«, sagte sie, »bevor ich gehe, muß ich es dir noch sagen, ich könnte nicht fortgehen, ohne es dir nicht gesagt zu haben. Es ist zu wichtig für dich.«

»Für mich?« fragte ich, und zum erstenmal, seit ich den Verlag verlassen hatte, fühlte ich so etwas wie Interesse in mir wach werden. Sie kam zu mir, legte mir schluchzend das Gesicht auf die Schulter und sagte: »Ich habe Schulberg ein Bild geschickt.«

Diesmal empfand ich es nicht wie einen Schlag auf den Kopf, kein Anzeichen von Ohnmacht, und auch mein Hirn sträubte sich keinen Augenblick, es in seiner ganzen Tragweite zu erfassen, zu registrieren und zu verarbeiten. Nur sprechen konnte ich nicht sofort, ich saß stumm da, hörte Lis an meinem Ohr schluchzen, fühlte das Zucken ihres Körpers an meinem Arm, und sie sagte schluchzend: »Ich muß den Verstand verloren haben.«

Das mußte sie, sicher hatte sie den Verstand verloren, was für ein abstrakter, bösartiger, perverser Einfall! Ich fragte tonlos: »Wann hast du es ihm geschickt?«

»Gestern abend«, sagte sie schluchzend. »Als ich ihn bei dir am Fenster gesehen hatte.«

Ich brauchte noch ein paar Augenblicke, bis ich mir über die ganze Tragweite schlüssig geworden war, dann stieß ich sie von mir und sagte heiser: »Wir müssen sofort in das Gasthaus.«

»Ja«, sagte sie schluchzend. »Deshalb habe ich es dir auch erzählt.«

Die nächsten Minuten erlebte ich wie im Fieber, wir rannten die Treppe hinunter zu ihrem Wagen, fuhren in unzulässigem Tempo durch die Straßen, und als wir das Gasthaus erreichten, war nicht mehr als eine Viertelstunde vergangen. Wir liefen durch den kleinen Garten in das Restaurant, und irgendwo trafen wir auch den Wirt.

Er erzählte uns, daß vor einer Stunde die Polizei bei ihm gewesen sei, und wollte dann wissen, ob wir Schulberg gekannt hätten.

Lis zeigte ihm ihren Presseausweis, und als sie ihn nach dem Brief fragte, nickte er. »Er kam heute früh mit der Post; die Polizei hat ihn mitgenommen.«

Ich hatte das Gefühl, als ob sich der Boden unter mir bewegte, und der junge schwarzhaarige Wirt starrte uns neugierig an. Ob der Brief so wichtig gewesen sei, wollte er wissen.

Ich drehte mich um und kehrte auf die Straße zurück. Es war ein schöner Tag, die Leute auf der Straße wirkten alle gut gelaunt, und die Sonne schien mir warm ins Gesicht, aber ich merkte es kaum. Ich fühlte auch nichts, dachte nicht mehr an Lis, nicht mehr an ihren Wagen, ich ging wie betäubt durch die sonnenbeschienenen Straßen, und der Himmel über den Dächern war unwahrscheinlich blau. Auch später, als Lis wieder an meine Seite kam und verzweifelt auf mich einredete, nahm ich keine Notiz von ihr. Irgendwann blieb sie stehen, rief mir noch etwas nach, und ich ging weiter, als gäbe es sie nicht. Ich ging den ganzen Weg zu Fuß, und es wurde mir gar nicht bewußt. Erst als die Straße anstieg, die Berge auf beiden Seiten zusammenrückten, fiel mir ein, daß ich auch mit der Straßenbahn hätte fahren können. Ich nahm den Blick vom Boden und betrachtete den blauen Himmel über den Bergen. Ich würde mir nie das Leben nehmen, auch jetzt nicht, ich würde es nie wie einen nutzlosen Sack von mir werfen. Menschen, die sich selbst umbrachten, hatten noch nie mein Mitgefühl wachgerufen. Mit spätestens fünfundzwanzig Jahren wußte man, daß das Leben nicht das war, was man sich vielleicht noch mit fünfzehn Jahren davon versprochen hatte, und wenn man es wußte, hatte man Zeit, sich darauf einzustellen, man konnte sich zwischen seinen Ungereimtheiten, Torheiten und sinnlosen Problemen irgendwie einrichten, ohne sich gleich von einer Brücke vor einen fahrenden Zug fallen zu lassen. Ich hatte mehr für Schulberg getan, als ich für jeden anderen Menschen getan hätte, und ich glaubte jetzt auch nicht mehr daran, daß ich mir ihm gegenüber etwas vorzuwerfen brauchte. Ich hatte mir nur Lis gegenüber etwas vorzuwerfen, und dies würde das erste und das letzte Mal gewesen sein, daß ich mich in ein anderes Mädchen verliebte, aber als Redakteurin war ich erledigt. Ich war so gut wie tot als Redakteurin, und ich war sicher, daß die Polizei früher oder später die beiden Mädchen auf dem Bild identifizieren würde. Vielleicht würde sie mir sogar eine Vorladung schicken, irgendein kleiner Beamter würde mich mit lüsternen Blicken anstarren und wissen wollen, welcher Art meine Beziehungen zu Schulberg gewesen seien, ob ich eine Ahnung hätte, warum er sich umgebracht habe, und was mir sonst noch über ihn bekannt sei. Ich hatte das alles so deutlich vor Augen, als hätte ich es schon einmal erlebt, aber ich würde mir trotzdem nicht das Leben nehmen. Nicht deshalb!

In meiner Wohnung setzte ich mich auf die Couch, rauchte eine Zigarette und wunderte mich über mich selbst, aber vielleicht waren der menschlichen Fähigkeit, in so kurzen Intervallen auf psychische Erschütterung reagieren zu müssen, natürliche Grenzen gesetzt. Ich empfand nichts anderes als eine große, leere Gleichgültigkeit, eine gelassene Ruhe, die sich auch meinen Gedanken mitteilte. Im großen und ganzen pflegten Polizeibehörden bei so delikaten Dingen mit Rücksicht auf das *öffentliche Schamgefühl* eine sonst nicht übermäßig gepflegte Diskretion an den Tag zu legen. Man würde das Bild wahrscheinlich irgendeinem Polizeiarchiv einverleiben, wo es vielleicht einen Experten für Sexualforschung eines Tages wieder einmal dazu anregen würde, eine tiefsinnige Dissertation über die Menschen im allgemeinen und über menschliche Abartigkeiten im besonderen zu verfassen. Da ich auch noch nie direkt oder indirekt mit der Polizei zu tun gehabt hatte, würde ihr, wenn kein unglücklicher Zufall mitspielte, meine Identifikation auch einige Mühe bereiten. Anders verhielt es sich jedoch mit Lis. Als Fotoreporterin war sie der Polizei ebenso bekannt wie der Stadtverwaltung, und ihre Identifikation wäre eigentlich nur durch einen glücklichen Zufall zu verhindern gewesen. Vielleicht hätte ich mich mit ihr absprechen sollen, es war eine Dummheit gewesen, einfach davonzulaufen. Ich neigte nicht sehr rasch zur Resignation, etwas von meiner journalistischen Aggressivität, von meiner Entschlossenheit, mich als Redakteurin nicht einfach mich den politischen Gegebenheiten zu fügen, sich ihnen nicht zu fügen und sie nicht wie ein Naturereignis hinzunehmen, bestimmte auch mein Denken und Handeln in meiner privaten Sphäre, und ich brauchte nicht ganz eine halbe Stunde, um mein Selbstvertrauen wenigstens wieder so weit zurückzufinden, daß ich mir vornehmen konnte, mich zu keinen überstürzten Schritten hinreißen zu lassen. Als Lis an meiner Tür läutete, zerbrach ich mir bereits fiebernd den Kopf nach einem Ausweg. Auch sie machte jetzt einen viel gefaßteren Eindruck, und wäre ihr blasses Gesicht nicht gewesen, so hätte ich mich fast versucht gefühlt, auf eine gute Nachricht zu hoffen. Sie ging wortlos an mir vorbei ins Wohnzimmer, setzte sich an den Tisch, und dort erst öffnete sie den Mund: »Ich war auf dem Polizeipräsidium.«

Ich hätte es ihr nie zugetraut, und während ich mit angehaltenem Atem in ihr blasses Gesicht schaute, wußte ich auch, daß sie nichts erreicht hatte. »Ich habe ihnen eine Geschichte erzählt«, sagte sie mit monotoner Stimme. »Ich hätte mich in ihn verliebt gehabt und das Bild nur geknipst, um ihn eifersüchtig zu machen.«

»Und?« fragte ich, als sie nicht weitersprach. Sie zuckte müde mit den Schultern. »Sie wollten es trotzdem nicht herausgeben und fragten, ob er mir gegenüber etwas von seiner Absicht verraten hätte, sich umzubringen. Am Schluß wollten sie noch wissen, wer das andere Mädchen sei; ich habe es ihnen nicht gesagt.«

Ich setzte mich ihr gegenüber und fragte: »Bin ich auf dem Bild leicht zu identifizieren?«

»Nur, wenn man dich persönlich kennt«, sagte Lis. »Ich glaube nicht, daß sie es herausbekommen, ich hatte auch nicht den Eindruck, als ob ihnen so viel daran gelegen wäre. Irgendwie scheint ihnen die ganze Geschichte unangenehm zu sein.«

»Sie haben auch Grund dazu«, sagte ich. »Sie haben ihn vor die Wahl gestellt, entweder die Stadt zu verlassen oder wegen seines letzten Auftritts in Münsheim einen neuen Prozeß zu riskieren.«

»Das wußte ich nicht«, murmelte Lis. Sie hatte jetzt doch wieder Tränen in den Augen und sagte: »Es war widerlich. Schon, wie sie mich angegrinst haben, war widerlich. Was wirst du jetzt tun?«

»Ich weiß es noch nicht«, sagte ich langsam.

»Wenn du fortgehst«, sagte sie, »komme ich mit dir. Mir ist egal, wohin, ich kann nicht länger hierbleiben. Ich bin auf dem Bild auch viel deutlicher zu erkennen als du.«

»Wo sind die anderen Bilder?« fragte ich.

»Ich habe sie verbrannt«, sagte Lis. »Wirst du mich mitnehmen?«

»Nein«, sagte ich.

»Ich werde trotzdem mitkommen«, sagte sie und stand auf. »Du wirst nicht ohne mich fortfahren.«

Ihre Augen waren jetzt wieder trocken und ganz kalt; ich sagte:

»Es ist noch nicht sicher, ob ich wegfahren werde.«

»Dann bleibe ich auch hier«, sagte Lis. »Ich glaube nicht, daß Schmiedel mich hinauswirft, wenn er es erfährt. Kommst du mit?«

»Nein«, sagte ich.

»Dann komme ich heute abend wieder bei dir vorbei«, sagte Lis.

»Du wirst umsonst kommen«, sagte ich.

»Und wenn ich vor deiner Tür schlafen müßte«, sagte sie und ging hinaus.


Es war kurz nach drei Uhr, als Leibfried mich besuchte, ich hatte im Bett gelegen und zuerst gar nicht aufmachen wollen, aber es hätte mich nachträglich nur beunruhigt, nicht zu wissen, wer geläutet hatte. Obwohl ich nach dem Gespräch mit Lis wenigstens in diesem Punkt keine unmittelbaren Befürchtungen mehr hegte, war ich doch immer darauf gefaßt, auf das Polizeipräsidium geladen zu werden. Ich hatte deshalb auch nicht einschlafen können, weil ich unwillkürlich auf einen unangenehmen Besuch gefaßt gewesen war, und als die Türglocke dann tatsächlich anschlug, fühlte ich mich fast erleichtert. Keine, wie immer auch geartete Gewißheit hätte mich auf die Dauer mehr belasten können als dieses untätige Warten, und als ich Leibfrieds Stimme erkannte, hätte ich ihm in meiner Verwirrung fast die Tür geöffnet, obwohl ich noch im Unterkleid war. Ich bat ihn, einen Augenblick zu warten, zog mir rasch etwas über und ließ ihn dann herein. Ich war viel zu aufgeregt, um in seinem ersten Besuch bei mir noch ein besonderes Ereignis sehen zu können, und führte ihn sofort ins Wohnzimmer. Er verlor auch keine Zeit mit Floskeln und erzählte mir, daß er von Wagenbach geschickt werde. »Er möchte unbedingt, daß du den Leitartikel schreibst«, sagte er.

Ich hatte mit etwas Ähnlichem gerechnet und sagte: »Ich werde ihn nicht schreiben. Ich habe es ihm schon im Verlag gesagt.«

»Ich auch«, sagte Leibfried. Er knöpfte geistesabwesend seine Kordjacke auf, sah sich in meinem Wohnzimmer um und dann wieder in mein Gesicht. »Er besteht trotzdem darauf«, sagte er.

»Sie haben Verständnis dafür, daß die Sache dich mitgenommen hat, und wenn du willst, kannst du sofort deinen Jahresurlaub nehmen, du brauchst nicht einmal mehr in den Verlag zu kommen. Nur den Artikel über Schulberg wollen sie unter allen Umständen vorher noch haben.«

»Ich werde ihn trotzdem nicht schreiben«, sagte ich. »Und wenn sie mich deshalb hinauswerfen. Willst du etwas trinken?«

Er schüttelte den Kopf und sagte: »Ich kann dich verstehen.«

»Gestern«, sagte ich, »hätte ich ihnen noch eine ganze Seite über Schulberg geschrieben; sie hätten es verhindern können.«

»Vielleicht«, sagte Leibfried, und sein Gesicht war so ernst, wie ich es noch nie gesehen hatte. »Man wird wohl niemals ganz erfahren, was dahintersteckt.«

»Für mich ist es klar«, sagte ich.

Er schwieg und schaute sich wieder in meinem Zimmer um. »Es fehlt noch einiges«, sagte ich. »Es ist nett, daß du mich einmal besuchst.«

»Ich hätte mir einen besseren Anlaß gewünscht«, sagte Leibfried. Es war ganz anders als sonst, wenn wir uns im Verlag unterhielten, und während ich ihn jetzt an meinem Tisch sitzen sah, kam er mir auf eine undefinierbare Art fremd vor, geradeso, als ob wir uns bisher immer nur am Telefon miteinander unterhalten hätten.

»Ich auch«, sagte ich. »Man kann sich die Anlässe eben nicht heraussuchen.«

»Manchmal nicht«, sagte Leibfried. »Darf ich noch etwas Persönliches dazu sagen?«

»Bitte«, sagte ich.

»Du hast Schulberg sehr gemocht«, sagte er. »Für Wagenbach war er höchstens eine gute Schlagzeile; er ist auch jetzt noch nicht viel mehr für ihn.«

»Das weiß ich alles«, sagte ich. »Ich werde trotzdem nicht mit mir handeln lassen.«

»Das ist schade«, sagte Leibfried und stand auf. Ich hatte mir oft vorzustellen versucht, wie ich ihn durch meine Wohnung führen und ihm meine Bücher zeigen würde, und nun hatte er nicht einmal eine Tasse Kaffee mit mir getrunken. Als ich ihn fragte, ob er nicht noch ein paar Minuten hierbleiben wolle, blickte er auf seine Uhr und schüttelte den Kopf. »Ich habe noch etwas zu erledigen«, sagte er, aber ich wußte, daß er nichts zu erledigen hatte; er war ganz einfach enttäuscht, und ich würde es wohl nie wiedergutmachen können.

An der Tür knöpfte er umständlich seine Kordjacke zu und sagte, ohne mich anzuschauen: »Ich kannte einmal einen ähnlichen Fall, allerdings war es damals kein Selbstmord, der Mann bekam eine Lungenentzündung und hatte einen schlechten Kreislauf.«

»Ein Freund von dir?« fragte ich.

»Das nicht«, sagte Leibfried. »Ich hatte zwei Bücher von ihm gelesen und hielt ihn für einen außerordentlich begabten Autor, aber meinem damaligen Feuilletonchef war er zu unpolitisch; er wollte nicht, daß wir den Autor in unserer Zeitung erwähnten.«

»Wann war das?« fragte ich.

Er war jetzt mit seiner Kordjacke fertig geworden und blickte wieder in mein Gesicht. »Kurz vor dem Kriegsende«, sagte er. »Nach dem Zusammenbruch forderte mich der gleiche Feuilletonchef auf, dem inzwischen verstorbenen Autor einen würdigen Nachruf zu verfassen. Ich war damals noch etwas jung und habe abgelehnt.«

»Ein schlechter Vergleich«, sagte ich ruhig.

»Vergleiche sind immer schlecht.« Leibfried gab mir die Hand. »Ich sehe Wagenbach erst morgen vormittag wieder«, sagte er noch, dann war ich wieder allein in meiner Wohnung, und ich hatte ihn wie einen x-beliebigen Mann aus dem Verlag behandelt, aber er hatte mich an mein journalistisches Gewissen erinnert, und ich wollte heute nicht daran erinnert werden. Weder durch ihn noch durch Wagenbach, noch durch einen anderen Menschen. Außerdem konnte ich es mir gerade jetzt nicht leisten, mit einem neuen Leitartikel unangenehm aufzufallen. Je unauffälliger ich in der nächsten Zeit arbeitete, desto besser war es für mich; ich hatte gar keine andere Wahl gehabt.

Ich ging ins Schlafzimmer, legte mich auf das Bett und starrte zur Decke. Warum immer nur ich? dachte ich. Sollen sie doch ihren verfluchten Leitartikel selbst schreiben! Was geht mich das alles noch an! Ich erinnerte mich, wie Schulberg gestern abend hinausgegangen war, und ein paar Stunden später hatte er sich von der Brücke fallen lassen. Er war von mir weggegangen, vielleicht die halbe Nacht durch die leere Stadt gelaufen, und dann hatte er sich von der Brücke fallen lassen. Er war auf den Schienen aufgeschlagen, und der Güterzug war über ihn hinweggerollt. Vielleicht hatte er ihn noch ein paar hundert Meter mitgeschleift, über den Schotter geschleift oder die Räder hatten ihn in drei Teile zerschnitten oder in zwei oder seinen Kopf ...

Ich weinte. Zum erstenmal, seit ich wußte, daß er sich umgebracht hatte, weinte ich, lag auf meinem Bett, fühlte die Tränen über mein Gesicht laufen, meine Brust brennen, weinte lautlos und mit zusammengebissenen Zähnen, eine Viertelstunde oder eine halbe, dann stand ich auf, setzte mich an die Schreibmaschine und schrieb den Leitartikel. Ich brauchte nur die Hälfte der Zeit, die ich sonst für einen Leitartikel brauchte, und während ich ihn schrieb, weinte ich vor Haß. Es war nur noch mein Haß, der mir die Worte eingab, ich konnte gar nicht so rasch schreiben, wie sie aus mir herausquollen, und als ich fertig war, schrieb ich meinen vollen Namen unter das Manuskript, unterstrich ihn zweimal dick mit einem Rotstift und steckte das Manuskript, ohne es noch einmal durchzulesen, in einen Umschlag. Ich adressierte ihn an Wagenbach, legte ihn in meine Handtasche, wusch mir im Bad noch rasch das Gesicht und machte mich dann auf den Weg zum Verlag. Ich fuhr mit der Straßenbahn, stand teilnahmslos in einer Ecke, sah nichts und hörte nichts, und im Verlag gab ich den Umschlag beim Portier ab. Vom nächsten Taxistand fuhr ich mit einem Wagen wieder nach Hause. Als ich in meiner Wohnung auf die Uhr schaute, waren seit Leibfrieds Besuch nicht mehr als zweieinhalb Stunden vergangen, aber mir war, als lägen Tage dazwischen.

Ich setzte mich ins Wohnzimmer, und wie immer, wenn ich auf diese Weise einen Leitartikel geschrieben hatte, fühlte ich mich erschöpft, ausgepumpt, angeekelt und irgendwie überflüssig, aber den Urlaub würde ich nehmen, ich würde nicht eher in den Verlag zurückkehren, bis nicht sicher war, daß die Bildgeschichte keine Folgen haben würde. Ich würde mich zwei Wochen in meine Wohnung einschließen, nichts tun, nur im Bett liegen und versuchen, an nichts zu denken. Dann fiel mir ein, daß ich kaum mehr etwas zu essen im Hause hatte, und wenn ich morgen nicht in den Verlag ging, mußte ich vorher noch einkaufen. Ich holte meine Einkaufstasche aus der Küche, steckte Geld ein und fuhr wieder mit der Straßenbahn in die Stadt. Grundsätzlich ging ich zum Einkaufen nie öfter als zweimal hintereinander in den gleichen Laden, ich haßte es, in einem Geschäft bekannt zu werden, mich mit dem Inhaber oder einer Verkäuferin über das Wetter, die gestiegenen Preise oder über ihre Krankheiten unterhalten zu müssen, und ich ging zuerst zu einem Metzger, dann zu einem Bäcker und noch in ein Milchgeschäft. Vor dem Lebensmittelgeschäft stand ein großer Wagen mit einem gewöhnlich aussehenden Mann hinter dem Lenkrad. Warum gewöhnlich aussehende Männer immer in den größten Wagen saßen, wäre auch einmal ein Thema für eine Glosse gewesen; es konnte mich jedesmal aufregen. Im Geschäft mußte ich eine Weile warten, eine Dame vor mir kaufte für eine große Familie ein, ein Dutzend verschiedener Konserven, vier große Pakete Waschpulver und zwei Fliegenfänger. Ich wunderte mich, daß heute noch Fliegenfänger gekauft wurden, schließlich gab es Sprühdosen und andere zeitgemäßere Mittel, und am Schluß kaufte die Dame noch fünf Rollen Toilettenpapier, aber sie war gar keine Dame, ich stellte es fest, während sie mit der schwitzenden Verkäuferin sprach, sie hatte einen ordinären Tonfall, vorstehende Eckzähne und eine schlampige Frisur. Ich begriff nicht, wie Frauen in ihrem Alter sich so vernachlässigen konnten. Wenn es nur an ihrer Familie lag, wäre das für mich allein schon ein Grund gewesen, mir keine zuzulegen. Ich sah ihr nach, wie sie ihre schweren Taschen zu dem großen Wagen vor der Ladentür schleppte. Der Mann hinter dem Lenkrad beobachtete sie gereizt, rührte keinen Finger, und als sie neben ihm saß, blickte er auf seine Armbanduhr und schimpfte. Die Frau schimpfte zurück, und sie fuhren in ihrem großen Wagen schimpfend davon.

Ich hatte nun auch genug zu schleppen, aber bis zum nächsten Taxistand war es dreimal so weit wie bis zur Straßenbahnhaltestelle. Ein freundlicher Schaffner half mir in den Wagen, begann ein kleines Gespräch und brach es, aus einem mir unersichtlichen Grund, unvermittelt ab. Es wurde schon dunkel, daheim mußte ich Licht anmachen. Obwohl ich nichts zu Mittag gegessen hatte, verspürte ich kaum Hunger, ich begnügte mich mit einer Tasse Tee und zwei Scheiben Toast, hörte im Radio Nachrichten und überlegte mir, ob Wagenbach es riskieren würde, meinen Leitartikel ungekürzt zu bringen. Ich erinnerte mich kaum mehr an das, was ich geschrieben hatte, widerstand jedoch der Versuchung, den Durchschlag zu lesen. Auf Kießling bezogen, war es auch gleichgültig, was ich geschrieben hatte, er hätte wahrscheinlich genauso empfindlich reagiert, wenn ich mich in meinem Artikel nur über Geschlechtskrankheiten ausgelassen hätte, und darin eine Verunglimpfung der deutschen Nation gesehen. Ich schaltete das Radio aus und räumte die Küche ein wenig auf. Normalerweise war ich in solchen Dingen nicht so ordentlich, Frauen, die ständig damit beschäftigt waren, ihre Wohnung aufzuräumen, konnten mich frösteln lassen, es gab welche, denen sogar nachts noch etwas einfiel, wenn sie sich nicht gerade den Kopf über die englische Königin oder Soraya zerbrechen mußten. Es gab im Grunde kaum eine sinnlosere Beschäftigung, als Geschirr zu spülen, Tassen abzutrocknen und sie an ihren Platz zurückzustellen. Man hätte sie ebensogut im Spülbecken liegenlassen können, bis man sie wieder brauchte, und an manchen Tagen sah es in meiner Küche wie in einem Trödlerladen aus. Ich hatte aber eine gewisse Routine darin, selbst dem Chaos noch ein System zu geben; eigentlich brauchte ich nie lange, um etwas zu finden, und wenn ich einmal etwas nicht fand, disponierte ich kurzfristig um.

Lis kam sehr spät, gegen halb zehn Uhr erst, und da sich meine Türglocke nicht abstellen ließ, war ich gezwungen, ihr aufzumachen. Sie brachte wieder ihre Fototasche mit, fragte, ob es zutreffe, daß ich mir vierzehn Tage Urlaub genommen hätte, und als ich nickte, wurde sie ärgerlich und sagte, wir hätten doch zusammen irgendwohin fahren können.

»Ich habe nicht vor, irgendwohin zu fahren«, erwiderte ich und ging in das Schlafzimmer. Ich sah keine Möglichkeit, sie mir vom Halse zu halten, und ich wollte es auch nicht. Ich hatte, ohne es verhindern zu können, den halben Abend auf sie gewartet, und wahrscheinlich würde ich trotz allem, was geschehen war, nie ganz von ihr loskommen. Ich brachte es nicht einmal fertig, ihr noch ernsthaft böse zu sein oder mich meiner Abhängigkeit wegen zu verachten. Ich konnte auch nicht gegen sie argumentieren, indem ich ihrer Handlungsweise niedrige Beweggründe unterstellte. Natürlich spielte bei jeder Art von Eifersucht auch eine ordentliche Portion Selbstsucht und Egoismus mit, aber letztlich steckte doch mehr dahinter als nur das, und ich hätte mir, bevor ich diese Sache anfing, darüber klar sein müssen, daß ich eine nicht unerhebliche Verantwortung auf mich lud. Immerhin war sie fünf Jahre jünger als ich, und juristisch gesehen, wäre sie, gemessen an meiner eigenen Position im Verlag, nicht nur altersmäßig eine *abhängige Person* gewesen, aber diese Abhängigkeit war nicht einseitig. Wäre sie einseitig gewesen, so hätte es mir nicht schwerfallen dürfen, aus ihrem Verhalten die erforderlichen Konsequenzen zu ziehen. Fast wünschte ich, die Ereignisse würden eine Zuspitzung erfahren, die mich gezwungen hätte, aus Münsheim wegzugehen. Solange ich hier war, würde sich kaum etwas zwischen uns ändern.

Sie war im Bad, ich hörte Wasser laufen, und als sie später hereinkam, hatte sie nur noch ein kurzes Hemdchen an. Im Dunkeln lag sie lange neben mir, ohne sich zu rühren und ohne etwas zu sagen. Unwillkürlich mußte ich daran denken, ob ihr Tankstellenfreund vielleicht wieder vor dem Hause stünde; es war eigenartig, wie rasch man sich an unangenehme Vorstellungen gewöhnen konnte.

Selbst der Gedanke, daß er mich nackt auf den Bildern gesehen hatte, löste jetzt keine Empfindungen mehr in mir aus. Sie würde inzwischen wieder mit ihm geschlafen und ihn beruhigt haben, und solange sie ihn nur mit einem anderen Mädchen betrog, würde es höchstens seine Phantasie erhitzen und sie ihm doppelt begehrenswert erscheinen lassen. In seinem Alter war man noch nicht so empfindlich wie in reiferen Jahren, und ob alle reifen Männer etwas Anstößiges daran fanden, war auch nicht mit absoluter Sicherheit festzustellen. Trotzdem war mir an diesem Abend nicht nach Zärtlichkeiten zumute, und als sie es schließlich unauffällig versuchte, hielt ich ihre Hand fest und sagte: »Heute nicht.«

»Warum er es wohl getan hat?« fragte sie.

»Wer?« fragte ich, und sie sagte: »Schulberg. Vor zwei Wochen hat ihm noch nichts daran gelegen, unbedingt in Münsheim zu bleiben. Wenn wir ihn unterwegs nicht getroffen hätten, wäre er heute vielleicht in Regensburg.«

Ich hatte auch schon daran gedacht, aber wer konnte sagen, was er in Regensburg getan hätte? Daß er es in Münsheim getan hatte, war meine Schuld, und hätte ich auch nur die geringste Ahnung gehabt, wie alles kommen würde, so hätte ich mir eher die Zunge abgebissen, als ihn in seinen Absichten zu beeinflussen. Vielleicht hätte er in Regensburg eine andere Frau gefunden oder unterwegs schon, aber ich sagte mir, daß es müßig sei, sich auch noch darüber den Kopf zerbrechen zu wollen. Ein Mann, der dazu fähig war, seinem Leben selbst ein Ende zu setzen, würde immer einen Vorwand oder einen Anlaß dafür gefunden haben, ob nun in Münsheim oder in einer anderen Stadt, und vielleicht hätte ihn eine *normale* Frau gar nicht erst dazu bewegen können, wenigstens einen neuen Anfang zu versuchen. Auch in diesen Dingen glaubte ich nicht an eine höhere Fügung, ich glaubte vielmehr, daß es jedem Menschen aufgetragen war, sein Schicksal und sein Leben selbst zu bestimmen, daß die Voraussetzungen für den einen oder den anderen Weg in seiner persönlichen Veranlagung zu finden waren und daß ein Selbstmörder ebenso zum Selbstmörder geboren sein mußte wie ein begabter Künstler für seine Kunst. Schulbergs Tragödie hatte nicht erst mit *mir* angefangen, ich war nur eine winzige Episode in dieser Tragödie gewesen und im Grunde genauso hilflos wie er selbst, weil ich mich über mein eigenes Ich genausowenig hatte hinwegsetzen können, wie er es auch nicht gekonnt hatte. Ich hatte keine Schuld daran, und neben mir war Lis eingeschlafen.


Am nächsten Tag geschah nichts, ich verbrachte ihn in meiner Wohnung, las meinen Leitartikel und einen ausführlichen Bericht über Schulbergs Selbstmord. Lis hatte die Straßenbrücke fotografiert, und zwischen den Bahngleisen markierte ein weißer Pfeil die Stelle, wo sein Körper aufgeschlagen war. Ich kannte die Brücke, sie führte, nur fünfzig Meter vom Bahnhof entfernt, in einem weiten Bogen über den Fluß und die Bahnanlagen hinweg, deren Gleise an dieser Stelle dicht am Ufer lagen. Schulberg mußte sie schon passiert haben, als er zum erstenmal nach Münsheim gekommen war, und vielleicht hatte es ihn deshalb an diese Stelle zurückgetrieben, vielleicht hatte er auch nur nach irgendeinem Zug schauen wollen, der ihn aus Münsheim wegbrächte, und als er dann über die Brücke gegangen war, hatte er vielleicht den Entschluß gefaßt, nicht mehr wegzufahren.

Ich war den ganzen Tag nicht mehr fähig, an etwas anderes zu denken, und am Tag darauf kam Kießling zu mir. Als ich ihn vor meiner Tür stehen sah, fiel mir sofort das Bild auf dem Polizeipräsidium ein. Ich wußte nicht, wie ich dazu kam, seinem Gesicht war nichts anzumerken, er lächelte genauso väterlich wie bei seinem letzten Besuch, und trotzdem hatte ich sofort das Gefühl, daß er das Bild gesehen hatte.

Es hatte manche Situationen in meinem Leben gegeben, in denen ich kopfloser reagiert hatte, obwohl sie, gemessen an dieser, viel weniger schlimm gewesen waren. Ich empfand nicht einmal Furcht oder Entsetzen, nur eine leise Verwunderung darüber, daß ich diese Möglichkeit nie ernsthaft in Betracht gezogen hatte, dabei lag sie viel zu sehr auf der Hand, als daß ich sie hätte übersehen dürfen. Ich brachte es sogar fertig, ihm ruhig in die Augen zu schauen, und er sagte lächelnd, daß er mich nur ein paar Sekunden sprechen wolle, im Verlag habe er erfahren, daß ich nicht zu erreichen sei, und da ich in meiner Wohnung kein Telefon hätte, wäre er einfach mal auf gut Glück zu mir herausgefahren, und ob er mich auch nicht störe.

»Kommen Sie herein«, sagte ich, und meine Stimme klang kaum anders als sonst. Ich beobachtete, wie er in der Diele seinen Mantel auszog, den Hut an die Garderobe hängte und eine gewichtig aussehende Aktentasche danebenstellte. Im Wohnzimmer rieb er sich erwartungsvoll die Hände, fragte, ob er rauchen dürfe, und als ich nickte, griff er in die Brusttasche, brachte eine dicke Zigarre zum Vorschein, biß das eine Ende ab, spuckte es auf meinen Teppich und setzte sich dann unaufgefordert an den Tisch. Er wolle sich auch ganz kurz fassen, sagte er, während er mit einem Streichholz seine Zigarre ansteckte, und ob ich vielleicht noch einen Aschenbecher für ihn hätte.

Ich gab ihm einen Aschenbecher, setzte mich zu ihm an den Tisch, und mein Gesicht mußte jetzt ganz weiß aussehen. »Was wollen Sie?« fragte ich.

»Ich war heute morgen auf dem Polizeipräsidium«, sagte Kießling und befeuchtete mit der Zunge das Zigarrenende. »Kennen
Sie den Polizeipräsidenten?«

»Nicht persönlich«, sagte ich, und meine Stimme klang noch
immer unverändert.

»Ein tüchtiger Mann«, sagte Kießling. »Er ist sehr böse auf
Sie.«

»Das tut mir leid«, sagte ich, während ich unverwandt in sein
Gesicht schaute.

Kießling nickte. »Ich habe ihm auch gesagt, daß es Ihnen noch
leid tun wird, aber damit allein ist es nicht getan. Schließlich
kann man eine Persönlichkeit wie die des Polizeipräsidenten
nicht so ohne weiteres der Korruption bezichtigen.«

»Wer hat das getan?« fragte ich, und Kießling streckte mir den
Zeigefinger entgegen und sagte: »Sie. Ihr gestriger Leitartikel
war eine unverantwortliche Schmähschrift gegen die Stadtverwaltung.«

»Das ist Ihre Ansicht«, sagte ich mit trockenem Mund. »Wieso
habe ich den Polizeipräsidenten der Korruption bezichtigt?«

»Nicht wörtlich«, sagte er und blies mir seinen Zigarrenrauch
ins Gesicht, »aber für den aufmerksamen Leser Ihrer Zeitung
mußte sich dieser Eindruck geradezu aufdrängen. Sie wissen genau, daß das alles Unsinn ist, was Sie da zusammengeschrieben
haben, es hat von seiten der Stadtverwaltung nie ein Komplott
gegen diesen Schulberg gegeben. Wie kommen Sie überhaupt auf
diese hirnverrückten Behauptungen?«

»Sie haben die Möglichkeit einer Gegendarstellung«, sagte ich
mit trockenem Mund.

Er lächelte breit. »Haben wir das? Wir haben uns aber gedacht,
daß es viel wirkungsvoller wäre, wenn Sie als die Verfasserin
des Artikels eine ... sagen wir, Richtigstellung vornähmen. Sie
brauchen nur zu schreiben, daß Ihnen ein grobes Versehen un-
terlaufen sei, daß niemals die Rede davon gewesen war, das
Gerichtsverfahren gegen diesen Schulberg einzustellen, wenn er
sofort die Stadt verließe, und daß auch Ihre übrigen Beschuldi-
gungen und Angriffe gegen die Stadtverwaltung jeder sachlichen
Grundlage entbehren und rein agitatorischen Charakter gehabt
haben.«

Es war viel mehr, als ich erwartet hatte, ich blickte eine Weile stumm in sein lächelndes Gesicht, dann fragte ich: »Daran glauben Sie doch wohl selbst nicht?«

»Doch«, sagte Kießling fast fröhlich. »Wir haben uns sogar eine gute Chance dafür ausgerechnet. Es existiert da eine Aufnahme von Ihnen.«

Ich war ihm fast dankbar dafür, daß er auch den letzten Zweifel in mir beseitigt hatte, und obwohl mir plötzlich übel war, sagte ich unverändert ruhig: »Sie wissen genau, daß ich den Artikel nicht widerrufen kann.«

»Warum nicht?« fragte er mit gespielter Verwunderung. »Sie verstehen sich doch so ausgezeichnet mit Ihrem Verleger, und wenn Sie ihm ausführlich darlegen, wieviel für Sie persönlich davon abhängt, wird er sicher Verständnis dafür haben.«

Ich stand auf, trat ans Fenster und preßte einen Augenblick die Stirn gegen das kühle Glas. Nachdem Lis bei ihnen gewesen war, hatte es nahegelegen, daß sie auch das andere Mädchen auf dem Bild im Verlag vermuteten, und Kießling war sicher einer der ersten gewesen, die von dem Brief und seinem Inhalt erfahren hatten. Sie hatten dann nur noch meinen Leitartikel zu lesen brauchen, um die richtigen Schlüsse zu ziehen, und beinahe wären mir nun doch die Tränen gekommen. Die Vorstellung, daß ausgerechnet er das Bild gesehen hatte, war schlimmer als alles andere, und ich atmete ein paarmal tief durch, dann drehte ich mich wieder nach ihm um und sagte undeutlich: »Für den Inhalt der Zeitung ist allein der Herausgeber zuständig. Wenden Sie sich an ihn.«

»Ein unzulänglicher Herr«, sagte Kießling grinsend und klopfte die Asche von seiner Zigarre. Mein Blick fiel wieder auf das nasse Mundstück, und ich drehte in plötzlichem Ekel das Gesicht zur Seite. »Aber vielleicht«, sagte er, »gäbe es noch eine andere Möglichkeit.«

Ich war mir nicht sicher, an welche er jetzt dachte, und als ich ihn wieder anschaute, hatte er weißen Speichel in den Mundwinkeln. Ich betrachtete sein rundes, rotbackiges Gesicht, seinen kleinen Bauch, die kräftigen, kurzen Oberschenkel und fleischigen Hände. Wahrscheinlich hätte ich mich nicht einmal dazu überwinden können, wenn es um meinen Kopf gegangen wäre, ich fragte: »Ja?«

»Sie verschwinden von hier«, sagte Kießling, und seine Stimme klang unvermittelt kalt.

Es war nicht das, was ich erwartet hatte, aber ich hätte auch ohnedies keinen Tag länger hierbleiben können. Trotzdem fragte ich: »Und wenn ich es nicht tue?«

»Das ist Ihre Sache«, sagte er kalt. »Es dürfte Ihnen ja bekannt sein, daß der Gesetzgeber solche Dinge nicht auf die leichte Schulter nimmt.«

»Da Sie es schon erwähnen«, sagte ich mit trockenem Mund, »müßten Sie es auch besser wissen.«

»Eine juristische Schlamperei«, sagte Kießling und betrachtete wieder das nasse Ende seiner Zigarre. »Schließlich haben wir auch die Emanzipation nachgeholt.«

»Sie werden das eines Tages auch noch schaffen.«

»Ich hoffe es«, sagte er. »Im Interesse der Allgemeinheit.«

»Wie einst«, sagte ich. »Haben Sie damals schon mitgewirkt?«

Er grinste. »Da muß ich Sie arg enttäuschen, und wenn Sie sich einfallen lassen sollten, bei mir herumzuschnüffeln . . .«

»Ich habe nicht die Absicht«, sagte ich. »An eine andere Möglichkeit haben Sie nicht gedacht?«

Er schaute mich mit seinen wäßrigblauen Augen neugierig an. Vielleicht verglich er mich jetzt mit dem, was er auf dem Bild gesehen hatte. »An welche?« fragte er.

»Das wäre eigentlich Ihre Sache«, sagte ich.

»Ich wüßte nicht, wieso«, sagte er. »Wenn Sie mir einen Vorschlag zu machen haben, so ist das Ihre Sache.«

»Ich habe Ihnen keinen Vorschlag zu machen«, sagte ich.

»Vielleicht hätte ich Sie auch enttäuschen müssen«, sagte er, und ich sagte: »Sie hätten mich in keinem Fall enttäuschen können.«

»Wer könnte *Sie* schon enttäuschen!« Kießling stand auf. »Ich werde am Montag Ihren Chef anrufen; Ihre Möbel können Sie ja später nachkommen lassen.«

Ich schwieg. Etwas in meinem Gesicht schien ihm nicht zu behagen, er sagte: »Versuchen Sie keine Tricks; Ihre Wohnung ist bereits anderweitig vergeben.«

»Auf wann?« fragte ich mit trockenem Mund.

»Auf den nächsten Ersten«, sagte Kießling. »Die gesetzliche Kündigungsfrist brauchen wir diesmal wohl nicht zu berücksichtigen.« Er drückte seine Zigarre aus und lächelte. »Sie waren ein bißchen unvorsichtig«, sagte er. »Wenn man so scharf 'rangeht wie Sie, darf man sich keine Blößen geben.«

»Sie geben sich nie Blößen?«

»Kaum«, sagte er. »Ich habe auch nichts Persönliches gegen Sie; ich möchte das ausdrücklich betonen.«

»Danke«, sagte ich.

Er ging in die Diele, zog seinen Mantel an, setzte seinen Hut auf und griff nach der Aktentasche. »Sie sind eine gute Redakteurin«, sagte er. »Es wird Ihnen nicht schwerfallen, eine andere Stellung zu finden. Vergessen Sie nicht, daß ich am Montag Ihren Chef anrufen werde.«

»Was werden Sie ihm sagen?«

»Ich werde ihn fragen«, sagte Kießling, »ob Sie noch für ihn arbeiten.« Er verstummte einen Augenblick und betrachtete mich mit einem fast melancholischen Ausdruck in seinem runden Gesicht. »Eigentlich ist es schade um Sie.«

Ich schwieg.

»Wirklich schade«, sagte Kießling und streckte mir versöhnlich die Hand hin. Ich machte die Tür auf, und sein Gesicht wurde rot vor Ärger. »Sie werden uns wenigstens zugestehen müssen«, sagte er, »daß wir uns nach Ihren beiden letzten Artikeln mehr zurückgehalten haben als Sie. Wir hätten diese Sache auch ganz anders anfassen können.«

»Ich habe mich bereits bedankt.«

»Wir sind gar nicht so intolerant, wie Sie meinen«, sagte er mit rotem Kopf.

»Würden Sie jetzt bitte gehen«, sagte ich.

Er drehte sich um, stieg gekränkt die Treppe hinunter, und das Schlimme daran war, daß er alles ernst gemeint hatte. Er hatte einem so liederlichen Mädchen wie mir sogar die versöhnliche Christenhand hingestreckt, und sie war zurückgestoßen worden; er verstand jetzt sicher die Welt nicht mehr. Ich sah ihm nach, solange ich noch seinen Hut sehen konnte, dann schloß ich die Tür hinter mir, kehrte ins Wohnzimmer zurück und öffnete das Fenster. Während ich hinausschaute, wartete ich auf eine Reaktion in mir, daß ich in Tränen ausbrechen oder einen Nervenzusammenbruch bekommen würde, aber ich hatte nicht einmal feuchte Augen. Als ich ihn unten aus dem Haus kommen und zu seinem Wagen gehen sah, machte ich das Fenster zu, ging zum Tisch, nahm den Aschenbecher mit dem Zigarrenstummel und trug ihn ins Bad. Ich schüttete die Asche und den Stummel ins WC, ließ Wasser nachlaufen und trug den leeren Aschenbecher dann zum Spülstein. Ich putzte ihn mit einem scharfen Mittel, stellte ihn auf das Ablaufbrett und setzte mich an den Küchentisch. Ich versuchte zu weinen, und als es mir nicht gelang, stand ich wieder auf, lief durch die ganze Wohnung und schaute mir alles an. Ich schaute mir das Schlafzimmer an, das Wohnzimmer und das Bad. Ich betrachtete die Badewanne und versuchte mir vorzustellen, daß sie jetzt nicht mehr mir gehörte. Auch der Spiegel, in dem ich mich so oft betrachtet hatte, gehörte nicht mehr mir. Das WC nicht, die Zahngläser nicht, und ich hatte gehofft, mindestens zehn Jahre hier zu wohnen. Auch der Blick über das Tal gehörte nicht mehr mir, wenn ich überhaupt wieder eine Wohnung fand, würde ich in einer engen Straße wohnen, aber ich konnte einfach nicht weinen. Ich saß den ganzen Nachmittag und Abend untätig herum und starrte in die Luft oder zum Fenster hinaus. Als Lis kam, öffnete ich ihr die Tür, ohne sie anzuschauen, und sie fragte: »Was hast du?«

Ich gab ihr keine Antwort, und es wurde mir langsam Angst. Ich bekam Angst vor mir selbst, vor der Stille in mir, vor dieser unnatürlichen Ruhe, und Lis sagte: »Er muß dir wirklich viel bedeutet haben! Ich wollte eigentlich nur rasch nach dir schauen.«

Ich hatte gehofft, daß sie nicht hierbleiben würde, aber nun, da ich Angst vor mir selber hatte, wünschte ich, daß sie mich heute nacht nicht allein ließe, ich sagte: »Dann kannst du ja wieder gehen.«

Sie sah mich prüfend an, ging an mir vorbei ins Wohnzimmer, warf einen Blick hinein und kam wieder zu mir zurück. »Was hast du?« fragte sie wieder.

»Nichts«, sagte ich und lief ins Bad. Ich schloß die Tür hinter mir ab, blieb mit geschlossenen Augen stehen, bis draußen die Wohnungstür zuschlug, und ich hatte unvermittelt das Bedürfnis, laut zu schreien. Ich lehnte meine Stirn gegen die Tür und wartete, bis mir nicht mehr nach Schreien zumute war, dann zog ich mich aus, putzte meine Zähne, verrichtete gewissenhaft meine abendliche Prozedur und ging ins Schlafzimmer. Ich zog meinen Pyjama an, legte mich ins Bett, und als ich im Bett lag, fiel mir ein, daß ich seit heute mittag nichts mehr gegessen hatte. Eine halbe Stunde kämpfte ich mit mir, ob ich noch einmal aufstehen solle oder nicht, schließlich machte ich das Licht aus, lag im Dunkeln und fror. Ich zitterte plötzlich am ganzen Körper, obwohl ich bis zum Hals unter der Deck lag, und dann war mir wieder ganz heiß. Ich stand auf, nahm Aspirin, und als ich aus dem Bad kam, ging die Treppenhausbeleuchtung an. Ich blieb in der Diele stehen, hörte Schritte die Treppe heraufkommen, und noch ehe an meiner Tür geläutet wurde, wußte ich, daß es Lis war. »Ich mußte noch einmal rasch nach Hause«, sagte sie. »Warst du schon im Bad?«

»Ja«, sagte ich, und sie ging, ohne noch etwas zu sagen, ins Badezimmer, und als sie später zu mir kam, sagte sie: »Wenn er dir so viel bedeutet hat, hätte er sich auch nicht umzubringen brauchen. Er hätte doch in einer anderen Stadt eine Stellung finden können.«

»Darum ging es ihm nicht«, sagte ich.

»Worum sonst?«

Als ich schwieg, schmiegte sie sich an mich und fragte: »Hatte es etwas mit uns beiden zu tun?«

Ich gab wieder keine Antwort, und sie schob ihre Hand in den Ärmel meines Pyjamas und berührte meine Haut. »Ich habe inzwischen viel darüber nachgedacht«, sagte sie. »Wenn man viel darüber nachdenkt, sieht man es ganz anders, ich habe es in den ersten Tagen auch nicht so gesehen wie heute.«

»Wie siehst du es heute?« fragte ich.

»Ganz einfach«, sagte Lis. Sie küßte mich, und als sie mich küßte, konnte ich wieder weinen. Ich lag mit dem Kopf an ihrer Schulter, weinte, streichelte sie und vergaß, daß ich alles nur ihr zuzuschreiben hatte.


Mein erster Weg am nächsten Morgen führte mich in ein Postamt. Ich meldete ein Ferngespräch nach Hamburg an, und während ich auf die Verbindung wartete, stand ich am Fenster, betrachtete den kurzgeschnittenen Rasen, die Häuser auf der anderen Seite, und ich fühlte mich eigenartig gelöst von allem, geradeso, als ob es nicht mehr meine eigenen Probleme wären. Das Postamt war noch neu, es stand an einer breiten Straße, die zum Fluß führte, und beiderseits der Straße waren junge Bäume angepflanzt. Ein paar Kinder spielten auf der Straße, und ich beobachtete eine alte Frau, die mit hängendem Kopf über den Gehweg schlurfte. Sie ging an einem Stock, sah nicht nach links und nicht nach rechts, schlurfte an den spielenden Kindern vorbei, und die Kinder beachteten sie nicht. Ich sah ihr nach, bis sie aus meinem Blickfeld entschwand, dann kam mein Gespräch, und das Mädchen an der Vermittlung war mir fremd. Ich verlangte Brauner und wurde mit seinem Sekretariat verbunden. Seine Sekretärin kannte ich noch, und als auch ich mich ihr zu erkennen gab, sagte sie zuerst: »Nein!« und dann: »Du lieber Himmel!« Und dann wollte sie wissen, wie es mir gehe und von wo aus ich anriefe, und als sie es wußte, sagte sie: »Einen Augenblick bitte, Fräulein Doktor!« Das war bei Brauner obligatorisch, er legte Wert auf gepflegte Umgangsformen, und jeder bekam bei ihm das, was ihm aufgrund seiner Herkunft und Schulbildung zustand. Während ich auf ihn wartete, bekam ich feuchte Hände, ich wischte sie an meinem Kleid ab, und dann dröhnte mir seine Stimme ans Ohr; er sagte: »Halloooo, halloooo!« und den schrecklichen Sington hatte er sich noch immer nicht abgewöhnt. »*Sie* sind es?« fragte er dann, und ich sagte: »In der Tat, ich wollte Sie nur fragen, ob Sie mich noch brauchen können?«

»Ob ich *Sie* noch brauchen kann?« fragte er, und er lachte genauso melodisch, wie er sprach. »Aber sicher kann ich Sie noch brauchen«, sagte er. »Können Sie am Montag anfangen?«

»Wenn Sie mir eine Wohnung besorgen«, sagte ich, und diesmal schien er aufrichtig überrascht zu sein, er machte eine lange Pause, und ich sah ihn in Gedanken hinter seinem immer aufgeräumten Schreibtisch sitzen, mit dem Zeigefinger imaginäre Figuren in die Luft malen und irgend jemandem, der gerade bei ihm war, lächelnd zublinzeln. »Das müßte sich machen lassen«, sagte er schließlich. »Natürlich müßten wir uns künftig über Ihre Arbeit etwas besser absprechen als früher.«

»Ich habe inzwischen auch dazugelernt«, sagte ich, und Brauner sagte: »Das ist ja fein. Ihre letzten Leitartikel habe ich gelesen.«

Damit hatte ich rechnen müssen, ich sagte: »Ich verstand mich mit der hiesigen Stadtverwaltung nicht sehr«, und er lachte wieder: »Ihr vorletzter Leitartikel hatte mehr überregionalen Charakter!«

Es ging also schon wieder los, und ich fühlte, wie mir sein melodisches Lachen die Haut im Nacken zusammenzog. »Sozusagen als Schlußfeuerwerk«, sagte ich.

»Ich verstehe«, sagte er und machte wieder eine Pause, dann fragte er: »Kommen Sie so bald schon von dort los?«

»Ich habe noch meinen Urlaub«, sagte ich.

»Das ist ja fein«, sagte er wieder. »Ich bestelle Ihnen ein Hotelzimmer.«

»Für morgen abend«, sagte ich. »Ich rufe vom Bahnhof noch einmal an.«

»Die Vermittlung weiß dann Bescheid«, sagte er. »Haben Sie schon mit Ihrem Vater gesprochen?«

»Ja«, sagte ich.

»Es ist doch phänomenal, wie glänzend er sich hält«, sagte Brauner. »Er hat sich in den letzten zehn Jahren überhaupt nicht verändert.«

»Man kann sogar sagen, in den letzten zwanzig Jahren nicht«, sagte ich. »Ich kann mich also darauf verlassen?«

Er antwortete nicht sofort, sicher dachte er jetzt über das nach, was ich über meinen Vater gesagt hatte, dann lachte er lange Zeit heftig, und als er sich wieder beruhigt hatte, sagte er: »Unbedingt! Ihr Ressort ist vor drei Wochen frei geworden.«

»Hoffentlich kein Todesfall?« sagte ich.

»Nein«, sagte er, »das nicht. Sie kommen also am Montag, ja?«

»Ja«, sagte ich.

»Und Ihren Urlaub?« fragte er.

»Ich fühle mich zur Zeit sehr ausgeruht«, sagte ich. »Auf Wiedersehen!«

»Auf ein frohes Wiedersehen!« sagte Brauner. Ich legte den Hörer auf, bezahlte mein Gespräch, und als ich wieder ins Freie trat, war mir etwas schwindlig. Ich blieb eine halbe Minute in der warmen Sonne stehen. Sicher ließ er sich jetzt das Tonband mit unserem Gespräch hereinbringen, wichtige Gespräche wurden bei ihm grundsätzlich konserviert. Selbst, wenn mir nachträglich noch einmal Bedenken gekommen wären, hätte ich jetzt nicht mehr zurückkönnen, er beschäftigte allein ein halbes Dutzend Juristen, aber mir kamen keine Bedenken. Ich war so mürbe, daß ich im Augenblick jede Stellung angenommen hätte, genauso mürbe wie damals, als ich zu Schmiedel gekommen war, und nun hatte ich noch den schwersten Gang vor mir. Ich ging zum Bahnhof, löste eine Fahrkarte und fuhr dann mit der Straßenbahn zum Verlag. Als Künzle mich sah, grinste er verwundert. »Willst du mit einer Aktentasche in Urlaub fahren?« fragte er mich. Ich stellte die Aktentasche auf meinen Schreibtisch, und Künzle sagte: »Ich dachte, du seist schon längst unterwegs!«

»Ich fahre morgen«, sagte ich und griff zum Telefon. Wagenbach war in seinem Zimmer und sagte: »Nanu! Was tun Sie noch hier?«

»Ich muß Sie sprechen«, sagte ich. »Dringend.«

Er war ein paar Sekunden still, dann sagte er kurz: »Kommen Sie herauf!«

Seine Sekretärin behandelte mich wieder sehr von oben, sagte: »Eine Sekunde, bitte!«, und es dauerte dann auch höchstens zehn Sekunden, bis sie wieder hereinkam. »Herr Wagenbach erwartet Sie.«

Er kam mir mit ausgestreckter Hand entgegen, dann schien ihn in meinem Gesicht etwas stutzig zu machen, er blieb jäh stehen, ließ seine Hand sinken und fragte: »Sind Sie krank?«

Obwohl ich mich die halbe Nacht auf dieses Gespräch vorbereitet hatte, fiel mir jetzt nichts mehr ein. Ich konnte erst wieder sprechen, als ich auf einem Stuhl saß. »Ich muß kündigen«, sagte ich.

Er starrte mich an wie ein Mann, dem ein so großes Unrecht widerfährt, daß sein Hirn sich sträubt, es wahrzunehmen. »Was müssen Sie?« fragte er.

»Kündigen«, sagte ich. »Es ist etwas geschehen, was mich zwingt, meine Stellung im Verlag aufzugeben.«

»Das kann doch nicht wahr sein!« sagte Wagenbach. Er starrte mich noch immer fassungslos an, dann wurde sein Gesicht plötzlich undurchdringlich, er fragte: »Gefällt es Ihnen nicht mehr bei uns?«

»Doch«, sagte ich. »Ich muß aus persönlichen Gründen kündigen.«

»Verdienen Sie nicht genug?« fragte er mit undurchdringlichem Gesicht. Ich hatte es mir so schwierig doch nicht vorgestellt und schlug den Blick nieder. »Das ist es auch nicht«, sagte ich. »Wenn ich nicht kündige, kommt es zu einem Skandal.«

Er reagierte sofort empfindlich, ruckte rasch das Kinn hoch und fragte scharf: »Inwiefern?«

»Ich möchte nicht mehr darüber sagen«, sagte ich.

»Das genügt mir nicht«, sagte Wagenbach kühl, und zum erstenmal, seit ich mit ihm zu tun hatte, verstand ich, warum es Leute im Verlag gab, die ihn noch mehr fürchteten als Schmiedel. »Ich nehme an«, sagte er, »daß Sie außerhalb der vertraglichen Frist kündigen wollen.«

»Das stimmt«, sagte ich.

»Dann müssen Sie mir schon eine einleuchtende Erklärung geben«, sagte Wagenbach.

Ich hatte gehofft, daß mir wenigstens das erspart bliebe, und blickte wieder in sein undurchdringliches Gesicht. »Es handelt sich um private Dinge«, sagte ich undeutlich. »Die Stadtverwaltung hat davon erfahren.«

»Private?« vergewisserte sich Wagenbach mit halbgeschlossenen Augen.

Ich nickte.

Er stand auf, trat ans Fenster und blieb eine Weile mit abgewandtem Gesicht stehen. Als er sich wieder nach mir umdrehte, klang seine Stimme unpersönlich: »Warten Sie in Ihrem Zimmer, bis ich Sie wieder rufe.«

Sicher wollte er jetzt mit Schmiedel sprechen, ich stand auf und ging, ohne ihn noch einmal anzuschauen, hinaus. Ich sah auch seine Sekretärin nicht mehr an, und als ich in mein Zimmer kam, war mir wieder schlecht. Ich setzte mich an meinen Schreibtisch, räumte meine Sachen aus den Schubladen und steckte sie in die Aktentasche. Während alldem fühlte ich, daß Künzle mich verständnislos anstarrte. »Was tust du denn?« fragte er schließlich.

Ich konnte wieder nicht sprechen und auch nicht mehr richtig sehen, weil ich Wasser in den Augen hatte. Ich hörte nur, daß er aufstand und hinausging, und während er draußen war, griff ich zum Telefonhörer, ließ mich mit der Taxizentrale verbinden und bestellte für fünf Uhr früh einen Wagen vor mein Haus. Als ich das Gespräch beendete, sah ich Blümchen in der offenen Tür stehen, sie starrte mich mit verstörtem Gesicht an, und ich war mir nicht sicher, wieviel sie von meinem Gespräch gehört hatte. »Was wollen Sie?« fragte ich.

»Nichts«, sagte sie. »Ich hörte nur ...« Sie brach ab und starrte mich wieder verstört an. »Ich brauche Sie jetzt nicht«, sagte ich. »Machen Sie bitte die Tür zu!«

Sie lief hinaus, und etwas später kam Künzle herein. »Willst du mich nicht darüber aufklären, was hier vorgeht?« fragte er gereizt.

»Ich habe gekündigt«, sagte ich, dann läutete das Telefon. Wagenbachs Sekretärin war am Apparat, sie sagte eisig: »Ich soll Ihnen bestellen, daß Ihnen Ihre Papiere nachgeschickt werden.«

»Sonst nichts?« fragte ich.

»Nein«, sagte sie eisig.

Sie hatten mich fallenlassen wie eine heiße Kartoffel. Ich legte den Hörer auf und sah, daß Künzle mit blutleerem Gesicht hinter seinem Schreibtisch saß. Ich ging zu ihm hin und sagte: »Du wirst jetzt ohne mich auskommen müssen.«

»Ich begreife das alles nicht«, sagte er tonlos. »Wieso gehst du so plötzlich?«

»Das ist eine lange Geschichte«, sagte ich und hielt ihm die Hand hin. »Auf Wiedersehen!«

»Auf Wiedersehen«, sagte er mit blutleerem Gesicht. Ich konnte ihn nicht mehr ansehen, und als ich hinauskam, stand Blümchen vor ihrer Tür und weinte. Ich tätschelte ihr die Wange und stieg rasch die Treppe hinunter. Ich ging auf die Straße und immer weiter, und die Leute blieben wieder stehen und drehten sich nach mir um. Schmiedel hätte mir wenigstens Lebewohl sagen können, ich hatte über ein halbes Jahr für ihn gearbeitet, aber schließlich handelte es sich um einen Skandal, und er hatte Rücksicht auf seinen Verlag zu nehmen. Für den Verlag hätte er sich notfalls sogar von seiner Frau getrennt; ich hatte kein Recht, über ihn enttäuscht zu sein, schließlich war ich es gewesen, die ihn enttäuscht hatte.

Ich lief auch heute den ganzen Weg nach Hause, begegnete vielen Menschen, die Mädchen trugen bereits ihre dünnen Kleider und ließen sich sehen, auch ich wurde oft angesehen, und das Gehen in der frischen Luft tat mir gut. Wenn mir gerade keine Leute entgegenkamen, schloß ich im Gehen die Augen und hielt das Gesicht in die warme Sonne. Ich dachte jetzt nicht mehr an Schmiedel, nicht mehr an Wagenbach und nicht mehr an den Verlag, ich dachte an gar nichts mehr. Ich ging wie allein durch die Straßen, fühlte die Sonne im Gesicht, den Boden fest unter meinen Füßen, fühlte die Bläue des Himmels über mir und ging wie allein durch die Straßen. Ich ging eine halbe Stunde und noch eine halbe Stunde, und überall, wo ich ging, nahm ich von irgend etwas Abschied. Von einer Straßenkreuzung, von einer liebgewordenen Grünanlage, von den Menschen der Stadt, die ich nie gemocht hatte. Ich schaute Straßenlaternen an und sagte: Lebewohl. Zu allen Bäumen, an denen ich vorbeikam, sagte ich Lebewohl, zu den weißen Bungalows am Waldrand, zu den Vögeln, die ich hörte. Lebewohl dachte ich, sagte ich, auf Wiedersehen, ihr guten alten Dinge. Meine Füße taten mir vom vielen Laufen weh, ich fühlte jeden Stein durch meine dünnen Sohlen, aber ich beklagte mich nicht, beklagte mich über nichts mehr, sagte dahin und dorthin Lebewohl, sah und lächelte dahin und dorthin, sah die grünen Hügel auf beiden Seiten und mich selbst, wie ich auf der Straße zwischen den grünen Hügeln zu meiner Wohnung ging und Lebewohl sagte, und als ich vor meiner Wohnung stand, schloß ich sie heiter auf, ging heiter ins Wohnzimmer und öffnete das Fenster. Ich atmete am Fenster tief durch, dachte an Hamburg, an den Geruch des Wassers, an die gepflegten Uferpromenaden, und wenn ich im Verlag mein altes Zimmer zurückbekäme, könnte ich auch wieder auf die Alster schauen. Es war mir vor einem halben Jahr sehr schwergefallen, aus Hamburg wegzugehen, ich mochte die Menschen da oben mehr als die Menschen hier, ich war selbst ein Mensch von da oben, und im Zug hatte ich geweint. Diesmal würde ich nicht weinen, ich würde an Kießling denken, an die Stadtverwaltung von Münsheim, an mein Bild im Polizeipräsidium, und ich würde nicht weinen. Ich würde überhaupt nicht mehr weinen, nahm ich mir vor, eine erwachsene Frau sollte sich nicht so gehenlassen, und was ändert es schon.

Ich hatte jetzt viel zu tun, Koffer zu packen, Möbel abzudecken. Irgendwann, wenn ich in Hamburg eine Wohnung gefunden hatte, würde ich für einen oder für zwei Tage zurückkommen und mich um den Umzug kümmern. Kein Mensch würde erfahren, daß ich hier war, auch Lis nicht, ich nahm nie etwas mit, wenn ich irgendwo die Brücken hinter mir abbrach, und vielleicht war alles gut so, wie es gekommen war, vielleicht mußte ich Kießling wirklich dankbar sein, vielleicht würde ich ihm einmal eine Karte schreiben: in aufrichtiger Dankbarkeit, Ihre sehr ergebene Simone S., oder: in dankbarer Erinnerung, Ihre sehr ergebene Simone S. Und Schulberg würde morgen nach Nürnberg überführt und an der Seite seiner Frau bestattet werden, ich hatte es heute früh in der Zeitung gelesen, es war der ausdrückliche Wunsch seiner Schwiegereltern, ihn heimzuholen, ihn wieder in die Familie aufzunehmen und ihm wenigstens im Tod jenen Platz zu geben, der ihm gebührte.

Es war gut, daß ich so viel Arbeit hatte, sie lenkte mich ab, ich nahm alle guten Kleider mit, drei große Koffer voll, wenn man so oft seinen Wohnort wechselte wie ich, wußte man schon, wieviel Koffer man brauchte und wie groß sie sein mußten. Der Wohnungsbaugesellschaft würde ich noch einen eingeschriebenen Brief schicken und mir die restliche Mietvorauszahlung nach Hamburg überweisen lassen. Es war im Grunde alles viel weniger kompliziert, als ich mir in meiner gestrigen Verfassung noch eingeredet hatte, man mußte nur immer das Nächstliegende tun, sich immer auf das Nächstliegende konzentrieren und außer dem Nächstliegenden nichts im Kopf haben. So arbeitete ich den ganzen Vormittag und den halben Nachmittag, dann hatte ich das Gröbste geschafft, gönnte mir eine Tasse Kaffee, rauchte eine Zigarette dazu, sah mich wieder in der Wohnung um, die nun praktisch nicht mehr meine war, und während ich mich umsah, fiel mir wieder Brauner ein. Es war gar nicht so einfach, immer nur an das Nächstliegende zu denken, und bei Brauner würde ich nicht mehr schreiben können, was ich für richtig hielt, ich würde mich dem Verlagsniveau anpassen müssen, der Verlagsoptik, ich würde mir bei jedem Wort zehnmal überlegen müssen, ob es auch simpel genug war, von Brauners Leserschaft kapiert zu werden, ob es keine nationalen Heiligtümer verletzte, keine nationalen Minderwertigkeitskomplexe auslöste, kein nationales Nest beschmutzte. Ich würde wieder Brauners zehn Gebote auswendig lernen müssen, die in jedem Ressort zur ständigen Einsichtnahme an die Tür genagelt waren, und wenn ich es nicht tat, würde ich nach vier Wochen wieder auf der Straße sitzen und journalistisch endgültig erledigt sein.

Ich konnte mir das Weinen einfach nicht abgewöhnen.


Daß Leibfried noch einmal kommen würde, hatte ich halb erwartet. Er trug heute keine Kordjacke. Seine Art, mir die Hand zu geben, erinnerte mich an einen Kondolenzbesuch. Er blickte mir dabei lange in die Augen, und mit seiner Stimme hatte er auch Schwierigkeiten.

Er setzte immer wieder zum Sprechen an, während er meine Hand nicht losließ, und da er sie schon einmal festhielt, führte ich ihn auch gleich ins Wohnzimmer und sagte: »Es ist für mich genauso schwer wie für dich; du hättest nicht mehr herauskommen sollen.«

»Ich konnte nicht anders«, sagte er, und es tröstete mich ein wenig, daß sogar Männer wie er nasse Augen haben konnten. Ich schenkte uns einen Kognak ein, trank mein Glas auf einen Zug leer und sagte: »Zu erzählen brauche ich dir wohl nichts mehr?«

»Es geht mich auch nichts an«, sagte er. »Ich bin nur gekommen, mich von dir zu verabschieden.«

»Das ist nett«, sagte ich, und wir hatten jetzt beide nasse Augen.

»Es ist doch zu verrückt«, sagte ich. »Schließlich leben wir im zwanzigsten Jahrhundert, und nach Hamburg sind es nicht mehr als zehn Bahnstunden.«

»Für mich«, sagte Leibfried ruhig, »bist du in Hamburg genauso weit weg wie an jedem anderen Ort auf der Welt. Ich war schon einmal vor einer Stunde hier.«

»Das tut mir leid«, sagte ich. »Ich mußte bei der Post noch meine

Adresse ummelden und die Wohnung kündigen. Warum trinkst du nichts?«

Er griff nach seinem Glas, stellte es, ohne getrunken zu haben, wieder auf den Tisch zurück und fragte: »Wie hat Schmiedel auf deine Kündigung reagiert?«

»Ohne Kommentar«, sagte ich.

»Du wirst mir fehlen«, sagte Leibfried und blickte angestrengt zum Fenster. »Ohne dich macht mir die Arbeit keinen Spaß mehr.«

»Aber das ist doch Unsinn!« sagte ich. »Solange es auf dieser Welt noch so etwas wie Literatur gibt, wird dir die Arbeit immer Spaß machen, du wirst dich wieder in neue Autoren verlieben, und wenn du Glück hast, wird es sogar einmal eine nette Autorin sein.«

»Das ist es ja!« sagte Leibfried. »Man müßte immer ein wenig über den Dingen stehen.«

Ich legte ihm die Hand auf den Arm und sagte: »Wer kann das schon? Du hast mir viel geholfen im Verlag, es ist am Anfang immer ein bißchen schwer.«

»Du hast *mir* geholfen«, sagte er, auf meine Hand schauend.

»Nein, wir wollen es nicht auf dieses Gleis abschieben. Du hast mir wirklich geholfen, und ich habe ein gutes Gedächtnis dafür.«

»Wo wirst du in Hamburg arbeiten?« fragte er. »Doch nicht wieder bei Brauner?«

»Er hat mir durch meinen Vater mein altes Ressort anbieten lassen. Sicher mehr meinem Vater als mir zuliebe.«

Er schaute mich ungläubig an. »Wie kommt er dazu?«

»Sie sind alte Freunde«, sagte ich achselzuckend. »Außerdem hatte er immer eine Schwäche für mich, er hat mich damals notgedrungen vor eine Alternative stellen müssen, und ich habe anders reagiert, als er es erwartet hatte. Das hat seine Eitelkeit nie ganz verwunden.«

»Ach so«, sagte Leibfried, und ich sah ihm an, daß ich ihn jetzt sehr enttäuscht hatte. Ich nahm meine Hand von seinem Arm und sagte: »Wer kann heute schon noch das tun, was er gerne möchte? Schmiedel war für mich ein Glückstreffer, ich habe mir ein halbes Jahr alles von der Seele schreiben können. Vielleicht ist es ganz gut, daß ich auch die Realitäten in diesem Handwerk wieder ein bißchen kennenlerne. Ich werde nicht ewig bei Brauner bleiben.«

»Du hättest auch einen anderen Verlag gefunden«, sagte Leibfried und trank endlich sein Glas leer.

Ich hatte mir alles reiflich überlegt, mir die halbe Nacht den Kopf nach einer anderen Möglichkeit zerbrochen, aber mir war keine eingefallen. Ich wollte auch nicht mehr. Wie alle Menschen, die plötzlich den Boden unter den Füßen verlieren, griff ich instinktiv nach dem nächstbesten Halt, und es kümmerte mich nicht mehr, was und wieviel er mich kosten würde. Ich sagte: »Ich kann es mir nicht leisten, auch nur vierzehn Tage ohne Einkommen zu sein. Der Umzug wird teuer und die neue Wohnung in Hamburg sicher auch. Außerdem: bei Brauner weiß ich, wer und was auf mich wartet, ich bin im Augenblick nicht in der Stimmung, mich wieder in einer wildfremden Umgebung zurechtfinden zu müssen. Vielleicht verstehst du das.«

»Ich verstehe deine plötzliche Kündigung nicht«, sagte Leibfried nach einer Pause. »Ich verstehe auch nicht, wieso Schmiedel dich von heute auf morgen weggehen läßt.«

Ich hatte gehofft, er würde es wenigstens vermuten, aber er schien auch keine Antwort zu erwarten und fragte: »Kann ich noch etwas für dich tun?«

»Ja«, sagte ich. »Solange ich nicht ständig daran erinnert werde, komme ich besser damit zurecht.«

»Ich dachte an etwas anderes«, sagte Leibfried. »An dein Gepäck und so.«

Ich lächelte. »Das schaffe ich auch allein.«

»Wie immer«, sagte Leibfried und stand auf. »Wann fährst du?«

»Ich möchte nicht, daß es im Verlag bekannt wird«, sagte ich.

»Es ist gut«, sagte er, und diesmal hatte ich den Eindruck, als ob er tatsächlich etwas ahne, sein Gesicht wirkte plötzlich sehr verschlossen. Er zog ein Taschentuch schneuzte sich und steckte das Taschentuch umständlich weg. »Du kannst es natürlich wissen«, sagte ich. »Mein Zug fährt morgen früh um sechs Uhr.«

»Den habe ich auch schon benutzt«, sagte Leibfried. Ich ging mit ihm zur Tür und faßte nach seiner Hand. »Es ist nicht so«, sagte ich mit belegter Stimme, »daß es mir nichts ausmachte. Ich versuche nur, auf meine Art damit fertig zu werden.«

Er nickte und vermied es, mir in die Augen zu schauen. »Mit Briefen«, sagte er, »ist es wohl auch nicht getan. Ich werde dir nicht schreiben.«

»Nein«, sagte ich und küßte ihn rasch auf den Mund. Er blieb noch einen Augenblick stehen, dann griff er zur Türklinke, öffnete die Tür, trat hinaus und zog die Tür ganz langsam hinter sich zu. Mir war, als fühlte ich es tief in meiner Brust. Ich blickte die Tür an, solange ich seine Schritte auf der Treppe hören konnte, dann ging ich ins Wohnzimmer. Ich schaute ihm nicht vom Fenster nach, saß wieder auf meiner Couch und ließ die Zeit verstreichen, ohne sie wahrzunehmen. Als Lis kam, war es bereits dunkel geworden. Sie betrachtete meinen Koffer, das Durcheinander im Wohnzimmer, ging ins Schlafzimmer hinüber, öffnete den Kleiderschrank, und ich hörte sie eine Weile nicht mehr, hörte nur noch mein Herz klopfen, während ich auf der Couch saß, und dann kam sie wieder herein und fragte: »Wann fährst du?«

»Morgen mittag«, sagte ich, und sie fragte: »Wohin?«

Ich hatte sie noch nie in einer solchen Verfassung erlebt, sie stand mit geballten Fäusten vor mir, die Lippen zusammengepreßt und die Augen eiskalt auf mich gerichtet. »Wohin fährst du?« fragte sie wieder.

Ich stand auf, ging in die Küche und beschäftigte mich mit meinem Abendbrot. Die meisten Sachen im Kühlschrank würden verderben, mir fiel ein, daß ich sie Leibfried hätte mitgeben können, und ich ärgerte mich, daß ich nicht früher daran gedacht hatte. Ich hörte Lis hereinkommen, sie griff von hinten nach meinem Arm und zwang mich, sie anzuschauen. »Ich habe dich gefragt, wohin du fährst.«

»Nach Hamburg«, sagte ich.

»Morgen mittag?« fragte sie, und ich sagte: »Ja.«

Sie ließ meinen Arm los, starrte mich wieder mit dem gleichen Blick unversöhnlichen Hasses an wie vorhin und fragte: »Warum hast du mir nichts davon gesagt?«

»Wozu?« fragte ich. »Du hättest doch nicht mitfahren können.«

»Warum nicht?« fragte sie.

Ich wußte nicht, was ich ihr darauf antworten sollte. Vielleicht hätte Brauner auch für sie eine Arbeit gehabt, und für eine gute Fotoreporterin hätte es in Hamburg sicher noch andere Möglichkeiten gegeben, aber wenn ich es nicht jetzt und hier zu Ende brachte, würde es nie aufhören, es würde mich durch mein ganzes Leben begleiten und mich langsam kaputtmachen.

Ich sagte: »Wir haben beide gewußt, daß es so nicht weitergehen kann.«

»Seit wann hast du das gewußt?« fragte sie kalt.

»Schon lange«, sagte ich. »Du hast selbst erlebt, wohin es führt.«

»Weil wir unvorsichtig waren«, sagte sie kalt. »Andere sind es nicht. Es wird uns nicht mehr passieren.«

»Was willst du eigentlich?« fragte ich.

»Wir werden zusammen nach Hamburg fahren«, sagte sie. »Hast du schon eine Fahrkarte?«

»Ja«, sagte ich.

»Dann wirst du sie zurückgeben«, sagte Lis. »Wir fahren mit meinem Wagen.«

Was hatte ich eigentlich erwartet? Daß sie vor meiner Entschlossenheit resignieren würde? Ich hätte schon gestern abend Schluß machen müssen, bevor sie wieder zu mir ins Bett gekommen war. Ich war feige, inkonsequent, und ich verabscheute mich dafür. Man konnte eine solche Situation nicht einfach dadurch beenden, daß man sich heimlich in den Zug setzte und davonfuhr. Nicht, wenn man es mit einem Mädchen wie Lis zu tun hatte, aber ich wurde jetzt auch ärgerlich und sagte: »Schlage dir das aus dem Kopf. Ich werde morgen früh mit dem Zug fahren, und zwar allein.«

»Morgen früh?« fragte sie.

Ich hatte mich schon wieder zu einer Dummheit hinreißen lassen und sagte laut:

»Es ist meine Sache, wann ich fahre. Ich werde in Hamburg erwartet.«

»Von einem Mann?« fragte sie höhnisch. »Vielleicht sogar in einem Hotelzimmer?«

»Vielleicht«, sagte ich laut.

»Wie romantisch!« sagte Lis höhnisch. »Dann paß nur gut auf, daß er sich hinterher nicht auch vor einen Güterzug fallen läßt.«

Ich schlug ihr zwei-, dreimal auf den Mund, rannte in mein Schlafzimmer, schloß die Tür hinter mir ab und warf mich auf das Bett. Ich zitterte vor Ekel, Wut und Scham am ganzen Körper, ich zitterte auch noch, als sie schon lange fortgegangen war, und später weinte ich. Ich weinte den ganzen Abend und die halbe Nacht, konnte mich zu nichts anderem mehr aufraffen, lag angezogen auf meinem Bett und weinte, bis ich nicht mehr weinen konnte und auch kein Empfinden mehr in mir war. Dann ging ich ins Bad, drehte den Warmwasserhahn auf und riß mir die Kleider herunter. Ich blieb über eine Stunde in der Wanne sitzen, ließ von Zeit zu Zeit heißes Wasser nachfließen, bis über mir jemand von oben gegen die Decke klopfte. Ich wußte, daß das Geräusch des Gasbadeofens im ganzen Haus zu hören war, aber in zwei Stunden würde mein Taxi kommen, und irgendwie mußte ich diese Zeit noch herumbringen. Ich hätte jetzt nicht mehr einschlafen können, und ich blieb noch eine Weile in der Wanne sitzen. Da ich mich nicht mehr getraute, heißes Wasser nachfließen zu lassen, fing ich an zu frieren. Ich stieg frierend aus dem Wasser, frottierte meine Haut, bis sie mir weh tat, und betrachtete mich im Spiegel. Mein Gesicht sah rot aus, meine Augen rot, und unter den Augen hatte ich dunkle Schatten. Ich griff nach dem Puder, bearbeitete mein Gesicht, bis die Schatten nicht mehr zu sehen waren, dann kleidete ich mich an. Später zog ich in der Küche sämtliche elektrischen Anschlüsse aus den Steckdosen, packte die verderblichen Lebensmittel aus meinem Kühlschrank in eine Reisetasche, ließ die Tür zum Kühlschrank offen und machte mir einen starken Kaffee. Ich aß ohne Appetit eine Scheibe Toast dazu, spülte hinterher das Geschirr, räumte noch die Küche auf und drehte das Licht aus. Die Küchentür schloß ich hinter mir zu, steckte den Schlüssel in die Handtasche und ging wieder ins Schlafzimmer. Ich zog das Bett ab, räumte die Laken weg und legte eine Wolldecke über die Matratze. Dann trug ich meinen Koffer in die Diele, verschloß die Schlafzimmertür und verwahrte auch den Schlafzimmerschlüssel in meiner Handtasche. Die letzte Stunde verbrachte ich im Wohnzimmer, hörte Radiomusik und rauchte unaufhörlich. Ich empfand nichts mehr, weinte nicht mehr, steckte mir eine Zigarette nach der anderen an, hörte das Radio spielen, und wenn einmal keine Musik war, hörte ich meine Armbanduhr ticken. Kurz vor fünf Uhr stand ich auf, öffnete das Fenster, und es war stockdunkel draußen. Ich war froh, daß ich nichts mehr von der Landschaft sehen konnte, betrachtete eine Weile den Sternenhimmel, dann schloß ich das Fenster, ließ den Laden herunter und zog die Gardinen vor. In den nächsten fünf Minuten trug ich meine Koffer in den Hausflur, ich mußte zweimal laufen, und am Schluß hatte ich noch die Reisetasche und meine Handtasche. Ich knipste das Licht im Wohnzimmer aus, schloß die Tür ab, schloß sie noch einmal auf, knipste das Licht an und betrachtete die abgedeckte Couch, meinen Sekretär, das Radio und was sonst noch im Zimmer stand, dann schloß ich die Tür endgültig zu. Ich zog meinen Mantel an, machte das Licht in der Diele aus, stellte meine Taschen auf die Treppe und schloß auch die Wohnungstür ab.

Ich blieb ein paar Sekunden vor meiner verschlossenen Wohnungstür stehen, überlegte, ob ich nichts vergessen hätte, dann nahm ich meine Taschen und stieg zum letztenmal die Treppe hinunter. Im Hausflur fiel mir ein, daß ich doch etwas vergessen hatte, ich hatte die Zeitung nicht abbestellt, aber das konnte ich auch noch von Hamburg aus tun. Als ich auf die Straße trat, sah ich die Scheinwerfer des Taxis. Der Fahrer war noch sehr jung und freundlich, er lud mein Gepäck in den Kofferraum, fragte, ob ich eine große Reise vor mir hätte, und ich sagte: »Ja«, und setzte mich in den Wagen. Während wir durch die dunklen Straßen zum Bahnhof fuhren, blickte ich kein einziges Mal zurück, und der Fahrer sagte: »Sie haben sich schönes Reisewetter ausgesucht.«

»Ja«, sagte ich. Am Bahnhof stellte ich fest, daß ich noch vierzig Minuten Zeit hatte, aber ich hatte nichts mehr riskieren wollen. Auch Lis gegenüber nicht. Meine Sachen gab ich am Schalter für Reisegepäck auf, steckte den Gepäckschein in meine Handtasche und hängte die Handtasche über den Arm. Als ich mich umdrehte, sah ich Lis vor mir stehen, sie hatte nicht soviel Gepäck wie ich, nur zwei Koffer, und sie ging, ohne mich anzuschauen, zum

Schalter. Ich beobachtete regungslos, wie sie ihre Koffer aufgab, und als sie ihren Schein bekam, drehte ich mich um, ging quer durch die große Bahnhofshalle zwischen vielen Menschen hindurch ins Freie. Es fing schon an, grau zu werden, die Luft war frisch und klar wie Quellwasser, und ich wußte nicht mehr, was ich tun sollte. Wußte nicht mehr, was ich noch machen könnte, ich hatte plötzlich das Bedürfnis, einfach davonzulaufen. Ich folgte ein Stück der Straße, die am Bahnhof vorbeiführte, und überall, wo ich ging, fühlte ich Lis hinter mir. Vor mir tauchte im Dämmerlicht eine große Brücke auf, ich ging auf sie zu, stieg eine schmale Treppe empor, und dann stand ich auf der Brücke, sah den Fluß unter mir und daneben die Gleise der Bahnanlagen. Ich ging noch ein paar Meter weiter und blickte von der Brücke auf die Gleise hinab. An dieser Stelle mußte es passiert sein, und es waren gut acht Meter. Ein Mann, der hier hinabsprang, würde vor keinem anfahrenden Güterzug mehr davonlaufen können, er würde mit gebrochenen Gliedern liegenbleiben, bis die Lokomotive über ihn hinwegrollte, und er würde auch keine Gelegenheit mehr haben, sich zu fürchten oder seinen Entschluß ändern zu wollen. Ich legte meine Hände auf das Brückengeländer, es fühlte sich kühl und feucht an, und ich dachte, daß es vielleicht gar nicht so schwer sei, man brauchte nur über das Geländer zu klettern und sich fallen zu lassen. Man brauchte nur eine Sekunde die Augen zu schließen und an nichts mehr zu denken. Vielleicht brauchte man auch gar nicht zum Selbstmörder geboren zu sein, man brauchte es nur einmal so satt zu haben, wie Schulberg es satt gehabt hatte, und so satt, wie ich es jetzt satt hatte. Ich nahm den Blick von den Schienen, und mir fiel auf, daß der Fluß plötzlich rot wurde, auch der Himmel wurde rot, ich sah es, als ich mich umdrehte, und dann sah ich auch Lis wieder. Sie war hinter mir die Treppe heraufgekommen und stand nun regungslos am Ende der Treppe, zwanzig Schritte von mir entfernt, blickte zu mir her, ein schmales, junges Mädchen in einem hellen Trenchcoat und schwarzen Wollstrümpfen. Während ich zu ihr hinschaute, während ich noch immer eine Hand auf dem feuchten und kühlen Brückengeländer liegen hatte, wurde mir unvermittelt klar, daß ich nicht mehr die Wahl hatte, mich für das eine oder für das andere zu entscheiden. Ich hatte meine

Entscheidung längst getroffen, und unabhängig davon, wohin sie auch führen würde und wohin sie, nach menschlichem Ermessen, sogar führen mußte, konnte ich sie nicht mehr rückgängig machen. Auch der Sprung von einer Brücke könnte sie nicht mehr rückgängig machen; es war alles viel zu spät.

Ich nahm die Hand von dem kühlen und feuchten Brückengeländer und ging dorthin, wo Lis auf mich wartete.